U0736348

◎主编

夏　秀

于瑞桓

陈晓洁

新编 大学写作

XINBIAN DAXUE XIEZUO

中国海洋大学出版社

·青岛·

图书在版编目（CIP）数据

新编大学写作/夏秀,于瑞桓,陈晓洁主编.—青岛:中国海洋大学出版社,2017.12（2025.1重印）

ISBN 978-7-5670-1651-4

Ⅰ.①新… Ⅱ.①夏… Ⅲ.①汉语－写作－高等学校－教材 Ⅳ.① H15

中国版本图书馆 CIP 数据核字（2017）第 308305 号

出版发行	中国海洋大学出版社		
社　　址	青岛市香港东路 23 号	邮政编码	266071
出 版 人	杨立敏		
网　　址	http://pub.ouc.edu.cn		
电子信箱	zhanghua@ouc-press.com		
订购电话	0532－82032573（传真）		
责任编辑	张　华	电　　话	0532－85902342
装帧设计	青岛汇英栋梁文化传媒有限公司		
印　　制	日照日报印务中心		
版　　次	2018 年 1 月第 1 版		
印　　次	2025 年 1 月第 8 次印刷		
成品尺寸	185 mm × 260 mm		
印　　张	20.5		
字　　数	346 千		
印　　数	32001—34000		
定　　价	38.00 元		

如出现印装问题,请与印厂联系,电话 0633-2298958。

Preface

前　言

想想有点奇怪：每个人都承认写作的重要性，但是大多数人对写作又不那么重视——教师不愿意教，学生不愿意学。这种状况可以理解，毕竟写作教学面临太多误解和难题：很多人认为写作依赖天赋，是教不会的；而一部分学习写作者则希望写作教学能像江湖郎中的秘方一样，一用就灵，包治百病。

可是，写作首先是一个过程，期待写作像发条"说说"那样简单是不可能的。它需要时间才能完成，要有逻辑才能清楚表达写作者的情感和观点，最重要的，写作需要体验和思考，否则就写不出入心的感受和让人凛然一惊的看法。所以，写作是与人的生活密切相关的，好的写作者必然是一个认真生活的人，是一个关注生活细节的人，也是一个喜欢追问为什么的人。这也就是写作的重要性了：它让我们充满热情地活着。

当一个人能把瞬间的体验用清晰的语言说给另一个人听，那是多么痛快的事情。但很多时候，我们必须承认，很难时时刻刻找到那么有闲而且恰当的人，能够做我们合适的倾听者或对话者。于是为了不至于憋闷到内伤，我们就必须用文字进行表达，有时只言片语就够，有时又非长篇大论不足以宣泄积郁。所以，写作，无论是虚构写作还是非虚构写作，都是"我手写我心"的过程。

写作可以随心所欲，但内在地却需要逻辑，就像一棵树那样自然却有内在肌理。所谓逻辑就是符合人的认识规律，比如一件事总有开头、发展和结尾，一个人总要出于特定目的去做一件事，一个念头的出现也总有独特的动机。这些目的或动机有时是显性的，一看便知，有些则是隐性的，属于潜意识中的，需要辨析才能明了。写作教学的主要任务就是与学习者一起分析这些貌似散乱的素材／部件背后的联系，并用合适的方式／结构把这些素材／部件串联起来，让散乱的生活片段成为一个个有意义的整体。

写作是有方法的，也是可以训练的。这一点在每年招生考试培训中表现得最突出。一个从来不知道申论是什么的人，最终可以在一小时的时间内完成千字以上的一篇文章，而且还可能有说服力，这现象本身就值得关注。这说明，写作可以教，而且需要教；同时，这也说明，写作是有方法和技巧的。

多年致力于创意写作教学和研究的许道军老师说，如果王安忆、阎连科、葛红兵说故事可以教你信了，而"我说故事可以教／可以学"你却不信，"那是因为故事写作理论不完备、训练系统不发达的缘故"。他又说，如果我们能像笃信"一加一等于二"那样相信故事可以教的话，那么"就会静下心来仔细琢磨故事写作的规律、技巧"，而不必把精力花在抵触"故事可不可以教学"这些创意写作理念上。事实是，如果我们承认写作可以教、写作能力可以通过训练得以提高的话，我们就不必把精力放在写作课有没有必要开、写作教学的付出与收获成不成比例的无聊问题上了。

高校写作课程经历了复杂的演变。仅从 20 世纪 80 年代到现在就已经大致经历了 3 个截然不同的发展阶段：80 年代备受推崇、90 年代开始被冷落、2010 年后重新兴盛。最近一次写作课程的重新兴盛得益于"创意写作"理念的引进。"创意写作"概念源自美国，是一个拥有近百年历史的"老"概念。2011 年，中国人民大学引进出版了一系列创意写作丛书，并接连多年召开"创意写作"教学与实践的培训，创意写作理念由此在国内高校普及。在实践领域，国内高校，比如中国人民大学、上海大学、北京大学、清华大学、复旦大学、广东财经大学等先后开设了相应的课程，设立系、专业，开设工作坊。这些高校的创意写作课程或以专项为主，或全面系统地开设，成效突出。目前，在某种程度上，开不开写作课，如何开设，几乎成为衡量当下大陆高校教育理念新旧的标杆了。

创意写作有三个非常有价值的理念：第一，它坚信每个人都可以写作，而且认为这是每个人发挥个体想象力、表达自我以获得自由的重要途径；第二，它以实践为主，像扶学步小孩子走路一样教大家写作，而不是在诸多理念、理论中打转转；第三，它没有将写作束缚在象牙塔，而是把写作与生活、工作、文化产业密切相关。而这最后一点，不仅让写作充满活力，同时又对大部分高校教师和学生产生了极大的吸引力和冲击力。当然，这并不意味着学习写作就一定要与现实物质目的挂钩，而是说，写作原本就不仅仅是字词句的斟酌，写作也并不仅仅是供消遣、可有可无的存在，而是与生活、创意、想象，与人的生存与精神世界的拓展密切相关的。实际上，也正是源自内在和外在两方面的动力，才使得创意写作在欧美等发达国家风行百年。

借用创意写作的理念与方法，改革我们的写作课程和课堂，是社会发展的需要，也是写作教学实践的需要。本教材的编写，力图在传统写作教学理念与创意写作教学理念和方法之间寻求平衡。这是因为，随着媒介和社会发展，传统写作教学理念、方法的弊端已经凸显，而创意写作的理念和方法有些又不能完全搬用，比如它的小班教学、作家驻校模式，再比如它教、写、演、文化生产相结合的授课方式，在当下大班授课、规模化开课的背景下，不具有普遍的可行性。但是我们必须在条件允许的情况下，借鉴、实践那些合理的教学理念和方法，其中教材编写就是一个可以发挥的"领地"。

本教材编写体例采用传统体例"理论＋文体"的框架。这是因为，写作虽然实践性强，但适当的理论学习不但可以让人在写作过程中"知其然，知其所以然"，而且是写作能力逐步提升的必要支撑。为便于更好地理解理论，也便于让理论服务于实践，我们在理论分析部分尽量增加案例分析，让理论与案例有机结合。在文体部分，我们主要选择日常生活中常用、常见的文体进行分析，目的仍然在于提高实用性，服务于课堂教学，也便于学生课下阅读、自修。我们的最终目的，是让写作教材成为教师和学生在课上好用、课外好读的这样一本书。

愿望总是好的。但是在传统基础上革新不是一件容易的事。因此本书肯定还存在这样那样的不足，希望读者批评指正。

编　者
2017 年 9 月

Contents

目　录

绪　论

一

写作活动简单地说就是借助语言文字符号说明事物、表达思想、抒发感情的一种具有创造性的复杂的精神劳动，是一个由"物"到"意"、由"意"到"文"的双重转化过程，因此写作必然要经历采集——构思——表述三个阶段。采集什么材料？怎样构思？如何表达？这是各种门类的写作都必然要面临的问题，我国现行的写作教材大多也是采用此种理论架构来编写的。据统计，自20世纪80年代以来，我国出版的各类写作教材已达数百种，在人文学科的教材中可能是数量最多的，但是写作教材虽然数量众多，学科理论水平却不尽人意，因此在目前的高校写作教学中，存在着呼声高、实效差的矛盾。对于这种现状，许多学者认为这与中国当代写作学缺乏学术基础有直接的关系。

写作技能是当代大学生必备的能力之一，尤其是在信息社会，文字的交流运用十分广泛，美国社会预测家约翰·夸斯比特在其著作《大趋势》中曾断言："在这个文字密集的社会里，我们比以往更需要具备基本的读写技巧。"他甚至把"读写技巧"列为当今社会应重视的五件大事之一。大学是人一生当中学习生涯的最后一站，如果在这个阶段写作技能还不能过关的话，将会给今后的工作带来许多难以克服的障碍。一方面是大学生写作水平技能亟待提高，另一方面是写作教学效果难尽人意，如何克服这一矛盾，最关键的问题自然是要对高等教育中的写作教学进行有实际意义的改革。本教材的编写，旨在继承传统写作理论基础上再争取有所突破，特别是要从写作角度对各类经典例文进行具体详细的微观分析，使学生能充分摸清作者在写作中"物""意""文"转化的思维规律，达到对写作活动由"知其然"到"知其所以然"的过渡，从而真正把握写作的奥秘和技巧。

著名诗人艾青说，不懂写作技巧就像鸟没翅膀、车没轮子。没翅膀的鸟永远只会可怜地并着脚急跳；没有轮子的车就得让人背着才能走。要把握写作，最重要的一环是要摸清写作活动本身固有的特点。写作活动最突出的特点是：文本是显现的，过程是隐秘的，因此对写作活动的分析如果仅局限在文本上，主体反映客体差异的成因就会被忽略，而这却是学习写作最重要的一环。以题菊诗为例，唐代黄巢落第后所作的《不第后赋菊》："待到秋来九月八，我花开后百花杀。冲天香阵透长安，满城尽带黄金甲。"作者笔下的菊花没有了过去那种淡雅的静态美，透出的是一股斩截、激越、豪迈、粗犷、凌厉的气势，其想象的奇特，设喻的新颖，辞采的壮伟，意境的瑰丽，可谓前无古人，显示出一位农民革命领袖充满战斗气息、果决坚定的精神风格。南宋诗人郑思肖的"花开不并百花丛，独立疏篱趣味浓；宁可枝头抱香死，何曾吹堕北风中"，则借菊花咏出了他那宁死不忘宋朝、不向北方敌人屈服的忠贞节操。李白的《感遇》:"可叹东篱菊,茎疏叶且微。虽言异兰蕙,亦自有芳菲。未泛盈樽酒,徒沾清露辉。当荣君不采,飘落欲何依。"这首自然流畅的五言古诗在咏叹菊花的同时既表露了作者怀才不遇的忧愤,又展现了作者难逐俗流的高洁之志和超然世外的洒脱豪放的人生境界。

由此我们可以看出,写作活动是人类有目的有意识的活动,是一种能动地反映客观现实的活动,在写作实践中,思想意识始终都是写作活动的统帅与灵魂。但如果我们用传统的写作主题的定义分析作品,就只能仅就文章所涉及的材料进行分析,无法看到作者主题思想形成的历史背景。一般传统的写作理论对主题思想的定义一定是这样的:"主题思想是作者在文章中要表达的贯穿全文的核心,是提纲挈领的道理,是作者在文章中努力通过各种细节来阐明的中心议题。"这个定义只适合于对已完成的作品进行表层化的分析,只能揭示作品文本的意义,而不能和作品创造的历史环境及作者个人的经历结合起来,因而用这样的理论分析作品就会流于形式化,无法看清作品和作者及时代背景间的有机联系,也无法搞清为什么面对同样的现象在不同作者的笔下会有如此巨大的差异。而一代文豪高尔基,则是从主题是如何形成的角度来对主题思想定义的,他说,主题是从作者的经验中产生,由生活暗示给他的一种思想,可是它聚集在他的印象里还未形成,当他要用形象来体现时,它会在作者心中唤起一种欲望——赋予它一个形式。只有这样的概念才可以揭示出文章主题与人的思维活动的有机联系。例如《水浒传》与《荡寇志》面对的是同一历史事件和人物,一个是"褒",一个是"贬",两篇作品的主题之所以大相径庭,完全是由于作者的观点不同所致。人是社会的人,面对自然或社会现象,不同的人一定会有不同的感受。所以用高尔基关于主题思想的理论分析作品,是可以透过作品摸清作者主旨形成的思维轨迹的。叶圣陶先生曾经说过:"思想是有一条路的,一句一句、一段一段都是路的,好文章的作者是决不乱走的。"因此,注重在传统的写作理论中尽量挖掘对写作实践有切实指导作用的理论,是本教材的一大特色。

提高写作水平,离不开大量的阅读,阅读是写作的坚实基础。但由于学生阅历有限,理论体系建构还有待完善,因此对作品的解读很难达到高屋建瓴、游刃有余的地步,因此对作品进行深度剖析,特别是把作品创作的历史背景和作者个人阅历结合起来对作品进行深度分析,从写作角度有意识有目的地培育学生的阅读能力,是本教材具有创新意义的又一大特色。比如,朱自清写父子亲情的散文——《背影》,虽然是学生十分熟悉的一篇文章,但对于作者为什么要以"背影"为题,为什么要选取生活中的琐细小事作为典型材料等问题,不能只是停留在主题是灵魂因而决定着材料的取舍这类放之四海而皆准的空泛分析上,要结合作者写这篇文章的历史背景来分析。这篇作品的写作背景有两方面:一是作者收到的父亲来信中有父亲对自己生命大限将至的不祥预感(大约大去之期不远矣);二是文章写作时正值兵荒马乱、时局极度动荡,各居一方的亲人很可能今生就不再有相见的机会。(唉!我不知何时再能与他相见!)这样强烈的感受激活了沉淀在作者内心深处的无价亲情,当亲人真要永远离去时,在日常生活中那些看似平常的一幕幕,自然会在作者心中激荡起汹涌的波澜。父亲到车站送他,爬过铁轨为他买橘子的背影,变成了凝聚着父亲对儿子关爱的一幕定格形象。"背影"这个形象,是一种离去的意向,暗合了潜藏在作者内心深处可能会失去亲人的伤感,因而作者以"背影"为题,不仅是截取了一个生活记忆的影像,更是一种意象,是一个让你再也无法看到亲人的音容笑貌的意象(读着父亲的来信,在泪光中仿佛"又看见那肥胖的,青布棉袍,黑布马褂的背影")。因此这篇文章之所以以"背影"为题,是作者以亲人终将或即将要离自己而去为前提的,也正是基于这样的前提,所以作者多选取的是一些看似平常琐细的素材,而这恰是人间亲情最感人、最真实的写照,伟大的母爱父爱就沉淀在年复一年、日复一日平凡而琐细的生活中。而追忆亲情的文章,要写得惊天动地,反而会失去共鸣感,因为亲情本就该是平凡中的伟大,把淳朴的亲情物质化、戏剧化就俗了、浅了。因而要培养学生的写作能力,必须要深度理解作品,对作品要由"知其然"逐步向"知其所以然"过渡,真正理解作者"物—意—文"转化的思维规律。沃尔顿在其著名的《运动》一书中有这样一段关于阅读的精彩的描写:"良好的阅读是一种极好的锻炼,它能给读者分派比任何竞赛和平常的锻炼都要多的任务。它需要一种像运动员所接受的那样的训练,其稳定的意向几乎需要用全部生命来对准它。"大量阅读作品,了解创作的背景,分析文本的思维逻辑,是提高写作能力的必要前提。美国国会图书馆协会主席,伊利诺大学图书馆馆长罗伯特·唐斯概括了以下对人类思想认识形成影响较大的书:

尼科洛·马其雅维利《君主论》

托马斯·潘恩《常识》

亚当·斯密《国富论》

托马斯·马尔萨斯《人口论》

亨利·大卫-索罗《不服从论》

斯托夫人《汤姆叔叔的小屋》

卡尔·马克思《资本论》

阿弗雷德·马汉《海军战略论》

哈尔福德·麦金德《地缘政治》

阿道夫·希特勒《我的奋斗》

尼古拉·哥白尼《天体运行论》

威廉哈维《血液循环论》

伊萨克·牛顿《数学论》

查理·达尔文《物种起源》

西格蒙德·弗洛伊德《梦的解析》

阿尔伯特·爱因斯坦《相对论》

除了阅读对人思想产生了巨大影响的书之外,写作者还要具备一些必要的常识储备。

写作是一项十分复杂和具有创造性的脑力劳动,作品不能制成模具成批生产。文字表达能力实际上是一个人多种素养的综合运用与展现,涉及作者的生活经验、思想意识、知识积累、审美情趣等多方面的素养,正如大文豪韩愈在《昌黎先生集·南阳樊绍述墓志铭》中指出的,文章"必出于己,不袭蹈前人一言一句"。因此,加强实践能力的训练也是本教材的一个重要方面。

实践是作品创作的源泉,是写作之"本","纸上得来终觉浅,绝知此事要躬行"。本教材为配合学生写作实践的需要,附加了大量的例文和练习,从实践的角度,把写作技巧理论有机融入其中,给予写作活动的具体过程以动态的解析。例如,在对写作活动中作者观察的角度、感受的独特性、立意的落脚点、表达的风格特色给予解剖式分析的基础上,让学生进行从效仿到创造性地反复习练,从而达到把握写作规律的目的。写作规律有很多方面的内容,以写作活动顺序为线索的话,第一步就是如何观察的问题。鲁迅在《致董永舒信》一文中指出,"如果创作,第一需观察",而观察仅用眼睛看是不够的,因为任何事物都包含着多个侧面,虚与实、大与小、藏与露、具象与抽象、单纯与复杂等,因此观察能力是建立在完善的价值体系和丰富的知识储备基础上的,正如"世界不是缺少美而是缺少发现美的眼睛一样",没有丰富完善的知识和价值体系,观察感悟能力也就会成为无稽之谈。比如环境污染的危害问题,大多都有渐变性和危害潜伏期长的特点,这就会使因和果的关系变得模糊不清。例如,20世纪50年代,日本熊本县水俣镇出现的"水俣病事件",罪魁祸首表面看是海洋食物,但真正的元凶却是一家氮肥公司。其把含有汞的废水排入海湾,后经过某些生物的转化,形成了甲基汞。这些汞在海水、底泥和鱼类中聚集,又经过食物链使人中毒。从1956年到1991年因食用含有甲基汞食物导致中毒的病人就一直不间断地出现,这种危害持续了近40年。对诸如此类问题的观察,就必须要有一定专业知识才可以弄清事情的来龙去脉。另外,涉及人文领域的现象,要观察准确、解释清晰,还要有正确的价值理论体系为依托。例如,以里根总统出席中国总理举行的晚宴一事为例,在新闻报道上可以有三种表述方式:

第一,里根总统今天出席了中国总理举行的晚宴,发表了情绪高昂的演说,引起热烈反响。

第二,里根总统今天出席了中国总理举行的晚宴,发表了情绪高昂的演说。

第三,里根总统今天出席了中国总理举行的晚宴。

显然这三种不同的表述在主题立意上是不相同的,第一种说法的落脚点在于演讲引起与会者的热情赞扬;第二种表明的是演讲者情绪高昂;第三种主旨在于阐明中国在世界上地位的变化,那个曾经屈辱忍受"华人与狗不得入内"的中国,已作为世界的强国站了起来。从这例子中可以很直观地看出价值观念对观察、感受和立意都起着决定性的作用,也最终制约了文本的表达。刘勰在《文心雕龙·时序》中指出:"文变染乎世情,兴废系于时序。"意思是说,社会时代与人情世态的流变必然引起文章的流变,因此,作者只有建立起成熟的价值体系,才会有洞悉社会人情世故的能力,也才能对所见、所闻做出有价值的理性判断。从写作的角度,对作品观察视角进行准确定位,这对于培养学生观察能力会起到举一反三、触类旁通的作用。

再以写作活动的终端——语言表达为例,语言表达是作者思维活动"外化",再好的立意、再丰富的资料,如果没有流畅的语言表达,写作活动就只能无疾而终,因此表达是写作活动十分重要的一环。这个环节从表现形式上就是三个部分,即开头、展开和结束。因此,要把握文本表达的技巧,我们必须对各个环节做微观解剖,把写作技巧和作品紧密结合起来。例如,以文章如何才能开好头为例,不能只讲述文章好的开头的要求,更重要的是分析如何开头的问题;也不能只是站在知识传授的角度,机械地介绍都有些什么样的开头,而是要具体到开头的词语或语句到底该如何选用的问题,这样才能使写作教学免于流于空洞的说教。作家杜宣在《我是怎样写作的》一文中说:"我感到最难的是每篇文章的开头。往往要开好几次,开得好,下面的文字就很顺。否则就写不下去,硬写的话也感到枯涩、不流畅。遇到这种情况,只有放弃这个开头,重新来。这好比一潭清泉,如果你想将它引流的话,就必须找到一个地势较低的地方挖一个缺口,那么清泉就会畅通,就会汩汩地顺流而下;如果缺口开在于泉水相平的地方,那就流得不畅;缺口开在比泉水高的地方,潭水就流不出来。"开头是为文章定基调,而这个基调,也一定是在你已形成的价值观的控制之下的。比如,当我们要写一篇男权文化背景下女性价值观的文章,就要围绕着影响女性实现其价值的问题展开,如果在文章开头这样写,"女性无论形象多高大,都离不开厨房做背景。厨房是一个女人的起点也是终点。小小方寸之地,诠释了女性做人的全部价值",就很容易把生活中最常见的场景与女性价值实现的矛盾结合起来,围绕"厨房"写"女人",会为本来十分复杂的女权话题,找到一个十分恰当的开口。因此,不论多么宏大的主题,当我们要落实成文章时,都要靠词语来实现,先列出各类与文章主题有联系的词语,再对词语按反映主旨准确性的主次关系进行排列,最后确立一个可精准地代表主旨的词语,做文章题目或文章的开头,这样就是一条把主旨与语言巧妙结合的现实可行的捷径,这个词语即是能激活思维的词语,是进入创作的出发点。只有对文章进行这种细致的"技术"分析,才能使学生的写作练习真正有实效。歌德有一句名言说得好,"理论是灰色的,生活之树是常青的",要想提高写作能力,必须把理论和实践活动结合起来。亦如唐彪《读书作文谱》中所言:"天下事未经历者,必不如曾经经历者之能稍知其理。经历一周者,必不如经历四、五周者之能详悉其理也。经历四、五周者,又不如终身练习其事者之熟知其理而能圆通不滞也。"写作是有技巧的,技巧也是具体的,应结合作品帮助学生理清写作要领,通过练习引领学生掌握写作技巧。高尔基在《论文学技巧》一文中也曾指出:"应该研究文学劳动的手法和技巧,只有在掌握了这种技巧的条件下,才有可能赋予材料或多或少的完美艺术形式。"

切合实际需要的理论,动态且有针对性的作品分析,吻合大学生需求的写作实践,是本教材的三大突出特色。本书共八讲,每一讲的编排都是按照理论阐释、作品写作技巧分析、阅读与练习三部分来安排教学内容的,使学生循序渐进地把握写作的技巧和规律,最终达到从根本上提高写作能力的目的。

二

写作课是一门很有特点的课程。其主要特点表现在以下几个方面。

一是技能性。写作课的重要任务之一就是让学生掌握必要的文体知识,从而能写出合乎要求的文章。这个任务以及写作课的基础课的性质决定了其技能性。

苏轼在谈到创作时说,任何创作都包含两个方面,一是作者对所要表现的事物的认识,二是对已有的认识如何运用艺术方式把它充分地表达出来。这两个方面苏轼称之为"道"和"技"。这里的"技"就是"技艺""技能"。就"做文章"而言,写作确实属于一门"术科",具有训练的技术性。

二是实践性。写作课主要讲授与写作有关的理论,而其任务却是提高写作能力。把这二者结合起来主要依靠写作实践,也就是把理论与实践结合起来,在理论的指导下,有的放矢地训练。如果仅仅有理论学习,而没有具体的操作练习,理论只能是空头讲章,达不到提高写作水平的目的。

三是综合性。写作是一项综合性很强的活动。其综合性表现在很多方面,比如它既是脑力劳动也是体力劳动;它既需要思想(知识)也需要技巧(技能),用苏轼的话说就是,既需要"道",也需要"技",用陆机的话来说就是既需要"知"也需要"能"。所谓的"道"和"知",指的是对事物的认识,这需要人的观察能力、分析能力、研究和解决问题的能力,也需要人的想象力和创造力;所谓的"技"和"能"指的是人的表达能力,这涉及人的语言能力、逻辑能力等。因此,写作课虽然是一门相对独立的学科,但它与相关学科,如文学、历史、哲学、语言学、逻辑学等,有着密切的联系,具有很强的综合性。

四是效果的滞后性。所谓效果滞后性是指写作课的效果不会立竿见影。因为学习写作理论最终是为了转化为实际的写作能力,而从接受理论到转化为实际的能力中间需要有一个过程,由知识转化为能力的滞后性决定了写作课效果的滞后性。同时,写作本身既需要记性,也需要悟性和灵性。写作课所解决的仅仅是记性,而悟性和灵性就需要课下慢慢获得了。

我国一向重视个人的写作能力,古代就不用说了,直到现在,在各级学校的升学考试的语文卷面上,作文分数占到总成绩的40%~50%,这就意味着,看一个人的语文综合能力如何,写作能力的比重约占其中的一半。但实际的写作教学状况却与此并不怎么相称。新中国成立后的写作教学,大致走过了从汉语言文学到全学科,从文学创作到文秘、应用写作的道路。20世纪80年代以来,随着改革开放、交流活动的增多,大部分高校开设了写作课,但具体情况不尽相同,总起来看,大致经过了三个阶段:第一阶段是普遍开设基础写作课;第二阶段是分化和各行其是,一部分学校取消了写作课,另一部分学校或仍然坚持上基础写作或另辟蹊径,上秘书写作、文学写作之类的课程;第三阶段是以应用、实用文体为中心的注重实际写作能力培养与训练的教学阶段。

相较而言,文明程度越高、科学技术越发达的国家,人们对写作能力的要求似乎也就越高。以美国为例,在20世纪80年代,美国教育界流行的一句口号就是"学习通过写作"。最近,美国著名的未来学家约翰·奈斯比特在他的《大趋势——改变我们生活的十个新方法》一书中指出,由于工业社会向信息社会的过渡,有五件最重要的事情应该记住,其中之一就是在这个文字密集的社会里,我们比以往更需要具体的写作技能。罗伯特·穆尔在他的《效果写作》中也发表了类似的观点。他认为语言是思考、表现、理解的主要手段,一个学生必须精通祖国语言;他还认为所有的美国大学在新生入学的时候把基础的作文法教程列为必修课程等措施是体现了对语言能力的重视。其他一些发达国家和地区的情况与美国大致相同。日本的经理训练班结业考试,我国香港地区招聘职员都有动笔写作这一内容。很显然,一个人如果不具备较强的写作能力,生活、工作都要受到一定的影响。

学习写作要注意以下几个方面:

一是修身养性,提高自身品格。东汉时期的文论家王充对一般文人进行了分类:儒生、通人、文人、鸿儒等。在这几类文人中,鸿儒为最优者。通过对鸿儒的赞扬,王充提出了品评作者的标准。他认为品评作者的高下不能仅仅以知识量为标准,而应当看他能否博能通用。东汉时期,社会充斥着各种各样死读书的儒生,一些人一辈子钻在故纸堆里,埋头和死人对话,而不能活用。对于这样的人,王充认为他们不过是一些学舌鹦鹉,能够看草识木,却不能采草成药,不能伐木成梁。实际上,王充在这里提出了对作者的要求,就是既要有"才智",又要有"实诚"的品格。这里所说的"实诚"的品格就是指情感要真诚,心胸要坦荡。作文首先要有人品。法国文论家布封说"文如其人",清代刘熙载在他的《艺概》中也说"诗品出于人品"。确实如此。写作者不仅仅是因为技艺而工作,在更大的层面上还与责任感、荣誉心以及某种神圣的信念联系在一起。没有好的人品，虚伪为文，都将留下笑柄。

提高自身品格还必须努力扩大自己的知识面。有个说法叫见多识广，见得多了，捕捉新事物、新现象的能力、辨别是非善恶美丑的能力等都会有提高，这样在行文时就可能有新意，内容才可能丰富、深刻。否则的话，可能要捉襟见肘，张冠李戴，不仅文章内容贫乏，还有可能出笑话，轻则文章没意义没价值，重则流弊不小，贻害他人。

提高自身素质还要注意思维能力的训练。写作思维就是想方设法将已获得的认识成果借助一定的文章体式表达出来，从某种意义上说，写作带有独白的性质，但它并非是一种完全的独白，而是要让读者容易理解。这取决于两个方面的因素：一个是"思"，一个是"达"。前者指的是要想清楚，后者指的是要表述明白。两者都需要清晰的思维能力。思维混乱，不仅会影响对问题的深刻思考，而且还会影响表达。

二是多阅历，多读书。也就是我们常说的"读万卷书，行万里路"。古人有"阅世"的说法，实际上指的就是要多阅历，尤其是多体验。亲身经历和体验对一个人的写作影响是很大的。时代和经历会在作者的心理上留下深刻的印记，这也就是战国时期的大思想家孟子说论文要"知人论世"的原因。阅历对写作的影响不仅涉及作品的内容，而且涉及作品的形式、风格等，比如诗人杜甫，因为他经历了唐代由盛而衰、安史之乱等颠沛流离的生活，亲历了动荡贫饿和失子之痛，所以他的作品，不仅多写现实人生，而且还形成了沉郁痛切的风格，被后人称为"诗圣"。

读书也是获取材料、见识的重要途径之一。读书是认识客观事物、获得素材的途径之一。同时，读书还可以借鉴写作方法，感悟写作规律。还有，读书可以开阔胸襟，陶冶性情。关于读书的作用，后面相关章节有专门论述。

三是多练。写作技巧需要经过日常习练，付出艰苦的努力才能获得。《庄子·达生》篇中有一个"佝偻承蜩"的故事。孔子见一个佝偻者在抓蝉，一抓一个准，孔子非常奇怪，便前去请教。佝偻者说："我有道也。五六月累丸二而不坠，则失者锱铢；累三而不坠，则失者十一；累五而不坠，犹掇之也。……"对抓蝉的佝偻者而言，身体就犹如一个抓蝉的机器，要成为这个机器，就必须经过艰苦的练习，最终使技巧内化到身体、精神中。写作与此类似，也需要长期艰苦的习练，这是由写作的技能性所决定的。

多写多练，要按照循序渐进的原则有计划有步骤地进行。一般地说，要遵循下列原则：由短到长再到简；由不规范到规范再到变化；由单一到多样再到专一。同时练习的形式要灵活多样。可以写日记，可以参加文学社团的活动，给报纸刊物投稿等，各种各样的形式都要有意识地加以利用。多练还要持之以恒。写作不是朝夕可得的工作，所以不能急于求成。胜不骄，败不馁，坚持下去，才可有成效。

附

什么是写作？

〔法〕罗兰·巴特

我们知道，语言是规约与习惯的集合体，是同一时代作家所共通的。这就意味着，语言如同一种自然属性，它完全贯穿于作家的言语之中，而不赋予言语任何形式，甚至也不会孕育言语：它就像是包容着各种真理的一个抽象圈，一个单一的动词仅在这个圈外才开始充实起来。它包含着整个文学创作，几乎就像天空、大地和它们的接合之处为人划定通常的栖身之地一样。它不是材料储库，而是地平线，也就是说，既是一种极限，又是一处驻留地，一句话，它是一种布局的可靠的范围。严格地讲，写作者不能从语言上汲取任何东西：对于写作者来说，语言更像是一条直线，逾越它也将说明言语活动的超自然属性：它是一种动作的场域，是对一种可能性的确定和期待。它不是一种社会介入的场所，而仅仅是一种无选择的生理反射，是人们的共同财富，而不是作家的财富；它独立于文学的程式而存在；它从定义上讲是一种社会对象，而不是被选定的社会对象。没有任何写作者可以把他的自由很自然地置入混沌的语言之中，因为贯穿语言的，是整个历史，是以自然方式存在的完整而统一的历史。因此，对于作家来说，语言只不过是人的一种地平线，它在远处建立某种亲密关系，而这种关系又是完全否定的：说加缪和格诺说同一种语言，这只不过是借助于一种分化过程来推测他们所说的所有古代或未来的语言：作家的语言悬浮于废弃的形式与未知的形式之间，它不是一块土地，而是一种极限；作家只要说话，他就会像俄耳普斯转身那样失去其步态的稳定意指和其社交活动的基本姿势，而语言正是他所说的一切的轨迹。

因此，语言是存在于文学之中的。风格却几乎是在外面的：某些意象、某种叙述方式和词汇都出自作家本身及作家的过去，逐渐地形成其艺术的规律性东西。于是，在风格的名下，便形成了一种自给自足的言语活动，这种言语活动只潜入作者的个人隐秘的神话中，只潜入言语的亚躯体中，而词与事物的第一次偶联就在这里形成；有关风格的存在性的重要动词词干也一劳永逸地在这里建立。不论风格多么细腻，它总是有某种粗糙的东西：它是一种没有目的的形式，它是一种动力的产物，而不是一种意愿的产物，它类似于思想的一个单一的垂直维度。它所依赖的是一种生物学和一种过去，而非一种历史：它是作家的"东西"，是他的光荣和桎梏，是他的幽静之处。风格作为个人的封闭步骤，它与社会无关却被社会所明了，它绝不是一种选择的产物和一种有关文学思考的产物。它是仪礼中的个人部分，它从作家的神秘内心深处升起，却翱翔在作家的责任之外。它是一个不被人所知的秘密肉体的装饰音；它靠一种需要而发生作用，就像花枝萌发，它只不过是一种盲目而顽强的变形的表现期，是产生于肉体和世界的限度内的亚言语活动的一部分。确切地讲，风格是一种萌发现象，它是一种心境的蜕变。所以，风格的暗示是在深层分布的；言语具有水平的结构，它的秘密与它的用词处于同一界线上，而且，它所掩盖的部分由其继续的时间所揭示；在言语之中，一切都是现成的，目的在于马上能用，而动词、沉默及它们的运动则涌向一个废弃的意义：这是不留痕迹又毫不迟疑的一种转移。相反，风格只有一个垂直面，它潜入人的封闭记忆之中，它从某种经验出发来形成自己的混沌性；风格从来不是隐喻以外的东西，也就是说，它只是文学意向与作者躯体结构之间的一种方程式（必须想到，结构是一种时间的积淀）。因此，风格便一直是一种秘密；但是，它所默默地依靠的不是言语活动的多变而又不断延续的本性；它的秘密是封闭在作家躯体内的一种记忆；风格的暗示能力并不像言语那样是一种速度现象（在言语中，没有说出的话仍然是言语活动的一种暂时停歇），而是一种密度现象，因为，深深地直立于风格之下、或艰难或灵活地聚在其修辞格中的，则是与言语活动毫不相干的现实生活片断。这种蜕变的奇迹使风格成了某种超文学操作方式，又是这种操作方式把人带到了力量与魔法的门槛口。由于风格的生物学起因，所以它处于艺术之外，也就是说处于连接作家与社会的契约之外。因此，我们可以设想，有些作家宁肯要艺术的安全性，而不要风格的孤独性。无风格作家的典型，是纪德，他用手工艺方式从某种古典主义的精神中开掘现代的情趣，完全像圣—萨爱恩改编巴赫作品，或布朗克改编舒伯特作品那样。与此相反，近现代诗歌——雨果、兰坡或夏尔的诗歌——却充满了风格，并且也只在从诗的意向方面谈问题时才是艺术。正是风格的威严即言语活动与作家的双层肉体之间绝对自由的联系，迫使作家成了飘逸于历史之上的一股清新之风。

因此，语言的水平线与风格的垂直线为作家划定了一种自然属性。因为他既不能选定这一条线，也不能选定那一条线。语音在运转时，就像是可能之事的最初极限所表现的那种消极的运转状况，而风格则是连接作家的气质和他的言语活动的一种需要表现。在前者那里，作家找到了与历史的亲近关系；在后者那里，他找到了与本人过去的亲近关系。在这两种情况里，都关系到一种自然属性，即一种亲近姿态，而在这种姿态中，人体的能量仅仅是操作性的，它用于风格的列举，用于语言的转换，但从不用来判断和表明一种选择。

然而，任何形式也都是一种价值；因此，在语言与风格之间，就为另一种有形的现实留下了一席之地：写作。不论何种文学形式，总有情调、气质的一般选择，而作家正是在此明确地表现出个性，因为正是在此他介入了进来。语言与风格是先于言语活动的任何问题而存在的材料，语言与风格是时间和生物人的自然产物；但是，作家的确切身份只能在语法规范和风格的不变成分之外才真正得以确定，因为在那里，首先汇聚和封闭在一种完全纯真的语言本性中的写作连续体，最后将变成一种完整的符号，变成对于人类行为的选择和对于某种利益的肯定。因此，也就把作家置于对一种幸福或一种苦恼的阐述与交流之中，同时把他的言语的既规范又特殊的形式与他人的广泛历史联系起来。语言与风格都是盲目的力量；写作是一种具有历史连带性的行为。语言与风格都是客体；写作是一种功能：它是创作与社会之间的联系。它是因其社会目的而得以改造的文学性的言语活动，它是因其具有的人的意志而被理解并因此与历史的重大转折密不可分的形式。例如，梅里美和费纳隆因语言现象和风格变化而有别；然而，他们却使用带有相同意向的言语活动，他们依据相同的有关形式与内容的观念，他们接受相同的规约范畴，他们是同一些技术性反射的发源地，他们相距一个半世纪，却以同样的姿态使用相同的工具，也许这种工具外表上已有所改变，但从其所处的情境和用法上看却丝毫未变：总之，他们具有相同的写作方式。相反，几乎是同时代作家的梅里美和洛特雷阿蒙、马拉美和赛利纳、纪德和格诺、克洛岱尔和加缪，尽管他们曾说过或现在还说着处于同一历史状况的我们的语言，但他们却使用着截然不同的写作方式；这些作家的笔调、叙述方式、结尾方式、道德教益以及言语的朴实程度都把他们区分了开来，以致时代的相同和语言的一致与如此对立和深受这种对立本身所限定的写作相比，实在微不足道。

这些写作虽然有别，但却是可比较的，因为它们都产生于一种相同的活动，那就是作家对其个人的形式在社会上的利用和他所做选择的思考。写作由于处于文学问题的中心(有写作才会有文学问题),因此,它基本上是形式的道德论,它是作家对于他决定把其言语活动的本性置于其中的社会空间所做的选择。但是这种社会空间绝不是一种有效利用的社会空间。对于作家来讲,问题不在于选择他为之写作的社会群体:他很清楚,除非指望一场革命,否则这种选择只能是用于同一社会。他的选择是意识的选择而非功效的选择。他的写作是一种思考文学的方式,而非推广文学的方式。或者进一步说:正是由于作家一点都改变不了文学创作的客观条件(这些纯粹是历史的条件躲避他,哪怕他意识到了它们),所以,他才自愿地把对于一种自由的言语活动的需要转移到这种言语活动的起源方面,而不是它的完成阶段。因此,写作是一种含混的现实:一方面,它无可争辩地产生于作家与他所处社会的对立;另一方面,从社会的合目的性出发,它通过某种悲剧的移情作用,把作家遣回到他的创作所依赖的最初手段上。由于不能为作家提供一种自由完成的言语活动,历史便建议他采用一种自由产生的言语活动。是,写作的选择及其责任便明确地提出了一种自由,但是这种自由在历史的不同时期其极限是不一样的。作家不能在某种超越时间的文学形式库中选择其写作方式。一位已知作家可能运用的写作只有在历史和传统的压力下才能确立:存在着一种写作的历史;但这种历史是双重的:甚至就在一般历史提出——或强加——一种新的有关文学性言语活动的问题时,写作仍充满对其先前使用习惯的记忆,因为言语活动从来不是纯真的:词句具有辅助的记忆能力,它可以神秘地进入新的意指之中。确切地讲,写作正是自由与回忆之间的和解,它是回忆的自由,而这种自由只有在选择的姿态中而不再在其时间的延续中才是自由的。今天,我也许可以选择这样或那样的写作,可以在这种姿态中确认我的自由和追求一种清新或一种传统;若是不逐渐地变为别人甚至我自己的词语的俘虏的话,我便不能再在一种时间延续中发展这种自由。一种来自于所有先前的写作、甚至来自于我个人过去的写作的顽固的残余影响,盖住了我的词语的现时声音。每一个写出的痕迹,就像一种在先是透明、纯净和中性的化学元素中一样迅速沉淀,因为在这种元素内,只要时间一一延续,就会使整个反应过程浮现出来,就会使全部隐蔽物越来越稠地显示出来。

像自由一样,写作也只是一种时刻。但是,这种时刻是历史最为清晰的时刻之一,因为,历史总是而且首先是一种选择和这种选择的极限。正是由于写作衍生了于作家的含有意义的动作,所以它比文学的其他截面更明显地与历史处于同一水平上。古典主义写作的一致性在几个世纪间没有变化,而近现代的写作的多样性百年来繁衍不止,甚至达到了文学现象本身的极限,在法国,写作的这种分裂情况与整个历史的重大危机是非常相符的,而这种危机在严格意义的文学史中是看得极为含混的。使巴尔扎克与福楼拜"思想"有别的,是学派变化;使他们的写作相对立的,是在两种经济结构发生交替从而在其接合过程中引起精神与意识决定性变化时刻所出现的一种基本断裂。

(选自《罗兰·巴特随笔选》,百花文艺出版社 1995 年版,第 3 ~ 10 页)

复习问题

1. 写作是什么?

2.你如何理解写作课效果的滞后性?

3.学习写作的途径有哪些?

思考习题

1.你认为影响写作兴趣、能力、水平的因素是什么?

2.回想你的一次写作经历,说说自己的感受。

3.就你自己的写作现状而言,你认为最想突破的是什么? 如何能实现?

推荐阅读

1.史铁生.写作的事[M].北京:东方出版社,2006.

2.卡耐基说话的艺术[M].刘祐,编译.北京:中国城市出版社,2007.

3.郭有通.创造心理学[M].北京:教育科学出版社,2002.

4.〔美〕哈罗德·布鲁姆.如何读,为什么读[M].黄灿然,译.南京:译林出版社,
2011.

第一讲　文章要素

●内容要点●

1. 新颖、具体的材料是让文章生动有趣的重要基础。

2. 主题可以是一种观点或思想,也可以是一种情感或情绪,可以有宏大的历史、现实意义,也可以仅仅传达一种情趣或趣味。

3. 结构决定着故事的内容,也决定着文章效果。

4. 语言的组织像文字游戏,不同的排列组合会产生不同效果。

材　料

课程导读

材料是形成认识的基础,也是支撑观点的支柱。搜集材料要求务实求多,但在具体写作过程中,在对材料进行选择时要符合典型、真实、具体和新颖的要求。

一、什么是材料、素材、题材

我们在日常学习、生活中听过很多与材料相关的概念,比如题材、素材。那么材料、题材、素材之间有什么关系呢?其实,这三者都是表达主题的依据,都要为主题服务,但三者含义不同。材料是写作阶段中用来构思全篇、提炼主题等所有资料的总称。材料的种类非常多,按来源分,可以分为直接材料和间接材料:直接材料就是写作者在生活实践中直接体验、感知而获得的材料,我们写的散文很多源于直接材料;间接材料则是写作者通过书籍、广播、电视、网络等所获得的材料。凡尔纳一生中创作了100多部科幻小说,创作所需的材料多是从法国国立图书馆获得的,也就是说他所依赖的多是间接材料。若按照材料的特点来分,又可分为事实性材料和观念性材料。所谓事实性材料,是指客观存在的具体材料或报刊书籍所提供的有关资料;而观念性材料一般是指主观上的认识或者看法,基本类似于我们所说的"思想"。按照时间来分,又可分为历史材料和现实材料,很多比较流行的历史文学作品是依赖历史材料写成的,比如二月河的帝王系列、当年明月的《明朝那些事儿》等,当然其中有很多演义的成分。

素材和题材有很大区别。首先从"量"的角度讲,素材"大"、题材"小";其次从"质"的角度讲,二者有根本不同。素材可以说是最原始的资料,是作者在现实生活中经历和感受到的所有的事实、理论或者情感,是完全没有经过加工的"天然"材料。题材也有广义和狭义之分。广义上的题材指社会生活、社会现象的某些方面,比如军事题材、工业题材、农业题材等。近几年,农业题材的作品比较多,多以东北地区为主。军事题材的作品也有不少作品广为人知,比如《亮剑》《士兵突击》等。

二、材料的作用

概括地说,拥有丰富的材料是写作的基础。具体而言,材料的作用主要表现为相互联系的两个方面。一是材料是形成正确认识的基础。没有对于相关材料的梳理和分析,我们很难评价一个人、一件事、一种现象。这里需要注意的是,即便有了材料也很难作出比较客观、公正的评价。为什么呢?因为客观、公正的评价来自于充分的材料。换言之,只有在拥有比较全面的材料的情况下,我们才可能对对象作出准确的评价。二是材料是表达主题的支柱。我们说话、写文章,需要充实的材料去支撑,如果没有充实的材料做支撑,那文章就成了口号,是很难触动人、说服人的。新闻强调"用事实说话",写文章要求用材料说话。

三、搜集材料的要求

搜集材料是必要的,但也要讲究方法,也就是要明了搜集材料的基本要求:务"实"求"多"。所谓务"实",即搜集的材料要真实,符合事情的真相,符合基本的发展规律;二是求"多",首先是数量多,尽可能多地搜集与所要谈论的对象有关的材料,其次是多方面的材料,就是说不能只抓住一个方面的材料不放,要搜集多角度、多层面的材料,因为只有这样才可能辩证地分析问题,并作出合理的判断。

四、材料的选择和剪裁

材料的选择是很重要的一个环节,直接决定着文章质量的高低。选择材料时要遵照以下几个标准:

(一)选择材料的基本要求

(1)典型性。就是要选择那些有普遍性、有说服力、能以一当十的材料。夏衍的文章《种子的力量》,其基本观点是"种子的力是无穷的"。为了论证这一观点,作者举了一个例子,即科学家要研究人的头盖骨,但是头盖骨结合得非常严密,动用了很多机械都没能完整地打开,就想了一个办法:把种子放进头盖骨,加水并提供适宜的温度,让种子发芽。结果随着种子发芽、生长,人的头盖骨被完整地打开了。只此一个典型的例子就很好地证明了"种子的力是无穷的"这个观点。还有一篇新华社的通讯《奔向2000》,在论证"落后就要挨打"这个观点时,引用了这样一段话:"中国武备之虚弱,财源之衰竭,政象之纷乱,实为一个千载难得的瓜分时机。"这一段话出自八国联军入侵中国时的德国统帅瓦德西之口,是瓦德西向德国君皇上书要求侵略中国时所说。在熟悉中国历史的人看来,没有什么材料能比这段引用能更有力地证明"落后就要挨打"这个观点了。

(2)真实性。真实是一个使用频率比较高的词。写理论文章要求真实,写小说要求真实,写新闻还要求真实。那么这些不同语境下的"真实"有什么区别呢?日常生活我们常用的"真实",至少有三种含义,分别是理论(宏观)的真实、新闻(具体)的真实、艺术(情感)的真实,不同的含义适用于不同的语境。比如理论文章所要求的是理论(宏观)的真实,小说要求的是艺术(情感)的真实,而新闻要求的则是具体的、客观的真实。艺术的真实是一种想象中的真实。它只要在作品所设定的特定情境中能自圆其说就可以了。至于其人物的所作所为、事件的发生发展不必有现实的真实性。比如没有人追究孙悟空在现实中存在不存在，也没有人因为现实中马不能飞而指责唐僧骑的白龙马会飞是一派胡言。理论(哲学)的真实是指在理论或本质上看是合理的，但在现实中因为实际条件限制还没有实现，或者在实现过程中还不完美。在这点上，可以说，理论的真实是一种宏观的真实，一种抽象的真实。而具体的真实是一种微观的真实，它要求所涉及的人物、所提及的事件都必须是客观的，确有其人、确有其事，在现实中能够核实和对证。应用写作中所要求于客体的就是这样的真实。

（3）新颖性。主要指尽量避免老套的材料，多寻求新事物、新变化、新现象。只有运用新颖的材料才能表达新颖的思想和独特的感受。新颖的材料包括两类：一是刚发生的新情况、刚出现的新现象。写作者要善于及时掌握这类新现象、新情况。客观事物总是处于发展变化之中，新现象、新情况层出不穷，尤其是在当下这样一个快速发展的社会环境中，新现象、新事物层出不穷。若能及时抓住别人没有写过的新材料，反映别人没有注意到的事情，就可以避免雷同，给人新鲜感。比如随着人的基本素养的提高，人们开始选择适合自己的生活方式和生活理念，出现了"都市绿族"和"酷抠族"。前者倡导环保，车只在必要的时候才开；后者强调高质量的生活但又强调节俭和自立，即要穿名牌但是在打折或换季时"淘"名牌，要朋友聚会但不去酒店而是采用聚餐的形式，等等。这些新的生活方式的优点是什么？有没有可能引起新的问题？这就是写作者应该思考并回答的。二是对习见的事物重新开掘，"整旧如新"。日常事物因为惯性作用，人们已经习惯了用老眼光去看待，而若换个角度去审视，则事物就可能"摇身"变成引人再次注意的"新事物、新现象"，给人新的启示。比如，我们常常讽刺嘲笑《儒林外史》中的严监生，因为他吝啬到临死还因为油灯燃着两根灯草太浪费而不肯咽气。但金克木老先生却独辟蹊径，从"节约""为后人着想"的角度重新审视这则熟悉的材料，写了《两根灯草》一文，认为严监生离开人世之前还舍不得一根灯草，并不是为了自己。"对活人，点一根灯草已经是光明，对死人，点两根灯草也照不开黑暗。"作者从一个全新的角度，为严监生做了辩护，赞扬他着意为后人的良苦用心。这番逆向思维的选材独特新颖，出人意料又在情理之中。

（4）具体性。写作过程中既要用到概括性的材料，也要用到具体的材料。概括性材料和具体的材料结合适当才能成为好的文章，但是，由于概括性材料表面上看能显示出思想深度或者见识的广度，很多写作者对其情有独钟。这里我们重点强调具体的材料。所谓具体的材料，主要指那些能够生动形象、细致入微地说明事物特性的材料。文章的形象生动是建立在具体的材料之上的，没有具体的描绘，没有细腻的刻画，是难以达到栩栩如生、真实动人的境地的。具体是使抽象的概念形象化的重要手段。史铁生有一篇短短的散文《秋天的怀念》，其中有这么一句："双腿瘫痪后，我的脾气变得暴躁无常，望着望着天上北归的雁阵，我会突然把面前的玻璃砸碎；听着听着李谷一甜美的歌声，我会猛地把手边的东西摔向四周的墙壁。"这里有一个概括性很强的词"暴躁无常"。作者怎么阐释这个词呢？就是写了两个日常生活中的反常举动，通过具体的事例形象地说明自己的暴躁无常。这个例子足以说明：具体并不见得非要长篇大论，举例是个让抽象的概念具体化的很好的技巧。再比如"时间"是很难写的，看不见，摸不着，怎么写呢？可是有人就能将时间写得具体可感：

　　　如果以一天中的时间来对应四季，当然春天是早晨，夏天是中午，秋天是黄昏，冬天是夜晚。如果以乐器来对应四季,我想春天应该是小号,夏天是定音鼓,秋天是大提琴,冬天是圆号和长笛。要是以这园子里的声音来对应四季呢? 那么,春天是祭坛上空漂浮着的鸽子的哨音,夏天是冗长的蝉歌和杨树叶子哗啦啦地对蝉歌的取笑,秋天是古殿檐头的风铃响,冬天是啄木鸟随意而空阔的啄木响。[①]

这段文字来自史铁生的《我与地坛》。可以看到,在这段文字里,"时间"这个极为抽象、阔大无边的概念变得有了声音、有了颜色,鲜活起来。诀窍是什么呢? 除了运用具体的色彩、声音、形象,还有一点就是作者对于"时间"有深刻的体悟。这就说明具体的材料在很大程度上依赖于写作者对于对象的体验和观察。

(二)材料的剪裁

所谓剪裁主要指动笔写作时对材料的具体取舍和安排。剪裁主要依据表达主题的需要进行,具体来说要注意以下几点:

(1)要注意材料与主题相一致。就是说材料要能有力地证明、阐释主题。但是在写作过程中我们也常常遇到这种情况,就是或许是因为对主题没有思考透彻,也或许是对材料的含义把握不透,材料放到文章中,不仅不能证明主题,反而相反。比如看下面这段话:

大学对于一个人的人生是重要的。通过学习,我们的能力会得到提升,有助于更好地踏入社会。许多成功人士都是在大学里锻炼了能力,清理了思路,顺利地进入社会并很快地成就了一番事业。比如比尔·盖茨在从大学里退学之后就专心在电脑领域钻研,建立了他自己的电脑王国。

这里的材料与主题显然是相背离的。比尔·盖茨恰恰是不通过大学学习也能成功的代表,选择这样一个不合适的例子等于是自己给自己挖了个陷阱。

(2)要注意详略。一篇文章中要用到很多材料,不可能所有的材料都很详细,都面面俱到。要根据表达的需要对材料进行安排,有详有略。一般来说,对于主题至关重要的要详细写,其他的就可以简略地介绍。

主 题

课程导读

所谓主题即文章所表达的看法、观点、思想或者趣味、情感,换句话说,就是提笔为文的那个"目的"。主题带有写作者的个性色彩,同时又受到客观现实的制约。主题是文章的灵魂和统帅。正确、新颖、深刻是提炼主题的基本要求。

一、主题的特性

作家王安忆曾经这样界定小说:

小说是什么? 小说不是现实,它是个人的心灵世界,这个世界有着另一种规律、原则、起源和归宿。但是筑造心灵世界的材料却是我们所赖以生存的现实世界。小说的

---

① 史铁生.我与地坛[M].济南:山东画报出版社,2002:20.

价值是开拓一个人类的神界。[①]

在这段文字中,王安忆界定了小说,也提出了一个问题:即小说与现实的关系。首先,小说不是现实,它所展示的是人的心灵世界,这个世界遵循着与现实世界不同的规则。其次,小说又依赖现实世界,至少需要现实世界提供构筑小说世界的材料,也就是说,小说世界是有着现实世界的印记的。

这里王安忆所说的小说世界与现实世界的关系实际上也正好道出了主题的两个特性:主观性和客观性。

文章是从写作者心灵中流出的,是经过主体的大脑过滤的,所以不免带上主体的印记。每一个写作者都拥有不同的先天生理气质、生长环境、经验阅历、学识素养,因此同样的场景、同样的人或事,在不同的人那里肯定会有不同的印象。同样是梅花,在陆游笔下是"寂寞开无主",而在毛泽东笔下则是"俏也不争春,只把春来报"。而同样一条秦淮河,俞平伯和朱自清在同船游玩之后却写出了风格和意韵完全不同的两篇《桨声灯影里的秦淮河》。

主题虽然具有主观性,但这个主观性也不是完全没有限制,而是要受到客观事物的制约,因此主题也具有客观性。首先,用来表达主题的材料是来自客观生活的。其次,写作者的观点、思想、情感都是从日常生活中慢慢积累而来的,不可能是空穴来风,所以也免不了现实的影响。很多轰动一时的作品时过多年以后,读者很容易就能发现其局限。为什么呢?因为作者受到当时社会环境的制约,认识水平就只能达到当时的高度。这也就涉及到主题的第三个特性:时代性。一方面,任何写作者都是社会的人,其认识要受到其所生存的时代的制约,超越时代局限、具有预言性质的人是极少的,因此作品的主题不可能不具有时代性。另一方面,有些事物,在特定的历史阶段就是符合当时社会发展需要的,是进步的,是好的,而过一段时间之后,在当时代表了社会前进方向的事物有可能不再符合社会发展需要,反映到作品中,就表现出明显的时代特色。比如每个人都熟悉的儿歌《小燕子》中有一句是"这里建起了大工厂",建带有高高的烟囱、冒着浓烟的工厂在一个时期是社会蒸蒸日上的标志,而现在则成了我们要改造的重点。概而言之,文学写作的时效性虽然不是那么强,但也是不断发展变化的。每个时代都有每个时代的独特命题,时代的特色肯定要在作品中表现出来,主题的时代性是不可避免的。

二、主题的功能

苏轼在被贬海南岛后,曾经给人介绍写文章的方法。关于"意"即主题,他这样说:"儋州(即海南岛)虽数百家之聚,州人之所须,取之市而足。然不可徒得也,必有一物以摄之,然后为己用。所谓一物者,钱是也。作文易然,天下之事,散在经子史中,不可徒使,必得一物以摄之,然后为己用。所谓一物者,意是也。不得钱不可以取物,不得意不可以用事,此作文之法也。"这里苏轼用一个比喻生动地揭示了"意"也就是主题的作用:收拢材料的核心。

主题是文章的灵魂。主题是文章的灵魂,是生命所在,文章好坏首先系于主题是否正确、是否深刻、是否新颖。如果主题有偏颇或者肤浅或者陈旧,那么无论技巧多么娴熟、文辞多么优美,都不能成为好的文章。

主题是文章的统帅。也就是说,主题决定着材料的选择、结构的安排,决定着词句的

---

① 王安忆.小说家的十三堂课[M].上海.上海文艺出版社,2005:1.

运用。没有主题的文章,就好比没有将军的队伍,再多也只能是"乌合之众"。

三、提炼主题的要求

正确。这里的正确是指符合客观事物的发展规律,符合事物的本质。要做到这点就必须遵循以下三个原则:一是开阔视野,统观全局。社会生活是非常复杂的,如果只局限于细部则可能会"一叶障目,不见泰山",得出偏颇的结论。二是要善于拨云见日,透过现象见本质。事物都是多角度的,现象也是多层面的,我们要善于寻找最能反映事物本质的角度,把握最能揭示本质的那个层次。三是要分清主流和支流。在多元化的社会环境中,存在多种人生观和价值观。有些是积极有益的,有些则是消极的。写作者必须要学会辨析,分清哪些是符合生活需要的、合理的,哪些是不符合社会需求的、非理性的。不能主次不分,颠倒黑白。

新颖。就是说不能步人后尘,拾人牙慧,要有独特发现。要做到这一点就必须从自己熟悉的生活出发,从自己的切身体验和感悟出发,不能听将令,当"留声机",否则即便勉为其难也难以写出好的作品。

深刻。就是说主题要见人所未见,发人所未发,对自己有提升,给他人以启迪。深刻的主题是好的,但并不容易做到,这多依赖于写作者的修养。一般地说,见多识广的人或者阅读量大且善于思考的人多能发现他人难以发现的东西。所以说深刻与否,取决于积累的多少。初学写作者慢慢积累,遇事多思考,终会有自己的发现。

结　构

课 程 导 读

在材料相同的情况下,不同的排列顺序将形成不同的故事。不同的结构安排还会导致不同的接受效果。结构安排要符合一般的认识规律,还要符合表达主题的需要及文体自身的特定要求。在安排结构过程中,要充分注意开头和结尾、照应和过渡等。

一、结构的作用

"结构",本来是一个建筑学的术语,指建筑各部分之间的安排。借用到写作学中来,指对于题材的安排。结构是很重要的。首先,同样的材料,不同的顺序将形成不同的故事。比如有这么三个镜头:

镜头一:两个青年男女坐在公园的长椅上;

镜头二:年轻女子在打电话;

镜头三:年轻男子一个人在散步。

我们可以把这三个镜头按照不同的顺序排列。比如一、二、三的顺序或者三、二、一的顺序。这两种不同的顺序讲的是不同的故事,后者是一个恋爱的故事,而前者则可能是一个失恋的故事。

其次,不同的结构安排会产生不同的效果。比如清代林嗣环的《口技》:

京中有善口技者。会宾客大宴,于厅事之东北角,施八尺屏障,口技人坐屏障中,一桌、一椅、一扇、一抚尺而已。众宾团坐。少顷,但闻屏障中抚尺一下,满坐寂然,无敢哗者。

遥闻深巷中犬吠，便有妇人惊觉欠伸，其夫呓语。既而儿醒，大啼。夫亦醒。妇抚儿乳，儿含乳啼，妇拍而呜之。又一大儿醒，絮絮不止。当是时，妇手拍儿声，口中呜声，儿含乳啼声，大儿初醒声，夫叱大儿声，一时齐发，众妙毕备。满坐宾客无不伸颈，侧目，微笑，默叹，以为妙绝。

未几，夫齁声起，妇拍儿亦渐拍渐止。微闻有鼠作作索索，盆器倾侧，妇梦中咳嗽。宾客意少舒，稍稍正坐。

忽一人大呼："火起"，夫起大呼，妇亦起大呼。两儿齐哭。俄而百千人大呼，百千儿哭，百千犬吠。中间力拉崩倒之声，火爆声，呼呼风声，百千齐作；又夹百千求救声，曳屋许许声，抢夺声，泼水声。凡所应有，无所不有。虽人有百手，手有百指，不能指其一端；人有百口，口有百舌，不能名其一处也。于是宾客无不变色离席，奋袖出臂，两股战战，几欲先走。

忽然抚尺一下，群响毕绝。撤屏视之，一人、一桌、一椅、一扇、一抚尺而已。

开头说"一桌、一椅、一扇、一抚尺而已"，结尾又强调"一桌、一椅、一扇、一抚尺而已"，完全一样的语句重复两次，意在强调表演者高超的口技艺术。但是如果把开头一句去掉呢？我们会发现后面精彩的表演会引起听众很强的好奇心：到底依靠什么将失火这么复杂的场景表演得如此惟妙惟肖、扣人心弦呢？最后谜底揭开，听者将会更加赞叹不已。

二、安排结构的基本原则

（一）反映事物发展的规律，也就是要符合人们认识事物的逻辑

人的成长规律是从童年到少年再到青年、中年、老年，事物的发展规律是缘起——发展——高潮——结局。这些事物发展的基本规律是安排文章结构的基本原则。在写人物时可以根据表达主题的需要稍微有些调整，但不能毫无逻辑地跳来跳去。

（二）符合表达主题的需要

结构的安排要始终围绕主题进行。开头和结尾如何进行、层次和段落如何安排、何时过渡、如何照应等等，都要符合表达主题的需要。比如我们看下面这个开头：

我刚从我的业主那儿做客回来。这一位孤零零的邻居，今后我和他可有一番交道好打啦。这还算不得一个美丽的山乡吗！我不信在整个英国境内我还能挑中一个地方，像这儿那样完全跟熙熙攘攘的社会隔绝开来。好一个厌世者的天堂哪！

这是英国小说家艾米莉•勃朗特的小说《呼啸山庄》的开头。开头的叙述颇为急促，不容读者质疑，几乎让我们回不神来的时候，作者已经急不可耐地说了一大段了。这样开头的效果就是让我们对其邻居以及作者今后要生活其中的环境（读下来知道叫"呼啸山庄"）产生强烈的好奇心。这个开头突出的特点就是并非平和舒缓的叙述，这非常符合小说的主题，因为整部小说就是设置了一个与世隔绝的环境，塑造了一批与众不同的人物，叙述了一场惊心动魄的爱情。

（三）符合文体规律

不同的文体有不同的结构安排原则。比如议论性文体一般按照"提出问题——分析问题——解决问题"的逻辑顺序安排结构；记叙性文体一般按照"起因——发展——高潮——结局"的顺序安排结构；说明性文体则多按照"是什么——功能与作用——怎么样（如何操

作及注意事项)"的顺序安排结构。就具体文体来说,结构安排规律也有差别,需要注意把握并按照具体文体的要求安排结构。这一点我们在讲到具体的文体时将有具体表述。

三、结构的基本内容

(一)不同文体的常见结构形式

1.叙述性结构

叙述性文本一般是为了讲述一个过程,常见的有以下几种结构方法:

按照时间的先后顺序来安排层次,即纵式结构。这是叙述时最常用的结构形式。郁达夫的《钓台的春昼》就是这种叙述方法,记述了作者寻访位于桐庐以西富春山上的严子陵钓台的过程。按照事物发展过程中的不同阶段安排层次,也属于纵式结构一类。这种安排层次的方法有明显的优势:脉络清楚,易于表现故事情节和发展的进程,然而运用不好也容易写成流水账。

按照空间的变换安排层次,即横式结构。如我国台湾散文家颜元叔的《荷塘风起》,描写了充溢着自然的美妙但是却被人类逼迫得步步后退的荷塘。作者按照观察点的移动,从多个角度刻画了荷塘的变化,曾经的碧叶连天变成了如今的局促,周围的钢筋水泥蚕食着荷塘的肌肤,作者从荷池与莲池之间的长堤,走到池边的尖顶亭,仍嫌美中不足,又来到荷塘的西侧,空间的每一次转换,文章便推出一个新层次,渐渐深化主题,使结构井然有序。游记以及概貌通讯等,多是采用这种结构形式。这种结构形式给人的印象比较有整体感,易于表现主题。但应防止生拉硬扯、拼盘式的东西,以免失去内在的联系。

以时间为"经",以空间为"纬",采用时空交错的办法来安排层次。这种方法非常常见。比如我国台湾作家余光中的名篇《听听那冷雨》,开篇从惊蛰写起,描写了一幅淋淋漓漓、淅淅沥沥的中国水墨画一般的场景,从祖国大陆到台湾都是如此。然后思绪飞扬,用古代诗歌中描写雨的滋润的那些诗句作为落脚石,在时空的长河中凌波飞渡,时而古代,时而现代,时而美国西部,时而江南故土,最终回到台北雨巷中的家。多年的思乡之情在这时空交错中织成一张网,让作者难以释怀,只好说:听听那冷雨。

以认识和感情的发展变化为顺序来安排层次。例如,当代作家毕淑敏的散文《淑女书女》,她围绕着"淑女",讲出了自己的肺腑之言。她首先把女人分成读书的和不读书的,然后谈了自己对读书的看法,接着讲读书对女人来说意味着什么,最后她认为果敢、自信和自尊的读书的女人是真正的淑女。这个古老而又新鲜的话题在她的笔下娓娓道来,像山谷中的鸟鸣声一样自然和谐地流露着她独有的善良和智慧。这种布局的结构形式要真情自然,切不可矫揉造作。

2.议论性结构

议论文划分层次的方法,常见的有以下几种:

"三段"式。就整体来讲,文章的结构形式为"总—分—总"的逻辑关系,包括绪论、本论、结论三个部分,也就是提出论点、论证论点、总结论点三部分。先明确全文的中心论点;再对问题进行具体分析;最后加以归纳,解决问题。这是根据思维逻辑顺序划分的基本结构形式。例如《反对自由主义》一文,首先提出中心论点,接着加以分析,最后指出解决的方法。

"花瓣"式。"花瓣"式就是指先明确提出自己的观点和主张,然后分别从各个角度和侧面论述自己的依据,中心主题就像花心,分头论述的部分像团聚在花心周围的花瓣。各个部分之间也许没有密切的关联甚至是处在正反两方面,但是它们都和中心主题有紧密的联系。

"连环"式。"连环"式是指逐层深入的结构方式,就像揭开谜底一样,一环扣一环,一层层向最终的答案进发。文章的开头一般都不会直接点题,往往是欲擒故纵,由一个别有意味的话题来引发读者的好奇心,促使其跟随自己的文字进行思考,并最终得出结论。

"蛛网"式。"蛛网"式是对"花瓣"式和"连环"式的综合,是纵式和横式相结合的一种结构形式。在分层论证的同时,各个层次之间又穿插紧密的逻辑关系,各个论据之间纵横交错,共同围绕主题展开,是一种网状的复杂结构。这种结构经常用来论说一些重大的复杂的论题,而且它对写作者的理论水平、文字功底、逻辑思辨的能力有很高的要求。如毛泽东的《学习》一文就是如此。

3.说明性结构

说明文划分层次的方法,主要有以下几种:

依照事物的形态和构造组织结构。一般是按照一定的观察顺序,比如从上到下,从前到后,从左到右,从外到内,或从部分到整体逐一说明,使读者获得感性的认识,形成立体的空间感。如郑文光的《宇宙里有些什么》。

依照事物的功能与特征组织结构。一般根据功能与特征的主次来安排材料,使读者在逻辑推理的基础上关照事物,对此事物产生理性的认识。如高士其的《庄稼的朋友和敌人》等。

依照事物产生发展变化的过程组织结构。一般都按照事物发展的先后次序或操作过程来写,使读者获得清晰的流程和全面的认识。如叶圣陶的《景泰蓝的制作》。

(二)开头与结尾

关于文章结构,古人有"凤头、猪肚、豹尾"的形象比喻,就是说开头要简练,基本作用就是导入下文;主体部分要充实丰富;结尾要有力。

开头。开头在文章中的地位非常重要。开头就是给文章定个调子,调子定好了、定得合适,那么后面的写作就顺畅多了,如果调子定得不合适,势必要磕磕绊绊、思路不畅。好的开头是成功的一半。比如我们看这个开头:"穿过县界长长的隧道,便是雪国。夜空下一片白茫茫。火车在信号所前停了下来。"我们读完这短短的开头自然就期待下文,因为这个开头动感很强,读者自然就感觉下面要有人物出场或者要发生什么了。这是日本小说家川端康成《雪国》的开头。这个只有30多个字的开头,起到了自然导入下文的作用。

再看一个经典的开头:

多年以后,奥雷连诺上校站在行刑队面前,准会想起父亲带他去参观冰块的那个遥远的下午。

读完这只有一句话的开头,每一个读者都会意识到真正的叙述就要从"那个遥远的下午"开始了。这个很经典的倒叙式开头,出自《百年孤独》。这个开头的特点也是短,干净利索地导入下文。

结尾。古人有"编筐编篓,重在收口"的说法,是说结尾在文章中的作用不可小觑,切忌虎头蛇尾。一般来说,好的结尾应当简洁有力,留有余味。比如《呼啸山庄》的结尾:"在那温和的露天,我在那三块墓碑前流连徘徊,望着飞蛾在石楠丛中和钓钟柳中闪扑着翼翅,倾听着柔风在草上飘过的呼吸声,不禁感到奇怪,怎么会有人能想象,在这么一片安静的土地下面,那长眠者竟会不得安睡呢。"这个结尾如开头一样仍然充满"不可思议"的味道,既是对整部小说情节、氛围的回应,又让人浮想联翩。再看归有光《项脊轩志》的结尾:"庭有枇杷树,吾妻死之年所手植也,今已亭亭如盖矣。"通过树之"亭亭如盖",写妻去世之久,以及对妻子的怀念,简洁含蓄,耐人寻味。

(三)过渡和照应

文章的结构不仅要求层次清楚,还要紧凑严密,各层次、各段落要互相衔接,前后连贯,成为有机的整体,为此,就需要过渡和照应。

1.过渡

过渡是指层次、段落之间的衔接与转换。它是上下文连接贯通的纽带,起到一种承上启下、穿针引线的作用,使全篇内容组织严密、文气贯通、浑然一体。

文章需要过渡的情况有以下几种:

层次关系转换。文章的层次由总到分或由分到总,一般需要过渡。如毛泽东的《反对自由主义》一文,开头从总的方面批判了自由主义,指出其危害,然后用"自由主义有各种表现"过渡,接下去便列举了自由主义的各种表现。先分述、后总述的过渡,往往在分述之后又有"综上所述"的句式,自然地转入综合。

表达方法转换。当运用的写作方法发生变化时,需要加一些过渡的句子。例如由叙述到议论,或由议论到抒情,一般需要过渡,否则会显得过于突兀。比如毕淑敏的《幸福的镜片》,开始先叙述了她的一位女友关于家庭气氛的苦恼,紧接着为了引出自己的看法,借用女友的一句疑问作为过渡:"女友困惑地说,人怎么能把家庭当作消化情绪的垃圾场?这样下去,谈何幸福?"由此转入阐述自己的看法,最终归到一点:"放大快乐、缩小痛苦,这就是幸福家庭的奇妙镜片。"

时空转换。叙述时,如果时间的流程出现曲折,采用倒叙、插叙的方法,其转换衔接处需要过渡。鲁迅的《祝福》采用倒叙的方法,先写祥林嫂在岁末死去的结局,然后用"然而先所见闻的她的半生事迹的断片,至此也联成一片了"过渡到追叙她的一生。同样,由顺叙而插叙,由插叙而顺叙,都需要过渡。这种现象在小说和散文中极为常见,也是组织叙述性文体的基本要求。

内容转换。以记叙文为例,当叙述的内容和视角转换时,为了使读者明白,需要过渡。还是以《故乡》为例:

此后又有近处的本家和亲戚来访问我。我一面应酬,偷空便收拾些行李,这样的过了三四天。一日是天气很冷的午后,我吃过午饭,坐着喝茶,觉得外面有人进来了,便回头去看。我看时,不由的非常出惊,慌忙站起身,迎着走去。这来的便是闰土。虽然我一见便知道是闰土,但又不是我这记忆上的闰土了。他身材增加了一倍;先前的紫色的圆脸,已经变作灰黄,而且加上了很深的皱纹;眼睛也像他父亲一样,周围都肿得通红,这我知道,在海边种地的人,终日吹着海风,大抵是这样的。他头上是一顶破毡帽,身上只一件极薄的棉衣,浑身瑟索着;手里提着一个纸包和一支长烟管,那手也不是我所记得的红活圆实的手,却又粗又笨而且开裂,像是松树皮了。

这段文字的第一自然段就是过渡,由"豆腐西施"杨二嫂过渡到成年闰土。

常见的过渡方法有以下几种:

用关联词语过渡。如用"因此""总之"或"但是""然而""可见"等表示过渡。一般表示过渡的词语多放在段落的开头。

用句子表示过渡。在层次或段落之间，安排一个承上启下的句子表示过渡，即为过渡句。

用段落过渡。在层次或段落之间，安排一个承上启下的段落，表示过渡，即为过渡段。

2. 照应

照应是指前后内容的关照呼应。前面写到的事物，后面要有着落；后面写的问题，前面早已埋下伏笔，行文前有因，后有果，先有源，后有流，如古代兵法上的长蛇阵法：击首则尾应，击尾则首应，攻其腰则首尾相应。伏笔和照应是使文章前后勾连、脉络畅通、内容周严的一种重要手段。它好比是"纽带"，又像是"黏合剂"，在文章中起着穿针引线、搭桥接榫、承上启下的作用。文章没有伏笔和照应，就像一群散兵游勇，会削弱集体的战斗力；照应运用得巧妙，不仅可以显示文章情节的连续性和布局的严谨，而且能不断地唤起读者的联想与回味，有助于提高文章的阅读趣味，深化和升华主题。有的人写文章，前后没有交代，没有联系，让人看了莫名其妙，这样的文章就是没有注意到前后照应。

那么，写文章如何照应呢？

首尾照应。首尾照应就是文章的开头和结尾相互照应，使文章形成一个循环的结构，富有整体感。

前后照应。前后照应就是文章前面的内容与后面的内容相互照应。这里的前面和后面都是相对而言的，不能刻板地理解为文章的前半部分和后半部分。运用前后照应，文章前面埋伏的蛛丝马迹，后面就有了交代，条理很清楚。鲁迅的《故乡》中，作者在写"我"刚回到故乡时，写了这样的一段话：

还有闰土，他每到我家来时，总问起你，很想见你一回面。我已经将你到家的大约日期通知他，他也许就要来了。

这是"我"的母亲说的一段话。这是一处伏笔，不仅点明了闰土和"我"的关系，而且暗示读者，闰土将要和"我"见面。有了这样的伏笔，就使后面闰土的出场显得十分自然。

题文照应。题文照应就是题目与文章的内容相照应。题目常常被人称为文章之眼，正文一般都是对题目的叙述、辨析、抒情，题目与正文对应，宛如珠联璧合，可以使形象更加生动，主题更加深入。这种情况很多，如《我爱故乡的杨梅》一文的开头："我的故乡在江南，我爱故乡的杨梅。"开篇点题，照应题目，揭示了中心。

反复照应。反复照应就是同一句话在文章中多次出现。这在诗歌中最为常见。

总之，写文章运用照应的方法，前有交代，后有照应，能使文章的结构更加严谨，中心更加突出，给读者的印象更深刻。就像"草蛇灰线""伏流隐溪"一般，使文章贯通一气，成为一个有机的整体。但是伏笔也好，照应也好，都要从文章的实际需要出发，根据行文通盘考虑。否则，本来是很明白、很自然的地方，硬去安排伏笔照应，反而会造成文章的烦琐冗长、节外生枝，影响全文的贯通与和谐。

例 文

语言和大自然
〔俄〕康·帕乌斯托夫斯基

要想充分掌握俄罗斯语言，要想不失去对俄罗斯语言的语感，我坚信不仅必须经常同普通的俄罗斯人交往,而且还必须经常去接触牧场、树林、河川、老柳树、鸟儿的鸣声和榛树丛下每一朵晃动着脑袋的小花。

每个人一生中大概都会有所发现。这种有所发现的时刻是幸福的。我也曾有过这样的时刻,那是我在树木葱茏、茂草似茵的俄罗斯中部度过的一个雷雨和彩虹频繁地交替出现的夏季。

那年夏天有隆隆的松涛,有凄婉的鹤唳,有大朵大朵的白色积云,有闪烁不定的夜空,有一丛丛繁茂芬芳的绣线菊,有公鸡雄赳赳的报晓声,而每当落霞把姑娘们的双眸染成了金色,第一缕薄雾小心翼翼在深渊上弥漫开去的时候,在暮色苍茫的草地上,还有姑娘们的歌声。

在那一年夏天,我通过触觉、味觉和嗅觉,重新认识了许多词。其中绝大部分在那年夏天以前我虽然都认识,却一知半解,没有切身的体验。过去这些词只能给我一个一般的贫乏的形象。而自那年夏天后,我发现每一个这样的词中都蕴含着无数生动的形象。

那么这都是些什么样的词呢?这种词非常之多,多得使我难以决定从哪些词谈起好。看来,最简便的还是从有关雨的词谈起吧。

不消说,我早就知道雨分毛毛雨、太阳雨、淫雨、蘑菇雨、疾雨、片状雨、斜雨、骤雨,以及暴雨(即瓢泼大雨)。

然而抽象地知道这些字眼是一回事,切身体验这些雨,从而领略到每一种雨所包含的诗意,弄明白每一种雨有别于其他雨的特征所在,又是另一回事。

一旦有了切身体验,所有这些形容雨的字眼就活了,扎实了,就充满了感染力。你就能透过每个这样的字眼,看到和感觉到你所要说的东西,而不再是千篇一律地习惯机械地把这个字眼念出来声来而已。

顺便提一下,作家的语言如何作用于读者,是有其独特的规律的。

如果一个作家在写作的时候,不能透过他所写的字眼看到它们所包含的内容,那么读者也就不可能从中看到任何东西。

但是如果作家能够清楚地看到他所写的字眼的内涵,那么即使是最普通,甚至是老生常谈的字眼,也能获得新意,以惊人的力量感染读者,使读者产生作家想要传达给他们的那种思想、感情和心绪。

显然,所谓潜台词的秘密就在于此。

不过还是言归正传,来谈雨吧。

下雨前是有许多征兆的。太阳躲进乌云,炊烟紧贴地面,燕子低飞,公鸡不按时辰乱啼,空中出现一缕缕长长的如雾一般的云霭——这都是要下雨的征兆。在临下雨前,即使乌云还未堆满天空,就已能感觉到水汽轻柔的气息了。这种气息想必是从已经下雨的地方飘过来的。

随后就开始洒下最初的雨点。"洒"这个民间用语生动地表达了初下雨时的景象。这时,疏疏落落的雨珠在尘土飞扬的道路和屋顶上留下了一个个小小的黑点。

此后雨越来越大。这时刚刚被雨水打湿的土地就会散发出一股凉爽、奇妙的气息。然而这种气息持续不了多久。湿漉漉的青草,特别是荨麻,很快就用它们的气味把泥土的气息排挤一空。

我们不妨来分析一下几种不同类型的雨,以资说明一旦作家对一些字眼有了切身感受之后,这些字眼就活了,就可帮助作家正确地运用这些字眼。

比方说吧,疾雨和蘑菇雨有什么区别呢?

"疾"是迅速、急骤的意思。疾雨是垂直、有力地倾泻下来的。疾雨由远而近时,总是发出万马奔腾的喧声。

疾雨滂沱而下时,河上的景色尤为好看。每一滴雨珠都把河面打出一个圆圆的深坑,形成一只用水做成的小巧的杯子,雨珠猛地弹起来,然后又落下去,在它消失前的一瞬间,还可在水杯的底上看到它。雨珠闪闪发光,活像是一颗珍珠。

与此同时,河上响彻着一种玻璃相撞的声音。根据声音的高低,可以判断雨在越下越大,还是在渐渐停下来。

而蘑菇雨则是一种蒙蒙细雨,打低垂的乌云里懒洋洋地洒下来。由这种雨水潴积起来的水洼,水总是挺暖和的。这种雨从不哗哗地喧闹,只是昏昏欲睡地悄声絮语,好不容易才能听到它在树丛中窸窣地忙碌,仿佛在用柔软的爪子一会儿摸摸这片树叶,一会儿又摸摸那片树叶。

树林中的腐殖土和苔藓不慌不忙地把这种雨水全部吸吮进去。因此雨后蘑菇就蓬蓬勃勃地生长出来,其中既有黏糊糊的伞菌,也有鹅油菌、牛肝菌、松乳菌,密环菌,以及无数的毒菌。

在下蘑菇雨的时候,空气中飘荡着一股烟味,尽管鳊鱼一向狡猾、谨慎,可这时却很容易上钩。

民间把又出太阳又下雨的太阳雨形容为"公主哭了"。雨点映着阳光的确很像大颗大颗的泪珠。除了童话中美丽的公主,谁能因为痛苦或者欢乐而流下如此晶莹的泪珠呢!

在下雨时,变幻莫测的光线和各种各样的声音——从木板屋顶上有节奏的雨点声、水落管中轻轻的泄水声,知道所谓大雨像堵墙壁似的倾泻而下时那种密集而又紧张的哗哗声,都是百看不厌和百听不厌的。

关于雨,可以说的还很多,上述这一切不过是很少的一部分。然而就这么一点儿,也已经足够一位作家听得火冒三丈,虎起脸来对我说:

"我宁可描写生气盎然的街道和住房,也决不会去写您那令热闹厌倦的死气沉沉的刮风下雨之类的东西。雨除了使人不便,叫人生厌之外,没有任何好处可言。您可真是个吟风弄月的幻想家!"

俄语中有多少令人拍案叫绝的描绘所谓天气现象的词啊!

夏日的雷雨风驰电掣地卷过大地,坠落到地平线后面。乌云消散了,可民间却不说乌云消散,而爱说乌云扫光了。

闪电有时劈开天空,笔直地打到地上,有时就在黑魆魆的密云中迸射开来,像是连根拔起的有许多枝条的金树。

在烟雾空蒙的远方,空中已升起彩虹。可雷还在断断续续地打着,低沉的雷声怒气冲冲,震得地都抖动了。

不久前,我住在农村里,有回下雷雨时,一个小男孩跑到我屋里,用两只由于兴奋而睁得大大的眼睛,望着我说:

"走,咱们瞧雷去!"

小男孩把这个词说成复数是有他的道理,因为那天的雷雨铺天盖地而来,一下子四面八方都响起了雷声。

小男孩说的"咱们瞧雷去",使我想起了但丁在《神曲》中所说的"阳光缄默了"。这两句话都是概念的易位,然而这种易位给予了词汇以非同寻常的表现力。

我在上文中已提起过"远处闪电的反光"这个词。

这种闪光在七月份庄稼成熟的季节出现得最为频繁。所以民间有一种迷信说,闪光"照熟庄稼",它在每天夜里给庄稼照亮,使庄稼得以更快地灌浆。因此在卡卢加州,人们管这种闪光叫"庄稼闪"。

与闪光同样富有诗意的词是"霞光"。这是俄语中最美的词之一。

人们在念这个词时总是轻声轻气的。甚至很难设想可以用大喊大叫的声调去念这个词。因为这个词几近于更残漏尽时的岑寂,这时乡村果园树丛的上空吐出了清澈如洗的淡蓝色的微弱的晨光。民间用"麻麻亮"三个字来形容一天中的这个时辰。

在这霞光初升的时刻,启明星熠熠闪光地低悬在大地上空。空气洁净得好似泉水。

拂晓时分的霞光中,有一种像处子一般纯洁的东西。每当朝霞初上时,青草披着露珠,树木散发出刚挤出来的热乎乎的牛奶的香味。村外,牧人在晨雾中吹着风笛。

转眼之间就破晓了。暖和的农舍里还静悄悄的一片昏暗朦胧。但是顷刻之间,圆木搭成的墙上就映出了几方橙黄的朝晖,一根根圆木像是一层层琥珀,灼灼地放射出来。太阳出来了。

秋日的朝霞又是另外一种样子,不但阴沉沉的,而且行动缓慢。白昼不大情愿苏醒过来,因为反正照不暖冻僵了的土地,也无力把笑盈盈的阳光召回。

万物都在凋谢、衰败,惟独人不肯屈服。天刚破晓,家家户户的农舍里便生起了炉子,袅袅的炊烟萦绕在村子中,贴着地面弥漫开去。此后渐渐沥沥的晨雨大概就会打在蒙着一层水汽的窗玻璃上。

除了朝霞,还有晚霞。我们往往混淆夕照和晚霞这两个概念。

晚霞是在夕阳西坠之后才出现的。晚霞主宰着日落后渐渐黑下去的天空,把从赤金色到绿松石色的多种多样的色彩洒满天空,然后缓缓地转为越来越浓的暮色和夜色。

长脚秧鸡已在树丛中叫开了,鹌鹑已在啼了,麻鸭也已发出鸣声,空中已闪烁起第一批星星,可晚霞还在烟雾空蒙的远方久久地燃烧。

北方的白夜,列宁格勒的夏夜——是绵亘不绝的晚霞,或者也可以说是连接在一起的晚霞和朝霞。

普希金对这种夜晚有准确得惊人的描绘,真可以说是前无古人后无来者:

> 我爱你,彼得兴建的都城,
> 爱你严肃整齐的面容,
> 爱你涅瓦河端庄的水流
> 和大理石砌成的河岸。
> 我爱你铁栏杆上的花纹
> 和你那沉思的夜晚,
> 爱你透明的夜色和无月的幽光。
> 这时候,我坐在自己的房间里,
> 不用点灯就可写作或读书,

我清楚地看见大街小巷

在静静地安睡,看见

海军部的尖塔多么明亮。

黑夜还未及把帷幕

遮没金色的天空,

朝霞已匆匆来临,

前霞已逝,后霞已至,

只让黑夜逗留半个小时。

(引自普希金的长诗《青铜骑士》的《序诗》)

这些诗句不单单是诗歌的顶峰,其中所蕴含的不仅仅是准确性、开朗的心灵和宁静,而且还充分体现了俄语的魅力。

假如可以这样设想:俄罗斯的诗歌消亡了,连俄语本身也消亡了,世上只留下了这几句诗,那么单凭这几句诗也足以使每一个人知道当初我国的语言是多么丰富,多么富有音乐性。因为在普希金的这几句诗中,就像魔幻的水晶球一样,凝聚了我国语言的全部非凡的素质。

创造了这种语言的人民是名副其实的伟大而又幸福的人民。

(选自〔俄〕康·帕乌斯托夫斯基:《金蔷薇》,戴骢译,上海译文出版社 2008 年版)

本讲总结

丰富的材料储备是形成独特认识和拥有丰富情感、趣味的基础。文章写作既关乎对于生活的认识,也与对于材料的选择及主题开掘、结构安排、语言组合有密切关系。并非只有深刻的思想或者宏大主题才有价值,趣味性也是主题很重要的组成部分。不同的结构安排有可能将完全相同的材料讲成不同内容的故事,也会产生不同的效果。语言是表达的媒介,语言是奇妙的文字组合,既影响着内容表达,也影响着文章风格的形成。

复习问题

1. 材料、素材、题材是什么关系?

2. 搜集材料的要求是什么?

3. 如何选择材料?

4. 材料的剪裁需要注意哪些问题?

思考习题

1. 对一个材料或者一句话,如果从不同的角度去开掘,往往会得到不同的结论。将下列语句从尽可能多的角度去挖掘,角度、观点越多越好。

(1)勤奋是通向成功的必经之路。

(2)失败是成功之母。

(3)树欲静而风不止。

2. 同一个意思用不同的表达方式表达出来,意味会有所不同。下面每一句话都可以变换表达方式,试着变换并体会意味有什么所不同。

（1）吃饭。

（2）下雨了。

（3）春天来了,树发芽。

3.请用自己的语言解释下列词语。

忠诚　脏　纯粹

4.找一篇自己喜欢的作品,分析它的开头和结尾。

推荐阅读

1.温儒敏,姜涛.北大文学讲堂[M].北京:中央编译出版社,2006.

2.陈平原.从文人之文到学者之文[M].北京:三联书店,2004.

3.王安忆.小说家的十三堂课[M].上海:上海文艺出版社,2005.

4.〔俄〕康·帕乌斯托夫斯基.金蔷薇[M].戴聪,译.上海:上海译文出版社,2008.

▶ 材料部分的词条和图片 ◀

1.儒勒·凡尔纳:19世纪法国科幻小说和冒险小说家,被誉为现代科幻小说之父,代表作有《海底两万里》《地心游记》等。

2.《儒林外传》:现实主义章回体长篇讽刺小说。全书以反对科举制度和封建礼教的毒害,讽刺因热衷功名富贵而造成的极端虚伪、恶劣的社会风习为主干,语言准确、生动、洗练,人物形象栩栩如生,景物描写优美细腻,手法出色,具有很高的艺术成就。被鲁迅先生誉为"如集诸碎锦,合为帖子,虽非巨幅,而时见珍异"。当然,由于时代的局限,作者虽然批判了黑暗的现实,却把理想寄托在"品学兼优"的士大夫身上,这显然是有局限性的。

3.史铁生(1951—2010):1951年出生于北京,中学毕业后去延安一带插队,后因双腿瘫痪回到北京。自称"职业是生病,业余在写作"。其作品特点是保持了对于"残疾人"(在史铁生看来,所有的人都是残疾的,有缺陷的)生存的持续关注,有浓重的哲理意味;其中有温情也有宿命的感伤,同时又有对于荒诞和宿命的抗争。主要作品有《我的遥远的清平湾》《我与地坛》《命若琴弦》《病隙碎笔》等。

儒勒·凡尔纳

史铁生

▶ 主题部分的词条和图片 ◀

1. 王安忆：中国作家协会副主席，上海市作家协会主席。主要作品有小说《小鲍庄》《长恨歌》《上种红菱下种藕》《遍地枭雄》以及论著《心灵世界——王安忆小说讲稿》等。善于在平常故事、柴米生计中探讨人性和人的生存状态，体现出对于本体世界的关怀，同时作品中又有谨慎内省的品格。文学评论家王德威评论王安忆是继张爱玲后，又一海派文学传人。

2. 俞平伯（1900—1990）：现代诗人、作家、红学家。1919年毕业于北京大学。先后任教于上海大学、北京大学、清华大学。最初以创作新诗为主，后以新诗和散文享誉文坛。散文《桨声灯影里的秦淮河》等名篇曾传诵一时。

3. 朱自清（1898—1948）：中国现代散文家、诗人。五四运动以后开始新诗创作，1923年发表《桨声灯影里的秦淮河》，显示出在散文创作方面的才能。此后致力于散文创作，先后创作出《背影》《荷塘月色》等，以个人真切的见闻和独到的感受，以及平淡朴素而又清新秀丽的优美文笔在文坛独树一帜。文艺论著有《诗言志辨》《论雅俗共赏》等。

王安忆   俞平伯

▶ 结构部分的词条和图片 ◀

1. 《呼啸山庄》：作者是英国19世纪著名诗人和小说家艾米莉·勃朗特，在英国文学史以及世界文学史上具有独特的地位。她与《简爱》的作者夏洛蒂·勃朗特、《爱格尼斯·格雷》的作者安·勃朗特号称勃朗特三姊妹。《呼啸山庄》和《简爱》流传最广，各有特色，也常被拿来比较。英国著名女作家弗吉尼亚·伍尔夫在《〈简爱〉与〈呼啸山庄〉》一文中评价说："当夏洛蒂写作时，她以雄辩、光彩和热情说'我爱'，'我恨'，'我受苦'。她的经验，虽然比较强烈，却是和我们自己的经验都在同一水平上。但是在《呼啸山庄》中没有'我'，没有家庭女教师，没有东家。有爱，却不是男女之爱。艾米莉被某些比较普遍的观念所激励，促使她创作的冲动并不是她自己的受苦或她自身受损害。她朝着一个四分五裂的世界望去，而感到她本身有力量在一本书中把它拼凑起来。那种雄心壮志可以在全部小说中感觉得到：——一种部分虽受到挫折，但却具有宏伟信念的挣扎，通过她的人物的口中说出的不仅仅是'我爱'或'我恨'，却是'我们，全人类'和'你们，永存的势力……'这句话没有说完。"

2.《百年孤独》：通过布恩地亚家族 7 代人充满神秘色彩的坎坷经历反映了哥伦比亚乃至拉丁美洲的历史演变和社会现实，启发人们去思考造成马贡多百年孤独的原因，从而去寻找摆脱命运捉弄的正确途径。全书 30 万字，内容庞杂，人物众多，情节曲折离奇，被誉为"再现拉丁美洲历史社会图景的鸿篇巨著"，评论界认为此书标志着魔幻现实主义流派达到了完美的程度。作者加西亚·马尔克斯因此获得 1982 年诺贝尔文学奖，瑞典文学院诺贝尔文学奖授奖词是"他的小说以丰富的想象编织了一个现实与幻想交相辉映的世界，反映了一个大陆的生命与矛盾"。

艾米莉·勃朗特　　　　　　　　　　　加西亚·马尔克斯

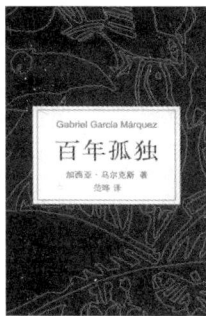

▶ 语言部分的词条和图片 ◀

1. 汪曾祺（1920—1997）：江苏高邮人。我国当代文学史上著名的散文家、戏剧家，京派作家的代表人物。早年毕业于西南联大，师从沈从文。被誉为"抒情的人道主义者，中国最后一个纯粹的文人，中国最后一个士大夫"。作品主要有小说《受戒》《大淖记事》等，散文集《蒲桥集》。其散文写作在结构上不苦心经营，也不追求题旨的玄奥深奇，而是平淡质朴，娓娓道来，如话家常，但饶有趣味。

2. 龙应台（1952—　　）：我国台湾地区作家，先后任教于纽约市立大学、台湾淡江大学、德国海德堡大学、香港大学。1999～2003 年出任台北市文化局局长。作品主要有《野火集》《百年思索》《请用文明来说服我》《目送》等。作品风格独特，谈社会、文化和历史则笔风辛辣、犀利；谈亲情则温婉细腻，深情动人。

汪曾祺　　　　　　　　　　　龙应台

第二讲 表达方式与效果

· 内容要点 ·

　　1. 常用的表达方式有叙述、描写、议论、说明、抒情等。

　　2. 每一种表达方式有自己的特点和要求,使用什么样的表达方式依据文章的整体要求和写作目的来确定。

　　3. 写作表达方式之间经常是互为补充的,随着时代的发展,写作已经呈现出综合化的面貌,使得许多表达方法出现融合的趋势。

　　4. 文章写完以后要进行修改和完善,文章的文面要整齐美观,养成良好的写作习惯。

课 程 导 读

　　要想创造特定的交流语境,就需要借用各种写作表达手段来组织文字,体现思路,这些传达思想内容的方法手段就叫作表达方式。一篇文章具体使用哪一种方式,要根据文章的整体要求和写作目的来确定,比如要想表达某种强烈的感情,那选择抒情最为合适,如果用议论的方式未免窒息了热情,作者自己也会觉得别扭。如果要介绍一个事物让别人认识了解,最好采用说明的方式,如果对着事物发一通感慨,或者充满激情地歌颂一番,那么阅读的人还是一头雾水,不知所云。

　　有了构成文章的内容和形式的质料,还需要解决使用什么方式表达出来的问题,否则,还不能形成文章。正如有了米不一定能做成饭,有了料不一定能盖成房子一样,有了主题、材料,不会表达还是写不成文章,所以,深刻理解和熟练运用各种表达方式是写好文章的基本功。需要强调的是,我们对表达的理解一定要灵活,不能认为一篇文章在体裁上是议论文,就只能进行推理论证,就绝对不能用描写叙述的方法,这种僵化的写作方法只会束缚自己的手脚。

叙 述

一、叙述

(一)叙述的含义和作用

　　叙述是通过把想要表达的素材进行线性排列,对人物经历和事物发展所作的述说和交代。我们生活中随时都会用到叙述,比如散步的时候讲讲趣闻轶事,给朋友介绍一个刚刚上映的影片,甚至到医院看病,也需要先向大夫陈述一下得病的过程等。所有这些都要用到叙述这种基本的表达方式。叙述是一种告诉别人发生了什么事情的方法,我们使用它是出于各种实际的或者创造性的目的。在我们进行叙述的时候,一般都会遵循一个单一的操作,就是把连续发生的事件连接在一起,使之成为一种有意义的顺序。

我们先来看一篇小小说。

跳 蚤

〔德〕图霍尔斯基

在加特省,不错,就是有尼姆和加特高架水渠的法国南部,那儿的一个邮局里,邮差是一个老小姐,她有一个不好的习惯:私拆他人信件。这件事人人都知道。在法国,许多地方都是这样,如门房、邮电局。这些都是被神圣化了的机构,人们可以谈论它们,但是不允许触动它们,因为也没有人去这么做。

那个老小姐看了信,把内容泄露出去,向人们传播种种苦恼。

在加特省的一座漂亮的城堡里,住着一位聪明的伯爵。在法国,伯爵往往都很聪明。有一天,这位伯爵做了一件事:

他约请了一位法庭执事到他的城堡里来,当着他的面给一位朋友写了一封信:

亲爱的朋友:

我知道,邮局的艾米丽·杜邦小姐长期拆看我们的信件,因为她心里充满了好奇。为了让她停止这种恶劣行为,我在寄给你的信里夹了一只活的跳蚤。

考克斯伯爵

他当着法庭执事的面封上这封信,然而并没有往信封里放跳蚤。

但是,当这封信到了他朋友手上时,里面却有一只跳蚤。[①]

这就是典型的叙述,把一件事情按照一定的顺序讲述清楚。叙述的基本形式仅仅是把一系列的事件用连接词黏合在一起:"……然后……然后……然后……"这么做当然是不聪明的,我们应该避免这种单调的公式化的叙述序列,通过变换连接词,变换叙述顺序等方法使我们的叙述生动形象,而且清晰明了。

叙述有六个要素,即时间、地点、人物、事件、原因、结果。在叙述时一般需要把什么人、在什么时间、什么地点、干了什么事以及前因后果写清楚,给读者以清晰而完整的印象。当然,这种介绍需要根据全文的要求来决定以什么方式出现,在文章的什么地方开始。并非每一篇文章一开头就必须像填写表格一样,把六要素一一加以交代。而且倘若有些因素无关紧要的话,也可以不写。

叙述有很多作用,通过对人物身世、地位、经历、事迹等情况的叙述,可以使读者对所写的人物有一个全面的概括和了解。如《水浒传》一书对林冲的叙述。林冲原是东京八十万禁军教头,地位优越,家庭和睦,谁知无端招来杀身大祸,最后家破人亡,被逼上梁山。小说通过误入白虎堂、刺配沧州、火烧草料场、雪夜上梁山等一系列情节,展示了林冲的性格和命运,使之成为"逼上梁山"的典型代表,让读者了解了他性格发展的全貌。通过叙述,还能把事物的过程交代清楚,揭示其发展变化的原因及事物的内在联系,让读者

---

① 世界散文随笔精品文库·德语国家卷 [M]. 北京:中国社会科学出版社,1993:183.

掌握事态全貌及其本质。叙述还能为议论说理的文章提供论据,俗称定向叙述。议论中作为论据的事实材料,主要靠叙述来提供。在说明文中,对解说对象的一般交代,也使用叙述。在应用文中,对有关情况来龙去脉的介绍,也离不开叙述。

(二)叙述的种类

叙述有多种方式,从叙述的先后次序上分,有顺叙、倒叙、插叙和平叙;从叙述的详略程度上分,有概叙和细叙;从叙述的线索上分,有合叙和分叙;从叙述的不同角度上分,有直叙和借叙。需要注意的是每一种方法和其他方法都不排斥,它们可以结合起来综合运用,在一篇文章里可能用到好几种叙述方法,它们就像接力赛一样,一棒接一棒,把叙述的内容运送到终点去。下面介绍几种常用的叙述方式。

1. 顺叙

所谓顺叙,就是按照自然的流程记叙,依事情发生、发展的先后顺序来叙述。这是最常见也是最方便的叙述方法,它合乎人们认识事物的习惯,易于接受和理解。例如鲁迅的《一件小事》采用的就是顺叙的写法。池莉的小说《烦恼人生》也是以顺叙为主要叙述方式,记录了印家厚忙碌杂乱的一天。顺叙的长处是由头至尾,次序井然,便于组织材料,容易贯通文理,与读者的接受心理也非常贴近。但是,顺叙容易流于平铺直叙,平均使用笔墨,文章缺乏波澜,所以,运用时要分清主次、详略得当,而且一定要在语言上下功夫。

2. 倒叙

倒叙就是将事件的自然流程进行扭转,把事件的结局或某个需要强调的、富有戏剧性的片段提到前边来叙述,然后再倒回去进行叙述。倒叙的优点是以其突发性造成对读者的强烈刺激,以撩人的悬念吸引人们阅读的兴趣,使文章波澜起伏,达到引人入胜的效果。比如刘恒的小说《狗日的粮食》开头就运用了倒叙方法。

采用倒叙要注意两个问题:首先是找准倒叙的起止点,在决定把哪一部分提前时,应该仔细考虑对整篇文章的影响;其次是时间或事件的转换之间要注意衔接自然,文理贯通,勿使纠缠不清,令人模糊。

3. 插叙

所谓插叙,是在叙述进行中,中断原来的时间和空间流程,插入另一段叙述,这段插入的叙述结束后,再继续原来的叙述。插入的内容,或是过去的一件事,或是另外一件事,但它不发展情节。使用插叙能加大文章容量,对表现人物和实现主题具有积极作用,而且可以形成时空的跳跃,增强文章的节奏感,调剂读者的神经。

比如王蒙的小说《春之声》中开头部分:

咣的一声,黑夜就到来了。一个昏黄的、方方的大月亮出现在对面墙上。岳之峰的心紧缩了一下,又舒张开了。车身在轻轻地颤抖。人们在轻轻地摇摆。多么甜蜜的童年的摇篮啊!夏天的时候,把衣服放在大柳树下,脱光了屁股的小伙伴们一跃跳进故乡的清凉的小河里,一个猛子扎出十几米,谁知道谁在哪里露出头来呢?谁知道被他慌乱中吞下的一口水里,包含着多少条蛤蟆蝌蚪呢?闭上眼睛,熟睡在闪耀着阳光和树影的涟漪之上,不也是这样轻轻地、轻轻地摇晃着的吗?失去了的和没有失去的

童年和故乡，责备我么？欢迎我么？母亲的坟墓和正在走向坟墓的父亲！ [①]

开头是记述岳之峰坐在闷罐子车上看着夜幕降临，接下来转到他对童年生活的甜蜜而酸楚的回忆上，然后小说又随着岳之峰的杂乱的思绪回到车里。这一段插叙的文字优美流畅，与描写现实的闷罐子车的语言形成鲜明的对比，正是这种反衬，让我们看清了琐碎的现实。

4. 概叙

概叙即概括的粗线条的叙述。像大写意，抓住主要特征简单勾勒，又如同电影的大全景，视角开阔，给人以整体认识，并能较快地推进情节的展开，加快文章的节奏。文章离不开概括的叙述，因为我们不可能把所有事情都详细介绍，如果那样文章势必冗长，而且没有重点，叙述就不能正常进行。

邓拓的《燕山夜话》之一《一个鸡蛋的家当》里引用了一个小故事来说明如何积累财富。

的确，任何巨大的财富，在最初积累的时候，往往是由一很小的数量开始的。这正如集腋可以成裘、涓滴可以成江河的道理一样。但是，这并不是说，无论在什么情况下，你只要有了一个鸡蛋，就等于有了一份家当。事情绝不可能这样简单和容易。

明代万历年间，有一位小说家，名叫江盈科，他编写了一部《雪涛小说》，其中有一个故事说："一市人，贫甚，朝不谋夕。偶一日，拾得一鸡卵，喜而告其妻曰：我有家当矣。妻问安在？持卵示之，曰：此是，然须十年，家当乃就。因与妻计曰：我持此卵，借邻人伏鸡乳之，待彼雏成，就中取一雌者，归而生卵，一月可得十五鸡。两年之内，鸡又生鸡，可得鸡三百，堪易十金。我以十金易五牛，牛复生牛，三年可得二十五牛。牛所生者，又复生牛，三年可得百五十牛，堪易三百金矣。吾特此金以举债，三年间，半千金可得也。"这个故事的后半段还有许多情节，没有多大意义，可以不必讲它。不过有一点还应该提到，就是这个财迷后来说，他还打算娶一个小老婆。这下子引起了他的老婆"怫然大怒，以手击鸡卵，碎之"。于是这一个鸡蛋的家当就全部毁掉了。 [②]

关于故事的后半段的情节作者就采取了概述的方式，没有加以展开，因为这些和他想表达的主题"积累财富"关系不大，如果也加以仔细讲述，那会让文章拖沓松散，而且冲淡主题，所以没有必要在这里浪费笔墨。

5. 详叙

详叙是和概叙相对而言的，即详细、具体的叙述。它犹如电影的特写镜头，对焦到某个特定情节上，用浓墨重彩加以渲染，能精明地展现事物的面貌，以慢节奏给读者留下深刻的印象。详细叙述是文章渲染气氛、创造风格的有力武器，没有详细的叙述，文章失之于空泛，缺乏深度，流于概念化。

铁凝的小说《哦，香雪》讲述了香雪为了用一篮子鸡蛋换一个梦寐以求的铅笔盒，跳上一列火车，被带到了陌生的车站，下车后，月亮已经升起来了：

她这才想到把它举起来仔细端详。她想，为什么坐了一路火车，竟没有拿出来好

---

① 张健.中国当代文学作品选[M].北京:北京师范大学出版社,2008:30.

② 邓拓.燕山夜话[M].北京:中国社会科学出版社,1997:37.

好看看？现在，在皎洁的月光下，她才看清了它是淡绿色的，盒盖上有两朵洁白的马蹄莲。她小心地把它打开，又学着同桌的样子轻轻一拍盒盖，"哒"的一声，它便合得严严实实。她又打开盒盖，觉得应该立刻装点东西进去。她从兜里摸出一只盛擦脸油的小盒放进去，又合上了盖子。只有这时，她才觉得这铅笔盒真属于她了，真的。她又想到了明天，明天上学时，她多么盼望她们会再三盘问她啊！ ①

如果改成"她仔细地欣赏着铅笔盒，打开又关上"就是概叙了。有些文章让人觉得枯燥不生动，其中一个原因就是缺乏详叙，都是比较粗线条的概叙，没有把应该细致刻画的内容写出来，这些细致的内容恰恰是刻画人物、渲染气氛、推进情节的重要因素。

需要注意的是叙述并非越细致越好，概叙和详叙要结合起来使用，叙述粗细相间、快慢有致、有详有略，才能获得好的表达效果。

6. 意识流

意识流是一种创作手法、叙述方式。美国哲学家和心理学家威廉·詹姆斯在1890年出版的《心理学原理》中率先提出这个词，他认为意识并不表现为零零碎碎的片段，像"一连串"或"一系列"等词，用来形容意识都不那么合适。意识并不是片段的衔接，而是流动的，用"河"或"流"的比喻来描述它是最自然不过的了。意识流是对传统叙述方式的一种突破，传统的叙述一般是经过思考的，经过写作者运用语法等加工过的。而意识流侧重于人的感性的自然流动，是未经语法、逻辑等理性加工的词或句子，因而与人的真实心理世界更近，其核心就是大胆袒露自我，暴露人物的心灵，让人物的联想、闪念、梦幻独白等自由驰骋，任意组合。就语言的形式而言，表现为句子比较短，甚至是词汇、词组的串联，这是和人的思维的跳跃性特点相一致的。像英国作家乔伊斯的《尤利西斯》、法国小说家普鲁斯特的《追忆逝水年华》、中国作家王蒙的《春之声》、茹志鹃的《剪辑错了的故事》、谌容的《玫瑰色的晚餐》等，都使用了意识流的叙述方式。英国作家伍尔夫的《墙上的斑点》，是意识流小说的经典之作。小说写"我"坐在房间里，抬头看到墙上有一个斑点，于是思绪开始肆意流淌。"我"猜那可能是挂画的钉子留下的痕迹、一片夏天残留下来的玫瑰花瓣造成的暗黑色的圆形物体、一个巨大的旧钉子的钉头、木块上的裂纹等，由此联想到人生的无常、莎士比亚、法庭上的诉讼程序等。它究竟是什么呢？最后发现那是一只蜗牛！

意识流是种全新的叙述方式，适于表达人物复杂的心理活动，但由于它成呈放射状，比较松散随意，所以叙述不易向纵深发展，而且对读者的阅读和理解也会造成一定的障碍。

（三）叙述的基本要求

要想使我们的叙述摆脱单调的机械的连接方式，使得相互依存的种种事件构成有机的整体，从而呈现出鲜明的话语特色，就需要注意以下基本要求。

1. 精心挑选细节

叙述离不开细节。我们对生活的感悟一般都是由基于个人体验的数不清的细节构成的，这些细节源自生活中的琐事，一般情况下，我们很容易就忘记它们了。但是当我们进

---

① 铁凝. 铁凝精选集 [M]. 北京：燕山出版社，2006：7.

入写作状态时,它们就会团聚在主题周围,成为潜在的素材。我们需要做的是在一大堆细节中,选择出最接近写作目的,最具备支撑主题的表现力的那些细节。比如你想表述一下有些会议多么令人厌倦,那么你不用去做直接的评价和议论,只要把会议中的一些细节描述一下就行了,描述一下大家怎样混时间:看报纸、玩手机、交头接耳、频频看表、睡觉等等,这些细节就足够了。这些细微的事情本身是没有多大价值的,但是当它们被组织到特定的语境中时,相互之间便开始产生联系,并且共同传达出写作者所期望的效果。我们来看下面一段叙述的文稿:

<h3 style="text-align:center">我是保管员</h3>

我的早晨是从中午开始的,他们如果想要从我掌管着钥匙的库房里领支签字笔、信封什么的,那至少要等到 11 点钟才敢给我的公寓打电话,而且电话一般都是先礼貌地试探地响两声,接着就忙不迭地满怀歉意地没了声音,似乎担心我的闹钟定了时却没有响。过一阵,估计我已经睁开眼,就再正式打个电话,不等到我去接绝不罢休。不过这一段时间间隔不会太长,因为他们担心我会接着睡过去。

于是我嘟嘟囔囔地下了床,蜷缩在沙发的一角捏着冰冷的电话听筒,听他们用尽量客气的语调命令我去库房一趟。

通常我会用穿戴打扮的过程来训练一下他们的耐心,在这种部门工作的人怎么能没有涵养呢?就着附近人家做午饭的香味,我吞下两块早餐饼干,然后把那个四周套着大大小小形状各异的钥匙的铁圈套在手腕上,像戴了个土著人的手镯,叮叮当当地出了门。

我先打开库房第一道门,然后根据领物人所领物品的种类决定接下来是开左边的门还是右边的门,进去之后我还要再进行一次逻辑归类,找出手镯上相应的钥匙去开门。比如纸张类要到左边的左边的门里去,打印耗材要到左边的右边的门里去,而左边的中间的门里则堆着一堆不知从什么时候开始积攒起来的垃圾文件和照片,这些宝贝可不能扔,说不定哪天会有人急三火四地来挖掘考古。右边的门里也大体一样,总之我要让手镯上的每一个钥匙都能各得其所,随时待命。其实我挺为自己驾驭这项复杂而重要的工作的能力而自豪的,而我的那些服务对象——领物品的人们通常至少领出够半年用量的物品,以便在尽可能长的时间里不再去打搅我安宁有序的生活。

在这段文字里没有直接评论的句子,但我们却可以在充满琐碎的细节描写的句子里体会出作者的用意:讽刺在僵化的体制下混日子的一个保管员的生活。

在我们的生活中充斥着无数的细节,我们永远也不可能把生活中每一件发生的事情都详细地记录下来,这就是生活和艺术不能等同的原因。所以我们必须仔细地选择那些细小的事件和活动,或者根据它们的代表性;或者根据它们在全篇的重要性。力求使每一个细节都有意义,都能按照某种方式为总的叙述目的服务。有时候细节的重要作用令人吃惊,几乎全文的分量都压在一两个细节上,一个别有意味的细节会使主题瞬间提升到新的高度。比如英国作家乔治·奥威尔的《一次绞刑》,真实记录了他在缅甸曾经亲历过的一次发人深省的绞刑过程:一个印度犯人即将被处死,在通往刑场的路上,犯人的双臂被牢牢地捆绑在身体两边,狱卒们紧紧簇拥着他。凹凸不平的路上积了雨水,尽管狱卒们抓着他的双肩,他还是稍稍向一旁走了走,为了避开路上的一个小水坑。一个垂死的人,仍然有本能去避开水洼。写到这个细节,奥威尔以他特有的敏锐反省人类对死刑的态度。

2. 形成持续时间

叙述时我们必须要找出叙述的事件的排列方式,也就是说,我们必须按照时间顺序来恰当地处理叙述的结构,以便使我们想利用的所有材料沿着一条共同的主线运行。但是这并不意味着记流水账,因为哪怕是在最一般的思考中,时间也不是沿直线逐步延续的,而是穿插在一起的。任何一个曾经企图讲述一个简单故事的人都会体会到这一点。比如我们说:"他刚刚辞掉了广告公司里的工作,准备到一家报社去应聘。"紧接着我们可能会倒回去说:"他在那家广告公司里干得并不顺心。"为了使情节迂回曲折,那些会讲故事的人总是有意让故事中的时间穿梭移动,比如托尔斯泰的《复活》从法庭审判无辜的少女马斯洛娃开始,把最具矛盾冲突的场面突出出来,达到引人入胜的效果。

但是这种时间的曲折不是随意的,而是在保持一个清晰的向前运动的发展趋势的前提下进行的。时间的变化必须确有必要,而且遵循内在的逻辑规律才行,毫无道理地颠倒时间的先后顺序会加剧阅读的紧张度,对阅读造成不同程度的阻碍。打个比方,就像一根橡皮筋,在正常状态下,它的弹性很大。假如你抓住某一段打个弯,它的弹性就会起变化,绕的弯多了,这个橡皮筋就承受不住了,最后一用力可能就断裂了。所以叙述性文体要遵循时间的逻辑顺序,保持清晰的叙述线索。

要把叙述的时间连接在一起,我们需要一点胶水,那就是各种表示时间的词,比如:现在、然后、当什么时候、从前、同时、正好、恰在此时等,应该尽可能地有所变化,避免那种千篇一律的时间连接。

3. 明确的倾向性

叙述清楚的文章的效能之一,是它有一种向前运动的意识。当我们评价一篇故事时,认为它是引人入胜的,也就是说它是流畅的,能把人"卷"进去的,让人不由自主地沉浸其中,跟随着叙述的节奏一起向前运动。要想达到这样的效果,就要带着一种有明确的倾向性的意识开始,并且在叙述的过程中保持下去,把叙述目的当成一条红线,始终保持其连续性,让所有的材料沿着这条红线前进。要避开额外的细节,不管它多么有意义和有趣,多么让你爱不释手;还要避开不必要的节外生枝,不要让它们吸引读者的注意力。

对明确的倾向性要有正确的理解,不是说把自己的观点、目的先明确地表达出来,像总结中心思想那样就是倾向性明确。叙述不是回答问题,它是用文字、语言来显露自己的倾向性,让读者在字里行间自己领悟出来,而不是拽着人家的胳膊非要告诉人家你想表达什么。倾向性不必明白地说出来,是用细节、用故事本身体现出来的,让读者领悟出来的。一种有倾向性的清晰的意识会渗透到写作者的语言中去,使他在选择词语时自觉地遵循这种倾向,在构思情节、使用细节时自觉地围绕这种倾向,从而使全篇熔铸成一个不断向前运动的整体。

德国作家图霍尔斯基的小小说《向情人坦白》可以说是一个典范,通篇都是记录一个女人的谈话,叙述者根本就没有出现,仿佛是一个偷听者在客观地记录。作者写得紧凑简洁,一环扣一环,没有一字评论,而字里行间却时刻能让我们体会出作者的嘲笑和戏谑。读者被夹杂在女主角充满隐秘和玄机的话里,几乎是急不可待地往前运行。慢慢地,文章的主旨在读者的头脑中清晰起来,在紧张而又流畅的阅读中,我们与作者的心思不期而遇。

4.展开要有逻辑性

要想使叙述具有明确的倾向性,就要注意叙述的展开。有效的叙述不仅是连续的,而且是一个接一个相继发生、滚动前进的,也就是在"A 导致 B,B 导致 C,C 导致 D……"这样一个紧密联系的链环中发展下去的。所以当我们写作一段叙述文章时,要使每一个环节都尽可能在前一个环节的基础上继续发展,这就是叙述的展开。

如果说叙述的倾向性解决的是我们将要到哪里去的问题,那么叙述的展开解决的就是我们怎样才能到达那里。叙述的倾向性就像耸立在高高山顶的灯塔,而叙述的展开就像是为了登上山顶而走过的无数台阶。这些台阶都不是独立存在的,而是一个接着一个,每一个都是在前一个的基础上又上升了一步,离山顶的灯塔又近了一步。

比如你想给家人或朋友写封信,告诉他们你进入大学之后变得越来越独立了。那么,你的叙述倾向是指出这种独立意识的建立,而叙述的展开则是展示独立性是如何渐增的,是靠连续的相关经验的积累建立的:离开家,独自料理自己的生活,独自处理各种人际关系,安排学习计划,考虑自己的前途等等。这些连续的素材层层递进,它们共同构成一种有逻辑关系的顺序,推动叙述向前发展。

(四)叙述的人称

叙述要有主体,即由"谁"来叙述,表现出来就是人称。叙述的人称也是叙述的观察点,就是作者认识事物和表现事物的角度和立足点,在具体文本中表现为作者所提供的一个叙述者,这个叙述者或者是讲故事的人,或者是与叙述有关的一个人。

叙述的人称主要有两种形式:第一人称和第三人称。一般认为没有第二人称。有些文章通篇都是用第二人称"你"做主语,但是这个"你"是站在"我"的角度上去写的,是以第一人称"我"的存在为前提的,所以严格来讲,还是第一人称写法。

叙述的人称是可以转换的,比如小说创作中有一种手法叫"作者闯入",在第三人称客观叙述的中途,作者闯进去,忍不住讲几句,以第一人称的身份发点感慨或者谈点看法等。一般来讲,一篇文章中的人称应该是一致的,如果需要交替使用两种人称,那就要在人称改换处交代清楚,或者有适当的过渡,以提醒读者。如鲁迅的《祝福》,交换使用了第一和第三两种人称,但因为在交换处用了一个过渡句:"然而先前所见所闻的她的半生事迹的片段,至此也连成一片了。"这样一来表达效果非常自然。

1.第一人称

我们可以用第一人称"我"来讲述。作者在文章中以当事人或目击人的身份出现,以"我"或"我们"的口吻叙述,就是第一人称。在日记、书信、游记、回忆录中经常使用第一人称。这个"我"有可能就是作者本人,也有可能是虚构的角色,是为了讲述故事而虚构出来的一个观察点和叙述者。这个虚构的"我"既可以在故事中扮演重要角色,也可以纯粹是一个客观的叙述者,只是一个道具,和故事无关,只是借他之口把故事讲出来而已。

第一人称的优势在于直接面对读者侃侃而谈,便于沟通感情,比较真实可信,亲切感人;而且因为是写"我"的所见所闻所感,抒情议论都比较方便直接。它的劣势在于"我"的叙述要受时间、空间的限制,不能超出"我"的耳闻目睹和亲自经历的范围;不能直接描写除我之外的人的心理活动。

2.第三人称

第三人称是所谓全知全能的叙述角度,就像上帝的眼睛一样,对事情的发展了如指掌。第三人称是作者在文章中以局外人的身份,用第三者"他"或"他们"的口吻进行的叙述。这种叙述,作者站在比较客观超然的立场上叙述人物的经历和事情的过程,故事中的人物各自以自己的名称出现。作者就像无所不知的上帝,观察着每个人的活动,洞悉每个人的心灵世界。

这种方法有明显的优势,表现在不用受"我"的耳闻目睹的约束,能够在广阔的时间和空间坐标内反映丰富多变的人物形象和事件,表现复杂的矛盾和冲突,所以反映宏大历史场景和事件的长篇小说大多喜欢采用这种叙述人称。但是这种方法同样有劣势,它不像第一人称那样具有真实感和亲切感,也不如第一人称那样便于直接抒情达意,作者只能隐藏在他所刻画的人物背后。为了弥补这些缺陷,可以利用人物的对话或独白来抒发感情,表达心意,增强文章的客观效果。

描　写

一、描写含义及作用

所谓描写,就是用生动形象的语言,对人和事物、环境的状态进行具体描绘。描写侧重于对形象进行具体细致的描摹,使读者获得具体而明晰的认识和感觉,犹如身临其境一般。和叙述相比较,描写是横向扩展,形成一个面;叙述是纵向延伸,形成一条线。前者侧重空间感,后者侧重时间感。在实际的写作中,我们经常发现描写和叙述有时难分难解,有时一段文字很难讲清哪些是描写,哪些是记叙,或是一边描写一边记叙。

几乎所有的写作都要用到一些描写,作者使用描写是为了创造一幅有人物、有地点、有事件、有心灵王国的文字画面。与其他视觉类的艺术形式如绘画、摄影相比,它是刻画我们内心世界或者传达我们对周围世界看法的有效手段。写作中的描写可以借助文字符号的特有优势,创造一幅在摄影、绘画里永远也不可能看到的画面。实际上语言文字为我们提供了极大的创作空间,语言符号的抽象性使它具有多层次的解释意义。文本中的语言是一种多义的立体化的符号结构,就像俄国形式主义者所说的"诗化语言",它具有多层次性,由表面意思到次表面意思,逐渐过渡到深层意思,这种立体结构为文学创作提供了想象空间,同样也为读者的阅读提供了多种解读可能,使文学的产生和接受都成为一种自由的个性化的创造。

描写的最基本任务是为了再现一个画面,使读者在视觉、嗅觉、触觉、听觉等各方面都获得身临其境的真实感。比如我们想要描写一间学生宿舍的场景,我们首先要做的是创造一幅精确的画面,这间宿舍是什么样子的。但是仅有这些还不够,描写还能用来创造一种观点、概念、性质和一种气氛。宿舍的气氛是随时变化的,放假期间的宿舍和开学后的宿舍不一样;刚刚检查完卫生的宿舍和好几天无人打扫的宿舍不一样;男生宿舍和女生宿舍不一样;节日里的宿舍和考试期间的宿舍不一样。这些抽象的气氛的差异最终还要依赖我们的描写能力来表现。

二、描写的种类

描写可以运用多种方法来创造不同的意境和风格,总体来说,描写可以分为两大类:客观描写和主观描写。

(一)客观描写

客观描写是一种说明性的陈述,描写真实的客观情况,不掺杂作者的主观感受,不带感情色彩。当我们想对客观事物做一个公正的表述时,可以使用客观描写。这种描写方法朴实无华,客观公正,把观察到的事物用超然的笔调和相对简短的句子传达出来。描写的中心在客观事物上,而不在作家对它们的感受上,因此作者对名词和形容词依赖较多,关注的是词的客观意义,而非联想意义。在这种描写中,视觉起着支配作用,描写有一种静态的性质,描写对象就像被反射在镜子里一样。在大学生活中,客观性描写经常出现在参考书、论文、教科书等文本中。

(二)主观描写

主观描写是一种创造性的陈述,是想象力被激发的描写,一方面作者可以借以传达自己对事物、地点、人物或内心世界的想法,表现自己的想象力;另一方面主观描写又是激发读者想象力的描写,可以发挥读者主观能动性,在想象中再现一个画面。在创造性的主观描写中,每一个对象都不是简单地被陈列出来,每个句子都呈现出混杂着客观事实和主观感受的个性化语调。外界事物就像经过了一个主观过滤器,加上了个性化的色彩和主张。使用的语言更有启发性、联想性,而非准确性,句子中的词语都依赖它们的内涵而排列组合在一起,它们涉及和蕴含的意义已经远远超出字典上的定义。

这种描写方法是文学类文体经常使用的方法。下面两段文字都是描写非洲东部国家肯尼亚的旅游胜地纳库鲁湖,却呈现出不同的描写风格,我们来对比一下:

东非大裂谷南起赞比西河的下游谷地,向北延伸到马拉维湖北部地区分为东西两条,东面的一条是主裂谷,穿越坦桑尼亚中部的埃亚西湖、纳特龙湖等,经肯尼亚北部的图尔卡纳湖、纳库鲁湖以及埃塞俄比亚高原中部的阿巴亚湖、兹怀湖等,继续向北直抵红海和亚西湾,全长5000多千米。纳库鲁湖国家公园位于裂谷省的纳库鲁镇,海拔1753~2073米,占地面积188平方千米,是专门为保护禽鸟建立的公园。公园虽然不大,但却被誉为"观鸟天堂",因为园中有约450种禽鸟,其中最著名的是火烈鸟。纳库鲁湖处于裂谷区的火山带,湖水盐碱度较高,适宜作为火烈鸟主食的浮游生物生长。加上周围湖泊,在这一带生活的火烈鸟有200多万只,占世界火烈鸟总数的三分之一。园中品种大多为小火烈鸟。此外,公园中还有多种大型动物,如河马、豹子、大羚羊、黑斑羚、瞪羚、斑纹鬣狗、猎狗、狐狸、野猫、金猫、长颈鹿、黑犀牛等。

(根据网络资料收集整理)

宽阔的东非大裂谷坦坦荡荡地穿行在肯尼亚的高原上,面对着自己无意中在地球那美丽的面孔上留下的这道巨大的伤疤,上帝流下了伤心的泪水,滴落在裂谷里,涓涓汇成了一个个咸涩的湖泊,像一串美丽的珍珠。其中有一颗闪烁着粉红色光泽的珍珠尤为动人,辽阔的草原和无际的苍穹像一对蚌壳,怜爱地把它含在口中。它就是纳库鲁湖。一念起这三个圆润的字眼,记忆就像踩翻了水边的鹅卵石,一脚滑进了一片浩渺的湖面,我的眼前波光粼粼。微风拂过碧绿温润的水面,抹出松松的皱褶,像一个睡眼惺忪的女子的丝绸睡衣,慵懒地铺展在草原上,这睡衣有着美丽的花边,一道粉红,一道灰白,粉红的就是栖息在岸边的火烈鸟,灰白的是岸上微微发亮的盐碱。纳库鲁湖处于火山带,湖水盐碱度较高,适宜作为火烈鸟主食的浮游生物生长。加上周围湖泊,在这一带生活的火烈鸟有 200 多万只,全世界的火烈鸟有三分之一流连在这里。所以纳库鲁国家公园虽然不大,但被誉为"观鸟天堂",园中有约 450 种禽鸟,其中最著名的是火烈鸟,英文名称 FLAMINGO。[①]

这两段描写有明显的不同,它们属于两种不同的描写方法:客观描写和主观描写。第一段客观地介绍有关情况,没有明显的个人感情,目的是为了介绍旅游信息和地理知识,所以较多地使用一些专业术语和数据。第二段描写则是主观描写,它的目的不仅仅是介绍有关纳库鲁湖的信息,更多的是为了表达自己的强烈的感情色彩,对大自然的热爱之情,对美景的留恋之情。它也有客观知识的介绍,但是这些介绍糅合到主观性话语中,带上了感情色彩,是一种主观性描写。在这段描写中我们可以感受到一种个性化的氛围在文字间流露出来。

三、描写的对象

(一)人物描写

人物是描写的主要对象,文学类的文章很多都离不开人物,不管是写人的还是记事的文章,能够把人物写得生动形象,就能有效地感染读者,在读者心目中塑造出活的有个性的人物来。《探访"数学怪人"陈景润》中对陈景润的外貌做了这样的描写:剪着平头,戴一副近视镜,样子天真,甚至带点憨态,面色有点红,那是结核病菌仍在他身体里活动的象征,而不是健康的颜色,中山装上衣很短,大概比一般的短了两至三寸,鞋子上没系鞋带,衣服上个别纽扣也不曾扣好。样子天真、憨厚,面有病容,不修边幅,正是从一个侧面表现了陈景润一心沉湎于数学王国,为科学事业呕心沥血、勇于献身的精神。

我们主要介绍以下几种人物描写的手法:

1. 肖像描写

肖像描写也叫外貌描写,即对人物的容貌、体态、神情、衣饰等外部特征的描写,通过外表来刻画人物,揭示人物的思想性格。通常我们对一个人的了解首先是从外貌开始的,虽然不能以貌取人,但是外貌或多或少地反映了人的内心世界,一个人的身份、修养、情绪、性格等因素会影响他的外部表现,并在言行、体态、穿戴等方面不自觉地流露出来。所以通过外貌描写刻画人物性格有它的理论依据。外貌描写贵在抓住特点,把人物的外貌特征的描写和他的身份、职业、年龄及性格结合起来,不能千人一面,更不能不着边际的泛泛形容,把一个人从头描写到脚,要抓住特征,追求神似。

德国作家托马斯·曼的代表作《死于威尼斯》中刻画了一个美少年的形象:

在一张柳条桌周围,聚集着一群少年男女,他们由一位家庭女教师或伴娘照管着;三个是少女,年龄看来不过十五到十七岁光景,还有一个头发长长的男孩子,大约十四岁。这个男孩子长得非常俊,阿申巴赫看得呆住了。他脸色苍白,神态悠闲,一头蜜

---

① 陈晓洁. 天堂之羽 [J]. 山东画报,2003(11):54.

色的鬈发,鼻子秀挺,而且有一张迷人的嘴。他像天使般的纯净可爱,令人想起希腊艺术极盛时代的雕塑品。他秀美的外貌有一种无与伦比的魅力,阿申巴赫觉得无论在自然界或造型艺术中,他从未见过这样精雕细琢的可喜的艺术作品。更使他惊异的,则是他姐姐的教养方式跟他的形成极其鲜明的对照,这从她们的衣着和举止上表现出来。……他显然是娇生惯养的。家里人从来不敢拿剪子去剪他漂亮的头发,他的头发在额角上一绺绺鬈曲着,一直垂到耳际和脖子边。他穿着一件英国的海员上衣,打裥的袖子在下端稍稍紧些;他的手还像孩子一般的小,袖子正好遮住了他纤弱的腕部。衣服上的丝带、网眼和刺绣,使这个娇小的身躯看去带几分阔气和娇纵。他坐着,半边身影面向着观察他的阿申巴赫,一只穿黑漆皮鞋的脚搁在另一只前面,肘子靠在藤椅的扶手上,腮帮儿紧偎在一只合拢的手里。他神态悠闲,完全不像他几位妇人气的姐姐那样,看去老是那么古板、拘谨。他体弱多病吧? 因为在一头金色浓密鬈发的衬托下,他脸上的肤色白得像雕琢成的象牙一般。或者他只是一个大人们不正常的偏爱下宠坏了的孩子? 阿申巴赫认为后面这种想法似乎对头些。几乎每个艺术家天生都有一种任性而邪恶的倾向,那就是承认"美"所引起的非正义性,并对这种贵族式的偏袒心理加以同情和崇拜。①

正是这种"任性而邪恶"的美让阿申巴赫爱上了这个少年,放弃了离开这个瘟疫盛行的城市,最终死在了威尼斯。

其实有些描写只需要寥寥几笔就能使人物活灵活现。鲁迅认为要画出一个人的特点,最好是画他的眼睛。鲁迅对祥林嫂形象的刻画就是通过对祥林嫂眼睛变化的描写,反映了她的性格的变化。《红楼梦》里的人物各具特点,其中王熙凤是个典型。她人称"凤辣子",精明能干又狠毒贪婪。作者对她既有同情又有批判,对她的长相的描写就从眼睛入手:"一双丹凤三角眼,两弯柳叶吊梢眉。""丹凤眼""柳叶眉"虽俏丽,却是"三角"形、"吊梢"状,将她的阴险毒辣刻画在五官长相之中。

2. 心理描写

直接描写人物的思想活动叫心理描写,它是揭示人物内心世界经常采用的描写方法。心理描写要写出特定的人在特定的环境中产生的特定的心理活动,要努力写人物细微的感情波澜和复杂的心理变化过程。描写人物的心理活动,大致有以下几种手法:第一,由作者从旁边对人物的心理活动给予描述分析。采取第三人称的写法,对人物的心理世界进行透视,细致地刻画他的心理活动。第二,用人物内心独白直接吐露自己的思想。《红楼梦》第32回写林黛玉听到贾宝玉说"林妹妹从来就不讲这样的'混账话'",接下来用林黛玉的一段内心独白刻画了她复杂的心理活动,表现了林黛玉丰富的内心世界。第三,在人物回忆往事、憧憬未来时,插入适当的心理描写。如《伤痕》中王晓华在回上海的火车上一段对往事的回忆。第四,通过环境气氛等表现人物的内心活动。把人物的内心世界投射到外界事物上,用它们来反衬内心,达到情景交融,如用翻腾的巨浪显示人物内心的剧烈感情冲突,用雨过天晴表现人物心情的开朗等。

《死于威尼斯》的主人公阿申巴赫因为健康原因而不得不离开威尼斯,同时也就意味着再也见不到那个美少年塔齐奥了。然而当他心痛欲裂地来到车站时,意外得知自己的

① 〔德〕托马斯·曼 . 死于威尼斯 [M]. 钱鸿嘉等,译 . 上海:上海译文出版社,2010:38.

行李被饭店错误地送到了其他地方，阿申巴赫"欣喜若狂，兴奋得难以令人置信，胸口几乎感到一阵痉挛"。于是到车站二十分钟之后，他又乘船回海滨浴场了：

这是多么奇异的经历啊！它是那么不可思议，那么丢脸，又是那么富于戏剧性，简直就像一场梦！他本来怀着极其沉痛的心情要跟这些地方诀别，但在命运的拨弄下，他此时居然又能看到它们！疾驰的小艇像一支箭那样向目的地飞去，船头的海浪激起一阵阵泡沫；它在平底船与汽船之间巧妙灵活地转着舵，变换着航向；船上坐着他这个唯一的旅客。他表面上有些生气，装作无可奈何的样子，其实却像一个逃学的孩子，在竭力掩饰内心的慌乱与激动。他的胸脯不时起伏着，为自己这一不平凡的遭遇而暗自失笑。他对自己说，任何幸运儿也不会有这样好的运气，到时候只要解释一番，让人家张着惊愕的眼看你几下，就又万事大吉。于是灾祸避免了，严重的错误纠正了，而他本来想抛在背后的一切，又将展现在他的眼前，而且任何时候都可以属于他……①

这段心理描写刻画了阿申巴赫矛盾而复杂多变的心理变化。

3. 行动描写

行动受人的思维支配，是人物性格的具体表现。人有所思才会有所动，高兴的时候可能手舞足蹈，郁闷的时候可能借酒浇愁，同样一个动作，心情好的时候做和心情烦闷的时候做肯定不一样。而且每个人的行为总是流露出属于自己的特点，《红楼梦》描写了无数各具特色的动作，比如关于门的动作的词语就有40多种，进门、出门、敲门、叩门、推门、踹门、打门，还有锁门、掩门、摔门、倚门等等，表现了不同人物在不同心境和环境下的不同动作。请看《红楼梦》第六回里的一段描写：

凤姐也不接茶，也不抬头，只管拨手炉内的灰，慢慢的问道："怎么还不请进来？"一面说，一面抬身要茶时，只见周瑞家的已带了两个人在地下站着呢。这才忙欲起身；犹未起身时，满面春风的问好，又嗔着周瑞家的怎么不早说。刘姥姥在地下已是拜了数拜，问姑奶奶安。凤姐忙说："周姐姐，快搀起来，别拜罢，请坐。我年轻，不大认得，可也不知是什么辈数，不敢称呼。"周瑞家的忙回道："这就是我才回的那姥姥了。"凤姐点头。刘姥姥已在炕沿上坐了。板儿便躲在背后，百般的哄他出来作揖，他死也不肯。②

凤姐的心态、做派，她的势利、八面玲珑，都通过动作表露出来，简直呼之欲出。

4. 语言描写

语言描写是指通过人物的语言揭示人物性格的方法。"言为心声"，人物的独白、对话，特别是作品中人物的个性化的语言，在表现人物个性方面，具有非常重要的作用。孔乙己的迂腐是通过"不多不多！多乎哉？不多也"体现的；"招安，招安！招甚鸟安"，只有鲁莽直率又具有反抗精神的李逵才能讲得出来。我国古代文学作品经常采用语言来烘托显示人物的心理，如《水浒传》第五十四回李逵下枯井救柴进一段。李逵要求下去探视，宋江答应了，正在下去的当口，黑旋风突然说："我下去不怕，你们莫要割断了绳索。"只此一句话，就表现出他老实却不乏小心眼的心理特征。

老舍的《茶馆》里，唐铁嘴和王掌柜的第一次对话，就把一个油滑可怜的江湖相士，一个

① 〔德〕托马斯·曼. 死于威尼斯[M]. 钱鸿嘉等，译. 上海：上海译文出版社，2010：59.
② 曹雪芹，高鹗. 红楼梦[M]. 北京：人民文学出版社，1982：101.

年轻能干、世故练达而又心地善良的茶馆掌柜的鲜明性格活灵活现地呈现在观众的面前：

唐铁嘴:(惨笑)王掌柜,捧捧唐铁嘴吧! 送给我碗茶喝我就先给您相相面! 手相奉送,不取分文! (不容分说拉过王利发的手来)今年是光绪二十四年,戊戌,你贵庚是……

王掌柜:(夺回手)算了吧,我送给你一碗茶喝,您就甭那套生意口啦! 用不着相面,咱们既在江湖内,都是苦命人! (由柜台内走出让唐铁嘴坐下)坐下,我告诉你,你要是戒不了大烟,就永远交不了好运! 这是我的相法,比你的灵验。[①]

(二)环境描写

人物的活动,事物的发展都离不开具体的有特点的环境,这是作者展开文章的必不可少的背景,有些环境本身就是描写的对象和主题。环境描写包括自然环境、社会环境描写和场面描写。

1. 自然环境描写

自然环境是文章中常见的描写对象。通过对自然风光、山川景色的描绘,能使人如身临其境,收到情景交融的效果。正所谓"仁者乐山,智者乐水",自然山水的刻画既可以描摹景色,也可以传达情感。游记是最典型的描写自然景观的文章,中国文学史上产生了很多山水游记题材的作品,其中不乏名篇,如柳宗元的《永州八记》、朱自清的《荷塘月色》等。自然景色的描写不仅仅是为了再现,还具有传达作者的感情、表现和衬托人物性格的作用,比如颜元叔的《荷塘风起》通过写景,表达的是对自然的热爱和对人类破坏自然的痛惜和谴责。

2. 社会环境描写

社会环境描写主要指人物或事件所处的社会背景。与自然风景描写相比,它对烘托人物性格和表现主题起的作用更直接、更有力。请看张爱玲的《桂花蒸·阿小悲秋》开头的描写:

丁阿小手牵着儿子百顺,一层一层楼爬上来。高楼的后阳台上望出去,城市成了旷野,苍苍的无数的红的灰的屋脊,都是些后院子,后窗,后巷堂,连天也背过脸去了,无面目的阴阴的一片,过了八月节还这么热,也不知它是什么心思。下面浮起许多声音,各样的车,拍打地毯,学校摇铃,工匠捶着锯着,马达嗡嗡响,但都恍惚得很,似乎都不在上帝心上,只是耳旁风。公寓中对门邻居的阿妈带着孩子们在后阳台上吃粥,天太热,粥太烫,撮尖了嘴唇凋嗤凋嗤吹着,眉心紧皱,也不知是心疼自己的嘴唇还是心疼那雪白的粥。对门的阿妈是个黄脸婆,半大脚,头发却是剪了的。她忙着张罗孩子们吃了早饭上学去,她耳边挂下细细一绺子短发,湿腻腻如同墨画在脸上的还没干。她和阿小招呼:"早呀,妹妹! "孩子们纷纷叫:"阿姨,早! "阿小叫还一声"阿姐! "百顺也叫:"阿姨! 阿哥! "[②]

张爱玲生动逼真地描写了一幅旧上海社会生活风俗画,在这样一幅琐碎的生活场景中,丁阿小逐渐走到台前,用她的眼睛把"洋人"的真实生活显露出来。

① 老舍.老舍精选集[M].北京:燕山出版社,2009:266.
② 张爱玲.张爱玲文集[M].北京:中国戏剧出版社,2003:323.

3.场面描写

所谓场面描写,就是把人物在特定时间和地点的环境中活动的画面勾画出来。它们往往是自然景色和社会环境描写的集中表现,是叙述、描写、对话的综合运用。场面有很多种,生活中随时都会发生不同的场面,常见的有生活场面、劳动场面等,对不同场面的描写是塑造人物、发展故事、表现主题不可缺少的手段。

史铁生的《我的遥远的清平湾》里对黄土高原上那个穷山村里的人们耕作场面的描写,酸涩中却又带着一丝美感:

天不亮,耕地的人们就扛着木犁、赶着牛上山了。太阳出来,已经耕完了几垧地。火红的太阳把牛和人的影子长长地印在山坡上,扶犁的后面跟着撒粪的,撒粪的后头跟着点籽的,点籽的后头是打土坷垃的,一行人慢慢地、有节奏地向前移动,随着那悠长的吆牛声。吆牛声有时疲惫、凄婉;有时又欢快、诙谐,引动一片笑声。那情景几乎使我忘记自己是生活在哪个世纪,默默地想着人类遥远而漫长的历史。人类好像就是这么走过来的。①

写场面要突出重点,就像画黄山云海,在茫茫云海中只要突出一两个山峰便可传神。要根据表现人物和主题的需要,选择好重点,以点带面,把整个场面写得主次分明,层次清楚,气氛合情入理。

四、描写的方法

(一)比喻

比喻是借打比方来描写人物、事件与环境的方法。比喻可以在不同的事物之间架起桥梁,使我们的思维在两个事物之间自由联想,并且能激发读者的想象力,使之能在想象的世界里再现一个生动的画面。从文章表面来说可以使语言更生动,描写效果更形象;从深层次来讲,比喻还能深化我们对所描写事物的思考和理解。

比喻要抓住特点,用墨精准,不要泛泛形容。而且还要力求创新,放弃那些已经用滥的比喻,如"像画一样美"等。当我们写作时,会发现这些陈腐的比喻总是不知不觉就跳到脑海中来,仿佛是它们支配着你。原因就是在生活中像这样的陈腐语言不断地由各种传播媒介扩散出来,影响我们的语言创新。朱自清在《荷塘月色》中,用歌声的渺茫比拟缕缕清香飘过,用名曲的旋律比拟画面色调的韵味,调动听觉、视觉交错地描写,富于创造性,别具情趣。

我们来看下面这段描写非洲草原的文字:

高原上的草原是一片银色海绵,嗞嗞地吮吸着清冽的夜气,发出青凛凛的微光。漫不经心地,绯红的晨曦揭开草原上黑沉沉的盖子,巨大的黑色之蚌喘息着张开,把这世间最美丽壮观的野生动物聚居地呈现在游人面前。

此时的草原安详恬静得像一个童话。然而就在你悠悠然陶醉其中时,一声雄狮的怒吼忽然从草原的深处响起,贴着草皮飞快地向你扑来,像个惊叹号一样撞得你坐立不稳,这吼声深沉、沙哑、奔放,威严得让人不寒而栗。非洲大陆上最震撼人心的吼叫声拍打着晨光中的草原,激溅着野性的火花,让人猛然醒悟,我们只不过是这片草原上

---

① 刘绪源.百年中国小说精华[M].杭州:浙江文艺出版社,2007:502.

的不速之客。①

这里所使用的比喻,像海绵、蚌壳、童话、惊叹号等,就比较新颖,把优美迷人同时又富有野性魅力的非洲草原刻画出来。

(二)白描

白描手法是中国艺术传统的描写手法,抛开华丽的辞藻,清水出芙蓉,用恬淡、质朴的语调自然随意地描写出来,抓住事物的特征,寥寥几笔勾勒出事物形象。这种写法,没有浓烈的色彩装饰,也少用形容词、修饰语,能更真实地把形象、状貌之类再现于读者面前,使事物更加神似。鲁迅把这种写法归纳为有真意,去粉饰,少做作,勿卖弄。朱自清的《背影》可以说是这方面的代表作,它没有华丽的词藻,不用浓重的色彩,不事堆砌形容,全用白描手法,几乎就是日常的口语。在千余字的文章中,集中刻画了父亲的背影,把父亲的体态、穿着打扮、过铁道买橘子的动作勾勒得真真切切,让人不由得唏嘘感叹。平淡的语言里充溢着父子间的至情,显示了作家深厚的生活体验和极高的语言功底。朱自清的其他散文像《儿女》《冬天》等描写亲情的名篇,也体现出这样一种风格。

(三)细节描写

文学作品中的细节描写,犹如一部机器不可缺少的重要零件。细节描写是指用具有特定含义的细节强化描写效果的方法。对某些细小而含义深刻的情节,包括对细微的小事或人物的细微的神态动作的描述,可以达到"借一斑略知全貌,以一目尽传精神"的作用。一个重要的细节,往往是寥寥几笔,就能刻画出人物的精神世界和时代风貌,实现对形象的生动塑造。

屠格涅夫在《初恋》中刻画了好几个生动的人物,其中有位老仆人的形象,作者用简略的几个细节就把故事中的隐秘线索暗示了出来:

我走进了窄小、肮脏的厢房前室,情不自禁地浑身发颤。

一个头发灰白的老仆人接待了我,他有着一张古铜色的脸膛儿,一对忧郁的猪眼睛,额上和鬓角上都布满了我一生中还从未见过的那么深的皱纹。他手托一个只剩腓鱼脊骨的菜盘,用脚掩上了通向另一间屋子的门,断断续续地说:

"您有什么事?"

"扎谢金娜公爵夫人在家吗?"我问道。

"沃尼法季!"一个女人的发抖的声音在门后叫了起来。老仆人默默地转过身去,背朝着我,他那件号衣磨损得很厉害的后背露了出来,号衣上只孤零零地剩下了一颗褪成了红褐色的带纹章的纽扣,他把盘子放在地板上就走了。②

通过对老仆人的面部以及穿戴的细节描写,暗示了这户人家的不同寻常的背景和来历,为下文展开情节做了铺垫。

(四)间接描写

以上所谈,都是直接描写对象的。写作中的描写,除了直接描写外,还可以进行间接描写,也称侧面描写。这种方法不直接将目光对准所描写的对象,而是借描写别的事物来

---

① 陈晓洁.野性之美[J].山东画报,2003(8):69.
② 〔俄〕屠格涅夫.屠格涅夫文集:初恋[M].上海:上海译文出版社,2000:120.

反衬它。利用对其他人物和事件的叙述描写来渲染气氛,烘托出描写对象的特征,正所谓:"蝉噪林愈静,鸟鸣山更幽。"写山静,不用多费笔墨,描写小鸟的鸣声之响,更加反衬山之幽静。所以当你想描写一个形象时,不妨撇开它不管,去写它周围的事物,就像把白色的花朵放在黑色的纸上一样,只会让那花更突出醒目。

我国古代诗歌中有名的间接描写范例,便是《陌上桑》对罗敷的描写:

秦氏有好女,自名为罗敷。

罗敷喜蚕桑,采桑城南隅。

……

行者见罗敷,下担捋髭须。

少年见罗敷,脱帽著帩头。

耕者忘其犁,锄者忘其锄。

来归相怨怒,但坐观罗敷。

使君从南来,五马立踟蹰。

使君遣吏往,问是谁家姝? [①]

诗中写罗敷的美,是从行者、少年、耕者、锄者、使君等见到罗敷的反映描写出来的,通过这种侧面的描写,让读者感受到罗敷的美丽。

议　论

一、议论的含义及种类

议论这种写作方法,是通过使用事实材料进行逻辑推理来表明自己的观点和态度,达到明辨是非和阐明事理的目的。

议论也可以称为说理、论证,都是为了表明某种观点和主张,以便让别人理解接受自己的看法。议论要求严密的逻辑顺序,要运用一定的逻辑推理得出结论,这样才有说服力,所以议论有比较明显的目的性,有一定的现实指导意义,注重最终的写作效果。议论的用途非常广泛。它是我们日常交流的基本技能,是我们表达自己、传递信息、与外界进行思想沟通的重要手段。议论可以出现在各种文体中,在议论文中,它是议论说理的主要形式,运用概念、判断、推理和证明的思维形式阐明事理。在记叙文中,它用来评价作品中的人物和事实,为升华人物情感和深化主题服务。在应用类文体中,它更是一种必不可少的写作方法,点明事物的意义,使文章主题更加鲜明,现实作用更大。

依照写作目的,议论可以分为两大类:立论和驳论。立论是以正面论证观点为主的议论。运用论据正面阐述自己的观点,使自己的结论能够稳稳当当地树立起来。驳论是以驳斥反面观点为主的议论。对对方的观点进行驳斥,指出其不能成立的原因,使大家认识到其中的谬误。立论与驳论不能截然分开,有"立"有"驳"才能完整地表达自己的观点。一般情况是:在立论的文章中,需要批驳错误论点来进一步阐明正面观点,即立中有驳;在驳论的文章中,也要在批驳错误论点的同时,确立正面的观点,即驳中有立。它们的区别

---

① 季羡林.经典诗词重读[M].天津:百花文艺出版社,2008:47.

在于着重点不同。

二、议论三要素

完整的议论有三个基本要素,即论点、论据和论证。

论点,就是指作者的观点、主张,也就是文章的主题。在议论中,不管是立论还是驳论,论点正确是最重要的要求,不能强词夺理。论点还应当鲜明,不能吞吞吐吐,模棱两可。

论据,是指证明论点的事实和道理,它在议论中是确立论点的依据,所以叫论据。论据是支撑论点的骨架,论据不充足,便不能充分地推出结论,或者得出的结论不能令人信服。使用论据要符合以下要求:

1. 可靠性

我们必须选择那些确凿的、典型的事实。引用经过实践检验的理论材料作为论据时,必须注意所引理论本身的精确含义。

2. 典型性

引用的事例应该具有广泛的代表性,代表这一类事物的普遍特点和一般性质。

3. 论据与论点的统一

论据是为了证明论点,所以应该选择那些能够为论点提供有力支撑的材料作为论据。

论证,就是用论据证明论点的过程,它把论点和论据按照一定方式联系起来,阐明它们之间的因果关系,以合乎逻辑的方式说服读者。论证中,论点与论据之间的联系包含着种种逻辑关系推理,所以一定要从逻辑学角度对概念等因素进行充分的研究,推理要准确,分析问题要严密,从而使整个论证过程无懈可击。

三、议论的方法

(一)例证法

例证法是列举事实来证明论点的方法。正确的论点来自于客观现实,事实胜于雄辩,用事实做论据是证明论点最有效的方法。用来做论据的事实材料,可以是具体事例,可以是概括的事实,也可以是统计数字之类,材料的关键在于真实可信,只有真实的事例才有使用价值,才有助于论证。其次要注意收集和选择最典型、最有说服力的事实,这样更易于被读者接受。鲁迅在《论"费厄泼赖"应该缓行》一文中,使用了一个非常典型的例子:王金发没有"打落水狗",对敌人讲"费厄泼赖",可怜了狡猾而凶狠的敌人,最后终于在封建势力复辟时,被封建势力的走狗咬死。鲁迅熟悉这段历史,用这个例子来论证应该"打落水狗"这个论点再恰当不过了。

(二)引证法

引用权威性的论述,比如经典著作、名家名言、公理定理等来证明论点的方法叫引证法。引用的论述是令人信服的,所以由此类推,自己的观点也是可以成立的。引用的事理、言论,是经过实践检验和被世人普遍认可的,所以它们不需再论证,直接引用做论据就可以证明论点了。

(三)对比法

对比法就是将两个具备可比性的事物放在一个坐标系里进行对比,以事物的相互比照来证明论点的方法。事物是互相比较而存在的,在对比中容易辨明是非、说清道理。如韩愈的《原毁》,通篇以古今君子责己、待人两方面的不同表现进行比较,说明毁谤这种社会时弊产生的根源及危害。

（四）类比法

把两个以上具有同类道理的事物做比较,以彼事物之理来推导出此事物之理,称为类比法。这种方法往往是以讲故事、打比方的形式,使抽象的道理变得易于理解。魏金枝在《谈谈失败的经验》中,使用了类比法来说明小说与生活的关系:

我曾听广东朋友说过,他们那里讲究喝茶的人,他们的茶壶内壁,积有很厚的茶渍,临时没有茶叶就可以冲了开水当茶。但这只能偶然的一次两次,次数一多,必然要成为淡而无味。我的脱离农村,靠了短暂的回家探亲,以为写作的源泉,实际上就等于靠茶渍泡茶,这怎么能维持多久呢!

作者用茶渍泡茶淡而无味,来比喻靠过去的生活素材写作小说是不行的。

（五）归纳法

从个别到一般的论证方法叫归纳法,用事实作为论据证明论点时,往往使用这种方法。归纳法通常有两种类型:不完全归纳法和完全归纳法。一般说来,在写作中,由于不可能或不必要把所有的个别性事例都列举出来,所以人们经常采用不完全归纳法,即通过部分个别事例得出一般结论的方法。而完全归纳法是通过全部个别事例达到一般结论的方法。

郭沫若的《科学的春天》里采用了这种论证方法,从历史过程和个人经历中归纳出"科学的春天到来了"这一论点,从嫦娥奔月、龙宫探宝、《封神演义》上的许多幻想都变为现实来论证科学需要异想天开。

运用归纳式,要防止以偏概全,不能根据一些没有普遍性、非本质的事实得出一般性的结论。

（六）演绎法

从一般到个别的论证方法叫演绎法,它的论证方向同归纳法正好相反,即由普遍性的前提推出特殊性结论的推理过程。演绎法有三段论、假言推理、选言推理等多种形式,其中最重要的是三段论。三段论由大前提、小前提和结论三部分组成,如大前提"凡金属都可以导电",小前提"铁是金属",结论"所以铁能导电"。使用演绎法,作为一般原理的大前提一定要正确,推理过程要严密,从而保证结论的正确性。

四、驳论的方法

反驳对方可以从以下三个方面突破,即反驳论点、反驳论据、反驳论证。议论文是由论点、论据、论证三部分建构起来的,论点是建立在论据和论证的基础上,因此驳倒了论据或论证,也就否定了论点,与直接反驳论点具有同样效果。一篇驳论文可以几种反驳方式结合起来使用,以加强反驳的力量和说服力。

（一）反驳论点

驳论的最终目的是驳倒对方论点,直接反驳对方的论点,这是直取中心、擒贼擒王的方法。反驳论点具体来说又有以下几种方法:

（1）列举事实证明对方论点的荒谬。这是例证法在驳论中的应用。

（2）从理论上剖析对方论点的谬误。这是分析法在驳论中的应用。

（3）反证法。这种方法通过证明与对方论点相对立的新论点的正确,达到驳倒对方论点的目的。

（4）归谬法。此法先假设对方论点是正确的,并以此为前提,然后加以合理引申,最后得出一个荒谬的结论,从而证明对方论点的荒唐可笑。鲁迅的《文艺的大众化》中有一个归谬法的例子:"倘若说,作品愈高,知音愈少。那么,推论起来,谁也不懂的东西,就是世界上的绝作了。"这里先假定对方的论点"作品愈高,知音愈少"是正确的,然后再进行合乎逻辑的引申,得出荒谬的结论:"谁也不懂的东西就是世界上的绝作了。"既然"谁也不懂",又怎么称其为"世界上的绝作"呢?所以,原论点不攻自破。

（二）反驳论据

一个错误的论点,往往是建立在错误的论据之上的。因此,指出对方论据的虚假,错误的论点就失去了支撑,自然不能成立。在《"友邦惊诧"论》中,鲁迅先生引用《申报》上的消息,戳穿了敌人作为论据的谎言,于是"友邦人士,莫名惊诧,长此以往,国将不国"的反动论点一败涂地。

（三）反驳论证

所谓反驳论证,即通过揭露对方的论证不合逻辑、论证方法错误以证明其论点的错误。论证中存在偷换概念、转移论题、以偏概全、自相矛盾、循环论证等逻辑错误,其结论必然是站不住脚的,对此加以揭露,就能把对方驳倒。

抒 情

一、抒情的含义

所谓抒情,就是作者或者作品中的人物抒发自己的主观感受的表达方法。它表现事物在作者内心激起的感情及其变化,写作时,有时高兴得放声歌唱,有时气愤得怒发冲冠,有时哀伤得失声痛哭,有时欣喜得笑逐颜开。把这种喜怒哀乐的感情用文字表达出来,就叫抒情。抒情一般都是和叙述、描写、议论结合起来运用,效果更加明显。

抒情带有强烈的个性化色彩,是建立在个人感受体验的基础上,因此渗透着主观感情色彩,这种主观感情,在文章中自觉或不自觉地流露出来,诉诸笔端,从而引起读者的共鸣,使文本具有艺术感染力。抒情在不同的文体中其作用是各不相同的。在抒情诗和抒情散文中,抒情起主要作用;在小说、记叙文中,抒情用得比较普遍;在议论文、说明文中,抒情用得较少;在应用文中,应慎用甚至不用抒情。

二、抒情的方式

抒情可分直接抒情和间接抒情两种。

（一）直接抒情

直接抒情就是作者或作品中的人物直抒胸襟,直接倾吐被生活激发出来的感情。直接抒情,感情浓郁,像飞泻的瀑布,一泻千里,势不可挡,具有催人泪下、动人心魄的艺术感染力。汉乐府民歌《上邪》是一首直抒胸臆的古代情歌:

上邪! 我欲与君相知,长命无绝衰。山无陵,江水为竭,冬雷震震,夏雨雪,天地合,乃敢与君绝! [①]

这是直接抒情的好例子,作者情不可遏,尽情地抒发了无比强烈的爱情誓言。像杜甫的《春望》、苏轼的《水调歌头》、文天祥的《过零丁洋》、郭沫若的《凤凰涅槃》等都是直接抒情的名篇。

(二)间接抒情

对抒情的理解要灵活,不一定只有大喊大叫、大哭大笑才是抒情,抒情有时如春夜细雨,缓缓地几乎不为人觉察地流露出来,让人不知不觉、不由自主地被感染,这就是间接抒情。间接抒情相对于直接抒情更加委婉含蓄,不是直接表达自己的感情,而是把浓烈的感情蕴藏在文字后面,借助叙述等其他方式进行抒情。具体来说包括叙述抒情、描写抒情、议论抒情、比喻抒情等。

1. 叙述抒情

很多的叙述都不仅仅是单纯的客观叙述,而是渗透着主观感情的叙述,作者把情感融化在叙述文字中,使叙述与抒情融为一体,这便是叙述抒情。叙述抒情在叙述中流动着浓郁的主观感情色彩。英国作家戴维·洛奇在《小说的艺术》中引用了海明威的小说,分析他的语言风格:

秋天,战斗总是继续着。但是我们没再参加。米兰的秋天很冷,天黑得也早。天黑之后电灯一开,遛大街看橱窗倒是一件快事。商店门外悬挂着野味,有狐狸有野鹿,还有小鸟类。狐狸的皮毛上落满了雪,像撒上了一层面粉,尾巴被风吹得荡来荡去。野鹿又僵又硬,沉甸甸、空荡荡的。小鸟经风一吹,羽毛翻卷。这是一个寒冷的秋天,风从山顶上刮下来。

每天下午我们都在医院。黄昏时穿过市区走向医院去的路线不止一条,有两条路是沿运河而行,但这两条路远。到医院去必须要过运河上一座桥。有三座桥可供选择。其中有一座上面有个妇女卖烤坚果。每次路过,站在她的炭火摊前总感到暖融融的,坚果装在口袋里后还是热乎乎的。医院古老而美丽,进入大门穿过庭院,对面还有一个门可以出去。庭院通常也是葬礼开始的起点。医院对面是一些新建的砖砌亭台,我们每天下午都在那里见面,大家都彬彬有礼,对周围的事颇感兴趣,然后坐进车中,不同的车可有不同的去处。[②]

这段文字出自海明威的小说《在另一国度里》,虽然由于翻译的原因,我们很难体会原作在用词用语上的独特味道,但是仍能感受到海明威的语言特色。海明威使用了很多重复的实词和功能词,力求用简单的不加虚饰的语言塑造真实感,同时增加文字的感情色彩。小说中的主人公是第一次大战中意大利的伤兵,当时和同伴在医院养伤,几乎夺取他们性命的战争同样摧毁了他们生活的意义。这是一个关于战争创伤的故事,有人挺住了,

---

① 万木春,李凌,黎勤.中国古代爱情诗三百首[M].北京:中国社会科学出版社,2009:68.
② 〔英〕戴维·洛奇.小说的艺术[M].北京:作家出版社,1998:99.

有人被这种创伤打倒了。从作者使用的重复的简单的词语中,我们感受到一种神秘的凄凉的气氛,虽然没有对主人公的心情有什么刻画,可是我们却能从看似平静的叙述中读出刻骨的伤感。

2. 描写抒情

一切景语皆情语,自然界万事万物投射到主观世界中,就不再是客观的,主观的情绪、性格等因素就会附着到客观事物上,使之具有人的感情。所以当我们在描写景物时,往往会因为心境的不同,而对同样的事物产生不同的感受,这样一来,描写也就具备了抒情的功能。描写抒情是作者在写景状物中,寓情于景,情景交融,借景抒情。作者笔下的景物饱蘸浓厚的主观感情色彩,和一般客观地写景迥然不同。

如马致远的小令《天净沙·秋思》:枯藤老树昏鸦,小桥流水人家,古道西风瘦马。夕阳西下,断肠人在天涯。这首散曲充分发挥了汉语形象化的优势,仿佛字字写景,无一字写情,可是细细体会一下,又是句句含情,而且情思浓郁深沉,绝不是一般的品格。首先他选择的这几个意象本身就渗透着强烈感情色彩,从枯藤到瘦马,从夕阳到天涯,都是一些让人觉得伤感的意象。当这些意象被串联到一起,产生的效果远远超出意象的简单相加,而是互相沟通渲染,词的感伤气氛陡然扩大了无数倍,构成一种萧瑟凄凉的意境。这种基调烙印了游子思乡的强烈的主观感情因素:深秋的黄昏,乌鸦归巢,恬淡的田园风光却离游子那么遥远,只有继续流浪在天涯。字字都饱蘸凄苦之情,却又欲哭无泪,欲言还休。

3. 议论抒情

这种抒情是作者在议论中抒发激昂的感情,寓情于理。议论抒情是带有主观感情的议论,它并不像一般议论那样强调论证过程,而是在感情支配下发表自己的一些看法,所以不能用一般的逻辑规律来要求。杨朔的《荔枝蜜》中有这样一段:

我的心不禁一颤:多可爱的小生命啊,对人无所求,给人的却是极好的东西。蜜蜂是在酿蜜,又在酿造生活;不是为自己,而是为人类酿造最甜的生活。蜜蜂是渺小的,蜜蜂却又多么高尚啊!

作者是在赞美蜜蜂的奉献精神,这种议论没有普适性,不能像议论文一样成为规律性的结论。但是通过这种对蜜蜂的议论,可以抒发强烈的崇敬、感佩之情,表达对勤劳的亿万劳动者的赞美。

4. 比喻抒情

这种抒情是采用比喻的手段达到抒情的目的。当我们在构思比喻时,所选择的喻词本身就体现出作者的感情倾向性。比如同样是形容一个人瘦,我们来看这两个比喻:"她亭亭玉立,像春天里一株小树苗";"她像根电线杆,直直地杵在那里"。这两个比喻流露出完全不同的感情色彩,第一个是喜爱,第二个则不然。亚里士多德说:"比喻是天才的标志。"比喻是我国文学从《诗经》就延续下来的优良传统,运用比喻来抒情能够使抒情更加具体、生动、形象,为抽象的感情找到一个具体的载体。

三、抒情的基本要求

(一)真挚自然

感情的抒发要真切自然,不能为了抒情而去抒情,否则会让人觉得矫情。"感人心者,莫先乎情。"要想感动别人,先要感动自己。情真意切才能动人,矫揉造作,虚情假意,只能令人反感。古今中外的感人至深的传世佳作,无不凝结着作者发自肺腑的真情。倘若连自己都感动不了,还想去感动别人,只能是徒费笔墨。

(二)健康向上

情调有高低之分,应该抒发健康的有利于人的心灵升华的感情。抒情必须要掌握"度",不能变成纯粹的情绪的宣泄,将文章变成情绪的垃圾桶,这样做既是对文学的亵渎,也是对读者的不尊重。

(三)生动具体

抒情是把抽象的感情用形象的文字抒发出来。所以要在抽象和形象之间建立联系。感情是比较抽象的东西,防止呆板和空洞是抒情应该注意的问题,可以借助多种修辞手法,激发自己的想象力和创造力,把抽象的、不易表达的感情写得具体而生动。

(四)结合内容

抒情要同文章中的叙述、描写和议论协调一致,要有助于主题和内容的表达。情感不是凭空产生的,是要有内容作为支撑的,它是和一定的景物、人物、事件关联在一起的,触景生情或者因事生情。游离于内容之外的抒情无所依附,无病呻吟,只是虚妄的宣泄。

说　明

一、说明的含义及作用

说明就是对客观事物进行解说介绍的表达方式,它用简明的文字将事物的形状、性质、构成、功用等予以解说和阐释,达到传播信息和探求知识的目的。被说明的事物可以是具体事物,也可以是抽象事物。

怎样才能把事物说明得具体、准确呢?首先,要善于从读者角度提出问题。苏东坡主张"八面受敌法",指的是作者要考虑假想的"敌",也就是读者可能想知道哪些东西,会提出哪些问题,要经得住八面来"敌"的进攻,要多从他们的角度提出"为什么",这样才能将你的观察和研究引向深入,写出来的文章才有针对性,有说服力。其次,要寻找最平实、最准确的词语来说明事物,做到通俗易懂,要锻炼"推敲"文字的能力。

说明这种表达方式有三个特点:

客观性。说明的事物都是客观存在的事物,所以必须要按照事物本来的样子来写,不能胡编乱造,无中生有。

知识性。说明需要在掌握一定的相关知识的基础上进行,具备一定的理论素养,否则自己都不明白,怎么讲解给别人听呢?

解说性。说明以解释介绍为主要手段,所以对一些文学性很强的手法要谨慎使用,比如抒情、叙述等手法。

说明的使用比较广泛。在一般说明文中,其主要内容都由说明性文字构成,说明是最基本的表现形式;在学术论著中,更是必不可少的方法,下定义、名词解释、原理的诠释论证等,都要采用说明的方式;在记叙文和议论文中,涉及专业性较强的知识和需要阐释的概念,一般也要使用说明。

二、说明的方法

(一)定义法

定义法是用下定义的方法揭示某一事物的概念内涵的说明方法,用形式逻辑的公式表示就是:

被定义者=种差+邻近的属概念

这种方法运用非常广泛,各类教科书、说明文、工具书、议论文等经常使用,它能够使说明更科学合理、更清楚明白。但下定义要注意准确把握对象的内涵,定义项与被定义项的外延必须相等,语言必须简明、确切,具有高度的概括性。

下定义分三个步骤:第一步,找出被定义者的邻近属概念,如"狼毫笔"的属概念是"毛笔"。第二步,找出被定义者的种差。所谓种差,就是同一个属概念下的几个同级种概念的内涵(即本质属性)上的差别。"狼毫笔"在属概念中的同级种概念有"羊毫笔""兼毫笔"等,在内涵方面的差别是"用黄鼠狼的毛做成"。第三步,把被定义者和"种差+属概念"组成的定义项联结起来,这样,就得出了"狼毫笔是用黄鼠狼的毛做成的毛笔"。

(二)诠释法

诠释法就是对事物的概念、性质、特点、功能、原理等进行详细的阐述解释,使人对之有更加具体深入的了解。如关于"泥石流",《辞海》中的定义式说明是:山地突然爆发的饱含大量泥沙、石块的洪流。然而,"山地"怎么会"突然爆发"泥石流呢?因此必须用诠释说明才能解说清楚,即指出那是地表的流水冲刷山坡和河床,冲走了泥沙,河床加深了,山坡的坡脚变陡峭了,再遇暴雨,山坡就会崩塌、滑坡,在重力作用下,加之由于惯性产生大量的泥沙、石块急速奔泻的自然现象叫作泥石流。这段话诠释泥石流的性质、特征、成因、出现地点等,揭示泥石流的全部内涵。

虽然定义说明与诠释说明都是对事物的本质特征进行解释和说明,但后者比前者更为详细、具体,在表述上也比较自由。例如,诠释说明在要求揭示本质的同时,却不要求概括得十分周密,往往只需要指出事物的部分特征就行了。例如,"化石,是古生物学的主要研究对象"。这个诠释说明就没有全面概括化石的作用。化石作为古生物学的主要研究对象,只是它的一个作用,它还是古地质学、古化学研究的对象。诠释说明不要求概括全面、周密,在运用时,自然比定义说明灵活得多。定义法与诠释法最主要的区别在于定义法"是"字两边的话可以互换,而诠释法"是"字两边的话不能互换。如果将定义法和诠释法结合起来使用,既可揭示事物的本质特征,又可对事物的性质、状态、功能等进一步加以详细解释,使读者对事物既有概括的认识,又有具体的了解。

(三)分类法

所谓分类法就是根据事物的特点、形状、性质、成因、功用等属性分别归纳成若干类型,以便分析和整理,然后依照类别逐一加以说明,这便是分类式说明。分类式说明最突出的优点是化繁为简,达到眉目清楚、系统严密的效果。在分类说明时,所用的分类标准应该一致,一次分类只能用一个标准。分类式说明的前提和基础是对需要说明的事物很熟悉和了解。如牛可分为水牛、黄牛、牦牛、野牛等,逐一加以说明,即为分类法。比如一篇叫《葡萄酒的香气》的文章,分别介绍了中外葡萄酒繁复多变甚至千奇百怪的香味,然后分别探究产生这些独特香气的原因。

(四)分解法

分解法是把被说明事物分成若干部分,逐一加以说明,从而达到说明整体事物的目的。例如,人体解剖学将人体分为神经系统、呼吸系统、消化系统、循环系统等,然后再对每个系统中的器官分别给予说明,从而达到对人的整体认识。韩愈的《画记》是说明一幅画的情况。画面复杂,头绪纷繁,有人、马、牛、骆驼等。作者采取分别介绍的方法:先说人,他们在画面中处于主导地位,介绍了"骑而立者""骑而被甲、载兵立者"等各种姿态的人;再说马,介绍"上者、下者、行者、牵者、涉者"等各种姿态的马;往下依次说牛、骆驼和其他兽类。一部分说完了,再说另一部分,每一部分里又进行分解或者分类说明,条理清晰地把复杂的画面介绍给读者。

分类与分解两种说明方法的区别在于:分类所用标准是一致的,以某种性质为标准,把大类分成若干小类,大类与小类是属与种的关系。分解是把整体分成若干部分,如把新闻分为消息、通讯、专访等:消息、通讯、专访是新闻的组成部分,而不是新闻的种概念。如果把新闻分成娱乐新闻和财经新闻,则是分类了。

(五)举例法

举例法是用个别的事例来证明抽象的道理和复杂的概念、特征、功用、原理等,可以达到具体形象、通俗易懂的效果,增强文章的说服力。

(六)引用法

引用法就是引证有关资料,使说明对象具有可靠的依据,帮助读者进一步了解说明对象。

(七)比较法

比较法就是利用事物之间的相同点或不同点进行对比,使读者由此及彼,对事物的理解更加全面。这是一种非常常用的方法,《宇宙里有些什么》就运用了比较说明的方法:

许多红色的星星很大很大,有的可以装得下八十万万个太阳。这些星星是由非常稀薄的气体状态的物质组成的。最稀薄的,密度只有地球上空气的几万分之一。比我们用抽气机造成的"真空"还要稀薄得多。

如果直接说星星的体积,那么读者可能不会有具体的认识,用人们熟知的太阳来比较就形象多了,太阳的体积是地球的130万倍,然而星星竟能装下"八十万万个太阳",其庞大便可想而知了。用地球上的抽气机造成的"真空"和星星上的密度做比较,让我们很快就能认识到星星密度之小。可见比较方法是一种把抽象的事物说得清楚易懂的好方法。

(八)比喻法

比喻是用熟知的事物比喻不常见或不易懂的事物或道理,使之由抽象变得形象具体。如《看云识天气》一文中,用"白色的羽毛""洁白的绫纱"比喻卷云,用"微风吹过水面引起的鳞波"比喻卷积云,用"棉花团"比喻积云,用"草原上的雪白的羊群"比喻高积云。虽然大家都见过天上的云,但恐怕很难区分什么是卷云、卷积云、积云和高积云,一经比喻就豁然明朗。

（九）数据法

图表和数字是通过实际测量和研究得出的比较可信的资料,当我们在说明事物时,借用数据解说事物的属性和特点就是数据说明法。运用数据说明,可以使说明更有科学依据,更加真实可信,易于读者了解和接受。下面这段介绍汽车的文字:

新款本田 CR-V 与老款本田 CR-V 最大的区别就是外观,从正面的前进气格栅与前大灯看,与老款 CR-V 有很大的区别,而且从整车的技术参数上看,也有着或多或少的变化:新 CR-V 的轴距和后轮距为 2625、1545,老 CR-V 是 2620、1540;在自重方面新 CR-V 的 1565 也比老款 1520 重了不少。虽然两款车的发动机与变速箱没有大的改进,但是新 CR-V 不仅有 2.0L 车型,还有了 2.4L 车型,这样就可以更大范围地满足消费者的不同需求。

（摘自"网上车市",http://www.cheshi.com.cn.）

这段介绍主要运用了数据法和比较法,可以为购车者提供可靠的信息。数据法在教科书和应用文中使用尤为普遍,效果非常显著。

三、说明的基本要求

（一）抓住本质

所谓本质,就是事物本身所固有的,决定事物的性质、面貌和发展的根本属性。抓住事物的这种根本属性来进行说明,便是抓住本质的说明方法。世界上的万事万物极为复杂和丰富,要抓住本质,关键是要提高自己的理论水平和认识能力。在说明一个事物时,要先认真、充分地调查和思考。调查包括观察要说明的事物,向别人了解情况和查阅有关资料,甚至亲自做实验等。思考就是对调查得到的东西进行分析、综合、归纳、整理,去粗取精,去伪存真,由浅入深,由表及里,反复研究,以求真正把握事物的根本属性。

（二）突出特点

所谓特点,就是事物所独有的与众不同的地方,往往是一个事物与另一个事物之间区别的标志。突出特点说明就是指在说明事物的性质、形态、构造、功能等内容时,抓住事物与众不同的地方进行准确的解说。这是将事物说明清楚的重要方法。

要做到抓住事物的特点来说明,首先,要培养敏锐的观察力和分析力。把观察和分析结合起来,通过自己的实践获得真实的第一手资料。其次,在表现特点时,应主次分明,详略得当。事物的特点并不是单一的,主要特点应重点解说,因为主要特点最能反映事物的本质。

修改与文面

一、修改

（一）修改的意义

一般说的修改,是指从初稿写成以后,经过加工、润色到定稿的过程。修改文章并最终定稿是文章写作的最后阶段,也是写作过程的一个重要组成部分。初稿仅仅是半成品,不能算是完整成熟的作品,因为在构思和起草的过程中,很难对立意的贯彻,材料的选择,特别是字句的推敲、润色做全面仔细的考虑，必然会有瑕疵，所以需要进行反复修改。曹雪芹写《红楼梦》，于悼红轩中，披阅十载，增删五次，"字字看来皆是血，十年辛苦不寻常"。列夫·托尔斯泰的《安娜·卡列尼娜》写了五年，仅开头部分就改了12次，最终才定稿为"幸福的家庭都很相似，而不幸的家庭却各有各的不幸"，这句话凝结着作者对家庭和婚姻的多少沉痛的感悟。写文章是一个艰苦的过程，不可能下笔"即达胜境"。要反映恰当就要反复修改，每一次修改都是对自己的提升，就像淘金一样反复去掉泥沙，最终提炼出那精华的作品来。

（二）修改的要求

首先要有耐心和毅力。《文心雕龙》中提到："改章难于造篇。"写作本身就是一种极艰辛的精神劳动。修改文章，不仅仅是字句的修修补补，而是对整篇文章从内容到形式的最大限度的提高。如果把写作比喻成长跑，那最后的修改就像冲刺一样，漫漫长途都坚持下来了，一定不要在最后关头放弃。鲁迅对散文《藤野先生》的修改，竟有160多处。郭沫若先生有一次对人谈创作方法，一连说了七个"改"字。修改对提高人的写作能力很有帮助，在修改的过程中，慢慢会琢磨出一些"窍门"，这些窍门不是可以学来的，必须要靠自己在反复的实践中摸索体会，就像在黑暗的巷子里艰难行走终于看见亮光一样。

其次要全盘考虑。修改跟起草不同，起草是从取材开始，构思谋篇，然后一段段写下去，是从部分到整体，就像扎龙灯一样从龙头扎到龙尾。但是写成初稿后，就要换一种眼光和角度去审视自己的作品了，把整条龙都得看在眼里。修改是从整篇到部分地进行，所以修改要从整体着眼，从全局出发，居高临下地对文章做全面考察。

应用文体的写作同样需要重视修改，由于是实用性的文体，写作水平直接影响到实际工作和生活，所以一定要精益求精。比如公文的修改贯穿于公文写作的全过程，要从标题、格式、用词用语、观点、措施等多方面反复斟酌，使公文更加完善，更有效地发挥实际作用。

（三）修改的内容

从修改的范围来看，修改应包括文章内容上的调整和形式上的改进。何其芳在《谈修改文章》一文中指出，修改的标准有两个："一个是内容正确，一个是读者容易接受。"要使读者接受，就要依靠好的表现形式，在布局、逻辑、修辞等方面下功夫。内容的调整是指主题是否明确、正确，材料是否充分、恰当，是否有代表性等。形式上的修改是指布局结构、遣词造句、文体格式等是否合适。修改文章，内容和形式两方面都不能有所偏废，同时又要注意其统一性，修改内容要想到形式的相应调整，修改形式又要想到内容的相应变更。

从修改的程度来看，主要包括大改和小改两个方面。有些文章在完成初稿之后，发现离自己的预期目标有很大差距；或者在写作的过程中，思路获得飞跃，原先的构思已经不能使自己满意；还有的是觉得自己的思路没有得到很好的体现。这时想另起炉灶，推倒重来，就需要对文章进行大改。

首先，幅度最大的修改就是重写。有时是整个观点完全推翻，有时是整个结构重新打乱，总之这种修改需要重新做全盘考虑，实际上是旧题重作。这样的修改需谨慎一些，但是当发现文章存在致命弱点和问题时，一定要痛下决心，全部重写。重新写作显然已不是简单的重复，而是一个螺旋式的上升。

列夫·托尔斯泰的几部名著都有过这样的创作经历。他创作《安娜·卡列尼娜》的过程可以说是这方面的典范。小说的构思始于1870年，到1873年才开始动笔，是作者一生中精神困顿的时期。最初，托尔斯泰是想写一个上流社会不忠实的妻子失足以及由此而发生的悲剧故事。但随着写作的深入，原来的构思不断被修改。小说的初稿仅用了短短的50天时间便完成，然而托尔斯泰花费了数十倍的时间来不断修正，前后经过12次大的改动，小说废弃的手稿高达一米多，四年之后才正式出版。"全部都应当改写，再改写"，这是托尔斯泰经常挂在嘴边的一句话。正是在作者近乎苛刻的追求中，随着世界观的转变，小说的重心有了巨大的转移，把一个家庭悲剧改为社会悲剧。安娜也由最初构思中的"失足的女人"变成了一个敢于追求爱情与幸福的形象，成为世界文学中最具反抗精神的女性之一。

其次是部分的改写。文章中的一部分，一个情节，或一个人物的局部改动。高尔基的一些作品就有这样的修改。《母亲》前后写了四年，但他仍然认为"这书写得太仓促"。十月革命胜利后，在俄国第一次出版单行本时，他对小说做了多处重要修改。以后每次再版他都做修订，直到六年后才定下最后版本，还有的需要进行调整。如果发觉层次或段落中的文字安排不妥当，就要适当调整。比如鲁迅对《藤野先生》中的一段文字做的修改：

初稿：我就到了仙台，这地方在北边，冷得利害，还没有中国的留学生。从东京出发，不远便到一处驿站，写道：日暮里。不知怎地，我到现在还记得这名目。其次却只记得水户了，这是明的遗民朱舜水先生客死的地方。

修改稿：我就往仙台的医学专门学校去。从东京出发，不久便到一处驿站，写道：日暮里。不知怎地，我到现在还记得这名目。其次却只记得水户了，这是明的遗民朱舜水先生客死的地方。仙台是一个市镇，并不大；冬天冷得利害；还没有中国的学生。

经过修改后的段落线索清晰，层次分明，结构严密，文气也顺畅。

小改主要是指个别字句的锤炼和斟酌。草稿的写作过程中，为了维持思绪连贯，往往来不及对文字进行仔细推敲，所以修改时就要对语言细加推敲。虽然只是个别字句上的修改，但是词语的选择却可以影响到文章的倾向性和感情色彩，涉及文章观点的表达、人物形象的刻画或者内容的连贯照应等方面，最重要的是锤炼字句，提高语言表现技巧。要字字斟酌、句句推敲，把最合适的字眼放在最恰当的位置，让它生根发芽，为全文增光添彩。

我们来看果戈理是如何修改《钦差大臣》的：

初稿：诸位，我所以请你们来，是因为我要把一个极不愉快的消息告诉你们。我接到通知，一位带着秘密使命的官员已经从彼得堡出来私行察访了，他要来视察我们省会的所有民政机关。

修改稿：诸位，我所以请你们来，是因为我要把一个极不愉快的消息告诉你们。钦差大臣快要到我们这儿来了。

修改稿直截了当地称呼"钦差大臣"，而且把所有的紧张局势浓缩成一句话："钦差大臣快要到我们这儿来了。"简约的语言充满了张力，使得文字背后的想象空间无限扩大，读者在看似简略的话语里感受到的是剑拔弩张之势。这样的修改确实是"点石成金"。

从修改的形式来看，主要有增补、删节、调换、润色四个方面，使用率最高的是增和删。

增。如果觉得内容贫乏，材料单薄，主题表达不深刻，人物形象不丰满，就要考虑增补。

尤其是篇幅比较长的文体，写作时可能考虑不周，一些必要的铺垫没有设置，或者一个重要的线索被遗漏了，或者一些应该重点渲染的没有展开等，就需要在这些地方增加内容，使其饱满充实。

删。对影响全文效果的字句要毫不留情地删除。文章起草时为求得思路畅达，常常是一股脑儿写下来，对材料、字句的选择不会很精当，所以写完以后就要去掉杂质、突出精华。有时候，一些细节或者段落写得很精彩，但是放在全文去考虑时，发现其喧宾夺主，或者与整体风格不协调，这时要忍痛割爱。

（四）修改的方法

常用的修改方法有以下几种：

1.反复诵读

通过诵读体会语感，寻找文气不通畅的地方，然后精心修改。这种方法从古到今一直被沿用。杜甫云："陶冶性灵存底物，新诗改罢自长吟。"白居易也说："酒狂又引诗魔发，日午悲吟到日西。"可见古代诗人常常是边吟边改，诗歌这种文学形式最适宜诵读修改，它本身有一定的节奏和韵律，在读的过程中，不和谐的地方就会破坏语感的流畅自然，好像河流被阻塞了，这时就要修改。不仅是诗歌，诵读对一般文章的修改也是很有必要的。当我们在写作时，面对的是抽象的文字符号，不易于把握全篇的内容，然而阅读时，符号的意义转化成音符，在思维中形成延留，于是文字符号的意思就连贯起来，如果文章哪里存在问题，就能感觉出来了。

2.随写随改

这种修改是趁热打铁，一面写、一面改，反反复复地锤炼剪裁。由于正在创作过程中，对创作目的和风格有清楚的认识，所以趁灵感尚在，创作动力尚足，一鼓作气，把文章的水平不断提高。司蒂芬·支魏格在《巴尔扎克传》一书中这样描绘巴尔扎克的写作情况：初稿的校样拿到手后，他迅速一瞥，然后就像一个骑兵向敌人的方阵冲击一样，向那块排印好的文本发起进攻。他的文稿只在纸张的中间打印一小块，周围大片的空白就是留给他的阵地。他像个狂暴的将军挥舞着墨水四溅的笔，像挥舞着大刀，一个个凶恶的戳点力透纸背。大刀一挥，一个句子便被抛向右方；一个单字被刺中了而被猛掷于左方；一段文字的阵地被另一段占领……直到纸上布满各种字符和线条。于是他翻到背面继续修改。当接到第二稿的校样，他再度冲杀进去，辛苦筑就的大厦即刻崩塌，于是纸上又布满了更多的删改与墨渍。如此大删大改，有六次甚至有十五六次多。

3.冷却式修改

俗话说"敝帚自珍"，自己辛苦写成的文章，难免有所偏爱，所以有时写完之后，左看右看，都觉得挺好。而且由于长时间专心构思篇章，文稿中的毛病一时难以发现。这时不妨先把文章搁置一边，等头脑冷静下来再回头看，原来不易发现的毛病就暴露出来了。冷却法能够摆脱创作时的思维惯性，比较客观地对自己的文章做出判断，找出不足的地方进行修改。果戈理就经常用这种方法。在写作时，他先潦草地写个纲要，然后就把这草稿搁在一边不管了，等到一两个月后，再拿出所写的东西来读，就会发现有很多问题，于是精心修改。然后再搁置一段时间，让自己对文稿进行消化吸收。如此反复几遍，文稿就修改好了。

二、文面

（一）文面的含义

文面就是文章的面貌，是一篇文章在视觉上显示出来的总体面貌。它像人的外貌一样重要，一个人光有高尚的内心世界还不够完美，还要外表也美，文章同样要追求美的文面。文面既是文章的文字表现，又是一种传播手段，它包括行文格式、标点符号的使用、文字书写等等方面的要求。我们常说"文如其人"，文面反映着一个人的文字素养和思想修养，表现出一个人写作功底的高低，衡量着一个人写作习惯的优劣。

文面合理美观，格式规范，标点准确，书写清楚工整，就能提高表达效果；反之，书写格式混乱，乱用标点，字迹潦草模糊，反映出作者写作态度不认真，基本功不扎实，对读者不负责任，肯定影响写作效果。所以我们要重视文面训练，培养扎实的基本功，养成良好的写作习惯。

（二）行文格式的规范

行文格式指文章的款式安排。首先要选择稿纸，常用的稿纸规格多为 16 开，每页 $20 \times 15 = 300$ 字，或 $20 \times 20 = 400$ 字。方格稿纸使用方便，为行文格式的处理提供了直观的参照。常规性的行文格式有：

1. 标题

标题要放在居中的位置，上下各空一行，以便突出标题。如果字数少，字与字之间可以空格；如有副标题，一般放在正标题下面一行，具体安排有三种情况：一是在正标题下面一行退后两格以破折号领起。副标题较长需要回行，应与上行第一个字对齐；分行时要注意保持词和词组的完整及字数搭配上的匀称。二是破折号对齐正标题。三是如果正标题很短，则正标题和副标题一律按居中排列的原则安排。正副标题的字号要有差别，正题的字号大，副题的字号小。如果标题很长，特别是专著性科技论著，标题上下可多空几行，或者让标题独占一页作为封面。

2. 署名

作者署名有三种格式：一是在标题下面居中书写，二是在标题下面偏右书写，三是写在文末。两个字的名字，中间要空一格。

3. 提行

每段开头空两格开始书写。凡另起的序码条目（如一、二、三或第一、第二、第三）也要提行。属于特殊分行，如对话分行、提问分行、称呼分行、引语分行等，也都要另起一行空两格书写。

4. 序码

文章表示分条、分格用的序号种类很多，经常使用的序号顺次为：

第 × 章

第 × 节

一、

（一）

1.

（1）

或者

1

1-1

1-1-1

1-1-2

……

2

2-1

2-1-1

2-1-2

……

作者根据习惯和需要来决定使用何种序码,但一篇文章内的序码用法必须前后统一、编排一致,清楚地表示出内容层次。

5.引文

文章内的引文有段中引文和提行引文两种。

如果是在段落中引用别人的原话,要用冒号和引号,或只用引号,将原话放在引号内;如果不是引用原话,只是引用其大意时,只用冒号不用引号。如果引用的字句比较长,或者需要重点强调,那就要把引文另起一行,自成一段,书写时比正文缩进两格,即开头缩四格,其余左右边框缩两格。

6.附注

附注主要有夹注、脚注、尾注几种形式。

夹注,也称段中附注,是指把那些简短说明、注释的文字放在正文中间,用括号标示出来,夹注不宜太长,也不宜多用。

脚注,又称文中附注,把注释文字安放在本页下端。

尾注,也叫章节附注,即把注释集中于章节末尾或全文、全书的末尾,并使用上标号标注清楚,以便查找。

（三）正确使用标点符号

依照我国 1995 年 12 月 13 日发布、1996 年 6 月 1 日实施的《标点符号用法》的规定,标点符号是指辅助文字记录语言的符号,是书面语的有机组成部分,用来表示停顿、语气以及词语的性质和作用。

常用的标点符号有 16 种,分点号和标号两大类。点号的作用在于点断,主要表示说话时的停顿和语气。点号又分为句末点号和句内点号。句末点号用在句末,有句号(。)、问号(？)、叹号(！) 3 种,表示句末的停顿,同时表示句子的语气。句内点号用在句内,有逗号(，)、顿号(、)、分号(；)、冒号(：) 4 种,表示句内的各种不同性质的停顿。标号的作用在于标明,主要标明语句的性质和作用。常用的标号有 9 种,即:引号(" " ' ')、括号(( ))、破折号(——)、省略号(……)、着重号(.)、连接号(—)、间隔号(·)、书名号(《 》、〈 〉)和专名号(____)。

句号、问号、叹号、逗号、顿号、分号和冒号一般占一个字的位置,也就是方格纸的一格,写在左下方约四分之一格的位置,不出现在一行之首。引号、括号、书名号的前一半不出现在一行之末,后一半不出现在一行之首。破折号和省略号都占两个字的位置,中间不能断开。连接号和间隔号一般占一个字的位置。这四种符号水平居中放置。着重号、专名号标在字的下边,可以随字移行。直行文稿与横行文稿使用标点符号有所不同。句号、问号、叹号、逗号、顿号、分号和冒号放在字下偏右。破折号、省略号、连接号和间隔号放在字下居中。引号改用双引号"『 』"和单引号"「 」"。着重号标在字的右侧,专名号和书名号标在字的左侧。

(四)书写要清楚美观

书写首先要把字写得规范、清楚,才能达到记录和交流的目的。笔下的字必须是《新华字典》或《现代汉语词典》等辞书上所有的正确无误的字,不写错别字,少用生僻字,不写不规范的简化字,而且写作时要遵循语法规则,不能随意造字。写字要工整清晰,每个字要写得笔画分明,点画到位,大小协调,疏密得当。这样看起来舒服,读起来顺当。如果能做到文面整洁,字迹清晰美观,那阅读起来定会赏心悦目,得到美的享受,有利于内容的传达。有的人写字潦草杂乱,随意涂画,有时竟然看不出写的什么字,怎么能让人很好地理解他写的内容呢?这种马虎不负责的态度于人于己都无益。

范 文 一

没有新雪

〔德〕图霍尔斯基

当你向上攀登,气喘吁吁地环顾四周时,你会觉得自己真了不起,竟能登上这么高的山峰,而且是独自一人,然而你马上又总会发现雪地里的脚印。在你之前这里已经有人来过。

信仰上帝。不要信仰上帝。抛弃一切哲学。让医生宣布你得了胃癌,并且告诉你只能再活上四年,然后就一了百了。相信女人。不要相信女人。同时和两个女人一起生活。随波逐流,归真返璞……

所有这些生活情感,在你之前已经有人体验过了;有人相信过,有人怀疑过,有人笑过,有人哭过,还有人用手指挖着鼻孔沉思过。前面总是已经有过其他人。

我知道,这改变不了什么,你毕竟头一次经历这些。对你而言,这里是新雪。但它毕竟不是,发现这一点最初是很痛苦的。从前,在波兰有一个犹太人,他没钱上大学,但他脑子里总想着数学问题。他阅读能够得到的所有的书,也就那么可怜巴巴的几本,他研究和思考,仅仅为自己思考。有一天,他终于有所发明,他发明了一种全新的体系,他觉得:我找到了什么。当他离开小城,来到外面的世界,他看到了许多新书,他自以为是发明创造的东西,其实早就有了,这就是微积分。不久,他就去世了。有人说,他是死于肺结核。其实他并非死于肺结核。

在孤独中这要最为奇特。在人群中,人们有着标准的经历,你也许愿意相信这一点。但是当他们也像你一样孤独,也这样冥思苦想,甚至考虑到死亡,离群索居,试图展望未来时,他们也许会认为自己是站在人类的脚尚未踏过的高山之上。但是,那儿已有脚印,总是已经有人先到过了,总是有人登得更高,远远超过了你的能力。

你不应泄气。攀登,攀登,攀登。但是,没有顶峰,也没有新雪。

(摘自《世界散文随笔精品文库·德语国家卷·向情人坦白》)

范 文 二

女人爱虚荣。男人呢?从来不!

〔德〕图霍尔斯基

那是在汉堡,任何安排合理的旅程都应该在这里终止,因为汉堡是德国最美丽的城市。事情发生在一面由三块镜片组成的镜子前面。这面镜子挂在阿尔斯特湖畔的一家旅馆里。一个男人正在照镜子。时针正好指着9点25分。

这个人穿衣服仅仅出于自我意识。这是假期里的一天。他悠然自得地在穿衣服,慢慢腾腾地,从箱子中取出的无数多余物品摊了一屋子,他把它们重新放进箱子,又数点手绢的数目,行为举止真像一个病得不太严重的精神病人。这是一种无事忙,因为现在是度假。这个人正在照镜子。

男人不爱虚荣,那是女人们的事,所有的女人都爱虚荣。这个人之所以照镜子,只是因为这是一种三面镜,而他自己家里没有这种镜子。现在他看着自己,大腹便便的安提努斯正映在三面镜子里,他转动身体,想看看自己的侧影,并且进行一番他的自我爱慕心所能允许的评价……其实……他把身体挺直了一些,其实他在镜子里显得挺帅,怎么样?他交叉双臂,抚摸着自己的皮肤,就像洗澡的人那样……在证实了这一点之后,他的左眼偶然朝绿色窗帘外望了一眼。那里立着什么东西。

这是一条很窄的偏僻小巷,在对面高度相同的楼层,有一个女人正站在窗前,看上去上了点年纪,她把窗帘轻轻地撩向一侧,胳膊支在窄小的窗台上,出神地、目不转睛地、直楞楞地凝视着这个男人倒映在镜子里的肚子。上帝啊!

最初的冲动使这个男人从镜前退回到屋里从外面看不见的地方。这个女人啊。不过,这倒也是一种恭维,这是不可否认的。即使这个女人总是喜欢那么做,这也是一种恭维。"对美的恭维"。这是无可置疑的。于是,这个男人大胆地向前跨了三步。

真的,她还站在那里,朝这边张望。人活在世上就是为了做好事……他们也可能会天天看得见——朝镜子里又望上一眼证实了这一点——到了镜子前面去,到窗户前面去。

不行,这太难堪了……这个男人像小姑娘似的蹦着跳着进了浴室,用一把新刀片刮了脸,新刀片就像湿毛巾轻悠地从皮肤上滑过,这是一种快乐。冲洗,("使劲擦吗?"他问自己,并且做了肯定的回答。)使劲擦洗,然后扑粉……这一切花了整整十分钟。回去,出于好奇想再看一看……

她真的还一直站在那里,连站的地方都没变,窗帘轻盈地撩在一侧,胳膊支撑在窗台上,一动不动地望着这边。这倒真是……那好吧,我们倒要来看看。

这个人现在一步也不离开镜子。他装作在那里忙东忙西，就像舞台上的打杂的。他梳理头发，将梳子从小桌子的右侧放到左侧，他修剪指甲，仔细擦干耳朵背后，他用审视的目光端详自己，从侧面，从前面，也……斜眼偷看一眼街对面的那个女人、那位女士、那位姑娘——她始终站在那里。

这个人对他的男性的胜利者的力量充满了自信，他像一名古罗马的斗士在屋子里走来走去。他装作窗户根本就不存在似的，他好像毫不理睬他的那个观众，而他的所作所为全是为了这个观众。他做了一个侧手翻，整个身体几乎都在发出嘎吱嘎啦的响声。然后，他颇感遗憾地穿上了衣服。

现在站在这里的是一位穿着得体的先生——那个女人还一直站在那里——他撩起窗帘，面带微笑地打开窗户，朝对面望去。

那个女人根本就不是女人。

他花了半个小时在她面前展示自己男性裸体的那个女人，原来是一个挂着一件大衣的木质衣架、一棵室内棕榈树和一把深色的椅子。正像人们夜里在树林里往往会把树叶和树枝当成人脸，他看见的那个女观众不过是木头、材料和一棵室内棕榈树罢了。

这个男人沮丧地关上窗户。女人爱虚荣。男人呢？男人从来不爱虚荣。

（摘自《世界散文随笔精品文库·德语国家卷·向情人坦白》）

本讲总结

本讲主要介绍了几种最常用的也是最重要的写作表达方式，如叙述、描写、议论、抒情、说明等，以及文章修改与文面要求。叙述和描写是非常有效的文本表达方式，在实际写作中经常结合起来使用。叙述就是把连续发生的事件连接在一起，使之成为一种有意义的顺序。时间延续性是其主要特征，如何组织素材，如何设计时间顺序决定了叙述的最终效果。叙述可以表现为顺叙、倒叙、插叙、概叙、详叙、意识流等多种形式，这些形式相互融合互补，共同实现作者想表达的叙述目的。叙述的基本要求主要有：精心挑选细节；形成持续时间；明确的倾向性；展开要有逻辑性。描写是用生动形象的语言，对人和事物、环境的状态进行具体描绘。描写侧重于对形象进行具体细致的描摹，和叙述相比较，描写是横向扩展，形成一个面；叙述是纵向延伸，形成一条线，前者侧重空间感，后者侧重时间感。描写不仅能再现一个画面，还能用来创造一种观点、概念、性质和一种气氛。描写可以分为两大类，客观描写和主观描写。描写的对象主要有人物和环境，描写的方法主要有比喻、白描、细节描写、间接描写等。议论是指通过使用事实材料进行逻辑推理来表明自己的观点和态度的表达方式，也可以称为说理、论证，都是为了表明某种观点和主张，以便让别人理解接受自己的看法。依照写作目的，议论可以分为两大类：立论和驳论。立论是以正面论证观点为主的议论，运用论据正面阐述自己的观点，使自己的结论能够树立起来。驳论是以驳斥反面观点为主的议论，对对方的观点进行驳斥，指出其不能成立的原因，使大家认识到其中的谬误。完整的议论有三个基本要素，即论点、论据和论证。议论的方法主要有例证法、引证法、对比法、类比法、归纳法、演绎法等。所谓抒情，就是作者或者作品中的人物抒发自己的主观感受的表达方式。写作时既可以直接抒情、直抒胸臆，也可以间接抒情，借助描写、叙述、议论等手法委婉含蓄地传达出自己的情感色彩。要注意抒发真挚自然、健康向上的感情,和文章的内容结合紧密贴切,运用生动的语言把抽象的感情形象地表达出来。说明就是对事物进行解说介绍的表达方式,它用简明的文字将事物的形状、性质、构成、功用等予以说明和阐释,达到传播信息和探求知识的目的。说明有客观性、知识性、解说性三个特征,主要的说明方法有定义法、诠释法、分类法、分解法、举例法、引用法、比较法、比喻法、数据法等,说明要抓住本质,突出特点。文章初稿写出来之后,并不一定成熟,还要进行修改,要耐心细致地通读自己的文稿,精益求精。修改既包括内容的调整,也包括形式的改进。如果发现与写作初衷相距甚远,文稿不理想,要有恒心和毅力进行大改。可以通过反复阅读、随写随改、冷却式修改等方法进行修改。写作还要注意文面要求,文面要合理美观,格式规范,标点准确,书写打印清楚工整。

复习问题

1. 什么是叙述?

2. 叙述的基本要求是什么?

3. 什么是叙述的人称?

4. 描写可以分为哪两类? 它们各有什么特点?

5. 人物描写有哪些方法?

6. 如何进行环境描写?

7. 议论分为哪两类?

8. 议论的三要素是什么?

9. 议论的方法主要有哪些?

10. 直接抒情和间接抒情有什么不同? 如何进行间接抒情?

11. 抒情的基本要求是什么?

12. 说明有哪些方法?

13. 如何进行文章的修改?

14. 常见的行文格式包括哪些内容?

思考习题

1. 仔细倾听一段音乐,感受一下这段音乐是什么颜色的? 你还可以继续联想,这段音乐是什么味道的,什么形状的,属于什么季节的……充分调动所有的感官来体会音乐,并用文字表现出来。

2. 学习小组的每个成员创作一段小说的开头,然后随机相互交换进行续写,完成后相互点评讨论。

3. 观察你在车站或者机场看到的一个人物,把他的形象描写出来,试着推测他的旅行目的等信息,由此扩展成一篇小说。

4. 创作一篇短篇小说,文中要出现以下几样物品:
醋 飞机 领带 荷花

5. 细节在文字表达中非常重要,请选择一个主题进行写作练习,注意其中要有细节。

(1)去医院看病

（2）排队买票

（3）参加面试

📚 **推荐阅读**

1. 世界散文随笔精品文库 [M]. 北京:中国社会科学出版社,1993.

2. 中国当代文学作品选 [M]. 北京:北京师范大学出版社,2008.

3. 〔德〕托马斯·曼. 死于威尼斯 [M]. 钱鸿嘉等,译. 上海:上海译文出版社,2010.

4. 〔美〕欧文·斯通. 渴望生活——梵高传. 常涛,译. 北京:北京出版社,1995.

5. 〔丹〕凯伦·布里克森. 走出非洲 [M]. 晨星,译. 北京:当代世界出版社,2000.

6. 〔英〕戴维·洛奇. 小说的艺术 [M]. 王峻岩等,译. 北京:作家出版社,1998.

▶ 叙述部分的词条和图片 ◀

图霍尔斯基(Kurt Tucholsky, 1890—1935),德国作家,生于柏林。1914 年获法学博士学位。1915 年被征入伍,参加第一次世界大战。战后任《柏林日报》副刊《玩笑》主编。1924 年起任《世界舞台》周刊和《福斯报》驻巴黎记者。法西斯分子篡夺政权后,《世界舞台》编辑部被控犯有叛国罪,1933 年图霍尔斯基被剥夺公民权,著作被查禁和焚毁,随后于 1935 年 12 月在瑞典自杀。他的处女作是讽喻作品《童话》(1907),代表作为小说集《莱因斯贝格——恋人的胜地》(1912)和《格里普斯霍尔姆宫》(1931)。他还发表了大量评论、杂文、诗歌和散文,如诗歌《红色的旋律》(1922)、《注意三分钟》(1922)和散文集《蒙娜丽莎的微笑》(1929)、《别哭,要学着笑》(1913)、《普鲁士壁炉旁的梦幻》(1920)以及由文字和照片剪接组成的新闻纪实作品《德意志,德意志高于一切》(1929)等。其作品的特点是幽默、讥讽,语言生动、俏皮、精炼。

▶ 描写部分的词条 ◀

托马斯·曼(Thomas Mann, 1875—1955)是 20 世纪德国文坛最耀眼的巨星,他的作品具有广泛的世界影响,1929 年凭借鸿篇巨著《布登勃洛克一家》获得诺贝尔文学奖。1933 年流亡到瑞士,1938 年起流亡美国,最后又回到瑞士。托马斯·曼最大的成就是《布登勃洛克一家》《魔山》等举世瞩目的长篇小说,中短篇小说也写得非常出色。中篇小说《死于威尼斯》属于"艺术家小说",充满诗情画意,文字优美,也是作者本人的得意之作,受到评论界大力推崇,1971 年由英国和意大利合作搬上银幕,影响深远。

第三讲 语言与风格

● 内容要点 ●

　　1.语言有自己的特性和要求,简洁、准确、干净利落的文字是所有文体语言的基本要求。

　　2.修辞至关重要。它可以让语言更准确,也可以让语言丰满富有色彩。具体修辞方法的选择与文体、主题及作者的气质密切相关

　　3.语言风格丰富多彩。每种风格都有不同的美。我们可以依据自己所长训练自己独特的语言风格。

　　4.语言能力是逐渐提高的,在这过程中需要训练,也需要耐心和信心。

课 程 导 读

　　语言是媒介,是个体的延伸,有时候还代表着权力。因此好的语言具有意想不到的力量。在日常生活中,我们都希望用简洁、准确、富有吸引力或感染力的语言去传达我们的情感、观点。为此,我们需要了解和选择合适的修辞方式,需要提高我们的语言能力,更希望形成我们自己的语言风格。而若要形成自己的语言风格,就需要了解不同语言风格的特征,并结合自己的趣味、喜好尤其是个性气质,选择适合自己的风格并强化训练。

　　文章是语言的艺术。文章效果在很大程度上取决于语言的选择和使用。同样的意思,换一种表达方式,或者更换一下词句排列形式,意味就迥然不同。比如:"两个叫黄鹂的鸟儿在绿色的杨柳中叫,排成一行的一种叫白鹭的鸟儿正往天空飞,打开窗户往远处看吧,远处山顶上的积雪有一千年了,那么门前呢?门前的江里停泊着一条船,它来自遥远的地方,那个地方叫东吴。"我们都能看出来这段文字的意思就是杜甫的《绝句·两个黄鹂鸣翠柳》,但是表述直白,语言松垮,毫无美感,原诗的意境也完全没有了。

　　语言不仅仅是形式,语言也是内容。我们常说语言是形式,把语言与内容分开,这是为方便分析文本而做的区分,实际上二者是不能割裂的,思想和内容无法离开语言而存在。汪曾祺先生曾经拿音乐和绘画来解读语言与内容的关系。他认为语言与内容的关系,犹如旋律、节奏与音乐或色彩、线条与绘画一样,我们不能说这首曲子很好,就是旋律和节奏差了点,也不能说这幅画不错,就是色彩和线条没处理好。语言与内容是一体两面,内容不能离开语言而独立存在,"小说的魅力之所在,首先是小说的语言。小说的语言是浸

透了内容的,浸透了作者的思想的。……语言的粗糙就是内容的粗糙。"①

在具体的写作实践中,语言表达受到主、客观诸多因素的制约与影响。主观因素主要指写作者自身条件,比如语言天赋、后天修养、生活经历、职业地位等。这些都会影响写作者对于语言文字、表达方式、表达技巧的把握和运用。客观因素主要包括文体要求、时代特征、具体写作语境等。不同的文体对于语言表达的要求不尽相同,比如文学文体的语言可以形象、蕴藉,但应用文体的语言则必须简洁明了,避免歧义。时代特征对于语言表达的影响是明显的。每个时代都会有新的词汇和表达方式,同时原有的部分词语含义可能会发生变化。语言表达还要受到特定表达语境的影响。时间、地点、环境、交流对象、表达内容和意图等时时刻刻制约着写作者的语言和表达方式的选择。比如我们招呼家人吃饭时可以说"吃饭了",而餐厅的服务生则要对客人说"请用餐"。在写作实践中,每个写作者就是在上述诸种因素制约下寻找着那些能最准确地表情达意的语词和表达方式。

语言的基本要求

语言是有民族特点的,每种语言都承载着深厚的民族文化的积淀。积淀越深,特点越鲜明,含蕴越深厚。作为世界上历史最悠久的语言之一,汉语在词语的音和形以及句式等方面都与其他语种有明显区别。总体来看,语句简短、声律优美是汉语的基本特征。汉语以短句见长,这一点与英语为代表的欧化长句迥然有别。比如下面的句子:"山下有棵树。树上开满了白色的小花。远远望去,像是树上覆满了雪。"如果用欧化长句表达,可能就是:"山下有一棵开满了白色小花的远远望去像是覆满了雪的树。"显然,短句干脆利落,表意更清晰。汉语的民族特点还表现在语调方面。汉语声调丰富,四个声调的变化形成节奏和韵律。阅读时的抑扬顿挫所形成的美感不亚于音乐。因此,汉语写作不仅要求准确地表情达意,还要求顺畅优美。汉语优美的声律还形成了一些独特的修辞手法,比如排比和对偶等,这些修辞手法在其他语言中是不太常见的,这一点早已被作家们发现,韩少功就说:"用汉语最容易出现排比和对偶。……英语理论肯定不会特别重视对偶,因为英语单词的音节参差不齐,不容易形成对偶。英语只有所谓重音和轻音的排序,也没有汉语的四声变化。"②

语言如何表达思想和情感是一个古老的话题。我国古代就有"书不尽言,言不尽意"以及"圣人立象以尽意"的说法(《周易·系辞》)。这些说法论述了"言、象、意"的关系,同时也把语言表达区分了三个层次。在西方理论中,关于文本层次理论也有多种表述。波兰理论家英加登认为,文学文本包含四个层面,即语音层、语意层、由语意层构成的包含"空白"并有待读者填充的意义层、虚构世界。美国理论家弗雷德里克·杰姆逊同样认为文本包括四个层面,分别是字面的描述性表层结构、字内意的政治性诠释语码层、文化性和社会性的内在结构层、深层次的形而上层或总体性的历史意识和历史规律层。

① 汪曾祺.中国文学的语言问题[A].林建法,乔阳.中国当代作家面面观:汉语写作与世界文学:上卷[C].沈阳:春风文艺出版社,2006:1.
② 韩少功.现代汉语再认识[A].林建法,乔阳.中国当代作家面面观:汉语写作与世界文学:上卷[C].沈阳:春风文艺出版社,2006:29.

比较上述诸种理论可以发现，各种文本层次理论虽然在具体层面内容上稍有差异，但都认为语言的字面意义与排列组合之后的意义存在差异。换句话说，语言存在字面意义层和内涵意义层，两个层次的意义可能差别巨大。这就提示我们：当我们谈语言的标准或要求时，必须区分书面语言与口头语言。口头语言的主要功能是在日常生活中传递信息，沟通情况，这个过程的基本要求是信息要准确明晰，不能出现歧义，因此在表达过程中，语言的字面意义层与内涵意义层必须一致，或者说在口头语言中只使用其字面意义。书面语言与口头语言不同，这里的两个层次组合稍为复杂。一般来说，在应用类文体中，语言的两个层次不做区分，字面意义即内涵，但在文学类文体中，则同时使用两个意义层次，而且内涵更为重要。比如"爱情是个贼，偷了我的心"，这里的"贼"肯定不是实际的小偷，而是一个隐喻性的说法。

好的文章语言是作者语言功底、母语掌握水平、文化修养的体现，也是表情达意、准确传达作者意图的需要。因此，写出好的文章语言是每个写作者的愿望。那么什么样的语言才算是好的语言呢？

一、准确

这里的准确大致包含三个层面的要求：一是表意贴切，二是符合文体要求，三是要契合语境。表意恰切的语言，就像好的枪手能百发百中一样，能正好传达内心想表达的意思。比如当我们要表达一个人受到打击，却没有喊叫反而异常冷静时，可能这样说："她冷静得让人感到绝望。"这个"绝望"就非常准确。因为一般来说，悲伤时哭泣、悲痛时哀嚎都是正常的情绪反应，若一个人在异常境遇下的反应不合常规，会让关心他的人非常不踏实。表意恰切还意味着语言选择符合日常生活画面。比如下面这句文字："我看见诗人周梦蝶的脸，在我挥手送他的时候，刚好嵌在一扇开动的公交车的小窗格里"（龙应台：《目送》），这里的"嵌"字准确地写出了日常生活中非常常见的一个车站送别的场景，读来如图片一样清晰而亲切。

准确的语言必须符合文体要求。在具体写作过程中，语言选择与文体有密切联系。文学类文体的语言可以形象、生动、含蓄、婉曲，也可以突破常规的表达方式形成"陌生化"效果，但应用类文体的语言则必须朴素、简洁、明确，不能模棱两可，更不能包含歧义。不仅如此，特定文体内部不同风格类型的文章语言也不一样。比如叙事类散文的朴素内敛与哲理性散文的象征和婉曲不同，宏大叙事类小说的铺陈、纵横捭阖与风俗画小说的语言也不一样。好的写作者是非常了解不同文体文章的语言特色的。汪曾祺的小说被誉为"风俗画"小说，他对这类小说的语言风格就深有体会："风俗画小说的文体几乎都是朴素的。风俗本身是自自然然的。记述风俗的书原来不过是聊资谈助，大都是随笔记之，不事雕饰。"[1]

准确的语言还必须契合语境。看电视剧时我们都有这样的体验：时尚剧中的人物若说文言我们会当作笑料，而古装剧中的人物满口现代语言也让人觉得别扭。这就涉及语言选择与语境的契合问题。一般来说，语境涉及时间、地点、对象等多个要素。美国社会语言学家费什曼曾经用一句话概括语境对于表达的制约作用，即"Who Speaks What Language to Whom and When"（谁在什么时间对谁说什么语言）。这里突出呈现了具体语言环境对

---

[1] 汪增祺. 谈谈风俗画 [A]// 汪曾祺散文 [M]. 南宁：广西人民出版社，2006：81.

于语言效果的决定作用。同样的语词在不同的语境中会产生不同的效果。所谓准确的语言就是符合表达意图、符合交流对象身份和环境的语言。在具体表达实践中,写作者不仅需要依据内容进行语言选择,也需要具备充分的语境意识。

二、简练

"简练"包含两层意思:一是文字本身简洁、凝练,二是朴素、不矫揉造作。我们很熟悉北岛那两句诗:"卑鄙是卑鄙者的通行证 / 高尚是高尚者的墓志铭",卑鄙可以获得通行证,而高尚却无法生存,两句诗为一个沉痛的时代做了形象的注脚,语言凝练得让人喘不过气来,斩钉截铁又发人深思。而所谓朴素,就是说每一个字都是真实情感的真切表达,不矫饰,不造作。这也就是爱默生所说的,文字应该像蒲公英的根一样实在,不虚伪,不矫饰。当然,我们说文字要朴素,不是说文字不能有色彩,而是说不能虚张声势,不能脱离真实的情感。

应用文的语言更要求在准确的前提下尽可能简洁。古人所谓"文约而意丰,言简意赅,辞达而已",基本可以看作对应用文语言简洁性的要求。这也是由应用文的写作意图决定的。应用文的写作意图非常明确,主要是上传下达,传递信息,或者辨事析理,说服他人。因此只要"辞达"即可,不需过多铺陈、修饰。否则,芜杂的语言不仅可能掩盖主要信息,在论说文中还可能阻碍思路的清晰,影响逻辑的严谨性,削弱论证的力量。

概而言之,无论是文学写作还是实用写作,真正优秀的文章的语言都是简练、干净利落的,是去除了芜杂和虚饰的。这样的文字看上去简单,但更凝练更富有力量。干净利落的文字是一个写作者表达能力强的表现之一。一个不善于表达的人,用一堆芜杂的语言啰啰唆唆也难以表达清楚自己的情感和思想,而一个表达能力强的人则可能用几个字就可以让读者准确明了自己的想法。值得注意的是,要让语言变得简洁凝练、干净利索,并不是一件简单的事情。这需要多种形式、长时间的写作训练。就好比武林高手运用一件兵器,总是要顺手之后才能准确出招。干净利索的文字也是通过大量写作"提炼"出来的。因此,除了多写、多修改之外,并无捷径可以选择。

三、生动

拥有阅读经验的人都知道,能给人留下印象、有说服力的语言往往是生动、具体的,概括性的语词很难吸引人。生动的语言一般能具体、鲜活地呈现场景或细节,读起来"画面感"很强,很富有表现力。比如下面这段文字:

> 昆明的雨季是明亮的、丰满的,使人动情的。城春草木深,孟夏草木长。昆明的雨季,是浓绿的。草木的枝叶里的水分都到了饱和的状态,显示出过分的、近于夸张的旺盛。

——汪曾祺《昆明的雨》

"明亮""丰满""动情""浓绿""旺盛"等,单看这几个词很难想到是用来描写雨季的,但是与作者笔下的"昆明的雨"结合起来,却充分地突出了昆明雨季"雨多""饱满""旺盛"的特点。

生动,不仅是文学作品语言的要求,应用文体的语言也有同样的要求。与文学写作重在"感染人"的意图相比,应用文写作的意图在于"说服他人"。生动的语言能够让对方相对轻松地理解写作者的意图,认同写作者的观点,起到四两拨千斤的效果。比如下面这段文字：

不像那被动主义、灌输主义的教育，不顾学生的心理状态，只管拼命教去，教出来的人物，好像人做的模型，能言的鹦鹉一般，依人作解，自家决没有真实见地，自动能力。

——陈独秀《近代西洋教育》

这里作者主要目的是论证被动教育的弊端，只用一个比喻"好像人做的模型，能言的鹦鹉一般"就让人"看"到了这种教育模式下人才的缺陷。没有长篇大论，却让人印象深刻，启人深思。

值得注意的是，除上述共同要求之外，某些特定文体的语言还需要"蕴藉"。所谓蕴藉，是指文字能给人留下想象空间，有余味，即所谓"言有尽，意无穷"。比如顾城的诗《感觉》：

天是灰色的 / 路是灰色的 / 楼是灰色的 / 雨是灰色的

在一片死灰之中 / 走过两个孩子 / 一个鲜红 / 一个淡绿

乍看这首诗，一个突出的感觉就是色彩对比很明显：灰、鲜红、淡绿。就像看一幅画：大片灰色的底子上点了一点红、一点绿，很简单。但是我们很快就感觉到很多东西：灰一般代表死亡、压抑、窒息等，而红和绿则代表着生机、希望等。这样的色彩组合可能表达的是：在压抑的现实环境中还有着希望，可能是个人的希望，也可能是国家、民族的希望等。总之，这首诗的意思表面看是明显的，细琢磨却不确定，的确是"确定性与不确定性的统一"。

不仅是诗歌，还有些小品文、哲理性散文等也可以写得含蓄蕴藉。比如《古道》中的下列文字："世间的一切都热衷于书写自己的历史。……并非是雪中或大地上的脚印，而是印在纸上的文字，如一张行军路线图，多少会更加持久。大地上满是备忘和签名；每一件东西都为印迹所覆盖。大自然里，这种自动记录无尽无休，而叙述的故事就是那印章。"读这段文字，我们可以感受到文字、书籍在历史上的意义，可以领悟到万物众生在大自然中的活跃，甚至可以感到自然的神秘等。没有唯一正确的诠释但丰富复杂，带有神秘性且充满吸引力。好的文字就是这样，能够用很少的文字带来很大的想象空间，有品味的余地。

要写出含蓄、蕴藉的文字，需要很多条件。对于一般写作者来说，可以参照以下方法：一是"留白"。换句话说，就是不要过于直白，不要说得太满。要相信自己的表现力和读者的想象力。二是巧妙运用各种修辞方法，比如举例子、打比方等，让抽象的道理形象化，也给读者留下想象空间。三是多体验多思考。当思想变得丰富、生活体验变得丰满之后，一些深刻的生命体验才能得以含蓄蕴藉地表达。一个阅历简单、思想也直白的写作者是不需要也无法写出含蓄蕴藉的语言的。

语言与修辞

所谓修辞就是修饰文辞以加强表达效果的艺术手法。语言表达与修辞关系密切。可以说从语言诞生以来，修辞的需要也就诞生了。在漫长的语言表达过程中，我们已经积累了丰富的修辞手法，而且随着文体发展和表达风格的变化，有些修辞手法慢慢边缘化，比如顶针、回环等，有些新的修辞手法则逐渐为大家所熟悉，比如戏仿、互文等，目前在网络小说中运用非常普遍。

由于修辞毕竟是对文辞的斟酌和修饰,因此在写作实践中存在着关于修辞的认识误区。比如很多人认为,修辞一定是刻意安排的结果,是很难的事情。实际上,从发生学角度看,修辞是很自然的事情。多数语言手段或技巧都是有心理基础的,都是在实践经验基础上抽象概括出来的。修辞也一样,也具有现实经验基础。一个熟悉棉花的小孩看到云可能会说"天上有很多棉花",而一个海边长大的孩子则可能说"浪花跑到天上去了"。

修辞对于语言表达的功效是巨大的。一方面,缺少了修辞的语言会寡淡无味,另一方面,修辞可以帮助写作者更形象地说明事理。比如竺可桢在其《物候学》中就采用引用的方式介绍春天来临的指标:

在温带的人们,经过一个寒冬以后,就希望春天的到来。但是,春天来临的指标是什么呢?这在许多唐、宋人的诗中我们可找到答案的。李白(太白)诗:"东风已绿瀛洲草,紫殿红楼觉春好。"王安石(介甫)晚年住在江宁,有诗句云:"春风又绿江南岸,明月何时照我还。"……李白、王安石他们在诗中统用"绿"字来象征春天的到来,到如今,在物候学上,花木抽青也还是春天重要指标之一。王安石这句诗的妙处,还在于能说明物候是有区域性的。若把这首诗哼成"春风又绿河南岸",就很不恰当了。因为在大河以南开封、洛阳一带,春风带来的征象,黄沙比绿叶更有代表性,所以李白《扶风豪士歌》便有"洛阳三月飞胡沙"之句。虽则句中"胡沙"是暗指安史之乱,但河南春天风沙之大也是事实。

通过恰当引用唐朝诗人的诗句,作者把物候学上一个非常重要的内容普及了开来。作者写得轻松,读者读得有趣,印象深刻,是初学写作者,尤其是科技小品文写作很好的范本。

概而言之,修辞原本是人类最初最自然的表达手段,也是写作实践中表情达意的客观需要。因此任何一个写作者都不仅需要充分认识修辞的重要性,而且必须学习如何在写作中恰当运用。要恰当地运用修辞,需要注意两个方面的问题:一是要细读文本,体会不同修辞手法的表达效果。在日常阅读过程中,要有意识地细读好的作品,比较分析不同文本中修辞手法的特征,体会其独特效果。当领悟到不同修辞手法的妙处,写作过程中自然也会自觉不自觉地运用。二是要注意把握特定情境下的内心感受。无论什么样的修辞手法,必须与作者具体的内心情感相契合,否则不仅无助于准确表情达意,还会弄巧成拙,不伦不类。比如当我们故地重游,经常会出现错觉,分不清现实和过去,各种感觉交织重现,纷纭复杂。这种体验怎么表达才能准确恰切呢?有一首诗就巧妙运用了通感的修辞手法来表现:

凤凰树突然倾斜/自行车的铃声悬浮在空间/地球飞速地倒转/回到十年前的那一夜

凤凰树重又轻轻摇曳/铃声把碎碎的花香抛在悸动的长街/黑暗弥合来又渗开去/记忆的天光与你的目光重叠

也许一切都不曾发生/不过是旧路引起我的错觉/即使一切都已发生/我也习惯了不再流泪

——舒婷《路遇》

这首诗多处运用了通感,比如"铃声悬浮","铃声把碎碎的花香抛在悸动的长街"。在"铃声悬浮"中,铃声本属于听觉,但是诗人却让声音"悬浮"起来,仿佛可以看得见,这是用视觉来表达听觉。在"铃声把碎碎的花香抛在悸动的长街"一句中,花香属于嗅觉,而"碎碎的"属于视觉感受,"碎碎的花香"是用视觉表达嗅觉。"抛"也属于视觉,是能看得见的动作,诗人让自行车的铃声"抛"花香,也是用视觉表达嗅觉。这种用此类感觉表达彼类感觉的修辞手法非常契合这首诗的情境:多年后旧地重游,时光倒流,感觉交错。过去现在,所有的感受错综交织,丰富又复杂。很显然,如果不用通感,是很难恰切地表达这种特定感受的。

当然,在具体写作过程中,选择什么样的修辞手法主要由表达内容和写作者的意图而定。有时候也会受到作者个性气质、情绪情感的影响。比如以下两段文字:

初看,那田野完美无瑕;一片冰雪世界。于是我迈步穿过它,渐渐看到那些标记。雪地上密密麻麻地布满鸟兽的脚印——记录了雪停之后的成百上千次旅行。其中有整齐的鹿的脚印,有像箭头一样指引方向的松鸡的脚印,还有野兔的脚印。各式各样的脚印从我面前打了个弯穿过田野,消失在阴影里或篱笆墙边。月光斜斜地照着,使近处各种脚印更加暗黑,似满溢的墨池。在这些痕迹之上,我印上了自己的脚印。

——〔英〕罗伯特·麦克法伦《古道》

秦淮河的水是碧阴阴的;看起来厚而不腻,或者是六朝金粉所凝么?我们初上船的时候,天色还未断黑,那漾漾的柔波是这样的恬静,委婉,使我们一面有水阔天空之想,一面又憧憬着纸醉金迷之境了。等到灯火明时,阴阴的变为沉沉的了:黯淡的水光,像梦一般;那偶然闪烁着的光芒,就是梦的眼睛了。

——朱自清《桨声灯影里的秦淮河》

两段文字,一客观冷静,一情感色彩明显。前者类似白描,后者则将秦淮河拟人化了。

概而言之,只要符合表达需要,写作者可以选择任何一种修辞手法。不过值得注意的是,特定修辞手法的使用频率和范围与文体有一定关系。有一些修辞手法在文学类文体和应用文体中都可以使用,比如比喻、拟人、象征、引用等,而隐喻、反讽、互文等在文学类文体中使用比较多,通感则多在诗歌中使用。了解这一规律,有助于我们在学习写作过程中自觉斟酌选择使用特定的修辞手法。

语言风格

在日常阅读和写作中,我们很容易发现,有些文章文采斐然,才华横溢,让我们情不自禁地叹服,甚至羡慕,而有些文章的语言又非常朴素,没有华丽的辞藻,也没有明显的修饰。这就涉及语言风格与表达技巧的问题。在写作实践中,尤其是对于初学者来说,语言风格的选择也是一个常见的困扰。我们有时会疑惑:选择什么样的语言风格更合适?或者,我如何才能写出词汇丰富、文采斐然的文章?实际上,语言风格的形成是由多重因素决定的。不同的写作者由于个性气质的差异会倾向于特定的表达方式,不同的文体也需要不同语言风格,甚至同一写作者在写作不同文体或者书写不同心情时风格也会有不同。

关于语言的风格类型自古以来就多有分析。比如刘勰在《文心雕龙》的"体性"篇中列举了典雅、远奥、精约、显附、繁缛、壮丽、新奇、轻靡8种风格,钟嵘的《诗品》则更是详细地列举了24种诗歌的风格。当然钟嵘所说的风格包括诗歌的语言、意境等多个方面。

陈望道先生在《修辞学发凡》中分了四组八种风格,分别是:按照"内容和形式的比例"分为"简约和繁丰";按照"气象的刚强和柔和"分为"刚健和柔婉";按照"辞藻的多少"分为"平淡和绚烂";按照"检点功夫的多少"分为"谨严和疏放"。分析上述诸种分类方式,可以发现刘勰和钟嵘的分类多依照直观感受,陈望道先生的分类标准相对客观。从写作实践角度说,每个人的语言风格都各不相同,完全归类是不可能的事情。为便于读者和作者更好地欣赏好的文章,更为了写作者能更好地认识并选择适合自己的语言风格,这里主要介绍以下几种类型。

一、冷静内敛、朴实简洁的语言风格

这里的冷静内敛主要指作者情感表达的特征,朴实简洁指文字的特征。这类风格的语言总体的特征就是平易朴实,作者深刻的情感含蓄地隐藏在平易的文字中。王国维先生曾经将古典诗词的意境分为"有我之境"和"无我之境",前者如"泪眼问花花不语,乱红飞过秋千去",后者如"采菊东篱下,悠然见南山"。我们这里所说的冷静内敛、朴实简洁的语言风格类似于"无我之境"。这类语言风格在各类文体中都有。比如下面的案例:

运动后期,他被结合,成为革委会的一名副主任。我不常去上班,又在家里重理旧业,养些花草。他劝告过我两次,我不听。一天,他和军管负责人来到我家,看意思是要和我摊牌。但因我闭口不言,他们也不好开口,就都站起来,这时冯前忽然看见墙角那里放着一个乡下人做尿盆用的那种小泥盆,大声说:

"这里面有金鱼!"

不上班和养花养鱼,是"文化大革命"中他们给我宣传出去的两条罪状。军管人员可能认为他这样当场告密,有些过分,没有理他就走了。

芸斋主人曰:粉碎"四人帮"以后,人们对冯前的印象是:大风派。谁得势,靠谁;谁失势,整谁。也有人说:以后不搞运动了,这人有才干,还是可用的。如果不是年龄限制,还是可以飞黄腾达的。后之论者,得知人论世之旨矣!

这段文字选自孙犁的小说《冯前》。如果不是最后一段类于《史记》的"太史公曰",很多人会把这当成叙事性散文,实则这是一篇重在塑造人物的小说。其中类似白描的手法,勾勒出"冯前"这样一个心地不坏、胆小懦弱、见风使舵却终不被待见的人物形象,可悲可怜可叹。这段文字中描述性的语言很少,作者对于"冯前"的情感也没有直接表达。但是我们却可以从朴实、简洁的语言中,体会到作者对于"冯前"的复杂情感,以及对于部分所谓知识分子的人格的思考,意味深长。

在应用类文体中,冷静内敛、朴实简洁的语言风格更为常见。不用说党政公文,即便是演讲词、论说文体中,这一风格也占大多数。比如演讲词《六千年文明会毁于战火》中的一段文字:

伊甸园早已消失,即便是伊拉克人为吸引旅游者而人工培植的伊甸园,也在海湾战争之后荒废。伊甸园遗址周围,是国际人道组织设立的儿童救济院,收养着生下来就没有眼睛、没有脑子或断胳膊瘸腿的伊拉克儿童。他们是受美英贫铀弹辐射而成畸形的,战争给了伊拉克太多的苦难。

——路秉杰《六千年文明会毁于战火》

这段文字用客观事实讲述了战争对伊拉克造成的灾难,不仅毁掉了几千年的文明,而且给生活在那里的人们造成了肉体和精神的伤害。这样的内容本是让人愤慨的,作者也是痛心疾首,但还是克制住了主观情感,选择了用事实说话,类似"新闻体"的平实文字却给读者带来了难以言说的震撼。

二、汪洋恣肆、绚烂新奇的语言风格

与上述冷静内敛、朴实简洁的语言风格相反,有一种语言风格是汪洋恣肆的。其基本表现是语言节奏密集,长于铺陈或描述。比如莫言《透明的红萝卜》中的一段:

他的手扶住冰凉的白石栏杆,羊角锤在栏杆上敲了一下,栏杆和锤子一齐响起来。倾听着羊角铁锤和白石栏杆的声音,往事便从眼前消散了。太阳很亮地照着闸外大片的黄麻,他看到那些薄雾匆匆忙忙地在黄麻里钻来钻去。黄麻太密了,下半部似乎还有间隙,上半部的枝叶挤在一起,湿漉漉,油亮亮。他继续往西看,看到黄麻地西边有一块地瓜地,地瓜叶子紫勾勾地亮。黑孩知道这种地瓜是新品种,蔓儿短,结瓜多,面大味道甜,白皮红瓤儿,煮熟了就爆炸。地瓜地的北边是一片菜园,社员的自留地统统归了公,队里只好种菜园。黑孩知道这块菜园和地瓜都是五里外的一个村庄的,这个村子挺富。菜园里有白菜,似乎还有萝卜。萝卜缨儿绿得发黑,长得很旺。菜园子中间有两间孤独的房屋,住着一个孤独的老头,孩子都知道。菜园的北边是一望无际的黄麻。菜园的西边又是一望无际的黄麻。三面黄麻一面堤,使地瓜地和菜地变成一个方方的大井。孩子想着,想着,那些紫色的叶片,绿色的叶片,在一瞬间变成井中水,紧跟着黄麻也变成了水,几只在黄麻梢头飞蹿的麻雀变成了绿色的翠鸟,在水面上捕食鱼虾……

这段文字写的是"黑孩"在听领导训话时走神了,在走神的刹那间,他看到了现实中的"黄麻""地瓜""白菜""萝卜",注意到"薄雾"在黄麻地"钻来钻去",听到了锤子碰到栏杆的响声,甚至能尝到地瓜的甜味。可以看到,用短短的一段文字写一个人的走神,就可以如此丰富:人物的所见、所感、所想全部呈现,视觉、听觉、触觉也都有描述,现实与想象如蒙太奇般交织。语言如狂风骤雨般节奏密集,汪洋恣肆,语词丰富、绚烂,全面呈现了人物丰富的感觉和心理,却也异常真实。

很显然,这类语言风格带有突出的个性特色,与应用文所要求的严谨、客观、准确有一定距离,因此多见于文学类文体中。除此之外,在具体写作实践中,还有两个方面值得注意:一是此类语言风格与写作者的个性气质密切相关,不可强求,否则容易混乱冗余;二是在写作过程中,对语言表达要有节制,不可一发不可收,散漫芜杂,影响思路的清晰和主题的表达。

三、清新浅显、轻柔烂漫的语言风格

在日常写作和阅读过程中我们会发现,除内敛含蓄、汪洋恣肆的语言风格外,还有一些作品是清新浅显、轻柔烂漫的。比如"最是那一低头的温柔,像一朵水莲花不胜凉风的娇羞,/ 道一声珍重,道一声珍重,/ 那一声珍重里有蜜甜的忧愁",这里,浓烈又忧郁的情感用轻柔烂漫的语言表达出来,清新显明。清新的语言风格因其浅显易懂,自古就为人推崇,古典诗歌中也有很多类似风格的作品。比如元代杨维桢的《杨柳词》:"杨柳董家桥,鹅黄万万条,行人莫到此,春色易相撩。"语言和意象都明白如话、通俗易懂。

从整体语言风格构成的角度看,清新浅显、轻柔烂漫的语言风格自有其独特的审美价值,但是也有其先天的不足。首先从文章效果来看,这类文章可能"清新有余,而奇崛不足",也可能不会"才情纵横,更谈不上潇洒脱俗"[1]。其次从文章意蕴来看,则可能过于浅显,缺乏深刻的内涵,难以充分表现作者的体悟能力。因此,对于写作者来说,若要获得自我提升,就不能一味沉溺于此类语言风格,而应结合个体修养基础,向着典雅、蕴藉等方向进行训练。

四、壮丽雄浑、豪迈疏放的风格

与清新浅显、轻柔烂漫语言风格的阴柔相反,还有一种语言风格是壮丽雄浑的。这类语言风格能够传达出如中流击水般的豪情和健笔凌云的气度,气势强大,读者很容易受到鼓舞和感染。若要很好地理解这类风格的特征,我们不妨借鉴古人对阳刚风格的描述。清代姚鼐曾经区分过阴柔与阳刚之美,并这样描述阳刚之美的特征:"其得于阳与刚之美者,则其文如霆,如电,如长风之出谷,如崇山峻崖,如决大川,如奔骐骥;其光也,如杲日,如火,如金镠铁;其于人也,如凭高视远,如君而朝万众,如鼓万勇士而战之。"这里,姚鼐对阳刚之美的描述同样也可视为对壮丽雄浑语言风格特征的描述,或者可以说这段充满比喻和排比修辞手法的文字自身就是豪迈疏放语言风格的典范。

在具体写作实践中,这种语言风格在一些历史散文、文化散文中比较常见,比如张承志在《杭盖怀李陵》中的这段文字:"我就在这里,在阿拉杭盖秋九月的草潮中致意吧。'男儿生以不成名,死则葬蛮夷之中'——也许惟此才是通途呢。我也曾插入游牧民族的队列,我知道他们远没有孔孟之徒的伪善和凶残。李陵将军,且不说他永远成为军人文人试金石般的限界,即使只是他一缕血脉染入大漠,使黑发黑瞳的一支旗手世代怀想——难道还不够一桩美丽的壮举吗?"从这段文字中可以见出,雄浑的语言风格是与厚重的内容密切相关的。轻飘、虚空的内容衬不起壮丽的语言,就像小孩子戴不了成年人的帽子一样。应用文写作中的一些文体,比如演讲词、政论文中这类语言风格也比较多见。在平时的阅读过程中可有意识地进行比较鉴别,感受、体验其风格特征。需要说明的是,目前高校学生的写作实践中,壮丽雄浑的语言风格比较少见,这主要是因为此类语言风格对写作者的阅历和写作功力要求比较高,而高校学生的阅历比较少,写作功力也比较浅,需要加强对此类文章的阅读、分析、模仿,提高运用此种语言风格的能力。

除上述几种语言风格之外,还有一种空灵绚烂、朦胧悠远的语言风格也比较多见。这种语言风格的总体特征是语词丰富,或华丽,或空灵,在表达方式上则多用修辞,象征性强,充满隐喻,文章的内涵丰富但朦胧神秘,充满不确定性,想象和阐释空间很大。比如许达然的《如你在远方》:

此地阳光恹恹,此地氛围溷溷。你已疲惫,窒息于此地的世俗、喧嚷与愚昧。向往远方,你将去,悄然远离此地。

远方有海,有山与林,远方总是飘扬着你的梦。

如你在远方,你独立在传统的影子外,阳光染你,山岳拱你,树林托你;你呼吸五羁,毛孔舒逸。

自故乡携忧郁来,你蛰隐在山麓与水溪间,那地图上找不到名字的小镇。不再哭,

---

① 陈平原.从文人之文到学者之文[M].北京:北京大学出版社,2005:225.

甚至珍惜每一声叹息。你欣然活着。

第一朝醒来,你说:"早安,一切存在。"然后饮一杯清醒自己的露水,然后捶钟,捶醒山林里的鸟兽,捶醒人。然后他们醒来,发现你的存在。笑问你从哪里来,你说你来自远方,那虚伪与贪婪统治的地方,那曾被爱过,将来又会被你爱的故乡。然后告诉他们,你不需要名字,你是无名字的捶钟者。

这段文字诗意盎然,空灵玄秘,营造了一种朦胧又有些神秘的意境。在写作实践中,这类语言风格一般多见于抒情性或哲理性散文中。学生阶段很容易被这类文章吸引。在20岁上下的年纪,因为对世界的玄妙充满好奇,对绚烂的文字感兴趣,容易对空灵绚烂、朦胧悠远的语言风格格外钟情。但这类文字风格不好把握,若不具备一定功力,很容易思路混乱,不知所云。

需要说明的是,语言风格是丰富多样的,以上所介绍的主要是目前实践中的常见风格。同时,语言风格类型与写作者的个性气质、文体类型及所要表达的情感性质关系密切,任何要素的变化都会影响语言风格的变化。因此在训练个体语言风格的过程中,既要结合个体的天赋气质,也要注意文体要求和表达意图,不可勉强模仿,东施效颦。

语言能力的培养

学习和训练语言,提高语言素养,是我们写文章的基本功。一个人的语言素养是其写作水平的重要标志,语言表达能力的强弱,在很大程度上决定了文章的高下优劣。语言艺术家的技巧,就在于寻找那唯一需要的词,并安排在唯一恰当的位置上。这种语言技巧的表现力并不是与生俱来的,其中有作者自身经历的积累,更要依赖长期的训练和领悟。当语言形成一定的风格,并且潜移默化地成为作者的思维方式时,它就会自然地在笔下流露。每当要表情达意时,这些词语就会自动地弹跳而出,或者像喷泉似的,喷涌而来。

一般来说,语言的锤炼是需要注意文体差别的。不同的文体对语言有不同的要求。文学类文体要求语言生动有个性,而应用类文体要求语言严谨朴实、真实可信,富于逻辑性,有实用价值。但是就一般的文章来说,培养语言能力需要遵循以下规则。

一、感受要真切明晰,判断评价准确到位

写作者对外界事物的感受带有强烈的个体性,是作家自己在特定的情境中产生的、基于自身特质的感受,或者是基于一定的生活阅历或知识视野而得出的判断和评价。要想把自己所理解、体会的东西传达出来,使别人阅读后产生共鸣,获得认同,并进而在读者心中延留,的确不是件容易的事情。要写出准确明晰的文字,一个很重要的前提就是要有细致、清晰、真切的情感,比如对一段特殊经历、一种生活有真切、独特的体验,或者对于某一现象的本质有透彻的分析或领悟,否则在写作时是很难表达到位的。比如下面这段文字:

四点过后,一道长长的黑影穿过草坪,意味着太阳正在赶往山的另一侧。如果此时我们出发去镇上,会在途中看见一轮巨大的落日,悬在基亚纳山谷之上,迟迟不肯下山。即使已经落山,它也会将一缕缕金黄和藏红的光芒留在天际,照亮我们的归路。到晚上九点半,靛青的夜幕才真正合拢。

——〔美〕梅斯《托斯卡纳艳阳下·太阳的声音》

　　这里,如果不是作者对自己所居住的小镇有着充分的了解,如果不是对当地的太阳有足够的观察,是无法准确描述阳光多变的色彩的。

　　要做到感受准确明晰、判断准确,最主要的途径是进行细致的观察、体验和思考。观察和体验是发展和丰富我们的感性能力的重要途径,也是熟悉自己笔下所要呈现的生活的基本途径。关于如何观察和体验,很多作家都有过表述,可以作为我们学习的范例。比如下面训练听觉的做法:

　　在就寝之前,我每天晚间都在庭院里散一会儿步。昨天,我站在桥上,仔细静听。我听到了各种各样的声音:耳鸣声和呼吸声;树叶的沙沙声和簌簌声;蚱蜢的嚓嚓声,一共四只,栖在庭院的树上;鱼儿在水面上发出细微的宛如接吻一样的声响。时而有水珠滴下,发出银铃般的脆生。一枝树桠被折断了,是谁折断的呢?传来沉重的闷声……这是什么?走路的声音吗?这不是人低声细语吗?突然间,又在你的耳边响起了蚊子的尖叫声……

　　——〔俄〕屠格涅夫《给波丽亚·薇亚尔多的信》

　　在这里,屠格涅夫用自己的耳朵——确切地说是用心灵对周围的环境进行了独到细致的观察。我们有理由得出这样的结论:只有当一个人对将要写作的事物有过细致的观察或对特定经历有过深刻体验时,才有可能准确命名,细致地进行描述。

　　准确的评价和判断源于理性的思考。思考是人类把握事物深层意义、把握事物本质的重要途径。在写作过程中思考的任务有两个:一个是"辨",就是辨别真假美丑。现实生活中是真假混杂、良莠并存的,必须加以辨别才能得到事物真正的本质。同时,由于种种原因,文中的事实或者观点有时难免出现错讹纰漏,这就需要读者在阅读过程中始终保持清醒的头脑,以审慎的态度去进行判断,否则就有可能受到误导。另一个是"悟",就是对于直接体验或者阅读所得有所创新。概而言之,有许多生活材料,特别是那些内容丰富、涉及面广、事件复杂、意义深刻的生活材料,其所含的思想意义本来有很多层面,而且隐藏得很深。这就需要写作者如剥笋那样层层剥去表皮,得到笋肉。这正是所谓"由表及里""去粗取精"。倘若只是浮光掠影、浅尝辄止,是断然不能发现事物深刻的意义的,也不可能有作者那富有穿透力的傲人卓见。

二、养成对事物准确命名的习惯

　　给笔下的事物准确命名并不是说给事物另起名字,而是说要准确地叫出笔下的事物的名字。这是让语言丰富、准确、增强文章画面感的有效方法。好的作家不会让自己的笔下充满模糊不清的事物或意象,除非有意为之。比如下面的文字:

　　在内布拉斯加州,在奥马哈 / 阳光是黄金,云是白云 / 天空是靠枫树和山毛榉共同支撑的 / 矮一些的山苹果树和玉兰托举起屋顶 / 更低的是那些水仙、花叶芋和蒲公英,编织成了地毯 // 知更鸟在歌颂一座座花园,用的是美声唱法 / 松鼠把松果当成信仰,连乌鸦也学会了祈祷和感恩 / 那些金发碧眼的教堂和城堡 / 是这个城市的汗青正史和王朝

　　——路也《奥马哈的春天》

　　这里的花、鸟、树都有准确的命名,毫不含糊,每一个事物、每一个意象都充满个性,清

晰明亮,不会混淆。这就是让人羡慕的表达能力强的表现之一。

准确命名意义重大。除了让语言具体、生动,增强画面感和吸引力之外,是否准确命名还透露出作者对于所写内容的熟悉程度或情感深度。依据日常生活经验我们知道,与人交往能准确叫出他人的名字是对人的尊重,同理,对进入笔下的事物能准确命名,说明写作者非常熟悉所写事物且对此充满情感。要做到对事物准确命名,需要积累。确切地说,准确命名是作者学识修养的表现。只有拥有对于动物、植物以及特定领域相关知识的储备,才可能对植物或动物的名称、特性或者一项工作的具体环节了如指掌,含混其词往往意味着对笔下内容的生疏。从根本上说,准确命名实际上是作者生活热情或激情的表现。只有当一个人充满热情时,才会关注周围的人、事、物,才会注意彼此之间的不同,才会有想知道这是一株什么花、那是一棵什么树的渴望。而当一个人的感觉被屏蔽,像“单面人”一样生活时,自然对周围美好的事物茫然无知,也就谈不上对事物进行命名了。

三、学习技巧,积累方法

古希腊时期有一种艺术观念,认为艺术就等于技艺,绘画、写诗与工匠盖房子是一样的性质,都是凭技术手段的工作。这种艺术观当然是对艺术的简单化看法,但是也指出了艺术需要技巧的特征。弗洛伊德也认为作家和普通人的区别就在于,作家有高超的表达技巧和能力,能把我们普通人感受到却说不出来的情感表达出来。小说家王安忆也说,写小说是手艺活儿。种种论断都说明,艺术需要技巧,写作也同样需要技巧。对于语言来说,技巧选择首先涉及对于不同词性的了解和选择。以阿城《遍地风流•峡谷》中的一段文字为例:

(山)被直着劈开,于是当中就有七里谷地。大约是那刀有些弯,结果谷地中央高出如许,愈近峡口,便愈低。

森森冷气漫出峡口,收掉一身黏汗。近着峡口,倒一株大树,连根拔起,似谷里出了什么不测之事,把大树唬得跑,一跤仰翻在那里。峡顶一线蓝天,深得令人不敢久看。一只鹰在空中移来移去。

峭壁上草木不甚生长,石头生铁般锈着。一块巨石和百十块斗大石头,昏死在峡壁根,一动不动。巨石上伏两只四脚蛇,眼睛眨也不眨,只偶尔吐一下舌芯子,与石头们赛呆。

这段文字不长,但极富有“动感”,画面感很强,内容含量也很大:冷气、大树、鹰、巨石、蛇,最妙的是这里提到的每样事物都活灵活现。这样的效果完全是由动词营造出来的。一般来说,动词比形容词富有表现力,实词和功能词较虚词具有表现力。以上述所引文字来说,动词或者活用为动词的词汇非常多,冷气“漫”出峡口、“收”掉黏汗、“倒”一株大树、鹰“移来移去”、石头生铁般“锈”着,“昏死”、蛇“吐”蛇芯子,与石头“赛呆”。不难发现,作者让冷寂的峡谷“动”起来的技巧很简单,就是用富有活力和表现力的动词,不用描述性的静态的形容词。所以写作者在写作过程中要考虑语词的词性及其表现力,善于运用富有表现力的语词替换功能性不强的词语。

四、选择和培养适合自己的语言风格

语言风格的差异不仅使得写作具有了丰富色彩,对于个体来说,又为写作带来了无穷

的魅力。因此每个人都希望拥有属于自己的标志性语言风格。不过在选择和培养适合自己的语言风格过程中,应注意以下几个方面:

基于自己的气质和兴趣爱好选择语言风格。实际上这是个没有"选择的选择",或者是"无意识选择"。就是说怎么写比较顺就怎么写,不需要定规矩或标准。一般而言,轻松甚至有些随意的写作中所呈现出来的,就是写作者比较擅长的语言风格。"无意识选择"语言风格的目的是不让写作的开始如此艰难,以至于抑制了写作的兴趣或者对写作产生畏难情绪。

在一个阶段的"无意识选择"之后,作为系统的训练,我们也可以模仿其他类型语言风格的文字。这样做的好处是:一方面可以增加趣味性,避免单一语言风格带来的倦怠,另一方面也有助于提高我们的表达能力。当有意识地培养一种不熟悉的语言风格时,需要技巧,比如有针对性地模仿、有针对性地积累语词、有意识地运用某类语词等。这样经过一段时间的训练,我们可能会在最拿手的语言风格之外也能够掌握其他多种语言风格。在不同语言风格之间转换,将是一件非常愉快的事情。

在具体训练过程中,还要充分注意文体类型与语言风格的契合度,也就是说要有充分的文体意识,根据特定文体要求选择或训练语言风格。尤其是要注意应用文体的语言风格与文学文体语言风格的巨大差异,不能以"擅长""不擅长"或者"喜欢""不喜欢"为借口,任意为之。在文学文体范围内,也应充分注意特定文体的语言规定性,不能任意嫁接。我们提倡"创意"但不主张"随意"。当然,若写作水平达到一定水准,语言风格相对固定之后,尝试新的语言风格也未尝不可,但初学写作时最好还是要充分尊重特定文体对语言风格的要求。

值得注意的是,语言能力的培养不是一件简单的事情。爱尔兰作家科尔姆·托宾说:"写作很像一个运动员,写得越多、运动得越多,就更有机会变得更好。……写作是一个编辑的过程,不可以一蹴而就,必须写一遍、再写一遍、再写一遍。"这里托宾说的是整个写作过程,当然也包括语言。准确运用语言的能力的提高就需要不断表达,不断修正。这个过程非常单调,也很令人苦恼,但是只要能够耐心坚持,就一定有不错的效果。

复习问题

1. 语言的基本要求有哪些?
2. 语言风格类型由哪些? 各类风格的基本特征是什么?
3. 如何培养语言能力?

思考习题

1. 你喜欢哪一类语言风格? 你认为这种倾向与什么有关?
2. 找一本你喜欢的书,分析其语言风格。
3. 写一段文字,然后修改一至两遍,体会前后几稿语言文字的变化及效果。

推荐阅读

1. 宗白华. 天光云影[M]. 北京:北京大学出版社,2005.

2.〔美〕多萝西娅·布兰德.成为作家〔M〕.刁克利,译.北京:中国人民大学出版社,2011.

3.〔美〕弗朗西斯·梅斯.托斯卡纳艳阳下〔M〕.杨白,译.哈尔滨:北方文艺出版社,2006.

▶ 第三讲的图片与文字说明 ◀

1.《托斯卡纳艳阳下》是美国作家弗朗西斯·梅斯的作品。作家用朴质但清新、准确的语言叙写了作家自己在托斯卡纳的生活,由此开启了世界性的"慢生活"潮流。与众多同类作品不同,本书不炫耀、不浮夸,只是用简洁的语言勾勒当地自然景观,叙写风土人情以及在平凡的生活中作者心境的变化。语言质朴简洁,富有表达力和穿透力。作品已经被改编为同名电影。

2. 阿城(1949—   ),男,原名钟阿城。原籍重庆江津,生于北京。是当代寻根小说的重要代表作家,其作品深受中国传统文化的影响。作品有《遍地风流》《威尼斯日记》《闲话闲说》《常识与通识》等。除小说外,还创作和改编剧本,如《芙蓉镇》《吴清源》等,代表作是小说《棋王》。

第四讲　文学写作

● 内容要点 ●

　　1. 文学是一种感受美、表现美的艺术形式。

　　2. 诗歌是一种用凝练的富有节奏和音韵美的语言集中反映人生体验的文学体裁。

　　3. 小说是指一种主要通过叙述的方法刻画人物、讲述故事、描摹环境的文学样式。

　　4. 散文是一种取材广泛、内容丰富、形式多变、结构灵活、手法多样的文学体裁。

　　5. 影视剧本是为拍摄影视作品而准备的文字稿，它是以文字形式描述整部影视片的人物和情节时所形成的文学种类。

文学之美

课程导读

　　文学是指运用形象化的语言符号传递人生经验的艺术体裁，包括诗歌、小说、散文、剧本等，文学具有审美性，具有形象美、社会美、朦胧美的特点。

　　什么是文学？古今中外的文学理论典籍有过各种各样的界定。一般而言，文学是指运用形象化的语言符号传递人生经验的艺术体裁，包括诗歌、小说、散文、剧本等。对于一个普通的读者而言，阅读文学作品是一个自然而然而又富有新奇感受的心理过程。当我们读到一篇沁人心脾的美文时，就如同置身于一个神奇曼妙的世界，那一串串珍珠一样的言语符号，化身为一汪清冽的甘泉或者浩瀚汹涌的波涛，时而像春天傍晚的清风拂过你驿动的心灵，时而像夏日滤过浓阴的热烈阳光的爱抚，或如秋季一望无垠的金色的麦浪，或如冬日皑皑白雪的清凉与肃穆。总而言之，你穿过一系列由色彩、线条、形体、光与影、热与冷构成的绚丽缤纷的语言道路而到达神奇瑰丽的世界——文学的世界。

　　通常而言，文学被视为是一种和"精神""美""语言"有关的现象。文学是一种意识活动，它是融合了主观和客观、凝结了创作者的精神体验和心灵感触的形象化了的感性世界。在文学的世界里，活动于其中的人物、事件往往超越了现实世界的逻辑联系和客观规律，是随想象、创造、记忆、联想、思维的翅膀而自由挥洒的心灵的舞蹈。文学是"美"的活动，它感受美、创造美，是人与世界的情感的沟通与交流，是具有完整性的美的内在意蕴和外在形态的融会贯通。文学又是语言的艺术,是由超越日常语言和实用语言的充满意象、情感的语言符号构成的虚拟的、内在性的世界。再一方面,文学并非是由创作主体单独构建的单向世界,文学意义的产生、传播、接受还受欣赏者的制约,欣赏者的经验在某种程度上也决定了文学意义的最终呈现。"一千个读者就有一千个哈姆雷特",欣赏者是在自身独特的经历、观念的基础上介入文学世界中去的,在阅读过程中,好的欣赏者会把自己的意识映射到作品的接受过程中,进而挖掘、赋予文学以全新的意蕴。总而言之,文学是创作者与欣赏者在现实的客观存在之外建立的具有独立意义的另一个世界,是寄寓了人类的认识、情感、希望与憧憬的有"意味"的有"价值"的所在。

文学是一种社会现象,它运用文学语言来表情达意,具有自身特殊的美。

一、形象美

文学是一种特殊的思维活动,与科学活动和劳动实践不同,文学家在审美的活动中感受到的、处理的、创造的材料是一种活生生的具象的存在,文学世界所呈现出的也是充满物象且带有形状、色彩、线条、声音、触觉和感官体验的大千世界。当读到岑参的"忽如一夜春风来,千树万树梨花开",你的眼前仿佛出现了一幅清新而生机勃勃的图画;而当你看到范仲淹的《渔家傲》:"塞下秋来风景异,衡阳雁去无留意。四面边声连角起,千嶂里,长烟落日孤城闭。浊酒一杯家万里,燕然未勒归无计。羌管悠悠霜满地,人不寐,将军白发征夫泪。"你的耳边似乎也萦绕着边地羌笛悠长寂寥的旋律。读小说也是如此,掩卷《红楼梦》,你似乎看到金陵十二钗之如花美貌、似水流年,你似乎也登上太虚幻境,聆听到空灵天籁之音。而对于阅读者来讲,文学所提供的感性世界既是现实事物,又可以是超现实的,既是客观的物象,同时又包含了创作者赋予客观形象之上的来自于其深邃心灵的深刻、新颖的主观经验,它可以是日常的事物,同时又具有夺人心魄的奇异的美,因而给我们打开了一扇缤纷绚烂的窗户,引领人们进入全新的异彩纷呈的艺术空间。

二、社会美

文学的美不仅在于外在的形象美,以及物象的色彩、线条、音律所带给人的感官美,真正优秀的文学作品,在外在美的形态下还蕴含着内在美的因素,也就是社会美。人是社会的产物,人的思想、情感、观念、价值都来源于社会。文学的美还在于集中了社会生活的美,比如人物美、道德美、情操美、智慧美,而这些具有社会美、人性美的因素恰恰构成了文学作品经久不衰的感染力。比如下面这首艾青的诗作《我爱这土地》:

假如我是一只鸟,
我也应该用嘶哑的喉咙歌唱:
这被暴风雨所打击着的土地,
这永远汹涌着我们的悲愤的河流,
这无止息地吹刮着的激怒的风,
和那来自林间的无比温柔的黎明……
——然后我死了,
连羽毛也腐烂在土地里面。
为什么我的眼里常含泪水?

因为我对这土地爱得深沉……①

这样的诗歌使人体会到一种深沉而浓郁的爱国主义情怀,我们似乎能够触摸到诗人那一颗滚烫的、颤抖的、为祖国的苦难与不幸而忧愤感郁的心。再比如我国台湾诗人郑愁予的《港夜》:

远处的锚响如断续的钟声,

云朵像小鱼浮进那柔动的圆浑……

小小的波涛带着成熟的慵懒,

轻贴上船舷,那样的腻,与软。

渡口的石阶落向幽邃,

这港,静得像被母亲的手抚睡。

灯光在水面拉成金的塔楼。

小舟的影,像鹰一样,像风一样穿过……②

诗人捕捉了一系列的意象勾勒出渡口港湾深夜的安谧与宁静,使人联想起关于童年、母爱,陷入幸福与悠远的沉思,这是在繁杂喧嚣的世俗生活的洪流中开拓出的宁静而神圣的港湾。

文学的美并不仅仅在于拨动你心灵深处情感的琴弦,优秀的文学家可以在极其精练的言语符号下沉淀出一个民族几代人包含着的深长的历史忧思。1979年,23岁的诗人顾城在长夜渐明、曙光初现的历史转折时刻,写下了掷地有声的《一代人》青春的宣言:

黑夜给了我黑色的眼睛

我却用它寻找光明③

这极为精练的两句诗,表达了一个富有理想精神和勇气的青年人在国家危机、民族受难时的信念,这种信念就是对民族希望的坚定的信心。文学可以作为一个时代的号角,用它激越的声音划过漫漫黑夜,向绝望中的人们传递出希望的回声。一个民族的智慧、勇气、向往与追求就此也呈现出其无限深度与力度。

三、朦胧美

文学所呈现出来的形象、意义、情趣还具有朦胧美。所谓朦胧美,就是独具魅力的模糊美、混沌美。比如晚唐时期著名诗人李商隐的《锦瑟》:

锦瑟无端五十弦,一弦一柱思华年。

庄生晓梦迷蝴蝶,望帝春心托杜鹃。

沧海月明珠有泪,蓝田日暖玉生烟。

此情可待成追忆,只是当时已惘然。④

后世的诗歌评论家对其主题的分析有六七种之多,如恋情说、悼亡说、咏音乐说、伤唐室衰亡说、回顾生平的自伤身世说,而现代人也有属于自身的体会,比如王蒙就认为全诗

① 艾青诗选 [M]. 北京:人民文学出版社,1984:100.
② 郑愁予诗选 [M]. 北京:中国友谊出版公司,1984:65.
③ 阎月君,等.朦胧诗选 [M]. 沈阳:春风文艺出版社,1985:122.
④ 徐中玉,等.大学语文 [M]. 上海:华东师范大学出版社,2001:141.

表现了对人事世事的深沉感慨,突出了惘然之情,包含丧妻之痛、漂泊之苦、仕途之艰以及他人无法知晓的个人感情。各家之言,皆有其珠玉在内,这无损于诗歌之美,反而丰富了诗歌的内蕴。现代诗歌也有承继其含蓄朦胧之美的作品,如北岛的《迷途》:

沿着鸽子的哨音
我寻找着你
高高的森林挡住了天空

小路上
一棵迷途的蒲公英
把我引向蓝灰色的湖泊
在微微摇晃的倒影中
我找到了你
那深不可测的眼睛 ①

　　长期以来,关于这首诗的意蕴众说纷纭。有的评论家认为,在这首诗中,众多的形象具有象征意义。比如"哨音"象征天使般的召唤;"森林"象征遮挡日光的障碍;"蒲公英"象征共同追求的同伴;"湖泊"象征追寻的归宿;"你"和"眼睛"双重象征着理想的化身。全诗分为三个部分,分别写了追求、被阻和结局三个阶段。还有的评论家认为全诗隐喻了一种蕴含在人类灵魂深处对理想与光明的深切憧憬与追求的情怀。我们可以看到,在文学的世界中,在日常语言环境中具有唯一、确定意义的语言被赋予了多重色彩,语言的外在意义被导向一种更为深邃、更为神秘也更为迷人的神奇的世界中去,也正由于此,人类内在的变幻莫测的、波涛汹涌的心理世界和精神世界经由一定的符号而幻化为可触摸的、可感知的、可以反复揣摩的具有多重意蕴的有形的存在。

　　不仅诗的语言如此,小说中的形象、意蕴也存在着多重阐释的空间。尤其是现代主义的文学创作,作家借用荒诞、离奇、超现实的手法营造与现实生活迥异的具有距离感的时空环境,进而传达创作者的独特体会。卡夫卡的《城堡》是一部未完成的作品,它是由一个个充满象征与隐喻意义的寓言性故事构成的迷宫似的文本,对于这样的一部充满矛盾、冲突和悖论的寓言性作品,多数的批评家似乎在重重的意象与回环往复的故事情节中迷失了方向。卡夫卡最亲密的朋友马克斯·勃罗德对之做了宗教的解释:"《城堡》正是神学家们称之为'仁慈'的那种东西,是上天对人的(即村子的)命运的安排,是偶然事件、神秘的决定、天赋与损害的效力,是不该得到和不可得到的东西,它超越于一切人的生命之上。"② 而中国的批评家则倾向于城堡的政治批判意义,认为卡夫卡把批判的矛头指向了官僚政治体制,它所涉及的是人的异化的问题,是个体人在强大的社会压制下心理的扭曲和变异。还有的评论家则把城堡的象征意义指向了爱情,认为小说是在诉说爱情的虚幻和缥缈。总而言之,文学的世界并非黑白分明、一清二楚,而是分布着光明与阴影、清晰与模糊的错综复杂的所在。对欣赏者而言,阅读不再成为单调、机械的模拟再现,反而成为一

① 北岛诗选 [M].广州:新世纪出版社,1986:82.
② 〔奥地利〕马克斯·勃罗德.《城堡》第一版后记(1926)[A]//叶庭芳.论卡夫卡[C].北京:中国社会科学出版社,1988:20.

种富有创造性的活动。作品的意义不再是恒定的、唯一的存在,不同时代、文化、身份、经历的欣赏者可以参与作品的意义的建设,可以以独特的"这一个"的生命体会加入文学表现的洪流中去。对现代的欣赏者来说,文学的教化、启蒙功能的减弱实际上极大地解放了欣赏者的智慧,阅读成为一种饶有趣味、轻松而游戏式的活动,文学的阅读过程就由单纯的接收、吸收而转化成双向互动的过程。

诗　歌

课 程 导 读

诗歌是一种主要用意象来传递情感的凝练的文体,具有跳跃性、节奏性、抒情性。诗歌写作手法很多,现代诗歌的常用手法有隐喻、象征、通感、反讽、错觉、幻觉和变形等。

一、诗歌的基本特征

诗歌这种古老的文学样式,如果我们要给它下定义的话,就要先了解它的基本特征。知道了诗歌的基本特征以后,然后我们就可以说,拥有这些特征的文体就是诗歌了。

诗歌的基本特征似乎可以概括为下面五个方面。

第一,诗歌是分行的,是有着跳跃感的断裂的文体。

诗歌并不是把散文的句子竖排起来,就摇身一变成为诗歌了。诗歌分行的意义恰恰在于体现句与句之间在意味上的跳跃,句与句之间留下空白与空间,而不是像散文那样每个句子之间在意义上具有相对固定的连贯性,让意义像溪水那样连续不断地流淌下来。这就使得诗歌不必像散文那样追求行文和细节上的完整性,它的断裂恰是它的特点,甚至可以说,它有属于它自己的完整,它以断裂来表达完整,是诗人的激情、呼吸和想象与读者产生互动,填补了断裂,使之完整。

这也许使得诗歌在某种程度上具有了拼贴的性质,很适合表达瞬间的转换。

这一点是非常明显的。随便拿出一首像样的诗便可以说明这一点,但是即使举上三五个例子也不足以充分地说明这一点,要理解这个意思,需要通过大量阅读古今中外的诗歌或者自己写作诗歌来感受和体会。

那么在此只举一例吧,请看奥地利诗人里尔克的《秋日》:

> 主呵,是时候了。夏天盛极一时。
> 把你的阴影置于日晷上,
> 让风吹过牧场。
> 让枝头最后的果实饱满;
> 再给两天南方的好天气,
> 催它们成熟,把
> 最后的甘甜压进浓酒。
> 谁此时没有房子,就不必建造,
> 谁此时孤独,就永远孤独,
> 就醒来,读书,写长长的信,

在林荫路上不停地

徘徊，落叶纷飞。

在这首诗里有三个自然段，第一段写到上帝，以由近及远、从中心到边缘的视角展开了这首诗，感叹夏天已过，以上帝的影子为万物定位；第二段写大自然，用一系列强制式动词层层递进，写到酒的酿造，让人联想到生命和艺术的创造过程；第三段写人，写漂泊中的人，由两行哲理性的自我人生总结转向客观白描，像电影蒙太奇一样切换，由近及远并且处于动态：醒来、读书、写信、徘徊，紧接着以象征着漂泊的"落叶纷飞"结束。可以看出这首诗的内容里有着很大的空间感，字里行间有太多的意思需要去填补，它们不是靠着文字的连续性而是靠了文字的跳跃和拼贴来完成的，诗人那种由正视人类困境的勇气而产生出来的内在激情，又将这些空间填充了起来，像空气一样萦绕其间，使得行文中的断裂性化为了完整性。

第二，诗歌是意象化的文体。

什么是意象呢？意象是诗歌最基本的审美单元，就像英语单词由26个字母组成的一样，诗歌可以看作由意象组成的。意象是为了传达诗人心中的情感和体验而在外部世界找到的那个客观对应物。比如说忧愁，忧愁具体是什么样子的，谁也没有见过，它是一种看不见、摸不着的心灵感觉，如果一个人很忧愁，他就一天到晚说"我很忧愁啊"，他说的次数再多，大家还是不能对他的忧愁感同身受。但是诗人可以把这种叫作忧愁的东西写出来，让它看得见、摸得着。李清照说"只恐双溪舴艋舟，载不动许多愁"，在这里，愁具有了重量，这里的双溪舴艋舟就是意象了。李白说"白发三千丈，缘愁是个长"，这里三千丈的白发就是意象了，忧愁具有了长度。

其实早在《诗经》里，诗歌就有了生动的意象，《诗经·采薇》的结尾里说"昔我往矣，杨柳依依；今我来思，雨雪霏霏"，在这里"杨柳"和"雨雪"就是两个表达了季节转换的意象，渲染出了征人离家和归来的不同心境。"杨柳"后来发展成了一个表示离别的传统意象，"杨柳岸，晓风残月""客舍青青柳色新"都是与离别有关的诗句。像杨柳这种传统的意象在民间有很多，比如，用玫瑰来象征爱情，用松柏来表示英雄和永垂不朽。但是在诗歌里，传统意象如果不能够用出新意，还是尽量避免使用，而应该去寻找更新颖的意象来表达情感。

现代诗歌是意象化的。比如余光中的《乡愁》：

小时候

乡愁是一枚小小的邮票

我在这头

母亲在那头

长大后

乡愁是一张窄窄的船票

我在这头

新娘在那头

> 后来啊
>
> 乡愁是一方矮矮的坟墓
>
> 我在外头
>
> 母亲在里头
>
> 而现在
>
> 乡愁是一湾浅浅的海峡
>
> 我在这头
>
> 大陆在那头

在这首诗里,"邮票""船票""坟墓""海峡"都是用来表达乡愁的意象,这四个意象的特点是都与时空分割有关,四个意象是四种不同的具体事物,从而体现出不同时期乡愁的不同特点。

当然,有不少以口语入诗的现代诗歌是很少运用意象甚至是反意象的。即便如此,让诗歌完全摆脱意象,似乎还很难。

第三,诗歌具有节奏性。

从起源上说,诗、乐、舞是一家。《诗经》中的很多诗都是可以唱的,汉乐府与音乐分不开,唐诗也可以吟唱,词有词牌和固定曲目。就是现代白话诗,也有谱上曲子来唱的,如刘半农的《教我如何不想她》、徐志摩的《我不知道风往哪个方向吹》。

戴望舒的《雨巷》节奏缠绵、悠长,表现了哀怨、惆怅的情感,可看作现代诗中音乐美的典范之作。

楼梯诗适合朗诵,就与它的排列方式有关。

诗歌的节奏可分为外节奏和内节奏。

诗的外节奏主要表现为音节、韵脚、节对称——这是指诗的语言节奏。

诗的内节奏指的是情绪节奏,只可意会而不可言传,往往是指情绪的舒缓或激烈使得句式长短及排列方式发生了变化。现代诗歌并不要求有韵律与平仄,现代诗歌绝大多数都是不押韵的,不押韵并不代表不讲究节奏和语感,其实正因为放弃了韵律,反而对于诗的内节奏提出了更高的要求。这个问题并没有明显的规律,需要在具体的写作实践过程中自己摸索,寻找到属于作者个人的语调特点。

诗里的语感应该像诗人那个特定时刻的呼吸一样自然,跟诗中要表达的内容有关联。当代诗人娜夜有一首诗《别》:

> 辽阔的黄昏脸上的风突然停止的愿望
>
> ——风吹着有也吹着无
>
> ——风吹着大道也吹着歧途
>
> 风吹着断肠人两匹后会有期的马
>
> ——一路平安吧

诗里有韵,"无"与"途","马"与"吧",是貌似有心、实则无意,还是貌似无意、实则有心呢,这首短短的离别之诗,写得并不清冷,而是有着暖意和豪迈,有着祝福。从表面上看,这诗并未直接写到人,诗中主角似乎是"风",这里的风浩荡、粗粝,从句式、语调和韵律上来感受这首诗,诗人的呼吸是充沛的,有很大的起伏,似乎是从胸腔深处发出来的,这跟这首诗要表达的命运之感是相契合的。

第四,诗歌具有抒情性。

我们都知道"愤怒出诗人"这句话,这里的愤怒不要理解成狭义的生气和不高兴,要从广义上去理解,愤怒泛指所有的强烈的感情,这样说来,这句话可以进一步理解成"欢乐出诗人"、"忧愁出诗人",就是说一个诗人一定不是麻木的人,他的神经系统更敏感,对世间万物都比平常人感受深刻。

白居易说:"感人心者,莫先乎情,莫始乎言,莫切乎声,莫深乎义。诗者,根情、苗言、华声、实义。"这里说得相当清楚了,诗歌是以情为根的,没有了根,一株植物就要死亡;没有了情感,一首诗什么都不是了。

诗歌里的感情可以是大哭大笑、手舞足蹈的,也可以是悄声细语的,甚至还可以是"冷抒情"——这大概与诗人的性情以及要表达的那个事物有关。

第五,诗歌是最凝练的文体。

诗歌跟散文小说戏剧相比,它的语言文字较少,所传达的生活内容和生活体验却是最多的。这就要求诗歌从大量生活现象中,选择提炼最有本质特征的感性材料。

像上面讲到的"昔我往矣,杨柳依依,今我来思,雨雪霏霏",如果写成散文,那就要加入大量的附录说明文字,描写一番在离家之后和归来之前,征人在边关是怎样思念家乡的,以及现在就要回到家乡,心中感受如何,具体想了些什么,那样会洋洋洒洒地写上两三千字。要是将这几句诗用小说来表现,那还要写上故事情节,会写到上万字。而这几句诗歌只用了区区16个字,就很好地表达了上千字、上万字的意思,而且它的容量并不比散文和小说更少。

再比如杜甫的"朱门酒肉臭,路有冻死骨",是响彻千古的名句,写出了唐朝安始之乱之前那种尖锐的贫富对立的社会状况。如果用一篇散文体的奏章来写的话,那要罗列多少数字和多少实际情况,简直可以写成一本关于唐朝社会财富调查的大厚书,在震撼人心和表达情感这一方面,一本大厚书却不及这两句诗——当然这里单单指文字感染力,不包括材料的实用价值方面。

总之,诗歌具有上述五个基本特征。

我们可以给诗歌下个定义了。一般来讲,诗歌是以分行来造成跳跃感和断裂感,同时具有意象化、抒情性、节奏性和凝练性的一种文学体裁。

二、现代诗的写作

在这里向大家介绍几种现代诗歌写作中常用的手法。

(一)隐喻

隐喻本来是一种修辞,指用一种事物暗喻另一种事物。在诗歌尤其是现代诗歌中,在词句搭配上,突破词句之间的习惯联系,把一些似乎毫无关联的事物联系到一起,或者将相互之间似乎缺乏联系的词句结合在一起,一般也被称为隐喻。胡适谈到新诗,曾这样说:"诗须要用具体的做法,不可用抽象的说法。"隐喻就是把认知具体化和感性化,英国诗人威廉•布莱克认为现代诗歌的技巧主要是重新发现并运用隐喻。

艾米莉•狄金森擅长运用隐喻。比如她的《暴风雨夜,暴风雨夜》一诗:"暴风雨夜,暴风雨夜!／我若和你同在一起,／暴风雨夜就是／豪奢的喜悦!"接下来,又写到了罗盘、海图、你的水域等,显然这里是为了表达相爱之人的渴望,而这里以暴风雨夜和航行来做隐喻,将原有的情爱色彩淡化了,只使读者感受到了某种生命经验本身的强烈。再比如狄金森的《一只钟停了》,诗仿佛只是在描写一只停摆了的精美的钟表,诗中难以直接找到一个描绘死亡的词,但是通篇其实都是在写死亡,钟刚刚停摆并且任何一个钟表匠也难以修好,使人想到,人的心脏停止了跳动并且任何医生也无法挽救,人在濒死之时的痛苦只有在正午钟声的最后一响里才能结束,这是丧钟敲响。这样的死亡隐喻使得此诗没有了一般意义上的死亡恐惧,变得平静甚至富有美感,同时由于时间概念的介入,使得立意更加深刻了。

(二)象征

在现代诗中,借助于某一具体的事物或意象,以其外在特征来暗示出诗人的某种深层思想,或者表现某些特殊意义和抽象意义,这就是象征。象征的本体和象征意味之间原本没有必然联系,而是由于诗人对本体的描绘,使读者产生了由此及彼的联想,从而领会作者要表达的含义。象征不像比喻那样多局限于词句的关系,象征所概括的事物更加深广。

最好的例子是艾略特的《荒原》。艾略特把现代欧洲社会描绘成生机寂灭的荒原,人们在这个干旱的荒原上过着精神枯萎、道德堕落的生活,渴望着复苏的水,他想告诉人们的是,要正视自己的罪恶,要同情、要克制、要施舍,只有基督教才能拯救现代人类的灵魂和这个世界。"荒原"在这里,就是象征。

(三)通感

通感其实在日常生活中常用,只不过大家没有想到用的是通感罢了。我们说"雷声滚滚""这个女孩儿长得很甜""冰冷的眼神",这些都是通感。这些句子的共同特征是用此类感觉来表达彼类感觉,用视觉来表达听觉,用味觉来表达视觉,用触觉来表达视觉等等,让视觉、触觉、嗅觉、听觉等各种生理感觉相交通,进行立体的文字表达。

这样的手法可以用到文学体裁里去,但是在诗歌中用得更多。比如舒婷的《路遇》:

> 凤凰树突然倾斜
> 自行车的铃声悬浮在空间
> 地球飞速地倒转
> 回到十年前的那一夜
>
> 凤凰树重又轻轻摇曳
> 铃声把碎碎的花香抛在悸动的长街
> 黑暗弥合来又渗开去
> 记忆的天光与你的目光重迭
>
> 也许一切都不曾发生
> 不过是旧路引起我的错觉
> 即使一切都已发生过
> 我也习惯了不再流泪

此诗表现了相隔十年之后突然相遇时的内在感受。在这首诗里有三处用了通感。"自行车的铃声悬浮在空间"，铃声是用耳朵听到的，是声音，而它竟做出了"悬浮"这样一个用眼睛看到的姿态，这里是用视觉表达听觉。那句"铃声把碎碎的花香抛在悸动的长街"里有两处通感，一个是从整个句子来看用了通感，"铃声"这种听觉效果做出了"抛"的这个视觉里的动作，再一处通感是在局部，"碎碎的花香"，这里"碎碎的"属于视觉，而"花香"是在嗅觉范畴的，这里是用视觉来表达嗅觉了。

再比如这样的句子："这个晴美的下午像一块裹了酥皮的点心。"我们读这个句子的时候，会感受到深秋时节的色彩斑斓和成熟、丰腴，这里是用味觉来表达视觉了，这比用视觉表达视觉的单纯客观手法效果要好得多。

（四）反讽

简单地说一下反讽的概念。它在最早的时候是一个古老的西方修辞格，后来发展成为希腊戏剧中的一个角色，表示对假相与真实之间的矛盾以及对这矛盾的无知。再到后来成为一种浪漫派美学，是一种魔幻情感方式，以自我为中心，造成对他人鄙视的否定力量。

反讽在言语和情境上都具有假扮和佯装的特点。反讽要求运用者内心充满自信，敢于嘲笑自己，也敢于嘲笑他人，对自己和他人都可以做趣味思想。反讽其实最需要智慧，需要清醒。

反讽手法在现代派小说和诗歌里用得较多。蒲伯在《夺发记》中这样描写女主角比琳达梳妆台上的混乱不堪：

粉扑、香粉、饰颜片、《圣经》、情书。

将《圣经》和这些风花雪月的事物摆放在一起，将这种直接矛盾简洁地摆出来就是反讽。

反讽有时表现出一种天真质朴的傻气，温文尔雅的无知，内里却有着一针见血的深刻。如王小龙的《致诗人》这样写道：

顺路到意象药铺转转
称一两铠星星和三钱紫罗兰
半斤麦穗或者悬铃木
准备熬一锅诗当作夜点
然后去浴池游泳
想象在地中海热浪滚滚
然后转眼又是夏天
钻出地皮爬上树梢
嘶啦嘶啦叫起来

这首诗里的反讽是很明显的，嘲笑了那些靠惯性的流水线来生产诗歌的诗人，他们的吟唱没什么价值，其实跟知了差不多。

波兰女诗人希姆博尔斯卡有一首诗叫《填履历表》，其中有这样的诗句："你填写时就像你从来没有和自己说过话。/ 你站在远处，回避了你自己。"在诗的结尾，听到的竟是机器磨纸浆的轰隆声响。这首诗里的反讽意味很明显，现代人常常要填写一些繁杂而无用的履历表，这些表格虽然反映的是一个人的情况，却从来不带有人类的体温，从未反映过一个人的性情和本质,至于这些表格的命运,到头来无非就是造纸厂。希姆博尔斯卡还写过一首诗叫《和石头交谈》,在一个寂静的夜里,作者和石头交谈,疑心每一块石头都有一扇门,只是向人类关闭自己,于是她敲响石头,恳求石头让她走进去,石头一再找借口犹豫不决、搪塞和拒绝,她还是一再请求,于是石头终于回答:"我没有门"。这首诗里有一种很朴拙的激动和神秘的幼稚感。整首诗的反讽意味也是很强的,在坚决不开门或干脆宣称"没有门"的石头面前,充满好奇心并勇于探索大自然奥秘的人类忽然显得有些自以为是了,似乎一下子明白了,人类并不是世界的主宰,一块小小的普通的石头就有可能不买账呢!

(五)错觉、幻觉和变形

在现代诗歌里,常常用到错觉、幻觉和变形这些超现实主义的写作手法,把事物之间约定俗成的逻辑性打乱,进入一种内在的无理性王国,表现心灵的幻象。

这时候所用的意象是扭曲变形的,多用来表现梦境与潜意识活动,传达更个人化的体验,太阳可以是黑的,也可以是方的。

在顾城的诗里,阳光照射在喷泉上,原本是美的,却可以由于个人对社会和世界的不信任感而看上去像一条花蛇。

舒婷在写到热恋感受时,在夜空下和相爱的人走在一起,因快乐而晕眩,竟误以为"星星在向我蜂拥"。

北岛有一首诗《履历》,在这首诗里有这么一段:

> 万岁! 我只他妈喊了一声
> 胡子就长出来
> 纠缠着,像无数个世纪

在这里,在一声喊叫那么短的时间里竟然就能长出胡子来了,这在现实中实在是不可能发生的,但它发生在作者的感觉里,作者的感觉在强烈的主观映照下发生了扭曲,超越了现实世界。正是用这种荒谬表达造神运动对一代青年的戕害。

接下来诗人还写道:

> 当天地翻转过来
> 我被倒挂在
> 一棵墩布似的老树上
> 眺望

在真理和谬误颠倒的年代,要保持正确的认知,只能把一切事物都"倒过来"看待和理解。天地翻转和倒挂在树上,这是作者在特殊情境下的特殊感受,他从另一角度来观察世界。

现代诗歌写作的手法还有很多,再比如,白描、二度规范等,在这里不一一介绍了,在阅读中可以多注意一下,在写作过程中运用它们时,不应该像运用数理化定理和公式那样教条和死板,应当不自觉地运用,达到浑然忘我的状态。

例 文

葬礼蓝调

〔英〕W·H·奥登

停止所有的时钟,切断电话

给狗一块浓汁的骨头,让他别叫
喑哑了钢琴,随着低沉的鼓
抬出灵柩,让哀悼者前来。

让直升机在头顶悲旋
在天空狂草着信息他已逝去,
把黑纱系在信鸽的白颈,
让交通员戴上黑色的手套。
他曾经是我的东,我的西,我的南,我的北,
我的工作天,我的休息日,
我的正午,我的夜半,我的话语,我的歌吟,
我以为爱可以不朽:我错了。
不再需要星星,把每一颗都摘掉,
把月亮包起,拆除太阳,
倾泻大海,扫除森林;
因为什么也不会,再有意味。

（娜斯 译）

天 空

〔日〕谷川俊太郎

天空变宽到何时?
天空变宽到何地?
在我们活着的时候
天空为什么忍受着自己的碧蓝?

在我们死后的世界
天空也变宽吗?
在它下面,华尔兹舞曲奏响了吗?
在它下面,诗人怀疑天空的碧蓝吗?

孩子们在今天忙于玩耍
数千次剪、包、锤的猜拳被扔到天空
跳绳的圈惩前悠后地把天空测量

天空为何对这一切都保持着沉默?
为何不制止玩耍?
抑或纵容玩耍?

天空不枯竭吗?
即使在我们死后的世界
如果天空真的不枯竭
如果不——枯——竭
天空为何沉默不语?

在我们活着的时候
在大街、乡村和海边
天空为何
独自的由白天转入黑夜?

（田原 译）

空中小姐

〔以色列〕耶胡达·阿米亥

空中小姐说熄灭所有吸烟材料,
但她并未特指,香烟、雪茄或烟斗。
我在心里对她说:你拥有美丽的恋爱材料,
我也不特指。

她叫我把我自己系紧
在座位上,而我说:
我希望我一生中所有扣子都塑造成你的嘴的形状。

她说:你是现在要咖啡呢还是晚些
还是不要。她从我身边走过
高如天穹。

她臂膊高处的小痘痕
表明她永远不会得天花,
她的眼神表明她永远不会再度恋爱:
她属于那些一生中
只有一次伟大爱情的保守党人。

（傅浩 译）

墓　床

顾　城

我知道永逝降临,并不悲伤

松林中安放着我的愿望

下边有海,远看像水池

一点点跟我的是下午的阳光

人时已尽,人世很长

我在中间应当休息

走过的人说树枝低了

走过的人说树枝在长

小　说

课 程 导 读

　　小说是一种通过叙述的方法刻画人物、讲述故事、描摹环境的文学样式,它反映丰富的社会内容,塑造栩栩如生的人物形象,具有虚构美、认识美、人物美和叙事美。

　　在现代意义上,小说是指一种主要通过叙述的方法刻画人物、讲述故事、描摹环境的文学样式。一般而言,小说要具备三个要素:人物、情节和环境(包括自然环境和社会环境)。小说作者往往要善于观察社会生活,然后加以艺术加工,通过塑造富有个性的典型的人物、叙述故事和介绍特定时期的社会历史文化环境来表达自己的思想感情。

　　与诗文相比,小说文体形成较晚,其概念的内涵多有变化,在传统文学中的地位也较低。"小说"一词最早见于《庄子·外物》,"饰小说以干县令"①。在这里,"小说"即"琐屑之言",意思是琐碎无价值的言论,与现代小说的含义相差甚远。后来东汉的班固编著了我国第一部纪传体断代史《汉书》,在《汉书·艺文志》中写道:"小说家者流,盖出于稗官。街谈巷语,道听途说者之所造也。"②"涂"即"途",稗官即为小官,小说乃指为低级官僚所记录的虚假不实的言论,这种定义和现代小说的概念有相通之处。就是说至少在汉代,小说的虚构性质已经被认识到了。而中国传统文学讲究史传性,也就是认为真实的历史记录价值最高,因而具有虚构性的小说在传统文学中地位较低。小说是个不断发展的概念,由于其内涵、外延不清晰,因而历代典籍中凡具有虚构性、具有人物形象和一定故事情节的文本都可视为与小说有关。

　　我们可略论中国小说的源流:上古时期具有小说特质的文章有神话传说一类,比如《山海经》,先秦两汉时期具有小说特征的则是诸子散文中的寓言和一些野史,像庄子和列子的文章善于运用比喻,往往设置一定的故事情节,蕴含一定的寓意。魏晋南北朝出现了志人小说《世说新语》和志怪小说《搜神记》《列异传》,作者虽名为实录,实则有剪裁加工,颇有现代小说之风。唐代出现了具有奇幻色彩的传奇小说《枕中记》和记录现实生活世俗故事的《李娃传》《莺莺传》等,宋元则出现了长篇的讲史故事,如《三国志平话》《新

---

① 陆钦.庄子通义[M].长春:吉林人民出版社,1994:597-598.
② 张舜徽.汉书艺文志通释[M].武汉:湖北教育出版社,1990:201.

编五代史平话》《大宋宣和遗事》《全相平话五种》等,讲史是说书人的底稿。民间通俗创作有话本,如《碾玉观音》和《闹樊楼多情周胜仙》《错斩崔宁》《快嘴李翠莲》等,记录底层市民生活,生活气息浓厚。明代出现了新的小说体裁——章回小说,有几部杰出的作品,像《三国演义》《西游记》《水浒传》《金瓶梅》,这些都属于长篇白话小说;短篇小说方面有文人模拟民间创作的拟话本,如冯梦龙的《喻世明言》《警世通言》《醒世恒言》,凌濛初的《初刻拍案惊奇》《二刻拍案惊奇》,简称"三言二拍"。至清代,《红楼梦》的出现标志着章回小说的巅峰,《儒林外史》则发展了小说的讽刺手法,蒲松龄的短篇集《聊斋志异》则集神魔、家庭、绿林等多种内容,达到了短篇小说的高峰。至近代,随着社会的转型,小说开始转变,文人的批判意识加深,出现了四大谴责小说《官场现形记》《老残游记》《二十年目睹之怪现状》《孽海花》,小说的类型化特征比较明显,如黑幕小说、侠义小说、鸳鸯蝴蝶派小说等都形成了自己特有的套路。至现代,1918年,鲁迅《狂人日记》的发表标志着现代白话小说的开始,传统的文学体裁的价值秩序开始变化,向来不受重视的小说代替了承载着较多传统文化的诗文,在现代人那里受到青睐,成为一种独立的体裁与诗歌、散文、戏剧四足鼎立而长足发展,中国的小说从古典向现代转型,小说开始了新的旅程。

作为一种文体,小说具有自身特别的美。

一、小说的虚构美

小说所反映的生活并非实际所有,如果说诗歌、散文书写的往往是作者真实的经历和情感,那么小说虽然在情感和认识的层次上来源于作家的内心,然而在题材内容上却突破了现实的限制,所描写的并非是实际发生的事件而是作家想象之中的世界。《红楼梦》中的太虚幻境,《西游记》中的神仙妖魔世界,《聊斋志异》中的花鬼狐妖并非实而有之,乃作家的生花妙笔点染铺就。即便是以第一人称写作的小说,其中的行动、经历、行踪也是综合作者的体验创造加工而成,鲁迅《孔乙己》中的小伙计、郁达夫小说中的"我"虽有作家的影子,然而又不能全然地认成作家自己,既有实,又有虚,虚实结合正是小说的魅力所在,阅读者虽为小说所描写的人物、命运所激动,却不能就此追踪索迹。当代网络小说中的穿越小说,贯通古今,人物在各个朝代、时代穿梭自如,科幻小说中的外星人、外太空描摹,极尽科学与幻想的极致,在浩瀚宇宙星河中纵横驰骋,带给现代人叹为观止的神奇感受。

小说的故事虽有假有真,但作家在其中蕴含的意义却是真的,在种种虚构的材料、情节下面,真正优秀的作品蕴含的一定是一种诚实真挚的情感和真知灼见,这也是小说所具备的魅力吧。

二、小说的认识美

小说是叙事的艺术,这种特点决定了小说的容量可以远远超越诗歌与散文。较长的诗歌与散文虽然也可以记述一定容量的社会生活,然而究竟有限。小说可以充分发挥叙事的特长,记录较长时间内发生的故事,而且由于小说叙事手段的多样,既可以描摹环境,交代时件的前因后果,又可深入人物的内心深处,随意穿插,游刃有余,社会生活的各个方面都能够详尽地表现出来。尤其是现实主义的作家,他们有意识地用小说来记录历史的风云变幻,留下了特定社会历史时期内政治、经济、文化、军事、家族等包罗万象的内容。像巴尔扎克的《人间喜剧》精确记录了19世纪法国资本主义兴起、封建主义衰退的历史转换;曹雪芹的《红楼梦》则以一个封建家族的兴衰记录了清朝宫廷政治生活和贵族日常生活的方方面面,饮食、服饰等物质生活乃至贵族吟诗弄月的精神生活都活灵活现地展示出来。路遥的《平凡的世界》记录了改革开放以后中国城乡社会的政治、经济、文化变迁,塑造了农村出身的孙少安、孙少平等“奋斗者”的形象,为读者提供了真切平实的历史记录。

从一个优秀小说家的传神妙笔中我们甚至可以看到一个民族的生活面貌,下面是沈从文《边城》的片段:

茶峒地方凭水依山筑城,近山一面,城墙俨然如一条长蛇,缘山爬去。临水一面则在城外河边留出余地设码头,湾泊小小篷船。船下行时运桐油、青盐,染色用的五棓子。上行则运棉花、棉纱,以及布匹、杂货同海味。贯串各个码头有一条河街,人家房子多一半着陆,一半在水,因为余地有限,那些房子莫不设有吊脚楼。河中涨了春水,到水脚逐渐进街后,河街上人家,便各用长长的梯子,一端搭在自家屋檐口,一端搭在城墙上,人人皆骂着嚷着,带了包袱、铺盖、米缸,从梯子上进城里去,等待水退时方又从城门口出城。某一年水若来得特别猛一些,沿河吊脚楼必有一处两处为大水冲去,大家皆在城上头呆望。受损失的也同样呆望着,对于所受的损失仿佛无话可说,与在自然安排下,眼见其他无可挽救的不幸来时相似。涨水时在城上还可望着骤然展宽的河面,流水浩浩荡荡,随同山水从上流浮沉而来的有房子、牛、羊、大树。于是在水势较缓处,税关趸船前面,便常常有人驾了小舢板,一见河心浮沉而来的是一匹牲畜、一段小木或一只空船,船上有一个妇人或一个小孩哭喊的声音,便急急的把船桨去,在下游一些迎着了那个目的物,把它用长绳系定,再向岸边桨去。这些诚实勇敢的人,也爱利,也仗义,同一般当地人相似。不拘救人救物,却同样在一种愉快冒险行为中,做得十分敏捷勇敢,使人见及不能不为之喝彩。①

小说《边城》描写的主要是湖南凤凰县苗族人的生活,作家用舒缓优美的文笔描写凤凰原始质朴的地理环境和淳朴厚道的人民,把那里靠水而生的民生和好武任侠的地方风貌展示出来,既具有边地的神奇色彩,又具有东方的生活气息。

三、小说的人物美

小说善于再现生活原貌,社会生活的中心“人”就成为小说的核心元素。小说家可以调动多种手段塑造独具个性的人物。小说中的人物是情节的推动因素,不同性格的人物的活动构成了生存意志对峙冲突的现实而形成紧张激烈的情节进程。另一方面,对作家来讲,小说中的人物往往负载了作家的情感判断,作家所憎恶的、所热爱的、所憧憬的都能在他所塑造的人物中找到痕迹,其意欲在文字中传达的生活理想和人格理想都可以对应在人物中。而优秀的小说也往往给我们留下许多栩栩如生的、令人难忘的形象。《红楼梦》中的金陵十二钗,《水浒传》中的绿林豪杰,似乎近在眼前,我们仿佛可以看到他们的音容笑貌,还可以感受到他们的喜怒哀乐。下面是《聊斋志异·阿宝》中的一段:

生既离床寝,坐立凝思,忽忽若忘。每伺察阿宝,希幸一再遘之。浴佛节,闻将降香水月寺,遂早旦往候道左,目眩睛劳。日涉午,女始至,自车中窥见生,以掺手搴帘,凝睇不转。生益动,尾从之。女忽命青衣来诘姓字。生殷勤自展,魂益摇。车去,始归。

---

① 沈从文.边城[M].南昌:江西人民出版社,1981:6-7.

归复病，冥然绝食，梦中辄呼宝名，每自恨魂不复灵。家旧养一鹦鹉，忽毙，小儿持弄于床。生自念：倘得身为鹦鹉，振翼可达女室。心方注想，身已翩然鹦鹉，遽飞而去，直达宝所。女喜而扑之，锁其肘，饲以麻子。大呼曰："姐姐勿锁！我孙子楚也！"女大骇，解其缚，亦不去。女祝曰："深情已篆中心。今已人禽异类，姻好何可复圆？"鸟云："得近芳泽，于愿已足。"他人饲之，不食；女自饲之，则食。女坐，则集其膝；卧，则依其床。如是三日，女甚怜之。阴使人生，生则僵卧，气绝已三日，但心头未冰耳。女又祝曰："君能复为人，当誓死相从。"鸟云："诳我！"女乃自矢。鸟侧目若有所思。少间，女束双弯，解履床下，鹦鹉骤下，衔履飞去。女急呼之，飞已远矣。女使妪往探，则生已寤。家人见鹦鹉衔绣履来，堕地死，方共异之。生既苏，即索履，众莫知故。适妪至，入视生，问履所在。生曰："是阿宝信誓物。借口相覆，小生不忘金诺也。"妪反命，女益奇之，故使婢泄其情于母。母审之确，乃曰："此子才名亦不恶，但有相如之贫。择数年得婿若此，恐将为显者笑。"女以履故，矢不他。翁媪从之。驰报生。生喜，疾顿瘳。翁议赘诸家。女曰："婿不可久处岳家。况郎又贫，久益为人贱。儿既诺之，处蓬茅而甘藜藿，不怨也。"生乃亲迎成礼，相逢如隔世欢。①

《阿宝》讲述的是一个传奇性的爱情故事。其中塑造了两位主人公：阿宝和孙子楚。阿宝家世富有、姿容绝世；孙子楚一介书生，身无长物，但对阿宝一见钟情并痴心追求，经过断指、离魂、化为鹦鹉等变故，终于打动美人心，成就美满姻缘。在两位主人公身上，寄寓了蒲松龄对于人性的美好向往。阿宝出身富家，不但秉有稀世容貌，还具有时人所罕有的品质，她勇于冲破世俗的偏见，不以权势、金钱、外貌品评人物，而把真诚、才华视为珍贵的品质，把爱情的选择放在两情相悦、彼此欣赏的基础之上，反映了蒲松龄两性平等、追求婚姻自由的进步的思想意识。孙子楚最大的特点就是执着。他不计后果、无所畏惧、勇敢追求、无怨无悔。这两个人物可以说是蒲松龄创作出的具有个性美的艺术形象。

四、小说的叙事美

小说要描写丰富的社会生活，尤其是长篇小说，可能要涵盖几十年到数百年的时间历程，涉及数十到数百位人物，纷繁复杂的故事会形成纷繁复杂的多条线索。为了把庞杂的人物、情节、场景、环境安排得条理分明、井然有序，小说家必须恰当地安排材料，剪裁加工，这样小说的叙事艺术就成为一种美的艺术。比如《红楼梦》，涉及几十年、数百位人物，作者采用多线交织、齐头并进的线性结构；而《水浒传》中，一百零八将在梁山聚义之前互不认识，因为各种原因而走上梁山，共图大事。作者在交代各自的人物时采用环环相扣的环形结构，交代完一个人物后，再引出另外一个人物，然后作者的笔就离开了第一位人物而追随第二位人物，这样环环相扣，最终统一于梁山。现代小说的叙事功能发展得更为完善，结构的安排从事件的外部转向人物的内心，尤其是现代主义的小说创造了"意识流""时空变换""视角转换"等叙事技法，扩展了小说的叙事功能，增加了阅读趣味。下面是"意识流"小说代表作家伍尔夫的《墙上的斑点》中的一部分：

大约是在今年一月中旬，我抬起头来，第一次看见了墙上的那个斑点。为了要确定是在哪一天，就得回忆当时我看见了些什么。现在我记起了炉子里的火，一片黄色

---

① 徐中玉，等．大学语文［M］．上海：华东师范大学出版社，2001：374-375.

的火光一动不动地照射在我的书页上;壁炉上圆形玻璃缸里插着三朵菊花。对啦,一定是冬天,我们刚喝完茶,因为我记得当时我正在吸烟,我抬起头来,第一次看见了墙上那个斑点。我透过香烟的烟雾望过去,眼光在火红的炭块上停留了一下,过去关于在城堡塔楼上飘扬着一面鲜红的旗帜的幻觉又浮现在我脑际,我想到无数红色骑士潮水般地骑马跃上黑色岩壁的侧坡。这个斑点打断了这个幻觉,使我觉得松了一口气,因为这是过去的幻觉,是一种无意识的幻觉,可能是在孩童时期产生的。墙上的斑点是一块圆形的小迹印,在雪白的墙壁上呈暗黑色,在壁炉上方大约六七英寸的地方。

我们的思绪是多么容易一哄而上,簇拥着一件新鲜事物,像一群蚂蚁狂热地抬一根稻草一样,抬了一会儿,又把它扔在那里……如果这个斑点是一只钉子留下的痕迹,那一定不是为了挂一幅油画,而是为了挂一幅小肖像画——一幅鬈发上扑着白粉、脸上抹着脂粉、嘴唇像红石竹花的贵妇人肖像。它当然是一件赝品,这所房子以前的房客只会选那一类的画——老房子得有老式画像来配它。他们就是这种人家——很有意思的人家,我常常想到他们,都是在一些奇怪的地方,因为谁都不会再见到他们,也不会知道他们后来的遭遇了。据他说,那家人搬出这所房子是因为他们想换一套别种式样的家具,他正在说,按他的想法,艺术品背后应该包含着思想的时候,我们两人就一下子分了手,这种情形就像坐火车一样,我们在火车里看见路旁郊外别墅里有个老太太正准备倒茶,有个年轻人正举起球拍打网球,火车一晃而过,我们就和老太太以及年轻人分了手,把他们抛在火车后面。

但是,我还是弄不清那个斑点到底是什么;我又想,它不像是钉子留下的痕迹。它太大、太圆了。我本来可以站起来,但是,即使我站起身来瞧瞧它,十之八九我也说不出它到底是什么;因为一旦一件事发生以后,就没有人能知道它是怎么发生的了。唉!天哪,生命是多么神秘!思想是多么不准确!人类是多么无知!为了证明我们对自己的私有物品是多么无法加以控制——和我们的文明相比,人的生活带有多少偶然性啊——我只要列举少数几件我们一生中遗失的物件就够了。就从三只装着订书工具的浅蓝色罐子说起吧,这永远是遗失的东西当中丢失得最神秘的几件——哪只猫会去咬它们,哪只老鼠会去啃它们呢?再数下去,还有那几个鸟笼子、铁裙箍、钢滑冰鞋、安女王时代的煤斗子、弹子戏球台、手摇风琴——全都丢失了,还有一些珠宝,也遗失了。……[①]

这一段文字没有外在事件的进程,也没有人物行动的介绍,推动小说前进的是人物内心意识的流动。人物内心的意识的流动没有一定的方向,它就像人们日常生活经历的一样,意识随处飘动,随视线、触觉等刺激物而流动,从而展示了一个神妙莫测的"内宇宙"的意识和无意识的深层存在。而表现主义作家则善于改变现实世界的规律,用一些看似荒诞不经的创意,构思隐喻深刻的认识。比如卡夫卡的《变形记》中的一段:

变形记

一天清晨,格雷戈尔·萨姆沙从一串不安的梦中醒来时,发现自己在床上变成一只硕大的虫子。他朝天仰卧,背如坚甲,稍一抬头就见到自己隆起的褐色腹部分成一块

---

① 李乃坤.伍尔夫作品精粹[M].石家庄:河北教育出版社,1990:48-49.

块弧形硬片,被子快要盖不住肚子的顶部,眼看就要整个滑下来了。他那许多与身躯比起来细弱得可怜的腿正在他眼前无助地颤动着。

"我出什么事了?"他想。这不是梦,他的房间,一间一点儿也不假的人住的房间,只不过稍微小了一点,仍稳稳当当地围在四片他熟悉的墙壁之间,桌上摊开着货品选样——萨姆沙是一个旅行推销员——桌子上方的墙上挂着那张他不久前从一本画报上剪下来装在一个漂亮的金色镜框里的画,画上画着一位戴着裘皮帽围着裘皮围巾的女士,她端坐着,前臂整个插在厚重的裘皮手筒里,抬着手臂要将皮手筒递给看画的人。

格雷戈尔接着又将目光转向窗户,阴霾的天气——窗檐上雨滴声可闻——使他全然陷于忧郁之中。"如果我再继续睡一会儿,将所有这些蠢事忘个干净,这样会不会好一些呢?"他想,但他根本办不到,平时他习惯于向右侧躺着睡觉,在现在的状况下,他无法翻身侧卧,无论他用多大的气力翻向右侧,他总是又摇摇晃晃地转回仰卧的姿势。他试了大概有一百次,眼睛也闭上,以免看见那些动个不停的腿,直到在腰侧感到一种前所未有的轻微的钝痛他才停止。

"天啊",他想,"我选了个多么累人的职业啊! 日复一日奔波于旅途之中。生意上的烦人事比在家坐店多得多,还得忍受旅行带来的痛苦,倒换火车老得提着心,吃饭不定时,饭菜又差,交往的人经常变换,相交时间不长,感情无法深入。让这一切都见鬼去吧!"他感到肚子上有点痒,使用背将身躯蹭到靠近床柱处,这样才比较容易抬起头来看。他看见发痒的地方布满白色小点,说不出那是些什么东西,想用腿去摸摸,但立刻就缩回来了,因为一接触全身就起一阵寒战。

他又滑回原来的地方。"这种提早起床的事",他想,"会把人弄傻的。人需要睡眠。别的旅行推销员过的是后妃般的生活,譬如说,上午当我找好订户回旅馆来抄写订单时,这些先生们才坐在那儿吃早餐;若是我敢和老板也来这一套的话,会马上就被炒鱿鱼的。谁知道呢,说不定那样的话对我倒好,如果不是为了父母而强加克制的话,我老早就辞职不干了,我会到老板那儿去把心底话一吐为快,他听了定会从桌子上摔下来! 那也真是一种怪异做法,自己高高地坐在桌子上对底下的职员说话,而他又耳背,人家不得不靠到他跟前去。还好,我还没有完全失去希望,一旦把父母欠他的钱存够了——大概还得五六年时间吧——我一定要做这事,到时候会有个大转机的,不过暂时还是得起床,我的火车五点就要开了"。

他看看柜子上滴滴答答响着的闹钟。"天哪!"他想,时间是六点半,而指针还在毫不迟疑地向前走着,六点半已过了,已经接近六点三刻了。闹钟难道没有响?从床上看到闹钟是拨到四点钟的,这没错:它肯定是响过了,是的,但他怎么可能在那震耳欲聋的闹声中安静地睡着呢?噢他睡得并不安宁,但可能因此睡得更熟吧。只是,现在该怎么办呢? 下一班火车七点开,想搭上它,他就必须火速行动,而样品还没有收拾好,他自己也感到不怎么有精神,并且不怎么想动。就算他赶得上这班车,老板照样会大发雷霆,因为公司的差役等在五点那班车旁,早把他没赶上车的事报告上去了,那人是老板的走狗,没脊梁也没头脑。那么,请病假好不好呢?那将会很尴尬,而且也显得可疑,因为格雷戈尔工作五年以来还没生过一次病,老板一定会带着医疗保险公司的特约医生来,还会为他的懒惰而责怪他的父母。所有的借口都会因为医生的在场而被反驳掉,对这位医生而言,世界上根本就只有磨洋工泡病号的极为健康的人,况且,今天这事如果他这么认为的话,是不是就完全不对呢? 除了昏昏欲睡,而这一点在睡了这么久之后简直是多余的,格雷戈尔感觉极佳,甚至感到特别饿。[1]

这是小说的开头,异常奇怪,一夜之间推销员格雷戈尔突然发现自己变成了一个巨大的甲虫。然后作者以这个开头推动情节,描写主人公在变成甲虫后生活的改变,他的家人、他的雇主对他的态度由宽容到厌恶,由同情到排斥,深刻地反映了个人与社会的对立冲突。小说借用这样新奇的创意把在现实主义文学形态下难以贴切表达的经验形象地演绎出来,小说的内在意蕴和外在形态巧妙地连接在一起。莫言的小说《生死疲劳》以新中国成立前后中国农村 50 余年的历史变迁为叙述内容,故事的主人公西门闹是地主,一直为自己被镇压的命运感到冤屈,先后投胎变成驴、牛、猪、狗、猴,莫言创造性地灵活运用动物叙事视角,以动物的角色反观人生人事的荒诞离奇。余华的《第七天》则以亡者叙述视角审视现实世界和亡灵世界,揭露世间的不公,呼唤美好社会。叙事角度为故事提供了更为奇异的形式,形成光怪陆离、奇崛诡诞的艺术世界。

散　文

课程导读

散文是一种取材广泛、内容丰富、形式多变、结构灵活、手法多样的文学体裁,它内容宽泛、手法灵活,蕴含着丰富的情感和真知灼见,具有独特的情感的美、理性的美。

散文是一种取材广泛、内容丰富、形式多变、结构灵活、手法多样的文学体裁。散文概念的内涵和外延从古到今有很大差别。中国有悠久的诗文传统。诗是有韵的文字;"文"的概念涵盖了诗歌以外的所有文字,包括诸子散文、历史散文、小品文以及奏章、疏论、序跋、碑铭、表志等官方与私人事务应用文体。至现代,借鉴西方文学体裁的四分法,人们将文体界定为诗歌、小说、散文、戏剧四种,此后一直沿用至今。

关于散文的定义,现代文论家从各个角度予以阐释。周作人说散文就是美文,强调散文的艺术特征;胡梦华则认为散文是"用清逸冷隽的笔法所写出来的零碎感想文章"[2],强调散文笔法的轻巧和篇幅的短小;还有的学者认为散文是"用第一人称的手法,以真实、自由的笔墨,主要用来表现个性,抒发感情、描绘心态的艺术短文"[3],强调散文的写作人称特点和抒情特性。总而言之,散文是一种写作形式、创作方法极为灵活的文学样式。散文家可以从五光十色、包罗万象的生活与自然的海洋中撷取诗意与哲理的浪花,在充满真情实感的思想、意识、情感、情绪的洪流中创制充溢着情感美、理性美的精品。而作为欣赏者,可从历代文人的散文创造中体会到或豪迈或委婉、或娓娓动人或慷慨激昂的情感与理性的美。

散文的特点可以从以下几个方面去理解:

---

① 卡夫卡小说全集Ⅱ [M]. 韩瑞祥,等,译. 北京:人民文学出版社,2003:251—252.

② 胡梦华. 絮语散文 [A]. 俞元桂. 中国现代散文理论 [C]. 南宁:广西人民出版社,1984:15.

③ 刘锡庆,蔡渝嘉. 当代艺术散文精选·序 [M]. 北京:北京十月文艺出版社,1989:2.

一、取材和内容的广泛性

与小说和诗歌等其他文学体裁相比,散文是取材最为广泛的文体。小说是叙事性的,它是对一定历史环境中典型人物的行动过程的记叙,小说中需要情节、事件、人物关系和场景描写。诗歌是抒情性的,是剪裁若干意象来寄托特定的情感。散文可以说没有一定之规,散文的材料从某种意义上讲是无限的,它可以是现实,也可以是想象,可以是历史,也可以是未来;它贯通古今,又融合中外。从散文的内容上看,散文既可以记录风土人情,也可以描摹自然风景,它可以模拟宇宙万象,也可以深入内心幽微深渺的意识和无意识的去处,它上天入地、神驰物外,追随着散文家神奇曼妙的语言旅程,可以感受到充满异地风情的生活百态。比如沈从文的《常德的船》中的一段:

比洪江油船小些,形式仿佛也较笨拙些,(一般船只用木板作成,这种船竟像用木柱作成,)平头大尾,一望而知船身十分坚实,有斗拳师的神气,名叫"白河船"。白河即酉水的别名。这种船只即行驶于沅水由常德到沅陵一段,酉水由沅陵到保靖一段。酉水滩流极险,船只必经得起磕撞。船只必载重方能压浪,因此尾部如臀,大而圆。下行时在船头缚大木桡一两把。木桡的用处是船只下滩,转头时比舵切于实际。照水上人俗谚说:"三桨不如一篙,三橹不如一桡。"桡读作招。酉水浅而急,不常用橹,篙桨用处多,因此篙多特别长大,桨较粗硕,肥而短。船篷用粽子叶编成,不涂油。船主多永顺保靖人,姓向姓王姓彭占多数。酉水河床窄,滩流多,为应付自然,弄船人所需要的勇敢能耐也较多。行船时常用相互诅骂代替共同唱歌,为的是受自然限制较多,脾气比较坏一点。酉水是传说中古代藏书洞穴所在地,多的是高大宏敞,充满神秘的洞穴。由沅陵起到酉阳止,沿酉水流域的每个县分总有几个洞穴。可是如沅陵的大酉洞,二酉洞,保靖的狮子洞,酉阳的龙洞,这些洞穴纵有书籍也早已腐烂了。到如今这条河流最多的书应当是宝庆纸客贩卖的石印本历书,每一条船上照例都有一本"皇历"。船家禁忌多,历书是他们行动的宝贝。河水既容易出事情,个人想减轻责任,因此凡事都俨然有天作主,由天处理,照书行事,比较心安,也少纠纷,船只出事时有所借口。酉水流域每个县分的船只,在形式上又各不相同,不过这些船不出白河,在常德能看到的白河油船,形体差不多全是一样。①

沈从文出生于湖南凤凰县,那里是苗人聚居的地方,那里的民生、居所、风俗和水有着不解之缘。在离开故乡漂泊的旅程中,故乡的水、水中的船常常萦绕在他的心海中。在这篇散文中,沈从文以娓娓动人的悠闲笔触记录了故乡的地理、河流和苗人以水为生、以船为家的生活。

有的散文具有浪漫主义的抒情之美,散文家追随着内心情感的洪流放纵自己的神思,借用想象、联想、记忆与再现把多种时空的诸多形象连接起来,组成一个围绕着某种意蕴而又自由驰骋的开放的文字空间,既饶有趣味又具有抑扬顿挫的情感之美。再看徐志摩散文《想飞》中的几段:

是人没有不想飞的。老是在这地面上爬着够多厌烦,不说别的。飞出这圈子,飞出这圈子!到云端里去,到云端里去!哪个心里不成天千百遍的这么想?飞上天空去

---

① 沈从文散文选[M].长沙:湖南人民出版社,1981:239-240.

浮着,看地球这弹丸在大空里滚着,从陆地看到海,从海再看回陆地。凌空去看一个明白——这才是做人的趣味,做人的权威,做人的交代。这皮囊要是太重挪不动,就掷了它,可能的话,飞出这圈子,飞出这圈子!

人类初发明用石器的时候,已经想长翅膀。想飞。原人洞壁上画的四不像,它的背上掮着翅膀;拿着弓箭赶野兽的,他那肩背上也给安了翅膀。小爱神是有一对粉嫩的肉翅的。挨开拉斯是人类飞行史里第一个英雄,第一次牺牲。安琪儿(那是理想化的人)第一个标记是帮助他们飞行的翅膀。那也有沿革——你看西洋画上的表现。最初像是一对小精致的令旗,蝴蝶似的粘在安琪儿们的背上,像真的,不灵动。渐渐的翅膀长大了,地位安准了,毛羽丰满了。画图上的天使们长上了真的可能的翅膀。人类初次实现了翅膀的观念,彻悟了飞行的意义。挨开拉斯闪不死的灵魂,回来投生又投生。人类最大的使命,是制造翅膀;最大的成功是飞!理想的极度,想象的止境,从人到神!诗是翅膀上出世的;哲理是在空中盘旋的。飞:超脱一切,笼盖一切,扫荡一切,吞吐一切。[①]

徐志摩是中国现代文学史上最具有浪漫气息和个人主义色彩的诗人,徐志摩的一生是一个把"爱""自由"与"美"的人生哲学生活化、现实化的旅程,是一种竭尽全力张开自由的翅膀超越凡俗向理想境界飞升的过程。在《想飞》中,飞乃是一种具有象征意义的符号:飞的冲动代表着潜藏在人类内心深处的创造的、意欲实现自我本质力量的深切愿望;飞的翅膀则是人类历经磨砺、不断提高自身学识、能力,强大自我的过程。徐志摩的《想飞》显示的是充盈在现代人的精神世界中的蓬勃生动的解放自我、改变世界的情感、力量和意志。徐志摩用浓烈饱满的情感和恰当的修辞手段描绘人类深藏于内心的梦想的力量,那些历经磨难、挫折而依然在心灵深处燃烧不止的火焰。诗人用他特有的诗化语言揭示了一个朴素的真理:对人类而言,人生就是一个不断锤炼自我、提升力量、冲破一切内在和外在的束缚实现自我的过程。

二、散文的手法多样

散文由于内容的包罗万象而形成结构和手法的多样性。散文可以跨越时间、空间的限制,把不同历史时期的故事、逸闻有机结合在一起。比如余秋雨的文化散文,在对名胜古迹、地理风貌的描摹中穿插有关于此地的逸闻趣事,如地方人物、流传的故事、有关的诗文记载,使得文章知识性强,富有趣味,内容含量也显得丰厚充盈。也有一些散文富有诗意,比如余光中的《听听那冷雨》中的一段:

听听,那冷雨。看看,那冷雨。嗅嗅闻闻,那冷雨,舔舔吧那冷雨。雨在他的伞上这城市百万人的伞上雨衣上屋上天线上雨下在基隆港在防波堤海峡的船上,清明这季雨。雨是女性,应该最富于感性。空气空濛而迷幻,细细嗅嗅,清清爽爽新新,有一点点薄荷的香味,浓的时候,竟发出草和树浴发后特有的淡淡土腥气,也许那竟是蚯蚓和蜗牛的腥气吧,毕竟是惊蛰了啊。也许地上的地下的生命也许古中国层层叠叠的记忆皆蠢蠢而蠕,也许是植物的潜意识和梦呓,那腥气。[②]

---

① 徐志摩散文选集 [M]. 天津:百花文艺出版社,1985:114—115.
② 余光中. 鬼雨 [M]. 广州:花城出版社,1989:107.

这段采用自由联想的方法,诗人调动多种感觉器官"嗅""舔""听""看"来采集素材,利用发散性思维形式把历史素材与现实素材联系在一起,内容丰富,含义悠远,给人新奇的感受。

散文的手法多样还表现在表达方式的综合运用上。一般而言,诗歌善于抒情而小说长于叙述,散文则可以错综运用记叙、说明、抒情、议论、描写等多种表达方式。叙述可以铺叙伸展,说明可以模形拟物,抒情则情思洋溢,议论则点题深化,多种表达手法的运用可以使散文波澜起伏、跌宕有致、错落参差,富有动态美。如史铁生《我与地坛》中的几段:

(一)

地坛离我家很近。或者说我家离地坛很近。总之,只好认为这是缘分。地坛在我出生前四百多年就坐落在那儿了;而自从我的祖母年轻时带着我父亲来到北京,就一直住在离它不远的地方——五十多年间搬过几次家,可搬来搬去总是在它周围,而且是越搬离它越近了。我常觉得这中间有着宿命的味道:仿佛这古园就是为了等我,而历尽沧桑在那儿等待了四百多年。

(二)

看来差别永远是要有的。看来就只好接受苦难——人类的全部剧目需要它,存在的本身需要它。看来上帝又一次对了。于是就有一个最令人绝望的结论等在这里:由谁去充任那些苦难的角色?又由谁去体现这世间的幸福,骄傲和快乐?只好听凭偶然,是没有道理好讲的。

就命运而言,休论公道。

那么,一切不幸命运的救赎之路在哪里呢?

设若智慧或悟性可以引领我们去找到救赎之路,难道所有的人都能够获得这样的智慧和悟性吗?

我常以为是丑女造就了美人。我常以为是愚氓举出了智者。我常以为是懦夫衬照了英雄。我常以为是众生度化了佛祖。①

《我与地坛》虽然长达一万余字却绝不单调,既有岁月所积淀的深沉的故事,又有经过漫长思索而达到的宗教的圣境,他的笔忽而像傍晚的夜莺在林间发出婉转悠扬的鸣叫,忽而又像饱经沧桑的老人面对一生的苦难发出深长的叹息,忽而又像一位哲人,在冥思苦想宇宙与生命的奥秘,委婉曲折而动人心魄。

三、散文的情感美

散文篇幅短小,形式灵活,这是文体外部的特点。然而在散文文字的背后,散文家所寄托的仍然是来自于生活的美的锤炼,散文家与诗人一样内心涌动着情感的潮流,是敏感的心灵与变动的人生世事交相呼应的人情人性的流动,是优美文字与优美情感的恰切融合。以下是郁达夫《故都的秋》中的几段:

秋天,无论在什么地方的秋天,总是好的;可是啊,北国的秋,却特别地来得清,来

---

① 史铁生.对话练习[M].北京:时代文艺出版社,2000:22,35.

得静,来得悲凉。我的不远千里,要从杭州赶上青岛,更要从青岛赶上北平来的理由,也不过想饱尝一尝这"秋",这故都的秋味。

江南,秋当然也是有的;但草木凋得慢,空气来得润,天的颜色显得淡,并且又时常多雨而少风;一个人夹在苏州上海杭州,或厦门香港广州的市民中间,浑浑沌沌地过去,只能感到一点点清凉,秋的味,秋的色,秋的意境与姿态,总看不饱,尝不透,赏玩不到十足。秋并不是名花,也并不是美酒,那一种半开、半醉的状态,在贪图秋的过程上,是不合适的。

不逢北国之秋,已将近十余年了。在南方每年到了秋天,总要想起陶然亭的芦花,钓鱼台的柳影,西山的虫唱,玉泉的夜月,潭柘寺的钟声。在北平即使不出门去罢,就是在皇城人海之中,租人家一椽破屋来住着,早晨起来,泡一碗浓茶,向院子一坐,你也能看得到很高很高的碧绿的天色,听得到青天下驯鸽的飞声。从槐树叶底,朝东细数着一丝一丝漏下来的日光,或在破壁腰中,静对着像喇叭似的牵牛花(朝荣)的蓝朵,自然而然地也能够感觉到十分的秋意。说到了牵牛花,我以为以蓝色或白色者为佳,紫黑色次之,淡红色最下。最好,还要在牵牛花底,教长着几根疏疏落落的尖细且长的秋草,使作陪衬。①

这是一篇饱含怀旧与温情的散文。郁达夫深厚的国学知识、雅致的情怀、对自然万物的细腻感受以及略带忧郁的乡愁情结,赋予文章舒缓的节奏与婉转悠长的意蕴。

四、散文的理性美

散文的美既在于生活的诗意的提炼,亦见于理性的领悟。文学虽是形象的艺术,其中起关键作用的乃是情感、经验的采撷与提炼,然而真正达到深厚蕴藉的文学境界必须经由智性的思考。散文的世界若只有情,情的世界若只由感官与直觉指引,那它所达到的境界也有限。真正优秀的散文,需要情景的迁移,令阅读者既可领略雄健浩渺的自然物象的感官之美,又可领受种种难以言传的情绪感受的涤荡,还可感悟到凝聚于其中的理性、知性的妙谛。下面是爱因斯坦《我的世界观》中的几段:

我的世界观(节选)

我们这些总有一死的人的命运是多么奇特呀!我们每个人在这个世界上都只作一个短暂的逗留;目的何在,却无所知,尽管有时自以为对此若有所感。但是,不必深思,只要从日常生活就可以明白:人是为别人而生存的——首先是为那样一些人,他们的喜悦和健康关系着我们自己全部的幸福;然后是为许多我们所不认识的人,他们的命运通过同情的纽带同我们密切结合在一起。我每天上百次地提醒自己:我的精神生活和物质生活都依靠着别人(包括生者和死者)的劳动,我必须尽力以同样的分量来报偿我所领受了的和至今还在领受着的东西。我强烈地向往着简朴的生活,并且时常为发觉自己占用了同胞的过多劳动而难以忍受。我认为阶级的区分是不合理的,它最后所凭借的是以暴力为根据。我也相信,简单淳朴的生活,无论在身体上还是在精神上,对每个人都是有益的。

① 王景科.精美散文读本[M].济南:山东友谊出版社,2004:39.

我完全不相信人类会有那种在哲学意义上的自由。每一个人的行为,不仅受着外界的强迫,而且还要适应内心的必然。叔本华说:"人虽然能够做他所想做的,但不能要他所想要的。"这句话从我青年时代起,就对我是一个真正的启示;在我自己和别人生活面临困难的时候,它总是使我们得到安慰,并且永远是宽容的源泉。这种体会可以宽大地减轻那种容易使人气馁的责任感,也可以防止我们过于严肃地对待自己和别人;它还导致一种特别给幽默以应有地位的人生观。

要追究一个人自己或一切生物生存的意义或目的,从客观的观点看来,我总觉得是愚蠢可笑的。可是每个人都有一定的理想,这种理想决定着他的努力和判断的方向。就在这个意义上,我从不把安逸和享乐看作是生活目的的本身——这种伦理基础,我叫它猪栏的理想。照亮我的道路,并且不断地给我新的勇气去愉快地正视生活的理想,是善、美和真。要是没有志同道合者之间的亲切感情,要不是全神贯注于客观世界——那个在艺术和科学工作领域里永远达不到的对象,那末在我看来,生活就会是空虚的。人们所努力追求的庸俗的目标——财产、虚荣、奢侈的生活——我总觉得都是可鄙的。[①]

这是爱因斯坦的一篇富含理性美的散文佳作。爱因斯坦不仅拥有杰出的智慧,还是一位具有人文精神的科学家。在这篇短文中,他用质朴、坦率、亲切的语言向人们说明了支撑他奋斗一生的人生信仰——人是为别人而生存的。这种利他主义的人生观赋予了爱因斯坦卓越的人格。他一生投身于科学领域,热烈地追求真理,更重要的是,在科学与正义、技术与道德的关系上,他始终认为人文精神是指引科学家的最高原则,科学家应该把科技运用于造福人类幸福的事业中去。

影视剧本

课程导读

影视剧本是为拍摄影视作品而准备的文字稿,它是以文字形式描述整部影视片的人物和情节,影视剧本的撰写与诗、小说等不同,它是一种综合艺术,要重视视觉美、声音美和独特的蒙太奇手法。

影视剧本是为拍摄影视作品而准备的文字稿,它是以文字形式描述整部影视片的人物和情节时所形成的文学种类。影视艺术属于 20 世纪的艺术。电影起源于欧洲。1895年,法国奥古斯特·卢米埃尔和路易·卢米埃尔兄弟发明了"活动电影机"。1895 年 3 月 22日,卢米埃尔兄弟在巴黎法国科技大会上第一次放映影片《卢米埃尔工厂的大门》。12 月28 日,他们在巴黎卡普辛路 14 号大咖啡馆里放映了他们自己摄制的《火车到站》《水浇园丁》《婴儿的午餐》《工厂的大门》等纪实短片,引起很大轰动,这一天就被视为电影诞生之日。电影于 20 世纪初传入中国。1905 年,任景丰拍摄了记录著名京剧演员谭鑫培的《定军山》,这是中国人自己拍摄的第一部影片。1909 年,中国第一家电影公司"亚细亚影戏公司"在上海成立。从此,中国的电影事业开始起步。

---

① 徐中玉,等 . 大学语文 [M]. 上海:华东师范大学出版社,2001:41.

电视的产生要晚于电影。电视的产生要归功于许多人，包括英国、德国和美国的数位科学家和实业家，尤其是美国人戴维·萨尔诺夫。他从收音机开始发家，进而关注图像信息的发送，与数位科学家合作于 1939 年推出电视接收机。电视产生后迅速扩张，据统计，1946 年，全美只销售出 2 万台电视机，3 年后就达到 200 万台。不到 10 年，73% 的美国家庭有了电视机。可以说，电影电视的出现改变了世界。它不仅改变了信息的传播方式，还改变了人类的生活方式，甚至还改变了人类的思维方式和价值观念。

电影电视既是媒介的进步，也是艺术的进步。从媒介的角度来讲，电影电视属于新兴的电子媒介。与其他的媒介相比，电子媒介具有自身的特点。传统印刷媒介使用的符号是文字，文字是人类创造出来的约定俗成地指代一定事物的音、形、意义的结合体，它的基本特征是间接性、概括性，也就是说人们必须通过思维的帮助、利用想象来完成意义的接受。而电影电视则属于电子媒介，它的特征是直观性，它可以直接作用于人们的视觉器官和听觉器官而不再诉诸符号的中介。

从艺术的角度来讲，电影电视的产生拓展了艺术的表现手法。我们知道，不同的艺术具有不同的艺术元素。文学是利用语言符号构成虚拟的世界，而音乐利用旋律和节奏倾诉感情，绘画等则利用色彩、线条等模拟物象，寄寓艺术家特殊的意蕴；而电影电视则属于综合艺术，影视艺术拥有自己一系列独特的表现模式和方法，它具有一整套特殊的符号系统用以表达艺术家的生活体会和经验。在电影电视中，文学、造型、音乐的因素有机融合在一起，我们既可以感知绚烂缤纷的色彩、形体美，也可以欣赏到悦耳流畅的音律美，还可以品评表演者肢体、表情的动态美。影视艺术在发展中不断丰富和完善。从早期的无声电影到彩色电影，从喜剧到悲剧，从好莱坞式的经典电影到现代电影，从城市电影、乡村电影到西部片、警匪片、历史片、武侠片、家庭片，电影电视的表现领域不断扩展，表现手法日益更新，其功能也日渐多样。

电影电视是综合艺术，这意味着电影电视艺术是一种集体劳动。电影电视艺术凝聚着导演、编剧、演员、摄影师、剪辑师等一批人的劳动成果。而其中剧本应该是好的电影电视艺术的基础。现在中国的影视创作问题很多，张艺谋的几部作品《英雄》《十面埋伏》等虽然有华丽的场面、大牌的影星、豪华的制作，观众的评价却不高，其中重要的原因就是剧本的薄弱。对这个问题，著名原创编剧海岩说过："原因不是缺少尹力、赵宝刚这样出色的导演，不是缺少明星，主要的问题出在剧本上。"[①] 2017 年吴京《战狼 2》票房超过 50 亿，而同时期上映的 IP 电影却票房寥寥，恰恰反映出观众对雷同、模式化影视作品的抗拒，呼唤具有创意的、别具一格的原创作品。也就是说，影视作品的成功并不仅仅取决于资本、特效、演员的颜值、身材，其中影视剧本的创作是决定性的。影视剧本是为拍摄影视作品而准备的文字稿，它与其他的文学作品不同，它只是一个底稿，最终目的是形成影像艺术，所以影视剧本具有自身的特点。在撰写影视剧本时需要注意以下几点：

一、影视剧本的画面

影视艺术是影像的艺术，影像是通过特殊的放映设备在银幕上形成的画面。影视画

---

① 王永午，吴晓东．人情世故海岩：我工作起来像德国狼犬 [OB/OL]．中青在线，http://www.cyol.net/gb/zqb/2001/03/28/content_192710.htm.

面与绘画画面不同。绘画所捕捉的是平面静态的形象,而电影电视利用人的视觉暂留特点将单个的画面连续放映,形成连续动态的画面。电影电视的画面性特点决定了影视剧本的特殊性。就是说,在影视剧本的写作时,创作者必须考虑文字能否转变成视觉性的画面,成为视觉所能感知的形体、色彩和形象。比如同样要塑造人物,影视剧本和小说的表现手法是不同的。在小说中,为了人物形象的真实和个性化,常常有连篇累牍、细腻繁琐的人物外貌和内心描写,特别是现代小说,特别重视心理描写,人物的意识变化、情绪的流转都可以用语言描述出来。但在影视剧本中,塑造人物的手法主要依靠语言、动作等外在表现,人物内在的心理则比较简略,这是因为内在的心理很难转化成画面,因而外貌和内心描写要简洁而具体,省去一些抽象、泛泛的无法转变成造型形象的文字。

二、影视剧本的语言

影视艺术是音像结合的综合艺术,既有视觉美,也有听觉美。所谓听觉美,在影视艺术中就是声音。声音是构成影视美学的重要因素。电影电视中的声音有三种:人声、音响和音乐。在影视剧本中,能够感受到的声音因素就是语言,包括对白、独白和旁白。对白就是台词,即人物之间的对话。精彩的对白是个性化的、心理化的,是塑造人物性格、揭示人物心理、激发故事情节的主要手段。所谓旁白就是画外叙述人的语言。叙述人的语言是一种重要的艺术表现手段,它可以把难以用画面表现的内容直接用语言呈现。比如《我的团长我的团》,作者采用叙述人的视点,以剧中人孟烦了的回忆性语调结构全剧,通过他的分析、讲述和补充,使剧中其他人物更加丰满。特别是最后一集,用孟烦了独自穿行在街道上的长镜头,再以画外声音补充,以一段抒情色彩浓厚的语言渲染情绪,深化主旨。对白和独白是剧中人物的语言。剧本的叙事语言不能直接呈现在观众面前,它必须转化为镜头语言,而人物的语言却可与观众直接接触,影响影视艺术的效果。人物语言要符合人物的性格和当时的环境,好的人物语言能画龙点睛,恰当地把人物关系和人物的内心世界展示出来。

三、影视剧本的蒙太奇特点

电影电视是蒙太奇的艺术,蒙太奇是法文"montage"的译音,原来建筑学上的用语,指的是"装配""安装",后来被借用于影视创作中,指画面的剪辑组合。电影电视最终是由一系列画面组成,人物的性格、情节的进展、冲突的进行、场面的布置需要转化成画面,而画面的不同的组织形式会形成完全不同的意义,构成影视艺术不同的效果。影视剧本创作中需要重视电影电视的蒙太奇特点,合理地利用画面的转换,在时空的组织中恰当地传达作者的意图。

网络文学

课 程 导 读

网络文本是随着电脑技术的出现而形成的新型文本,在载体、传播方式、写作方式上它改变了传统的写作模式,具有写作上的互动性、意识与语言的创新性和内容的日常性的特点。

网络文本是随着网络的出现而形成的新型文本。按照王一川的定义:"网络文本是以国际互联网媒介传输的文本,具体是指在国际互联网的虚拟空间里写作、传输、阅读和评论的可以形成双向交流的文本,包括网络文字、网络图片、网络声音等。而就具体分类来说,可以有网络新闻文本、网络实用文本、网络学术文本、网络艺术文本等。"① 网络文学也是网络文本的一种。关于什么是网络文学,目前的说法还不统一,大约存在两种界定:一类是指把已经存在的纸质文学作品通过计算机输入网络形成的电子文本,一类是指首先发表在网络上的原创文学,包括发表在网络刊物、论坛、博客和聊天室等不用经过编辑审查删改就直接面对公众的具有文学性的文本。我们采用第二种界定。因为网络文本与纸质印刷文学并不仅仅是载体和传播形式的差别,而是一种写作方式的巨大改变。网络文学与传统文学相比,在发表载体、传播途径、传播手段、创作特点、作者与读者的关系几个方面都存在着差异。

网络文学文本是随着现代电子媒介的产生而产生的。19 世纪以来,随着科技的进步,人类传输信息的媒介、手段不断更新,电报、电话、广播、电影电视、互联网等新型电子媒介的出现极大地改变了人类的社会生活,文学文本的载体也日趋多样。除传统的印刷制品外,大量作者开始选择电子载体,尤其是互联网成为新生代作家发表作品的重要平台。传统写作与网络写作存在着巨大差异。文学活动有四个基本要素:主体、客体、文本和读者。在传统写作中,文学活动是创作主体把与客体交流后产生的经验借助一定的文学样式加以表达的过程。在这个过程中,客观世界、创作主体本身的特点最终会影响文本的结构样式,使文本产生文学活动中非常重要的风格——体现出作家个性的形态样式。同时在传统文学活动中,读者的作用比较微小,一方面由于精英教育的制度造成文学欣赏的贵族化、高级化特点,另一方面创作活动本身处在与读者相隔离的状态中,因而文学写作成为创作主体单方面的活动,而读者则成为相对弱势的接受群体。在欣赏活动中,接受者只是极力接近创作者的主旨,比较被动,而作者在意义的阐释中处于中心位置。与网络写作相比,两者相同之处在于两者所面对的客观世界都是一致的,无论是传统写作还是网络写作,都是反映创作者来自于生活的经验和体会;两者存在的差别是创作主体的身份意识、传播手段的电子化而导致的写作活动的改变以及网络文学作者和读者关系的改变而造成的欣赏活动的改变。以下分而论之。

一、网络文学的互动性

在写作方式上,传统的文学创作其实是一个孤独的劳动过程。写作者呕心沥血、殚精竭虑,只有在作品完成之后才能公之于众,接受读者的检验。而在当代网络文学中,写作成为一种双方共同参与的活动,论坛中的许多帖子并不是一蹴而就的,而是写作者断断续续贴上去的,而帖子的阅读者可以随时以跟帖的形式参与评论。读者的反应、意见可以随时反馈到写作者那里并影响写作者的创作。读者的鼓励、赞同会激发写作者的意愿,而读

---

① 王一川. 网络文本的特点和作用 [EB/OL]. 中国咨询频道网上办公室, http://wr.cccv.cn/zhiyuyue/art61527.shtm.

者的反对意见有时竟能令写作活动中断。当下网上还存在"接力"式的创作,由一批自愿的作者就某一故事或话题接连创作,文学由个人性写作变成集体性的劳动,网络文学文本集合了多种声音,意义指向趋向多方面,大大有别于传统文学中以作者为中心的写作。

网络文学可以具有传统文学的情感美和内涵美,同时又借助快捷的现代网络加深了与读者的联系,文学的沟通信息的功能得到了拓展。

二、网络文学的创新性

网络是新兴产物,各行各业、各种年龄层次的人都可以上网自由发表自己的言论。根据中国互联网络信息中心的数据,第 13 次 CNNIC 调查的结果是,网民中 18 ～ 24 岁的年轻人所占比例最高,达到 34.1%;其次是 18 岁以下的网民(18.8%)和 25 ～ 30 岁的网民(17.2%),30 岁以上网民随着年龄的增加所占比例相应减少:31 ～ 35 岁的网民占到 12.1%,36 ～ 40 岁的占到 7.6%,41 ～ 50 岁的为 6.4%,50 岁以上的有 3.8%。而根据《2013 年中国青少年上网行为调查报告》的数据,截至 2013 年 12 月底,中国青少年网民规模已达 2.56 亿,占整体网民的 41.5%,占青少年总体的 71.8%,超过全国互联网普及率 45.8% 的平均水平 26 个百分点,较 2012 年增加了 5.4 个百分点,延续增长之势。其中,对 12 岁以下青少年群体的渗透进一步加大。2013 年底,6 ～ 11 岁年龄段网民在青少年网民中的占比为 11.6%,相比 2012 年底增长了近 4 个百分点。我们可以看到,网民中大量的还是年轻人,这些"80 后""90 后""00 后"出生在改革开放的历史环境下,受到的是中西文化资源的双重教化,他们与代表传统文化的一代人相比具有完全不同的文化特征。他们追求卓尔不群、与众不同,创新、颠覆、叛逆、更新乃是他们生活的信条,他们所创作的网络文本也具有创新性。

所谓创新性,首先可以表现在思想意识层面。在网络文本中,我们可以看到许多离经叛道的言辞与议论,网络不受限制的自由发表机制给许多人提供了较大的自由度,使他们无所顾忌、嬉笑怒骂地随意发出声音。网络文学的写作特点决定了创作的自由性,这一点与传统文学截然不同。传统文学写作所面对的是一个相对清晰的外在环境,写作者要考虑的是作品要在现有的审查模式下能够发表,能够得到读者的欣赏。在政治对文学的约束较多的时期,写作必须向主流意识形态靠拢,所表达的思想和感情必须符合现有的规范。进入 20 世纪 90 年代以后,写作有了相对宽松的空间,但传统的写作依然要受到政治机制和市场机制的影响。而在网络文学写作中,网络提供了一个虚拟的空间。在网络世界里,发出声音的人的身份可以是虚拟的,创作者可以采用网名进行创作,这种身份的潜隐带给创作活动非常大的自由。创作者无须考虑在现实世界中所应顾及的种种关系,写作者似乎面对一群面目模糊身份不定的"隐形人"说话,所以网络文学的写作可以直抒胸臆,畅所欲言。它可以敞开自己真实的内心世界,把平常在熟人面前所不能暴露出来的隐秘的情感、忧虑、想法、欲望毫无顾忌地表现出来。你可以在网络上看到一些耸人听闻的标题,而在常规的文学报刊上,这样的标题和内容是不可能堂而皇之地出现的。

网络文学的创新性还表现在语言方面。网络写作必须借助键盘输入,同时要求输入的速度,要求快捷简便,因而在网络文学中,网络作者创造出许多形象而简便的语言符号指代特定的意义。尤其是在论坛和聊天室中,为了快速地打字、迅速地交流,网友们创造了许多简洁的符号。有些符号原本是错别字,但网友以讹传讹,将错就错,约定俗成地形成了特异的网络语言。比如把"这样子"打字为"酱紫";有的产生新异的词汇或新的意义,比如把网民称为"网虫",把"版主"称为"斑竹",把用来攻击别人的帖子称为"板砖"等,都是网络中约定俗成的简洁符号。这些词可以加快交流的速度,同时又增加了网络的趣味性、幽默性。但是也要看到,网络文学中的创新并非都是积极的,有的创造破坏了现代汉语的严肃性,冲击了现有的语言系统,特别是对汉语学习还没有定型的少年儿童来讲,网上的词汇、语法给他们造成了某种混乱,不利于现代汉语的普及。我们应该具体分析网络文学语言的发展,既保持它的生命力,又要防止一些不必要的混乱。

网络文学的创新性还表现在语言的再创造上。文学是语言的艺术,文学所使用的语言虽然与日常语言没有本质的区别,但在文学的世界里,语言往往被赋予新的意义。文学家把日常语言加以逻辑、意向的再加工,创造出与现实生活迥异的新空间,给读者以崭新的感觉。

三、网络文学的日常性

中国文学一直有雅俗之分。文化的垄断性使文学一直被贵族士大夫所拥有,普通民众所喜欢的文学样式和上层社会所提倡的文学之间存在着鸿沟。20世纪以来,中国现代文学走在一条大众化、民族化的道路上,但由于种种原因,文学的雅俗共赏问题并没有得到很好的解决,文学从总体特点上看具有雅的倾向。20世纪90年代以后,网络的兴起给文学提供了一个与主流文学传播不同的环境,网络不存在主流文学的审查、检查机制,而网络不受限制、自由进出的性质也使网络创作群体大为扩张,不同文化背景、学识的创作者构成网上蔚为大观的创作群体,而网上写作的功能由传统的启蒙教化转向宣泄、消遣和娱乐,种种因素形成网络文学的日常性特点。从内容上讲,网络文学虽也包含传统文学的家国民族情怀,但更多的是书写个人的喜怒哀乐、生活遭际,发泄内心的愤怒忧虑或者重在沟通交流,寻求志同道合者的呼应。在语言方面则不求传之后世,只求表情达意,有效沟通,所以在许多的网络文学中,你可以看到一些日常口语中经常出现的词汇,甚至出现了一些粗俗低级的语言。对一些专业作家而言,印刷作品和网络作品具有不同特征,在印刷媒介中创造了优美语言的作者在网络上呈现的可能是更为通俗、世俗的一面。

本讲总结

文学融合了主观世界与客观世界的美,诗歌、小说、散文、影视剧本、网络文学具有各自不同的文体特征,承担了不同的话语功能,传递了丰富多样的审美感受。

复习问题

1. 如何理解文学的审美特点?
2. 现代诗歌常用的修辞手法有哪些?
3. 小说的文体特征是什么?
4. 影视剧本的语言特点是什么?

思考与训练

一、阅读下面一首诗,分析其中蕴含的感情。

镜 中

张枣

只要想起一生中后悔的事
梅花便落了下来
比如看她游泳到河的另一岸
比如登上一株松木梯子
危险的事固然美丽
不如看她骑马归来
面颊温暖羞惭。
低下头，回答着皇帝
一面镜子永远等候她
让她坐到镜中常坐的地方
望着窗外，只要想起一生中后悔的事
梅花便落满了南山

二、阅读下文，分析人物的性格。

（一）

王子猷居山阴，夜大雪，眠觉，开室命酌酒，四望皎然。因起彷徨，咏左思《招隐诗》，忽忆戴安道。时戴在剡，即便夜乘小舟就之。经宿方至，造门不前而返。人问其故，王曰："吾本乘兴而行，兴尽而返，何必见戴？"——选自《世说新语》

（二）

贾母这边说声"请"，刘姥姥便站起身来，高声说道："老刘，老刘，食量大似牛，吃一个老母猪，不抬头。"自己却鼓着腮不语。众人先是发怔，后来一听，上上下下都哈哈的大笑起来。史湘云撑不住，一口饭都喷了出来；林黛玉笑岔了气，伏着桌子嗳哟；宝玉早滚到贾母怀里；贾母笑的搂着叫"心肝"；王夫人笑的用手指着凤姐儿，只说不出话来；薛姨妈也撑不住，口里茶喷了探春一裙子；探春手里的饭碗都合在迎春身上；惜春离了坐位，拉着他奶母叫揉一揉肠子。地下的无一个不弯腰屈背，也有躲出去蹲着笑去的，也有忍着笑上来替他姊妹换衣裳的。独有凤姐鸳鸯二人撑着，还只管让刘姥姥。——选自《红楼梦》

三、阅读并回答问题。

废 墟

余秋雨

一

我诅咒废墟，我又寄情废墟。

废墟吞没了我的企盼，我的记忆。片片瓦砾散落在荒草之间，断残的石柱在夕阳下站立，书中的记载，童年的幻想，全在废墟中殒灭。昔日的光荣成了嘲弄，创业的祖辈在寒风中声声咆哮。夜临了，什么没有见过的明月苦笑一下，躲进云层，投给废墟一片阴影。

但是，代代层累并不是历史。废墟是毁灭，是葬送，是诀别，是选择。时间的力量，理应在大地上留下痕迹;岁月的巨轮,理应在车道间辗碎凹凸。没有废墟就无所谓昨天,没有昨天就无所谓今天和明天。废墟是课本,让我们把平面的事情读成立体;废墟是过程,人生就是从旧的废墟出发,走向新的废墟。营造之初就想到它今后的凋零,因此废墟是归宿;更新的营造以废墟为基地,因此废墟是起点。废墟是进化的长链。

一位朋友告诉我,一次,他走进一个著名的废墟,才一抬头,已是满脸眼泪。这眼泪的成分非常复杂。是憎恨,是失落,又不完全是。废墟表现出固执,活像一个残疾了的悲剧英雄。废墟昭示着沧桑,让人偷窥到民族步履的蹒跚。废墟是垂死老人发出的指令,使你不能不动容。

废墟有一种形式美,把拔离大地的美转化为皈附大地的美。再过多少年,它还会化为泥土,完全融入大地。将融未融的阶段,便是废墟。母亲微笑着怂恿过儿子们的创造,又微笑着收纳了这种创造。母亲怕儿子们过于劳累。看到过秋天的飘飘黄叶吗?母亲怕它们冷,收入怀抱。没有黄叶就没有秋天,废墟就是建筑的黄叶。

人们说,黄叶的意义在于哺育春天。我说,黄叶本身也是美。

两位朋友在我面前争论。一位说,他最喜欢在疏星残月的夜间,在废墟间独行,或吟诗,或高唱,直到东方泛白;另一位说,有了对晨曦的期待,这种夜游便失之于矫揉。他的习惯,是趁着残月的微光,找一条小路悄然走回。

我呢,我比他们年长,已没有如许豪情和精力。我只怕,人们把所有的废墟都统统刷新、修缮和重建。

二

不能设想,古罗马的角斗场需要重建,庞贝古城需要重建,柬埔寨的吴哥窟需要重建,玛雅文化遗址需要重建。

这就像不能设想,远年的古铜器需要抛光,出土的断戟需要镀镍,宋版图书需要上塑,马王堆的汉代老太需要植皮丰胸、重施浓妆。

只要历史不阻断,时间不倒退,一切都会衰老。老就老了吧,安详地交给世界一副慈祥美。假饰天真是最残酷的自我糟践。没有皱纹的祖母是可怕的,没有白发的老者是让人遗憾的。没有废墟的人生太累了,没有废墟的大地太挤了,掩盖废墟的举动太伪诈了。

还历史以真实,还生命以过程。

——这就是人类的大明智。

当然,并非所有的废墟都值得留存。否则地球将会伤痕斑斑。废墟是古代派往现代的使节,庄严地保持着派出者的习俗和服饰,不敢轻易地入乡随俗。使节总是稀少的,经过使节君王的挑剔和筛选。使节负有沉重的使命,不负使命的来访者不是使节。当代的瓦砾堆不是我们所说的废墟,古代的狂野也不在我们关注的范围。废墟是祖辈曾经发动过的壮举,会聚着当时当地的力量和精粹。碎成粉的遗址也不是废墟,废墟中应有历史最强劲的韧带。废墟能提供破读的可能,废墟散发着让人留连盘桓的磁力。是的,废墟是一个磁场,一极古代,一极现代,心灵的罗盘在这里感应强烈。失去了磁力就失去了废墟的生命,它很快就会被人们淘汰。

并非所有的修缮都属于荒唐。小心翼翼地清理,不露痕迹地加固,再苦心设计,让它既保持原貌又便于观看。这种劳作,是对废墟的恩惠,全部劳作的终点,是使它更成为一个名副其实的废墟,一个人人都愿意凭吊的废墟。修缮,总意味着一定程度的损失。把损坏降到最低度,是一切真正的废墟修缮家的夙愿。也并非所有的重建都需要否定。如果连废墟也没有了,重建一个来实现现代人吞古纳今的宏志,那又何妨。但是,那只是现代建筑家的古典风格,沿用一个古名,出于幽默。黄鹤楼重建了,可以装电梯;阿房宫若重建,可以作宾馆;滕王阁若重建,可以辟商场。这与历史,干系不大。如果既有废墟,又要重建,那么,我建议,千万保留废墟,傍邻重建。在废墟上打地基,让人心痛。

总而言之,对废墟来说,要义在于保存。圆明园废墟是北京城最有历史感的文化遗迹之一,如果把它完全铲平,造一座崭新的圆明园,多么得不偿失。大清王朝不见了,熊熊火光不见了,民族的郁怨不见了,历史的感悟不见了,抹去了昨夜的故事,去收拾前夜的残梦。但是,收拾来的又不是前夜残梦,只是今日的游戏。

三

中国历来缺少废墟文化。废墟二字,在中文中让人心惊肉跳。

或者是冬烘气十足地怀古,或者是实用主义地趋时。怀古者只想以古代今,趋时者只想以今灭古。结果,两相杀伐,两败俱伤,既斫伤了历史,又砍折了现代。鲜血淋淋,伤痕累累,偌大一个民族,前不见古人,后不见来者,念天地之悠悠,独怆然而涕下。

在中国人心中留下一些空隙吧!让古代留几个脚印在现代,让现代心平气和地逼视着古代。废墟不值得羞愧,废墟不必要遮盖,我们太擅长遮盖。

中国历史充满了悲剧,但中国人怕看真正的悲剧。最终都有一个大团圆,以博得情绪的安慰,心理的满足。唯有屈原不想大团圆,杜甫不想大团圆,曹雪芹不想大团圆,孔尚任不想大团圆,鲁迅不想大团圆,白先勇不想大团圆。他们保存了废墟,自己站立在上,皱眉看着强颜欢笑的民族。

没有悲剧就没有悲壮,没有悲壮就没有崇高。雪峰是伟大的,因为满坡掩埋着登山者的遗体;大海是伟大的,因为处处漂浮着船楫的残骸;登月是伟大的,因为有"挑战者号"的陨落;人生是伟大的,因为有白发,有诀别,有无可奈何的失落。古希腊傍海而居,无数向往彼岸的勇士在狂波间前仆后继,于是有了光耀百世的希腊悲剧。

悲剧英雄总未免孤独,在中国,他们尤其孤独。

诚恳坦然地承认奋斗后的失败,成功后的失落,我们只会更沉着。中国人若要变得大气,不能再把所有的废墟驱逐。

四

废墟的留存,是现代人文明的象征。

废墟,辉映着现代人的自信。

废墟不会阻遏街市,妨碍前进。现代人目光深邃,知道自己站在历史的第几级台阶。他不会妄想自己脚下是一个拔地而起的高台。因此,他乐于看看身前身后的所有台阶。

是现代的历史哲学点化了废墟,而历史哲学也需要寻找素材。只有在现代的喧嚣中,废墟的宁静才有力度;只有在现代人的沉思中,废墟才能上升为寓言。

因此,古代的废墟,实在是一种现代构建。

现代,不仅仅是一截时间。现代是宽容,现代是气度,现代是辽阔,现代是浩瀚。

我们,挟带着废墟走向现代。

请回答

1."废墟"作为统帅全文的意象,其意蕴是什么?

2.全文共有四个部分,请问它们之间的关系是什么?

3.文中提供了现代人的文化立场,请你总结一下。

推荐阅读

1. 胡山林.文学欣赏.第2版[M].北京:清华大学出版社,2012.

2. 龚鹏程.文学散步[M].北京:东方出版社,2015.

3.〔美〕托马斯·福斯特.如何阅读一本文学书[M].王爱燕,译,海口:南海出版公司,2016.

4. 王敦.打开文学的方式[M].厦门:厦门大学出版社,2017.

▶ "文学的美"部分的词条和图片 ◀

1. 艾青(1910—1996):现代著名诗人,浙江人。代表作品有《大堰河——我的保姆》《雪,落在中国的土地上》《我爱这土地》《北方》《火把》《向太阳》《黎明的通知》《春天》《海岬上》等,以自由体诗书写民族的精神,充满爱国主义热情。

2. 北岛(1949—　):20世纪80年代朦胧诗派代表人物,中国当代著名诗人。作品有《回答》《祖国》《宣告》《结局或开始——献给遇罗克》《红帆船》《网》等,书写"文革"后一代人的愤怒、怀疑与希望,具有深邃的哲学意蕴,先后获得多项国际文学奖励。

3. 郑愁予(1933—　):中国台湾著名诗人,作品有《错误》《当西风走过》《归航曲》《衣钵》《燕人行》《雪的可能》《夜歌》等,他的作品中西交融,吸取了传统诗歌和西方现代技巧,具有很高的艺术造诣。

4. 李商隐:晚唐著名诗人。有《李义山诗集》,诗作缠绵悱恻、情深意切,用词华丽、含蓄委婉,特别是他的爱情诗作,如《无题》系列、《夜雨寄北》及《嫦娥》被广为传诵,与"杜牧"合称"小李杜"。

艾青

北岛

郑愁予

▶ "诗歌"部分的词条和图片 ◀

1. 艾米莉·狄金森:19世纪美国女诗人。有着丰富的创作天分,是一位多产的诗人,一生共留下1800首诗。诗歌主题多是关于死亡、永恒、自然、爱与诗等,思想深刻。主要作品有《狂野的夜，狂野的夜》《暴风雨夜，暴风雨夜》《如果我能用一朵玫瑰买通他们》等。

2. T. S. 艾略特：英国 20 世纪影响最大的诗人。出生于美国，曾在哈佛大学学习哲学，接触过梵文和东方文化，深受法国浪漫主义影响。1948 年获诺贝尔文学奖。写于 1922 年的《荒原》(The Waste Land)是艾略特的成名作，也被誉为现代派诗歌的里程碑，典故繁多，结构严密，充满隐喻和象征。

3. 希姆博尔斯卡(1923—   )：波兰诗人，是第三位获得诺贝尔文学奖(1996 年)的女诗人，第四位获得诺贝尔文学奖的波兰作家，也是当今波兰最受欢迎的女诗人。她的诗歌想象力丰富，富于哲理性和思辨性。其诗歌主题大多涉及人的生存环境和人与历史的关系、人在历史上和自然环境中的位置等重要问题。主要作品有诗集《呼唤雪人》《桥上的人》和《结束和开始》等。

希姆博尔斯卡

"小说"部分的词条和图片

1. 弗吉尼亚·伍尔夫(1882－1941)：英国著名女作家，意识流文学的代表人物，作品有《到灯塔去》《海浪》等。

2. 卡夫卡(1883—1924)：奥地利著名作家，以寓言体小说书写现代人的生存困境，作品有《审判》《城堡》等。

弗吉尼亚·伍尔夫

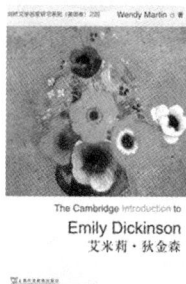

卡夫卡

"散文"部分的词条和图片

1. 徐志摩(1897—1931)：中国现代著名浪漫主义诗人，浙江海宁人。作品有《再别康桥》《偶然》《雪花的快乐》《我不知道风是在哪一个方向吹》等，以"爱""自由""美"为人生价值,追求诗意的人生,在诗歌上追求形式的美、音乐的美。

2. 冰心(1900 — 1999):福建人,现代著名诗人、作家、儿童文学家。作品有《寄小读者》《往事》《关于女人》《晚晴集》等,曾任中国文联副主席、中国作家协会名誉主席等。

▶ "影视剧本"部分的词条和图片 ◀

1. 奥古斯特·卢米埃尔和路易·卢米埃尔兄弟:法国电影发明家,1895 年在前人科技成果基础上发明了电影。

中国第一部电影《定军山》

2. 张艺谋(1951—   ):当代著名电影导演,北京奥运会开幕式总导演,"第五代导演"的代表人物之一,电影作品有《红高粱》《大红灯笼高高挂》《菊豆》《秋菊打官司》《我的父亲母亲》《山楂树之恋》等,曾获得多项国家大奖,早期作品具有深刻的人文关怀和乡土情怀,后期则倾向于技术和形式的探索,争议较大。

▶ "网络文学"部分的词条 ◀

1. 蔡智恒:早期的网络作家,1998 年以"痞子蔡"的网名发表《第一次的亲密接触》,引起网络关注,迅速成名。

2. 盛大文学:成立于 2008 年 7 月,是盛大集团旗下文学业务板块的运营和管理实体。盛大文学运用的原创网站包括起点中文网、红袖添香网、言情小说吧、晋江文学城、榕树下、小说阅读网、潇湘书院七大原创文学网站以及天方听书网和悦读网。盛大集团拥有三家图书策划出版公司:盛文天下、中智博文和聚石文华。2012 年 12 月开具数据显示,盛大文学已成为国内最大的民营出版公司。

第五讲　议论性文体写作

・**内容要点**・

　　1. 作为介于散文和议论文之间的一种独立的文体,用形象的文字、活泼的文笔尖锐犀利地说理论事,是杂文最突出的特色。

　　2. 评论是一项有科学标准并对写作者具有较高要求的活动。

　　3. 学术论文是衡量一个人科研和学术水平的重要标尺,具有相对严格的要求,但是在选题和观点上能体现一个人的兴趣和胆识。

　　4. 申论是近年来广泛应用的选拔国家机关工作人员的考试形式,具有规范性和科学性,申论写作具有规律性。

杂　文

课程导读

　　杂文是介于散文和议论文之间的一种独立的文体,范围广泛,历史悠久。杂文篇幅短小、取材广泛,尖锐犀利的说理性和活泼幽默的文学性是其最主要特征。杂文的写作一般要遵循的规则是:以小见大,即小题目做大文章;说理虚实结合,以实论虚。同时由于杂文的论题一般具有严肃性,因此写作中多要寓严肃于诙谐,亦庄亦谐。

一、杂文的含义和发展

　　所有的分类都是相对的,在各种不同的类型中往往要存在过渡形态,文体的划分也不例外。杂文就是不同文体的一种中间形态,具体一点说,是介于散文和议论文之间的一种独立的文体。它兼具散文和论文的特点,因此也有人认为杂文是文艺性的论文。杂文的范围比较广,凡侧重于议论说理而又具有形象生动、精悍灵活或风趣幽默等特点的散文,都可称作杂文。这样,杂文本身包括的门类就比较多了,诸如杂感、随笔、札记、序、书简、按语等都可归于杂文之列。杂文正如鲁迅所说是"古已有之"。《文心雕龙》所列的 35 种文体中,在骚、诗、章、表之外,就列有"杂文"一体,只不过它所指的是 34 种文体之外的各种形式的文章,范围非常广泛。但这至少说明,在源远流长的中国文学发展史上,杂文确实有着悠久的传统。事实也正是如此。早在先秦诸子中就有许多作品,比如孟子、荀子、庄子、韩非子的许多文章和段落,将叙述与说理紧密结合,善于推理,长于比喻,既生动形象,又有很强的说服力,可以说是杂文中的佳作。尔后,各个历史时期杂文类型的文章,都在文学史上占有一席之地,而且很多文章还是出自名家手笔。如唐代韩愈的《马说》,柳宗元的《捕蛇者说》,唐末皮日休、陆龟蒙的许多短小精悍的文章也可称为杂文的精品,元末明初刘基的《卖柑者言》更是一篇讽刺性极强的好杂文。我国古代的这些优秀杂文,对现代杂文的发展有很深的影响。

作为一种独立的文体,杂文则诞生于五四运动前后。当时,鲁迅、陈独秀、李大钊、瞿秋白等都创作了大量的杂文,同各种各样的敌对势力进行斗争。在他们笔下,杂文获得了新生,逐步成长为一种独立文体。当然在这过程中,鲁迅先生功不可没。在他一生所创作的400多篇杂文中,杂文这种文体得到了充分的发展和完善。他的杂文成为后来者宝贵的文学、思想和精神财富。新中国成立以来的作家们不仅继承了五四运动以来杂文的优良传统,对有害的东西给予坚决抗争和抨击,而且赋予杂文更新的生命力,在新的历史时期,杂文发挥着更大的作用。

二、杂文的特点

1. 尖锐犀利的说理性

刘勰在《文心雕龙·论说》中指出:"原夫论之为体,所以辨正然否。穷于有数,究于无形;钻坚求通,钩深取极。乃百虑之筌蹄,万事之权衡也。"这里刘勰认为论说文的主要任务就是要"辨正然否",也就是阐明对于事物的看法,包括分析本质、辨明正误是非、阐明道理等。杂文作为一种论说文体,当然也要具有这些特点和任务。但是与一般的议论文不同的是,杂文的说理比较尖锐和犀利,充满战斗精神,具有论辩的特色。杂文的任务主要是结合当下的现实,论事说理,扬善惩恶。这种针对现实、直面人生的品质,必然会使得杂文要犀利地反映生活。鲁迅明确地指出:"生存的小品文,必须是匕首,是投枪,能和读者一同杀出一条生存的血路的东西;但自然,它也能给人愉快和休息,然而这并不是'小摆设',更不是抚慰和麻痹,它给人的愉快和休息是休养,是劳作和战斗之前的准备。"[①] 杂文说理的尖锐和犀利还表现在杂文的论辩笔调上。杂文主要是一种社会论文,这就注定它的说理要采取一种论辩的笔调。一般来说,论辩的笔调主要表现在两个方面:一是表现在对某种现象或观点的分析和辨别上;二是体现在对事实的叙述中。事实是论据的重要组成部分,杂文的写作中常常需要叙述事实以求说理的坚实。但是这里的叙述不同于其他文体中的叙述,具有明显的倾向性。比如杂文《金贵的"一元"》说的是作者为了卖自己的书,在宿舍大院里摆了个"自动售书"摊,结果书不见了而钱盒里仅有一元钱的经历,借此批评公民道德的滑坡,其中有这样一段叙述:

我住在8楼,每隔一小时就下去看一次。9时整,我去看看,书原封不动地放着。10点钟,书被翻开了好几本,但数量还是20本。11时,书少了一本。我好开心!终于有人买我的书了! 12时,我没有下去,吃完午餐在躺椅上睡着了……下午2点整,我下去一看,书只剩下7本了。3时整,20本书全部"售完"!书桌上只剩下那个装钱的饼干盒!我好高兴,捧起钱盒就回家!我像打开"潘多拉"的魔盒似的打开了钱盒,可是钱盒里空空如也!我不相信,翻转铁盒使劲摇了几下,终于一张叠成小方块的红色1元币飞了出来!啊!有钱!我高兴又激动!虽然1元钱对20本书(价值300元)

---

① 鲁迅全集:第4卷[M]. 北京:人民文学出版社,1981:576-577.

来说,微不足道,但它达到了我预期的最好结果。

这次"自动售书"实际上是一次对公民的心理道德测试! 我预期了几种结果:第一种,书原封不动没有人要! 较坏的结果。第二种,书售出几本,但钱盒不见了! 较好的结果。第三种,书和钱盒都不见! 最坏的结果。第四种,书售完,钱盒有钱(不管多少),是最好的结果。

(选自《杂文报》,2002 年 5 月 17 日)

这两段文字非常有意思,详细到有点啰唆的叙述与令人发笑的结果形成了对比。其实详尽的叙述恰恰反映了作者的期望,而结果与希望之间的落差正使得叙述的详尽反而成了讽刺和嘲弄。表面上看,叙述只是写作者的行为,但愤懑的批判隐约闪现。

杂文的叙述就是这样,带有明显的倾向性。当然,杂文不见得都要火药味十足,尖锐犀利到"痛打落水狗"的地步,在目前,许多杂文仅仅是对社会的不足之处表达一点善意的讽刺或者嘲弄,比如上面所引的例子;有的还可以歌颂,比如马铁丁的《火柴颂》等就是歌颂性杂文的典范。但总的看来,尖锐犀利的批判性说理更能显示杂文的特色。

2.活泼形象的文学性

杂文兼具论文和散文的特色,这就决定了它的文学性特点。无论是春秋战国时期的杂文,还是唐代以后的许多小品,都是批判性与文学性并存的。五四运动前后以鲁迅为首的革命作家的杂文更是在战斗性之外具有强烈的艺术感染力,所以瞿秋白称之为"艺术性的论文"。在文章中,瞿秋白这样评价鲁迅的杂文:急遽的剧烈的社会斗争,使作家不能够从容地把他的思想和情感熔铸到创作里去,表现在具体的形象和典型中,同时残酷的残暴的压力,又不容许作家的言论采取通常的形式。作家的幽默才能,就帮助他利用艺术的形式来表现他的政治立场,他的深刻的对于社会的观察,他的热烈的对于社会的同情。也就是说鲁迅的杂文是既充满战斗性,又是幽默的和富有艺术性的。杂文的文学性主要表现在其议论的形象性上。杂文的说理与一般议论文不同,很少直接运用概念、判断和推理来表达文义,而是经常运用形象。举例说明,毛泽东与鲁迅都曾谈论过"人性论"。毛泽东这样说:

"人性论",有没有人性这种东西? 当然有的。但是只有具体的人性,没有抽象的人性。在阶级社会里就是只有带着阶级的人性,而没有什么超阶级的人性。我们主张无产阶级的人性,人民大众的人性,而地主阶级资产阶级则主张地主阶级资产阶级的人性,不过他们口头上不这样说,却说成为唯一的人性。[①]

而鲁迅则这样表达:

文学不借人,也无以表示"性",一用人,而且还在阶级社会里,即断不能免掉所属的阶级性,无需加以"束缚",实乃出于必然。自然,"喜怒哀乐,人之情也",然而穷人决无开交易所折本的懊恼,煤油大王那会知道北京捡煤渣老婆子身受的酸辛,饥区的灾民,大约总不去种兰花,像阔人的老太爷一样,贾府上的焦大,也不爱林妹妹的。[②]

以上两段文字都是批判资产阶级人性论的,说明没有超阶级的人性,但写法截然不

---

① 毛泽东选集:第三卷 [M].北京:人民出版社,1991:870.

② 鲁迅全集:第4卷 [M].北京:人民文学出版社,1981:204.

同,体裁也不同:前者为政治论文,以严密的逻辑性论证问题,用抽象概念阐述观点;后者为杂文,说理是形象化的,有浓厚的文学意味,用一连串形象而又具体的事实来说明作者的观点。从上述不难看出杂文和一般论说文的区别。

3. 短小的篇幅,广泛的取材

杂文篇幅短小,通常在三五百字到千字左右,三五千字的很少见,所以有人把杂文称作"千字文"。杂文篇幅虽短,但因为其论理集中,加上文学性手法的运用,因此在论说的分量上并不见得比长篇大论差。在这点上,我们可以看鲁迅的《战士和苍蝇》中的一段文字:

战士战死了的时候,苍蝇们所首先发现的是他的缺点和伤痕,嘬着,营营地叫着,以为得意,以为比死了的战士更英雄。但是战士已经战死了,不再来挥去他们。于是乎苍蝇们即更其营营地叫,自以为倒是不朽的声音,因为它们的完全,远在战士之上。[①]

作者虽着墨不多,但是因了形象的帮助,成功地表达了"有缺点的战士终竟是战士,完美的苍蝇也终竟不过是苍蝇"的观点,实在是用语俭省又说理透彻深刻的典范。

杂文虽然篇幅短小,取材却广泛多样。评人、议事、论理、录言、记闻、说趣都可以。点滴的感受,片断的思想,鳞爪的观察,大至宇宙,小到微尘,天南海北,古今中外的奇闻轶事,都可以随意撷取,挥洒成篇。在形式上,既可以谈国家大事,也可以谈生活中的趣闻;可以谈历史,也可以谈现实;既可以开展批评,也可以提建设性的意见;既可以传授知识,也可以介绍经验。在具体选题时,除从现实生活中直接选取外,也可以从报刊、电视、广播中选取杂文的题材。

三、杂文的写作

(一)小中见大

鲁迅曾经这样说过:"比起高大的天文台来,'杂文'有时确很像一种小小的显微镜的工作,也照秽水,也看脓汁,有时研究淋菌,有时解剖苍蝇。"[②]这是对杂文由小见大的写法的形象说明。杂文虽然篇幅比较短小,但是所反映的意义却并不小,这就决定了它要采取"小中见大"的写法。这里的"小"是指选材要小,而"大"指的是立意要大,无论是歌颂还是讽刺,都要"言必中当世之过",触及时弊,有针对性和战斗性。因此,杂文的构思要由小到大,由近及远,由一点到全面,由个别体现一般,真正是"小题大做"。小题大做往往要选择一个很好的、能够生发开去的"由头"。这个由头可以是一个事件,可以是一则史实,可以是花草虫鱼等,总之,只要是能够引出论题的都可以。运用"由头",主要是为了增加趣味性,引起读者和听众的兴趣和联想,避免论题过于生硬和突兀,这是由杂文这种论说文体的文艺性所决定的。比如,20世纪60年代,著名杂文作家唐弢看到当时师徒关系、老年人与青年人关系很紧张,在一个小组讨论会上,又听到几位老艺人、老专家、老教师在"后生可畏"的"畏"字上发了许多牢骚,于是就写了《谢本师》。作者没有泛泛去谈如何正确处理师徒关系、老青关系,而是选了一个小小的突破口,从章太炎的文章《谢本师》谈起,讲了如何尊师爱生的主张。这就是小中取大,正如作者在这篇杂文结尾所写的:"章太

---

① 鲁迅全集:第3卷 [M]. 北京:人民文学出版社,1981:38.

② 鲁迅全集:第8卷 [M]. 北京:人们文学出版社,1981:376.

炎的'谢本师'并非一件大事情，然而或许可以从中悟出一点师徒关系、青老关系的道理来。"作者"所言者小"，而读者"所见者大"。

（二）论理要虚实结合，就实论虚

鲁迅先生曾经说他的短评（杂文）"论时事不留面子，贬锢弊常取类型……盖写类型者，于坏处，恰如病理学上的图，假如是疮疽，则这图便是一切某疮某疽的标本。或和某甲的疮有些相像，或和某乙的疽有点相同"[①]。鲁迅先生这里所说的"图""标本"，大体上相当于我们所说的"实"，即事实。所谓就实论虚，就是要由看得见、摸得着的事实引申发挥开去，以便说明那看不见的道理，明辨那摸不着的是非，也正如鲁迅先生所说的是"兴发于此，意归于彼"。杂文的"事实"即"实"的部分，选择起来非常广泛，前面已经说过，故事、新闻、言论、诗、画、寓言、俗语等都可以。但是杂文毕竟是一种议论文体，因此不论事实材料在文中占有多少篇幅，都只能处于辅佐的地位。在拥有足够的事实材料的基础上，还要有科学的分析和透彻的说理。事理相合才能算是一篇好的杂文。杂文的说理实际上就是一个乘实入虚、虚实结合的过程。比如赵相如的杂文《活物的灵性》运用一系列的事实证明活物是有灵性的，对于动物来说，人们如果对它们倾注心血，它们会择机相报，而人是活物中最有灵性的，但"人性中一旦兽性占了上风，出现那种残暴阴狠、谋财害命、笑里藏刀、制造事端、诬陷诽谤、指鹿为马、借刀杀人，也是其他活物永远不可能具有的品性，往往会给失去警惕的人带来巨大的灾难。恐怖分子制造的事件是这样，为了官位、情欲、钱财，翻脸不认人，非致人于死地不可也是这样，其他活物哪会拥有那样的聪明才智"？[②] 在这篇千把字的杂文中，运用的事实有故事、新闻、科研成果，甚至还用了孟郊的诗。所有这些事实材料都围绕着主题，典型适当，前后衔接，水到渠成地引出了作者的观点。这也提醒我们，在异常丰富的材料中，一定要细加选择，如果材料选得典型适当，自然会经得住分析和开掘。

（三）亦庄亦谐，杂中有严

别林斯基曾经说过哲学家和诗人的区别就在于，哲学家用三段论法说话，诗人以形象和图画说话。一个意在证明，一个意在显示。二者都是在说服人，所不同的只是一个是用逻辑论证，另一个用描绘而已。杂文作为一种社会性论说文，既需要哲学家的三段论法，又需要诗人的形象和图画；既需要证明，又需要显示。把二者结合起来，便具有一种强烈的艺术感染力和说服力。这也就是"亦庄亦谐，杂中有严"的丰富含义，确切说来，就是杂文所说之理是严肃的、庄重的，而说理的方式则是活泼形象、诙谐幽默的。这里主要说说"谐"和"杂"。所谓"谐"，简单地说，指的就是杂文说理的形象性。杂文形象说理的方法是很多的，一般说来，主要有以下几种：

（1）典型化。杂文的典型化一般不进行精雕细刻、工笔描绘，而是运用近于漫画的笔法，粗线条勾勒，但求神似，不求形似。例如鲁迅在《二丑艺术》中给二丑画的像：

……他有点上等人模样，也懂些琴棋书画，也来得行令猜谜，但倚靠的是权门，凌蔑的是百姓，有谁被压迫了，他就来冷笑几声，畅快一下，有谁被陷害了，他又去吓唬一

① 鲁迅全集：第5卷[M]. 北京：人民文学出版社，1981：4.
② 赵相如. 活物的灵性[N]. 人民日报·海外版，2013-02-25（2）. 又见 http://www.people.com.cn/GB/paper39/8546/801980.html.

下,吆喝几声。不过他的态度又并不常常如此的,大抵一面又回过脸来,向台下的看客指出他公子的缺点,摇着头装起鬼脸道:你看这家伙,这回可要倒楣哩! ①

这段文字,没有去描写二丑的高矮胖瘦、外表衣着,作者只是勾勒了他的神情和动作,就描绘出了二丑这个典型形象,活灵活现。

（2）打比喻。就是拿具体的事物来说明所要阐述的道理。寻求事物的某一特征,加以描述作比,使事物或道理通过形象化的比喻得到阐发。比如前面所引用过的《战士与苍蝇》就是运用这种方法。

（3）做对比。就是用具体的事物和形象,通过联想类比来阐明和揭示所要论述的道理。前面所引用的《活物的灵性》的例子,就是通过动物的人性与人的兽性的对比,揭示了潜藏在人性中的兽性,令人警惕。

（4）画龙点睛。就是用文章的大部分篇幅来描述所要歌颂或贬斥的事物,在文章的末尾用极为精辟的语言将深刻的道理点出来,起到画龙点睛的作用。比如前面所引的《金贵的"一元"》,先是叙述了"自动售书"的缘由、经过和结果,最后"卒章显理":

前不久,报刊披露,国外有人对各国公民心理做心理道德测试。把一只皮箱放在公共场所,然后躲在暗处观察,看皮箱在多长时间内失踪? 结果,美国最快——25分钟就不见了! 英国第二——1.5 小时! 加拿大第三——3.4 小时……由此看来,中国人的道德水平并不低! 20 本书,花了 8 小时才"售完",而且还留下"金贵的一元"——1/300 的良心! 真使我感到欣慰。

这一段画龙点睛,将要表达的事理和盘托出,让人回味无穷!

"杂"指的是杂文在内容上无所不谈,这在前面已经介绍过了。不过在写作过程中,要注意勿使事实之杂搞乱了思路,喧宾夺主。相反,不论材料如何驳杂丰富,都要主旨集中,结构散而不乱。

例 文

一只特立独行的猪

王小波

插队的时候,我喂过猪、也放过牛。假如没有人来管,这两种动物也完全知道该怎样生活。它们会自由自在地闲逛,饥则食渴则饮,春天来临时还要谈谈爱情;这样一来,它们的生活层次很低,完全乏善可陈。人来了以后,给它们的生活做出了安排:每一头牛和每一口猪的生活都有了主题。就它们中的大多数而言,这种生活主题是很悲惨的:前者的主题是干活,后者的主题是长肉。我不认为这有什么可抱怨的,因为我当时的生活也不见得丰富了多少,除了八个样板戏,也没有什么消遣。有极少数的猪和牛,它们的生活另有安排。以猪为例,种猪和母猪除了吃,还有别的事可干。就我所见,它们对这些安排也不大喜欢。种猪的任务是交配,换言之,我们的政策准许它当个花花公子。但是疲惫的种猪往往摆出一种肉猪(肉猪是阉过的)才有的正人君子架势,死活不肯跳到母猪背上去。母猪的任务是生崽儿,但有些母猪却要把猪崽儿吃掉。总的来说,

---

① 鲁迅全集:第5卷 [M]. 北京:人民文学出版社,1981:197.

人的安排使猪痛苦不堪。但它们还是接受了：猪总是猪啊。

对生活做种种设置是人特有的品性。不光是设置动物，也设置自己。我们知道，在古希腊有个斯巴达，那里的生活被设置得了无生趣，其目的就是要使男人成为亡命战士，使女人成为生育机器，前者像些斗鸡，后者像些母猪。这两类动物是很特别的，但我以为，它们肯定不喜欢自己的生活。但不喜欢又能怎么样？人也好，动物也罢，都很难改变自己的命运。

以下谈到的一只猪有些与众不同。我喂猪时，它已经有四五岁了，从名分上说，它是肉猪，但长得又黑又瘦，两眼炯炯有光。这家伙像山羊一样敏捷，一米高的猪栏一跳就过；它还能跳上猪圈的房顶，这一点又像是猫——所以它总是到处游逛，根本就不在圈里呆着。所有喂过猪的知青都把它当宠儿来对待，它也是我的宠儿——因为它只对知青好，容许他们走到三米之内，要是别的人，它早就跑了。它是公的，原本该劁掉。不过你去试试看，哪怕你把劁猪刀藏在身后，它也能嗅出来，朝你瞪大眼睛，噢噢地吼起来。我总是用细米糠熬的粥喂它，等它吃够了以后，才把糠对到野草里喂别的猪。其他猪看了嫉妒，一起嚷起来。这时候整个猪场一片鬼哭狼嚎，但我和它都不在乎。吃饱了以后，它就跳上房顶去晒太阳，或者模仿各种声音。它会学汽车响、拖拉机响，学得都很像；有时整天不见踪影，我估计它到附近的村寨里找母猪去了。我们这里也有母猪，都关在圈里，被过度的生育搞得走了形，又脏又臭，它对它们不感兴趣；村寨里的母猪好看一些。它有很多精彩的事迹，但我喂猪的时间短，知道得有限，索性就不写了。总而言之，所有喂过猪的知青都喜欢它，喜欢它特立独行的派头儿，还说它活得潇洒。但老乡们就不这么浪漫，他们说，这猪不正经。领导则痛恨它，这一点以后还要谈到。我对它则不止是喜欢——我尊敬它，常常不顾自己虚长十几岁这一现实，把它叫做"猪兄"。如前所述，这位猪兄会模仿各种声音。我想它也学过人说话，但没有学会——假如学会了，我们就可以做倾心之谈。但这不能怪它。人和猪的音色差得太远了。

后来，猪兄学会了汽笛叫，这个本领给它招来了麻烦。我们那里有座糖厂，中午要鸣一次汽笛，让工人换班。我们队下地干活时，听见这次汽笛响就收工回来。我的猪兄每天上午十点钟总要跳到房上学汽笛，地里的人听见它叫就回来——这可比糖厂鸣笛早了一个半小时。坦白地说，这不能全怪猪兄，它毕竟不是锅炉，叫起来和汽笛还有些区别，但老乡们却硬说听不出来。领导上因此开了一个会，把它定成了破坏春耕的坏分子，要对它采取专政手段——会议的精神我已经知道了，但我不为它担忧——因为假如专政是指绳索和杀猪刀的话，那是一点门都没有的。以前的领导也不是没试过，一百人也捉不住它。狗也没用：猪兄跑起来像颗鱼雷，能把狗撞出一丈开外。谁知这回是动了真格的，指导员带了二十几个人，手拿五四式手枪；副指导员带了十几人，手持看青的火枪，分两路在猪场外的空地上兜捕它。这就使我陷入了内心的矛盾：按我和它的交情，我该舞起两把杀猪刀冲出去，和它并肩战斗，但我又觉得这样做太过惊世骇俗——它毕竟是只猪啊；还有一个理由，我不敢对抗领导，我怀疑这才是问题之所在。总之，我在一边看着。猪兄的镇定使我佩服之极：它很冷静地躲在手枪和火枪的连线之内，任凭人喊狗咬，不离那条线。这样，拿手枪的人开火就会把拿火枪的打死，反之亦然；两头同时开火，两头都会被打死。至于它，因为目标小，多半没事。就这样连兜了几个圈子,它找到了一个空子,一头撞出去了;跑得潇洒之极。以后我在甘蔗地里还见过它一次,它长出了獠牙,还认识我,但已不容我走近了。这种冷淡使我痛心,但我也赞成它对心怀叵测的人保持距离。

我已经四十岁了,除了这只猪,还没见过谁敢于如此无视对生活的设置。相反,我倒见过很多想要设置别人生活的人,还有对被设置的生活安之若素的人。因为这个原故,我一直怀念这只特立独行的猪。

(选自《王小波全集》,云南人民出版社,2006年。)

评论写作

一、评论的性质与特征

评论就是写作者对各种文艺现象、社会现象、新闻和艺术作品等进行的分析、比较、评价优劣的一种论文文体。其基本内容包含两个方面:一是对特定现象或问题进行分析论证,判断是非,阐发道理;二是对具体的作品进行批点评注,评价质量或境界的高下。相较于口头的评价和褒贬,评论写作注重的是理性分析,是一种抽象的评判。它不仅要对评判对象作出评价,还要阐发道理,就是通过对特定问题和现象的分析、评判,总结与该问题或现象密切相关的规律、阐发原理,明确辨别是非的标准和原则。

基于以上特质,评论具有以下两大特征:一是评论有评价但不以个人好恶为标准。评论写作要求客观、公允,其评价依据是科学的、符合社会发展规律或公众利益的。因此在批评实践过程中,写作者要摒弃个体好恶,从是否符合大多数人的利益、是否符合事物和社会发展规律出发对评价对象进行分析和判断。当然,这并不是说一个评论者不能关注符合自己趣味的东西,而是强调评论者要以客观公正的态度,以专业的态度和眼光关注更广阔的艺术类型、社会现象和公众整体思想倾向,以便能对评价对象做出准确评价和阐释。二是评论以个体感受为基础但以理性思维见长。从写作过程角度看,评论写作包含"阅读(观赏)/了解现象和评论"两个环节。在第一个环节中,无论是阅读作品、观赏其他艺术成果,还是了解特定社会现象或问题,主体的感性认识部分都非常突出,喜欢或不喜欢该作品,支持还是反对该现象,都与主体的喜好、立场密切相关。但是评论总是在个体感受基础上对客观事物进行理性评价或阐释,这不仅需要运用相关理论对评论对象进行客观分析,还要对自己的观点进行逻辑严谨的论证,因此与鉴赏相比,评论具有突出的理性特征。

二、评论的运用、类型与功能

(一)评论文体的广泛运用

在日常生活实践中,评论文体运用广泛。首先,对事物进行评价是人的天性之一。每个人都有自己的趣味和喜好,因此在日常生活中总会依据这些趣味和喜好对周围的人、事、物进行评价。这虽然不等同于严肃的评论写作,但可以说评论是有"人性"基础的。其次,评论也是社会发展的需要。社会发展过程中总会产生一些新的现象、新问题,对这些新事物、新现象需要进行介绍、辨析、判断,以便引导人们正确认识和选择。比如新的艺术作品、艺术类型产生之后,需要对其进行分析、评价、传播;新的社会现象产生了,人们对此认识不清,需要有理性的分析进行引导;某种思想在社会上流传,正误莫辨,也需要有评论予以澄清,等等。在当下媒介环境中,海量信息迅速传播,新事物、新现象更是层出不穷,同时,网络平台为人们发表言论提供了便利,这就使得评论写作更加灵活和普遍。比如我们可以随时在"豆瓣"上发表我们的读书心得和观影感受,可以在空间、微博、微信等网络平台中对社会现象表达看法,可以在手机客户端对相应的新闻报道跟帖评论。可以说,随着社会生活、艺术形式的快速发展,随着人们视野的拓展、独立思考习惯的养成以及思维能力的提升,评论在日常生活中的运用频率也日益提高。因此,对于一个有素质的人而言,评论写作已经成为必备能力。学习并训练如何迅速地捕捉有价值的评价对象,如何对其进行合理、透彻的分析和判断并用清晰顺畅的书面形式表达出来,已经成为一个接受高等教育者的基本任务。

(二)评论文体的类型

按照不同的分类标准,评论可以分为多种类型。法国批评家蒂博代按批评者身份的不同,将批评分为媒体批评、作家批评和教授的批评三类。在他看来,每一类都有各自的特征、优点和缺点,但三者缺一不可,共同组成了文艺批评的良好生态。蒂博代的批评主要是针对文艺批评而言的。在实践过程中,人们一般习惯于按照评论对象或评论成果形式对评论进行分类,一般分为文学评论、影视评论、思想评论、新闻时评以及书评、学术成果评价等;如果按成果表现形式,又可分为学术型评论、随感型评论等。日常写作实践中我们常常涉及三类评论的写作,即书评、文学批评和影视评论写作。

书评是对图书的评论,评价对象一般是新出版,或者在某一领域中非常重要但不为人熟知、价值未被充分认识的书籍。书评写作的主要目的是介绍和推荐,让被评价的图书为人所了解、阅读和使用。与其他评论相比,图书评论有突出的特点:一是篇幅比较简短,千字左右的比较多,最长不过两三千字,与上万字的文学批评相比,属于轻快、短小的评论类型。二是在语言风格上,多生动活泼,有的书评带有趣味性,比较好读,不像专业论文语言那样严肃。三是在结构上,书评不以观点的论证和逻辑的推理为手段,而是要在作者阅读或欣赏感受基础上归纳图书的特点,指出优点和不足,但这些都点到为止,不需要长篇大论。

影视评论写作是目前比较常见的一种批评类型,它的主要任务是对观看过的电影、电视剧进行批评。与书评相比,影视评论写作内容相对丰富,可以评价内容,可以分析创作形式,甚至可以评价其运营方式等。尤其值得注意的是,影视评论写作中对艺术形式的分析是不可少的。书评写作当然也包括书籍的形式,比如语言、结构、设计、装帧等,但相对而言,图书评论还是以内容为主。影视评论则不一样,因为影视属于传媒艺术,技术性是其基本特征之一,因此评论写作势必涉及影视语言的分析,比如镜头的运用、画面的结构安排等,所以要求写作者要了解一定的影视创作知识或拥有一定的实践经验。在篇幅上,影视评论写作也可长可短,从几百字到几千字都可以,语言风格多样,可轻灵活泼也可谨严有致。在具体写作实践中,选择什么样的篇幅和语言风格主要依据写作意图而定。

文学批评写作主要是对艺术作品、文艺现象或流派进行分析、阐释和判断。与书评和影视评论写作相比,文学批评写作的特征主要表现在四个方面:内容丰富,篇幅长,语言严谨,理论性强。文学批评的内容丰富复杂,无论是对单一作品或类型作品的分析评价,还是对作家的研究,或者是对某一文学现象进行分析,都是对评价对象的整体的、系统的分析,内容含量远比书评大得多。在篇幅上,一篇文学评论文章一般在八千到一万字之间,最短也要三千字左右。文学批评的语言严肃,逻辑严谨。同时,文学批评的内容多需要条分缕析、逐层阐释或者细致表达、展开讨论,因此具有突出的理性特征。由文学批评的上述特征可以看出,这种评论形式对作者的素质有着较高的要求。首先要求作者对所评论的对象要有透彻的把握、深入的研究,要有驾驭全局的气度。比如,要对一个时期的艺术现象或社会思潮进行评论,就要求作者必须对该时期的文艺状况或社会思潮有一个大体的了解,而且要把握住其特点以及优势和缺陷等。其次,要求作者有一定的理论素养,有较强的逻辑推理能力和理性分析概括能力。这类批评在结构上大致与一般论文一样,包括三部分:提出问题、分析问题、解决问题。

(三)评论的功能

评论具有多重功能,而且每种评论的功能稍有不同。比如就影视评论而言,按照美国学者蒂莫西·科里根的看法,就至少包括五种功能:影评写作可以加深我们的观影感受,可以说服他人,可以向读者解释或介绍一部电影的相关知识,可以通过比较两部电影达到更深地理解电影的目的,可以将一部电影与其文化领域相联系,以阐明一种文化和植根于该文化中的电影。① 不过,虽然具体功能因不同评论文体稍有差异,但总体上看,以下功能是各种评论所共有的:

1. 评价、鉴定功能

这是评论的基本功能。一方面,任何评论都要对评价对象的质量高下进行分析和判断,因此评价是评论的"天性";另一方面,任何评论都是有标准的,这也决定了评论对于评价对象具有鉴别是非对错、优劣高下、区分层次等的鉴定功能。值得注意的是,对评论对象的评价、鉴定实际上也意味着一种表态或筛选。评论隐含着对特定事件、问题、现象的态度,支持什么,反对什么,这既是写作者的态度,有些情况下也代表集体的态度,比如社论之类就既是媒体的态度,也可能代表政党或政府的态度。

2. 引导、教育功能

评论对象是异常复杂的,无论是思想问题、社会现象还是文艺作品,都可以从多个角度、多个层面进行批评。对于普通大众来说,有时难以辨析高低优劣,是非对错。尤其是在当前社会迅速发展和转型时期,新事物、新生活方式层出不穷,很多新生事物都超出我们的预料,也很难从本质上去认识。这就需要评论的及时介入,要通过评论介绍这些新生事物的全貌,挖掘实质,分析优劣,指出积极或消极意义,提出应注意的问题等,引导社会形成正确认识,采取恰当的态度和合适的应对策略。再比如,当一种思想倾向或文艺现象违背了艺术的内在规律、违背人性而人们还没有意识到这一问题时,其负面影响就更大。这时就迫切需要有好的批评对此进行分析,指出弊病,提出诊治的办法。如此,则不仅可以起到适时提醒读者或受众的作用,同时还可以引领社会思想、文艺创作与接受向着更适度、更健康的方向发展,提高民众素养,引导整个社会发展出更高层次的艺术趣味。

3. 监督、深化功能

评论可以弘扬积极的思想倾向,支持有益的文艺和社会现象,也可以抨击、批判消极

① 〔美〕蒂莫西·科里根. 如何写影评 [M]. 宋美凤,译. 北京:世界图书出版公司,2009:7.

的现象和倾向,对舆论进行及时有效的监督。同时,评论还可以为公众提供认识问题的新视角、新方法,引导社会公众对问题进行深入思考,培养和提高公众的理性思维能力和客观、辩证地看待问题的思维方式。这一点在当前社会环境下尤为重要。在媒介环境下,各种新事物、新现象层出不穷,一些错误的思想倾向、混淆是非的社会现象、挑战传统价值观的行为数量巨大,对于上述种种现象和问题,评论能够揭示其实质,分析其危害,起到监督、警醒公众的作用。比如毛泽东的《反对自由主义》在文章一开始就旗帜鲜明地指出,自由主义和积极的思想斗争是根本对立的:

我们主张积极的思想斗争,因为它是达到党内和革命团体内的团结使之利于战斗的武器。每个共产党员和革命分子,应该拿起这个武器。

但是自由主义取消思想斗争,主张无原则的和平,结果是腐朽庸俗的作风发生,使党和革命团体的某些组织和某些个人在政治上腐化起来。①

这篇文章属于思想评论类型,就是抓住当时社会上流行的自由主义思想苗头进行分析,指出自由主义的本质,提出积极的思想斗争的实质,两相比较让人们看清两种思想的本质区别和利弊,起到了很好的监督和深化思考的作用,影响深远。

三、评论的写作

(一)明确批评的标准

批评的具体形态和标准是多种多样的,那么在这些具体的批评形态和标准中有没有一个共同的标准呢?答案是肯定的。恩格斯在给拉萨尔的信中有一个表述:"我是从美学的观点和史学的观点,以非常高的、即最高的标准来衡量您的作品的。"②意思就是说,"美学的标准"和"史学的标准"是衡量一切艺术的基本标准。实际上,这两个标准不仅是衡量艺术高下的标准,而且也是评价其他社会现象、分析问题的标准。

所谓史学的标准,就是说要评价对象的思想内容、精神指向是否符合社会发展规律,是否符合人的协调发展的基本需求。如果所要评论的事物或现象、举措代表的是绝大多数公众的利益,那么这就是符合公众需求的,是值得肯定的;如果相反,则需要指出弊端和危害,进行反对。对于艺术来说,也同样如此。如果一部艺术作品真实地反映了社会生活的本质,有深度和广度,从中能够看出社会的变迁、文化的发展、人生的真实状态,那么这部作品就是符合史学的标准的,值得关注。

所谓美学的标准,对于艺术批评而言,主要是指艺术形式方面应符合美的标准。文艺对于人类社会的价值是多方面的,但作为一个艺术门类,必须首先具备艺术价值。一部不具备艺术价值的作品,其他的价值就成了空中楼阁。因此我们在进行批评时,也要看艺术家是否具有较高的才情、气质、修养和创造能力,看他在作品中是否表现了较高的艺术技巧,比如作品形式的独创性、形式与内容的契合度、形式是否有独立的美感等等。对于思想评论、新闻评论等等来说,所谓美学的标准就是要看所评论的思想倾向、新闻事件等是否符合人性、人道主义等等。符合人性基本需要和人道主义原则的思想和行为就是符合美学标准要求的,反之,就是违背这一标准的,需要进行分析、批驳,指出修正意见。

---

① 毛泽东选集:第 2 卷 [M]. 北京:人民出版社,1991:359.

② 马克思恩格斯选集:第 4 卷 [M]. 北京:人民出版社,1995:561.

值得注意的是,任何标准都会随着社会的发展变化而变化,史学标准和美学标准的内涵也会随时代发展而变化。因而在依据相应标准进行批评时,要注意具体问题具体分析,不可胶柱鼓瑟,僵化教条。

(二)精心选择评论对象并确立主题

对写作来说,"题好文一半"。写评论也是如此,选准了评论对象,选好了论题,文章就成功了一半。那么该如何选择评论对象并确立主题呢?这需要我们注意两个环节:一是重视对批评对象的研究;二是要严格遵循选题的原则。所谓重视对批评对象的研究,就是说要认真研究评论对象,了解其来龙去脉、特征、实质、效果等。比如,若要评论某一社会现象,就需要对该现象进行全面了解和把握,弄清楚该现象的实质、因果、可能带来的利弊等;要评论某一思想倾向或思想问题就需要对该倾向或问题有敏锐的洞察,并及时评论,"言当其时";若要评论作品,就需认真地去熟悉、研究作品,要认真阅读,真切感受,同时还要把握住作品的特点,并在此基础上重点钻研。每一部作品都有各自的特点,这些特点就是批评者要注意的重点。要在归纳出重点的基础上,考虑这些特点的由来、利弊等等。

评论的选题有一定的原则。一是要从写作者的自身条件出发,选择自己所擅长的领域和论题进行评论。这是因为:如果对评价对象没有全面的把握和深入了解,就不可能写出中肯的评论,而评论者最熟悉的当然是自己所擅长领域中的问题;另一方面,评论又是写作者自身素养的体现:论点能表现出写作者见解的高下,论证表现出写作者自身的逻辑思维水平,论据能体现写作者知识视野的宽窄,因此从自我尊重角度说,写作者也要写自己所擅长的题目。二是要从既有的客观条件出发。评论现象范围非常宽泛,批评的选题范围也有大有小,因此选题的难易程度、切入的角度也应该有所不同。对初学写作的人来讲,选题要具体,从小处入手。待掌握了更多资料,具备了把握全局的能力之后,再去评论比较宏大的艺术现象、比较复杂的社会现象。同时,还要考虑资料情况。如果已经掌握了比较丰富的材料或者具备了比较优越的检索资料的条件,那么选题的自由度就大一些,如果资料条件比较差,那就应该把论题选小,或者换题。

(三)评论要具体充分,有针对性

所谓具体充分,是指要有针对性,要论到实处。简单说就是要明确指出评价对象的特征、优点或者不足,然后用充分的证据或丰富的表达方法进行论证,既要避免作出空疏、不切实际的结论,又要避免缺乏说服力。比如邹韬奋写过一篇思想评论叫《硬吞香蕉皮》,主要目的是批评当时社会上流行的文过饰非的现象。为透彻说明文过饰非的弊端,文章就巧妙地借用了军阀吴俊升吃香蕉连皮一起吞还不接受他人意见的笑话,然后分析说:

世上像吴氏这样硬吞香蕉皮还振振有词的虽不多见,但明知错了不肯认错,还要劳心日拙地想出种种方法来替自己掩饰,甚至把规劝他的人恨得切齿不忘,这种心理似乎很普遍。这种人穷则独害其身,达则兼害天下!因为他所能接近的全是胁肩谄笑的奸佞小人,所最不能容的是强谏力争的正人君子。[1]

这里用举例的方法论证知错不改、回避指正、文过饰非的思想和行为的错误及危害,既使得评论具体有针对性,又有趣味性,让人在轻松愉悦的语境中领悟到深刻的道理。

---

[1] 韬奋文集:第1卷[M].北京:三联书店,1962:61.

在具体写作实践中,要注意根据不同评论对象采取不同的策略:对一般社会现象的评论要对该现象有全面把握和概括,分析其可能带来的好处或者可能引发的弊端和危害。对新闻的评论要有针对性和时效性,题目要具体实在,不能大而虚,论证要摆事实,讲道理,评到点子上,论到要害处。对文艺作品形式的批评要注意抓住特点,也就是抓住作品最有特色、与众不同的视角、表现手段、技巧等,进行具体的分析评论,揭示其在表达思想、反映社会等方面所起的重要作用。

四、评论写作应有的态度和素质

评论是一项严肃的工作。之所以这么说不仅仅是因为严肃认真的评论是对批评对象以及评论者自身的尊重,更是因为评论有可能影响他人的认识和选择,因此必须严肃认真地对待。

(一)认真研究批评对象

美学家朱光潜曾经说过,要写一篇评论文章,不读五遍不敢写一个字。台湾批评家龙应台也是很严肃地进行自己的批评工作的。在谈到自己的批评过程时,她说,每次她都必须在灯下正襟危坐:第一遍,凭感觉采撷印象;第二遍,用批评的眼光去分析判断,做笔记;然后读第三遍,重新印证、检查已作的价值判断;最后才能动笔去写批评文章。很显然,对于文学批评来说,只有经过这样的潜心研读,才能透彻地把握作品的精髓,才能作出切中肯綮的价值判断。对于其他评论来说也同样如此。写作者需要通过充分的资料选择、调查采访等手段,全面了解批评对象的实质、因果,对其利弊以及可能引起的其他问题有充分的把握,然后才能进行评论,否则就难以有公允的评价和中肯的结论,也就难以服人。

(二)批评应该客观,实事求是

这里的客观、实事求是就是说要老老实实地对评价对象进行分析,好就是好,不好就是不好,不能模棱两可,更不能夸大其优点或者回避问题,否则就失去了评论的价值和意义。对于新闻时评、思想评论等评论类型来说,客观和实事求是就意味着批评要及时,要抓典型批评,对重要且敏感的问题的分析和批判不能避重就轻,更不可视而不见,拖延应付。对于书评、影评和文学批评而言,客观的态度要求写作者做到不以批评对象的身份地位而改变观点和倾向。也就是说,批评的对象是名人名家不必刻意奉承,是艺坛新秀也不能轻易贬低,是朋友不"捧",是仇敌也不"骂",只需本着"历史的标准"和"美学的标准"客观分析、评价。

(三)要有广博的学识和修养、敏锐的思想洞察力以及与政治、道德相关的高超的文化眼光

在古代,衡量一个人的能力,有"才、胆、识、力"四个标准。就是说一个人要有才气,有胆识,有学识,有表现、表达等能力。一个优秀的批评者同样需要这四种能力。事实上,在思想能力方面,一个不能超越他人的评论家,决不可能敏锐地洞察到新的思想倾向或苗头。一个只是感受丰富但理论储备不足的人,其问题分析也很难做到细致严谨,透彻清晰。当然,这里强调要有广博的修养,并不是说有了知识就行了。有了知识还要灵活运用,机械地照搬照抄,对批评来说也没什么益处。批评不是靠几本理论书就可以做好的,批评者

需要综合运用自己的艺术感受力、理论高度、思想深度、表达能力以及敢于好处说好、坏处说坏的胆识,只有这样才可能写出好的批评。

例 文

钱钟书论

胡河清

　　文艺理论不管怎么说,无非也就是谈文艺的而已。然而我认为最好的文艺,总是渗透着人生的感怀;如果谈文艺的理论文章一概都写得如同哲学家的著述,一点点汗臭或者酒香的味儿都嗅不出来,那也未必就算顶高明的理论境界。我先前特别喜欢的一篇文艺理论的大文章,便是柏拉图的《斐德若篇》。看那篇文章,不但领教了不少文艺理论方面的道理,且又能见识到如许希腊哲人高谈雄辩时的风采。当代戏剧讲究推倒"第四堵墙"及观众的参与意识。我读《斐德若篇》的时候,也觉得那"第四堵墙"荡然无存了似的,有时竟忍不住想开口狠狠刺一下那位自以为全知全能的苏格拉底。要是当初斗胆敢只身去"会饮",恐怕十有八九会被苏格拉底大人的收发室赶出艺术的宝殿的。

　　知趣之余,还是谈谈咱们东方吧。咱们中国的钱钟书先生,也是以辩才著称的,且又写过艺术的大著作如《谈艺录》《管锥编》及其他。不过到底是诗书礼义之邦的老先生,态度气象上是要比苏格拉底谦虚了许多。比如那《管锥编》的"管锥"也者,钱钟书在此书的一开场便解释:"锥指管窥"的意思。这样低调的题目对有着雄赳赳的希腊格斗士那般姿态的、专爱作总结发言的苏格拉底,大概是不大会起的。但据说钱钟书先生是江苏无锡人氏,而老话则有"刁无锡"之说,意谓无锡人说话口气是很"刁"的。大凡"刁"者必喜"锥"人也。如此看来,钱钟书之谈艺,从书的标题上便露出自己的脾气来,也比不得新星们之高深抽象的。

　　为什么说到艺术理论,便单单先举出个钱钟书来呢?因为,中国历代的文论、诗论乃至画论极多,其中还有不少被后人当作"名山文章",但我对此则有自己的看法,尽管钱钟书称他著的也是"诗话",却与传统的诗话大有异趣存焉。依我看来,传统的诗话文论类文章其中固然不乏警语佳句,但也有些不及钱钟书的地方。

　　传统诗学作品的品类之一,是一味地高玄。比如唐代司空图的《二十四诗品》,文字就极狷洁明净。我原先颇欣赏他的《典雅》一品:"玉壶买春,赏雨茆屋。坐中佳士,左右修竹。白云初晴,幽鸟相逐。眠琴绿阴,上有飞瀑。落花无言,人淡如菊。书之岁华,其曰可读。"想想做人若能永远如此悠哉游哉,消遣岁月,真是其乐无穷。由此之故,已能将此段文字倒背如流。但既熟诵之后,不满也就渐渐生了出来。人生在世,总有些七情六欲十二万枯槁奇想在此,而若是一生老坐在竹子丛里稳稳地"人淡如菊",那岂不太辜负了那风起浪作,苦乐兼并的人间世?乃至于生死的大畛域亦难辨矣。对于此类雅得过分的文字,现代的人谈起来,若一味地咏叹其风雅,未免就不露出些遗少的迂曲可笑之处。我们现在若看梁楷的《八高僧故事图卷》之类,那一个个托钵老僧坐在松柏之间,左右修竹,双目似开还闭,真似蝉蜕凡骨超入梵天了。哪知道当时禅门中的斗心机，实在比得水火之难容。禅宗的祖师慧能就因为得了一件达摩的袈裟，而差些被同行拿了头颅去的。所以范文澜先生揭此辈雅人的老底说："成佛的最初戒律是不杀不偷，而教人作佛的禅师却是杀偷兼备，甚至要杀死人的头。不管禅宗大师们口头上说得多么空、多么净，在争夺名利时，终究是禅师即强盗，无二无别。"①

而钱钟书对这些假超脱的释子们似乎看得更透些。如韩愈扬儒宗而谤佛。释门中人南宋释志磐对此评曰："今人有能少抑盛气，尽观此书，反覆详味，则知韩公之立言皆阳挤阴助之意也。"对此钱钟书议论道："盖辟佛而名高望重者，如泰山之难摇、大树之徒撼，则释子往往不挥之为仇，而反引之为友；巧言曲解，称其于佛说貌离而神合、心是而口非焉。"②手段心机至此，其奉"四大皆空"的诚心究为几何也昭然了吧。

为此之故，钱钟书对于那些仿佛不染人间烟火的道禅派诗人，并不像传统诗评家那样只知咏叹他们的诗境如何如何风流潇洒，而是"诗律面前人人平等"，也要考其真伪。如那位大名鼎鼎的神韵派始祖王士祯，钱钟书论曰："渔洋天赋不厚，才力颇薄，乃遁而言神韵妙悟，以自掩饰。一吞半吐，撮摩虚空，往往并未悟入，已作点头微笑，闭目猛省，出口无从，会心不远之态。"③由此想到，当代的寻根派小说诸大家中，虽则阴阳八卦儒佛道禅念念有词，恐怕也未必就没有如王渔洋老先生毛病者的吧。凡神秘玄门，因其离众生世相也太远，故易与不近人情者近，而不近人情者则往往似真而实伪也。

古典诗论还有一类，以谈技巧作法为主。初入此门，总会认为此等文章作法切近实用，有裨后学者功德大哉。但看得多了，难免觉其雷同重复，令人生厌，而钱钟书虽然偶尔也讲些作文吟诗的甘苦经验，却不大落"义法"的旧套。他引孙子论兵语喻作诗："始如处女，终如脱兔。"④又引曾茶山诗："学诗如参禅，慎勿参死句；纵横无不可，乃在欢喜处。又如学仙子，辛苦终不遇；忽然毛骨换，政用口诀故。居仁说活法，大意欲人悟；岂惟如是说，实亦造佳处；其圆如金弹，所向如脱兔。"⑤评曰："'脱兔'正与'金弹'同归，而'活法'复与'圆'一致，圆言其体，譬如金弹；活言其用，譬如脱兔。"⑥

用兵之道，通权达变，与迂腐酸痴绝缘。钱钟书的作文论诗之法，倒也说得上是一位深谙阴阳变化之术的"兵家"。他作文好似"脱兔"，像是想到那里说到那里，又好用险笔，往往似乎说得走了火、离了题，说到别的地方去了。凡这种笔墨，便是他称之为"金弹""脱兔"的。在另一个地方，他又举出前人之言解释所谓"脱"的意思："脱"者，"脱卸之意。凡山水融结，必于脱卸之后；谓分支擘脉，一起一伏，于散乱节脉直脱至平夷藏采处，乃是绝佳风水"⑦。如果用心一点看，钱钟书文章中的这种"脱卸"之处，

① 范文澜.唐代佛教[M].北京:人民出版社,1979:82.
② 钱钟书.谈艺录[M].北京:中华书局,1999:383.
③ 钱钟书.谈艺录[M].北京:中华书局,1999:97.
④ 钱钟书.谈艺录[M].北京:中华书局,1999:438.
⑤ 钱钟书.谈艺录[M].北京:中华书局,1999:438.
⑥ 钱钟书.谈艺录[M].北京:中华书局,1999:438.
⑦ 钱钟书.谈艺录[M].北京:中华书局,1999:378.

也正是他老人家伏着奇兵的所在,如《谈艺录》二三从朱熹喜学曹操书法写起,以后又断断续续转了好多的弯子,浅学而不求甚解如我辈,真不知他的用心何居。待看到后来"文人而有出位之思,依傍门户,不敢从心所欲,势必至于进退失据"①才仿佛看出点意思来了。当然我也不敢断定这就是钱钟书的"中心旨意"所在。大抵对于已入神境的隐秀之文,而用所谓"中心旨意"等等肤浅的字眼求索之,必然弄巧成拙,自形浅陋。对此,钱钟书先生自己有过表白:"'庄生晓梦迷蝴蝶,望帝春心托杜鹃',言作诗之法也。心之所思,情之所感,寓言假物,譬喻拟象;如庄生逸兴之见形于飞蝶,望帝沉哀之结体为啼鹃,均词出比方,无取质言。举事寄意,故曰'托';深文隐旨,故曰'迷'。"②这说的虽为作诗之法,却也与钱氏文章的笔法同出一理。"迷"是说他的旨意是遥深的;"无取质言",则提醒人们勿轻易作浅近的解释,以三家村学究言曲解其深文大义,亦即现代的文艺理论家之谓象征的多重含义也。

然而大概言之,钱钟书谈艺文章中的寄托,也还是可以如他自己说的,分之为"逸兴"与"沉哀"两类。

"逸兴"之"逸"在中国诗学中常指一种"超逸"、"高逸"的名士风度。如唐张怀瓘《书议》评王献之书曰:"子敬之法,非草非行,流便于行草;又处于其中间,无藉因循,宁拘制则,挺然秀出。务于简易,情驰神纵,超逸优游,临事制宜,从意适便。有若风行雨散,润色开花,笔法体势之中,最为风流者也。"③

这一段文字移来评钱钟书的文章风格,也倒颇为切近。特别他那种随随便便写到哪里是哪里的笔法,与晋人行草之"临事制宜,从意适便"的轻松态度很为相像。由此我也想到艺术批评中的一个奇怪现象,即评论一种艺术风格,往往在同一门类中难以找到确当的对应物,倒是隔山有知音,在"邻居体裁"中却可觉得更能说明问题的比较对象。张怀瓘谓晋人书法之"超逸优游",亦颇能概括钱钟书的谈艺"逸兴"的一部分内涵。

"逸"的另一含义,则似以元倪瓒的"逸笔草草"最能代表。若说晋人的行草走笔尚有龙蛇飞动之气势,那么倪云林"逸笔草草"的艺风使意兴冷却了许多。石涛说他"一段空灵清润之气,泠泠逼人"④,良有以也。此种"逸"风即"冷逸"也。石涛与倪瓒都领会过国破家亡的悲凉之雾,故能有此心照。"冷逸"之风表现在画格上,是笔墨用得简约,墨色下得萧疏;表现到文学上,则可讲可不讲的话,便省了不讲,笔法不带卑庸福近之态。钱钟书先生对倪瓒颇多首肯语。如他在《中国诗与中国画》一文中引程正揆语:"画贵减不贵繁,乃论笔墨,非论境界也。宋人千丘万壑,无一笔不减,倪元镇疏林瘦石,无一笔不繁。"⑤意思是说,画的境界之高深与否并不以笔黑的多少论定。倪瓒的画,着墨无多,境界却至深远。又引吴雯《题云林〈秋山图〉》并加评语曰:"岂但

① 钱钟书.谈艺录[M].北京:中华书局,1999:88.

② 钱钟书.谈艺录[M].北京:中华书局,1999:436.

③ 宗白华.美学散步[M].上海:上海人民出版社,1981:181.

④ 葛路.中国古代绘画理论发展史[M].上海:上海人民美术出版社,1982:139.

⑤ 钱钟书.七缀集[M].上海:上海古籍出版社,1996:13.

稊华谢桃李,空林黄叶亦无多,也是赞叹倪瓒的'力能从简'。"①尤可玩味的,是钱钟书所引程正揆诗句:"铁干银钩老笔翻,力能从简意能繁;临风自许同倪瓒,入骨谁评到董源"②。看钱钟书的文章,处处恰似有一"铁干银钩"的"老笔"在"翻",而那种冷冷逼人,意在言外的"逸格",则颇类似于倪瓒的疏林瘦石、空林黄叶之画法。"临风自许同倪瓒",或者亦钱钟书先生之自许乎?

但中国传统诗学之"逸兴",无论如晋人行草之超逸或元人山水之冷逸,均多出世之致,而缺乏一种对现实人生的带有幽默感的介入态度。而钱钟书的人生襟怀却在这一方面似乎有些不大类似传统士人文化情趣的地方。

譬如他颇称赞林纾的翻译,特别指出林氏译笔有一种独特的幽默感。对此他在《林纾的翻译》一文中有详尽的评述。即以狄更斯小说《滑稽外史》第十七章为例,该章写时装店里女店员的领班那格女士听见顾客说她是"老妪",勃然大怒,借故出气之事。钱氏特引出林译那格泼妇骂街之一节:"那格……始笑而终哭,哭声似带讴歌。曰:'嗟乎! 吾来十五年,楼中咸谓我如名花之鲜妍'——歌时,顿其左足,曰:'嗟夫天!'又顿其右足,曰:'嗟夫天! 十五年中未被人轻贱。竟有骚狐奔我前,辱我令我肝肠颤!'"③

这段文字钱钟书称之"真是带唱带做的小丑戏"④。大概依他看来不仅道出了狄更斯原文的韵味,且有锦上添花之妙。好的文学批评往往相当具体地透露出批评者本人的趣味。在上述对林纾的评论中,也显出钱钟书那只幽默含笑调侃世情的眼。在此文的另一处,他又把这种幽默感由捕捉林译小说的妙笔推广到了评论林纾本人的为人行事上。比如他举出当年康有为想捧林纾翻译的一首诗,其中有一句"译才并世数严林",结果反而惹得林纾大怒。因为他感到翻译者,雕虫小技也,不足提;若要真心称赞他,就该称赞他的"古文"和旧诗。在这方面,林纾先生确是很狂的,狂到了说"六百年中,震川外无一人敢当我者;持吾诗相较,特狗吠驴鸣"⑤! 而严复对这诗也是大不高兴的,因为他一向瞧不起林纾,看见那首诗,就说康有为胡闹,天下哪有一个外国字也不认识的"译才",自己真羞与为伍。对这一节公案,钱钟书评论道:"文人好名,历来传作笑柄,只要它不发展为无情、无义、无耻的倾轧和陷害,终还算得'人间喜剧'里一个情景轻松的场面。"⑥

……

……林纾老先生,当年曾写过攻击白话文的杀气腾腾的《荆生》《妖梦》之类,然是可恶。钱钟书却慧眼独具发现了林老先生的性格里似乎也有些可笑可爱之处。

言归正传,钱钟书之"逸兴"当也包括这方面的内容吧? 由此之故,他老人家的文章之风味,可说是酸甜苦辣,一应俱全,而于酸咸外,又别有滋味存焉。

---

① 钱钟书.七缀集[M].上海:上海古籍出版社,1996:13.
② 钱钟书.七缀集[M].上海:上海古籍出版社,1996:13.
③ 钱钟书.七缀集[M].上海:上海古籍出版社,1996:84.
④ 钱钟书.七缀集[M].上海:上海古籍出版社,1996:84.
⑤ 钱钟书.七缀集[M].上海:上海古籍出版社,1996:104.
⑥ 钱钟书.七缀集[M].上海:上海古籍出版社,1996:103.

这滋味别无他，便是钱钟书自谓的"沉哀"是也。《谈艺录》开宗明义就讲："余身丁劫乱，赋命不辰。国破堪依，家亡靡讬。迷方著处，赁屋以居。先人敝庐，故家乔木，皆如意园神楼，望而莫接。少陵所谓：'我生无根蒂，配尔依茫茫'，每为感怆。……立锥之地，盖头之茅，皆非吾有。知者识言外有哀江南在，而非自比'昭代婵娟子'也。"①一篇夫子道白，真是说得凄凄切切、苍苍凉凉，看不见尽头的一派白茫茫。如果仔细体味，又会发现这与传统文人的长恨之叹并不完全相同。关键在于"立锥之处，盖头之茅，皆非吾有"句。此是一种现代人由对于自身在宇宙人生中的真实价值的带有思辨色彩的重估而形成的悲观主义结论。非仅叹一己之穷愁失途，亦兼言宇宙本质的荒诞空幻。因此较之古人的典型情感，似乎具有更多的非个人性的形而上的哲学象征意味。

……

钱钟书先生有些文字，则别有一种情味在。如"旅程繁缛，煞费料量，人地生疏，重劳应接；而顿新闻见，差解郁陶。故以离思而论，行者每不如居者之专笃，亦犹思妇之望远常较劳人之念家为深挚。此所以'惆怅独归'，其情更凄戚于踽凉长往也。法国诗人旧有句云：'离别之惆怅乃专为居者而设。'拜伦致其情妇书曰：'此间百凡如故，我仍留而君已去耳。行行生别离，去者不如留者神伤之甚也。'生离如是，死别尤甚。逝者已冥漠无知，惟存者心摧肠断，子期思旧，安仁悼亡，此情难遣已。"②

较之钱钟书其他文章之不时显出"刁无锡"的古怪脾气，这一节文字便格外地见得缠绵多情。依此看来，他到底还不曾炼就水火难攻的心肠，或实是个刀子嘴豆腐心的也未可知。

偶然与一友人闲谈，听说他曾访江南小镇上一隐居之老画师。这老人平时不大出门，至远到镇口酒肆中喝一小杯温过的绍酒。性情孤独，又不信佛，不参禅，不迷老庄。但小镇上的百年兴亡，却是样样默熟于心。画艺固直通天人之异境，于世事之爱憎取舍却未尝喀然忘机。路遇看不惯的人物，掉头就走。邻人或有孤寡老者，天寒日暮，常常送些钱米给他们。每念人生蜀道之难，则发一极温和深挚的微笑。不知怎的，这老画师常使我想起钱钟书先生；而慢慢地，他便简直就等同了我心目中的钱钟书。殆由此老画师特能达"居者之专笃"的神情之故也。钱钟书固然非江南小镇中居人；但既蜗角兔毛可以喻乾坤，则江南小镇又未尝不可喻彼时彼地也，其要义在道揆之相似。后来又闻这江南老画师家中的墙上有一口古旧的老挂钟，则思钱钟书书中也每出现古钟的形象。如小说《围城》之结尾处："那只祖传的老钟从容自在地打起来……无意中包涵对人生的讽刺和感伤，深于一切语言、一切啼笑"③，钟也者，联结过去与未来，兼容直觉与理性，为宇宙人生之一具形的大象征物也。抑或钱钟书之谈艺，也有这般古钟清音在其中吧？

（选自胡河清《灵地的缅想》，学林出版社 1996 年版，原文有删改，注释有校正）

---

① 钱钟书．谈艺录 [M]．北京：中华书局，1999：1.

② 钱钟书．谈艺录 [M]．北京：中华书局，1999：541.

③ 钱钟书．围城 [M]．北京：人民文学出版社，1980：359.

学术论文

课 程 导 读

　　学术论文具有科学性和创造性。虽然从思维上方面说,要求理性和客观,但是选题却要根据作者的兴趣和能力量力而行。学术论文具有独特的格式要求,规范是学术论文写作的重要的要求。

　　学术论文是系统地研究各学科领域内的专业问题的议论性文章。学术论文的研究对象广泛,写作目的不同,因而类型繁多。学术论文的写作能力是衡量研究人员学术能力和思维水平的重要标准。按照培养计划的要求,高等院校学生必须掌握必要的科研方法,了解学术论文写作规范,具备一定的学术论文写作能力。因而,学习写作学术论文是高校学生的任务之一。

一、学术论文的含义和类型

　　学术论文是对某一学术研究对象进行理论研究、实验或观测之后,对所取得成果的记录。在形式上一般有论文、论著两种。某些学术课题的研究成果也可以报告形式呈现。就实践过程中学术论文写作的目的来看,一般有三种情况,一是为领域内交流信息,比如会议论文;二是记录特定阶段的研究成果,证明此阶段的研究已经达到什么程度或水平,并期望获得社会认可,比如在正式刊物上发表的论文或在出版社出版的著作;三是为证明作者的科研、写作能力和水平,比如毕业论文写作。

　　学术论文写作具有重要意义。英国人斯蒂芬·F·梅森在其《自然科学史》导言中说:"科学主要有两个历史根源。首先是技术传统,它将实际经验与技能一代代传下来,使之不断发展。其次是精神传统,它把人类的理想和思想传下来并发扬光大。"从科学发展角度看,无论是技术传统还是精神传统,论文写作都是保存并传播的重要途径。通过系统严谨的论文写作,一方面可以记录特定领域中科学发展的最新成果,另一方面也可以推动科学研究的进程。从日常实践角度看,学术论文写作是证明研究者研究能力和水平的重要标志。这也是目前很多领域将之作为业务考核和业务等级、职称晋升的重要依据的原因。

　　学术论文类型很多,高校中常用的有以下几种:课程论文、学年论文、毕业论文、学位论文、课题论文等。

　　课程论文是写作者在学习某一课程过程中或者课程结束之后撰写的论文,主要作用是检验课程学习的,同时为取得该课程学习成绩提供依据。课程论文的写作在选题方面有鲜明特色,一般要求在该课程范围内选题,论题可以是课程内的某一内容,也可以是课程学习过程中所讨论过的某一问题等等。在写作上,一篇课程论文一般集中讨论一个问题,在内容上要写清楚研究对象是什么,分析问题产生的原因、意义或危害,提出应对策略。在篇幅上,课程论文与普通学术论文要求基本一致,通常在八千字左右,也有课程论文指导者会有特殊要求,但一般不少于三千字。

　　学年论文是高等院校学生在一学年学习结束时提交的学术论文,是对写作者一学年学习成果的总结和检验。学年论文是学术论文的初级形态,主要目的是让学生了解学术论文写作的规范,为写正式的学术论文做准备。与课程论文相比,学年论文的选题范围比较广,可以在该学年所学课程中依据学习兴趣和经验体会自由选择。在内容和格式规范方面,学年论文要求相对严格。在内容上要求有一定的学术性,在格式上要求具备学术论文的基本要素,包括标题、签署、摘要、引言、正文、结论、致谢、注释、参考文献等。学年论文的写作一般要在导师的指导下进行。

课题论文主要指特定课题的参与者对特定领域的专题进行研究并发表或者向科研部门提交的论文。从形式上看,这类论文一般篇幅较长,内容范围比较广,大部分正式发表在国内外各类学术刊物上。这类论文呈现了各专业领域内最新的研究成果,代表着该领域内最前沿的研究水平,体现了该领域的最新研究动态,对在领域内交流信息,促进学科、专业发展具有重要价值和意义。

毕业论文是高等院校毕业生为完成学业而综合运用所学专业知识、基本理论和科研方法所写的学术论文。毕业论文的主要写作目的是为取得毕业成绩和毕业证书提供依据。毕业论文写作是高等院校学生培养计划中非常重要的实践性环节,毕业论文的质量和规范程度一定程度上代表着一个专业、一个学校学生培养的质量。毕业论文的选题相对宽泛,但一般要求在写作者所学专业内选题。作为学术论文的一种,毕业论文在学术规范和格式规范方面,比课程论文和学年论文要求更加严格。在学术规范上要求有独立性和独创性,严谨抄袭、浮夸或其他学术不端行为。在写作过程中要认真完成选题、写开题报告、搜集资料、写作论文等一系列环节的工作。在格式规范上,毕业论文必须各种格式要素齐全,引言标注要严格规范,不可有错讹、误引、误用等问题。

学位论文是学位申请者为申请特定等级的学位而撰写的论文。主要作用是为授予某一等级的学位提供参考依据。目前,我国的学位论文分为学士、硕士、博士三类。根据中华人民共和国学位条例规定:申请学士学位者需要能较好地掌握本门学科的基础理论、专门知识和基本技能,同时,要具有从事科学研究工作或担负专门技术工作的初步能力。申请硕士学位者需要在本门学科上掌握坚实的基础理论和系统的专门知识,具有从事科学研究工作或独立担负专门技术工作的能力。博士学位申请的重要条件是在本门学科上掌握坚实宽广的基础理论和系统深入的专门知识,具有独立从事科学研究工作的能力,并且在科学或专门技术上做出创造性的成果。可以看到,从学士论文到硕士论文再到博士论文,在科学研究能力及创新性方面的要求是逐渐提高的。

二、学术论文的特点和写作要求

相较于其他类型论文的写作,学术论文的突出特点有三个:一是学术性,二是创新性,三是规范性。

学术性,也可称为理论性,就是要求运用科学合理、符合研究对象的方法,对特定研究对象进行严密论证和科学分析。它要求逻辑性的论断,而非感性的有感而发或者纯粹个人的心得体会。同时,作为一种学术性的文体,学术论文还要求具有一定的理论深度,否则学术价值就会打折扣。

创新性是衡量一篇学术论文有无价值的重要标准。科学研究是一个过程,任何新的研究成果都是在以往研究成果基础上产生的,若是没有新观点、新发明或新发现,学术论文就是炒冷饭,也就失去了研究的价值和意义。正因为此,科学研究的创新性才被诸多研究者多次强调。比如斯蒂芬·F·梅森就认为,科学总是要发展的,要有新的发现,"科学方法主要是发现新现象、制定新理论的一种手段,因此不断地在扩大人类知识体系,只要科学方法应用得上,旧的科学理论就必须为新的理论所推翻"。美国物理学家、诺贝尔奖获得者史蒂文·温伯格则认为,"进攻性"是科学家的第一个素质,就是要不满足于书本上的答案,要去尝试发现与书本不同的东西,发明世界上还没有的东西。所有这些所强调的都是学术研究的创新性,没有新颖性和创见的学术论文是无效的重复和浪费。

规范性。这里的规范性包含三层含义。一是科学研究过程及成果必须科学规范。就是说必须对研究对象进行相对全面、系统、严谨的梳理、分析或者评价,结论必须符合研究对象的性质,符合客观实际,严禁脱离客观研究对象的实际情况,想当然地做出结论。二是学术论文的写作格式必须符合规范。作为一种实用文体,学术论文有特定的格式规范。不同类型的论文必须符合特定的格式要求。三是学术研究态度要规范。也就是态度要严肃认真,论文的表达和论证要严谨,尤其是要避免抄袭、剽窃等学术不端行为。

与学术论文的上述特征相对应,学术论文的写作有下列要求:结构完整、语言准确、格式规范。这里的结构完整包含内容和形式两方面的要求:一是内容方面,要遵循"是什么——为什么——怎么样"的基本逻辑思路,对研究对象的上述三部分内容进行论证,不可中道而止,半途而废,同时还要注意详略得当,突出重点;二是形式方面,要具备学术论文的基本格式要素,不可有漏项。语言准确是要求表意要清晰明确,表达文辞无纰漏或错讹。语言准确是所有文章写作的基本要求,学术论文写作在这方面的要求更高。因为学术论文是需要有明确的观点、严谨的论证的,而无论是观点的鲜明具体还是论证的缜密,最终都依赖于语言表达,模棱两可的语言不仅表意不清,还容易引起歧义或误读,而松垮、逻辑上有漏洞的论证则会直接影响结论的可信度,对于学术论文写作来说,这些都是很致命的。格式规范主要是指论文的形式要素不可缺漏,而且各格式要素的安排和运用必须符合特定格式要素的要求。要做到格式规范就需要先了解相关文件对于论文格式要素的基本规定,然后按照写作目的和要求进行操作或调整。

三、学术论文的写作

(一)学术论文写作的基本流程

学术论文写作是一个相对复杂且需要时间的过程,基本流程包括:选题、搜集资料、研究资料、论文写作、修改、评阅、答辩等多个环节。

选题。所谓论文选题,就是一篇学术论文的主要研究对象或者研究方向、要解决的主要问题。论文选题是学术论文写作的第一步,也是很关键的一步。题目好坏,是否有价值,很大程度上决定着论文的质量和效果。因此,学术论文的选题必须慎重。一般来说,选题应遵循以下原则:一是选题应具有研究空间。这里的"研究空间"包含创新性、实践性等多层含义。就是要选择那些尚未研究透彻,有问题还未说清楚,需要继续探讨、继续挖掘的题目。还可以选择那些迫切需要解决的问题,比如特定领域中的新事物、新现象,当下在社会中影响比较大,但以往学界对此研究比较少甚至没有研究,那么这类题目的研究空间、研究价值就更大。二是选题应具有可行性。选题时要充分考虑主客观条件的限制。主观方面,主要应考虑自己对于题目的熟悉程度,能力的匹配性等;客观方面,要考虑所占有资料的丰富程度以及实验设备的情况,看这些是否能够满足研究的需要。三是选题应能发挥作者的专长,要符合作者兴趣。论文写作是另一种形式的创作,只有对题目抱有兴趣,才可能潜心钻研,有所成就。同时,论文写作是相对漫长、枯燥的工作,如果没有兴趣的指引,就很难积极投入,成果也就要打折扣。

搜集资料。选定题目之后,就要围绕所选题目进行资料搜集工作。资料收集是知识系统化、观点明晰化的过程。搜集材料的途径很多,可以通过阅读去搜集正式出版的著作、论文,也可以通过采访和调查研究获得第一手的研究资料。搜集材料过程中要学会充分利用图书馆、网络和各种工具书。搜集材料的一般原则是务实求多。所谓务实这里主要指要有针对性,就是要紧紧围绕所选题目搜集资料;所谓求多是指材料的数量要多,材料的类型、性质尽可能丰富,比如理论材料、案例材料等都要具备,以保证论文写作论据翔实有效。

研究资料。是对所搜集到的材料进行整理、分类的工作。前期搜集的材料性质复杂,需要对其进行整理才能把它们用到恰当的地方去。研究资料的另一个重要任务是检验材料是否合适、齐全。虽然前期已经搜集了大量材料,但难免会存在某些性质的材料不足而某些材料又重复的现象。若材料不足就不能有效支撑观点或论证,那就需要补充搜集材料,以保证写作顺利进行,若材料重复就需要认真挑选,把最典型、精当的材料挑选出来,把一般效力的材料剔除出去,保证论文准确、精到。

论文写作。是运用语言符号对前期论文准备工作进行书面表达的过程,这是学术论文写作的核心环节。论文写作的目标是将研究所得充分表达出来,交流信息,宣布研究的新成果、新高度。因此在写作过程中要注意观点清晰、论证充分、论据翔实有效。

修改。学术论文需要进行多次修改才能提交。在写作过程中我们会遇到很多问题,比如很多在准备阶段自认为很清楚的内容在写作时疑惑了,一些自己非常看重的论据与论点不相符了,等等,这些问题都会导致初步写作中存在这样那样的问题,这就需要通过修改环节进行修正或补充。除此之外,写作过程中难免存在表达方面的错讹或不准确的地方,这些也需要通过修改进行调整。综合来看,修改一般包括下列内容:推敲题目、重新斟酌审视论点、检验论据的有效性、推敲逻辑、调整语言等。

评阅。评阅是论文提交之后,论文指导教师阅读论文并对论文作出评价的环节。评价指标包括:选题意义和价值,观点是否正确、鲜明,资料是否充分,论证是否具有逻辑性,论文写作是否规范,等等。写作者也可以根据这些指标进行论文写作或者自我检测论文的质量。

答辩。是围绕论文内容对论文作者进行公开审核检验的环节。论文答辩的主要目的是鉴定论文真伪,测试写作者对所写论文的熟悉程度、思维能力、应变能力和口头表达能力。答辩之前参加答辩者需要做一定的准备工作,比如可以重新思考选题的目的和意义,该论文写作的创新性或亮点、不足之处以及今后可以继续做哪些研究,等等。

(二)学术论文的基本格式规范

在长期的写作实践中,学术论文逐渐形成了相对固定的写作格式。一般包括以下基本要素:标题、签署、摘要、引言、正文、结论、致谢、注释、参考文献等。

标题。标题是论文的中心或重心,或者表明研究的核心,或者揭示论点。一般要求简洁、明确、具体。在形式上,论文标题有单行标题和双行标题两种。单行标题简洁明了,双行标题包括正副标题,正题表明主旨,副题明确研究对象。与单行标题相比,双行标题略显文采。

签署。即作者姓名和单位。主要作用在于表明论文的著作权和责任。若属于集体研究成果,则一般根据对于论文的贡献大小排列作者的顺序。

摘要。也称为概要或提要,是论文的中心思想或基本内容。主要作用是信息采集时便于做索引,另一方面也便于阅读者快速了解论文的主要内容。根据惯例,一般论文的摘要字数在 300 字左右,最多不超过 500 字。主要内容一般是说明论文的主要研究对象、研究内容、主要观点、成果及价值等。

引言。也称导言、前言、绪论、引论等,是论文正文的开头部分,一般应说明论文的研究背景、目的、范围、意义以及预期结果等等。引言写作要求紧扣主题,高度概括,简明扼要,对研究结果的评价及预期要适当,避免评价过高。引言部分的篇幅也没有严格规定,一般视论文整体篇幅和写作需要而定,几百字到上千字都可以,从写作实践来看,700 ~ 800 字的篇幅居多。

正文。这是学术论文的核心部分,又称为本论。正文部分直接围绕研究对象展开论述,呈现研究内容和研究成果。正文部分的基本要求是论点明确、论据充分、论证符合逻辑,表述清晰。具体写作方法和要求随后单列详述。

结论。结论是对整体研究过程的判断和评价,是全文的归结也是全文的点睛之处,可以明确结论,也可适当引申和升华。结论部分的目的是说明上述研究的结果和意义,一般包括总结出了什么规律、解决了什么理论或实际问题,与已有文献相比,该论文的创新性何在,以及进一步研究的建议、继续发展的可能性,等等。值得注意的是,结论是以上全部研究水到渠成的结果,但不是正文部分研究的简单重复。表达上应明确、简洁,不可含糊其辞,一般不用"或许""大概"等模糊性语词,同时也要注意表达的分寸,既要避免浮夸,也要避免疏漏。

致谢。即对在研究过程中作出贡献的人表达谢意。其目的仅仅在于礼貌,而且是对有贡献者劳动的肯定与尊重。致谢的写作应诚恳,避免溢美之词。

注释。指对论文中不便于写入正文的信息,包括术语、疑难问题等进行解释,便于读者理解和查阅。

参考文献。即注明在论文写作过程中所引用的资料的出处。目的在于证明自己的论证有根据,同时也是对他人研究成果的尊重。

以上是学术论文的基本要素。具体在写作过程中,根据论文类型、写作目的的不同,具体格式要求略有差异,需要写作者在写作过程中根据具体要求进行调整。

(三)学术论文正文部分的基本结构

在上述各结构要素中,正文属于学术论文的核心部分。这一部分在整篇论文中篇幅最长,内容最丰富,写作任务也最重。因此了解正文部分的基本结构以及应注意的问题是非常重要的。

人文学科领域的学术论文,正文部分一般包括"提出问题""分析问题""解决问题"三部分内容。比如要研究"水"意象在沈从文作品的运用问题,就要先说清楚"水"意象在沈从文作品中运用的频率远高于其他作家作品,然后再陈述其运用类型、语境等,这基本属于"提出问题"部分;"分析问题"部分就要集中分析为什么该意象在沈从文的作品中的运用频率比较高,可以与相关的其他作家作品进行比较;"解决问题"部分可以重点分析论证"水"意象运用的意义和效果。科技论文的写作与人文学科论文有所不同,它的正文部分一般包括研究问题、材料与方法、研究结果三部分内容。研究问题就是要简要说明论文的主要研究对象,材料与方法部分包括材料的来源、数量、类型、选取的标准以及实验条件、测试方法等,研究结果部分要对研究结论进行明确表述,并说明研究结果的可靠性、适用范围、实验结果与理论预期结果的差异等。

值得注意的是,不同学科领域的学术论文正文部分虽不尽相同,但都需要充分注意主次详略及层次安排等问题。就上述两类论文的正文结构而言,"分析问题"部分和材料与方法部分一般应重点关注,这部分的写作应尽量充分,资料和论据要翔实有效。在篇幅上这部分一般也是在整篇论文中最长的。在层次安排方面,一般采用三层次结构,就是把每部分的基本内容按照从大到小的逻辑顺序逐层分析、论证和呈现,标示方法是"一、""(一)""1"。一般来说,三层次结构基本可以完成对研究内容充分论证的任务。当然,在具体写作过程中,并不是每个部分都必须拆分为三个层次,但论文最重要的部分、最有价值和意义的部分一般要实施到第三层次。

在具体写作实践中,写作者还要注意学术论文开头和结尾部分的写作。这两部分虽然不是正文的核心部分,但作用却是不可忽略的。就开头来说,顺畅的开头有助于论文写作的顺利展开,同时又具有吸引读者注意力的重要功能。而结尾则不仅关系到结论内容的多寡、质量的高低,也关系着对于该研究意义和价值的认识与评价。

学术论文的开头方式有很多种,但基本思路大体一致,一般从简要介绍选题背景、选题意义或价值、基本内容或研究思路入手,让读者从开头部分就可以了解选题的新颖性、将要研究的基本问题,等等。比如下面这个开头:

20世纪末以来,网络游戏异军突起、狂飙突进,成为关注度、参与度和争议度极高的新型数字艺术形式。在文化产业发展的浪潮中,网络游戏短时间内壮大为一种新锐、独特的文化力量与产业。新媒体技术促成了网络游戏向日常生活的广泛渗透,产业化运作方式为游戏赢得了更大的普及范围和商用空间。技术、商业与文化融合,适应了现代人的生活和情感表达方式,也带来了新的艺术形式和叙事类型。

——陈伟军《网络游戏的艺术表征与叙事路径》

学术论文的结尾部分是一篇文章的收束,主要作用是总结和深化论题,在内容上可以总结明确结论,也可以提出进一步研究思路或方向,展望继续研究的意义等。比如学术论文《中国电影的国际传播渠道及其对国家形象建构的作用》的结尾:

当历史进入全球化时代,文化成为全球互通与交流的重要组成部分时,不得不承认目前世界各国文化的交流仍然存在较多的障碍。电影作为文化交流的重要形式和载体,如何有效地传播好中国文化,促进世界文化的融合与发展,是一个需要加倍重视的命题。不同的话语体系在文化传播中既是通道,又是壁垒,中国电影如何攻破这道壁垒并利用好它的传播特性,如何塑造好自身的文化形象并得到外国观众正确的理解,在未来发展中需要与时俱进的深入研究和规划部署。讲好中国故事,让世界读懂中国,中国电影的发展将迎来新的机遇和挑战。

——黄会林、杨卓凡等《中国电影的国际传播渠道及其对国家形象建构的作用》

这个案例就是以指出继续研究的方向和意义结尾的,既肯定了整篇论文的价值,又能吸引读者继续思考,言简意赅却内涵丰富。

申论写作

课程导读

申论是一种在世界范围内被广泛运用的选拔机关工作人员的考试形式。作为独立的考试形式,它具有不同于其他考试形式的试卷结构和考核标准。

一、申论的界定

作为国家公务员考试中一门独立的考试科目,申论的重要性自不待言,而人们对于申论的认识则未必全面。简单地说,申论既可以说是一种独立的文体,以区别于普通的议论文,也可以说是一份具有独特组织结构和考查目的的试卷,以区别于其他所有的考试。就目前的考试形式来看,作为独立考试科目的申论,基本形式大致是先给出 8000 字左右的文字材料,然后要求考生做四项工作:一是概述,就是在规定的字数内概括出给定材料的基本内容或所反映的主要问题;二是提出解决问题的对策或方案,就是根据前面所概括的基本内容或提出的问题,提出考生自己的解决方案;三是针对材料中所涉及的某一具体问题进行解答,一般是模拟日常工作进行材料写作,比如写宣传大纲等;四是写作,一般是要求根据给定材料所反映的主要问题,自拟标题或给定标题进行论述,篇幅大致在 900 字左右。

申论进入国家公务员考试,是时代发展的需要。信息时代要求公务员能够迅速应对现实生活、工作中遇到的问题,要求在问题出现的时候,能够迅速地搜集、分析有关资料,并切实解决,以利于生活、工作的正常运行。因此,以往的写作考试已经不适应时代的要求。以往的写作考试,只要求考生就题目展开论述,考查的仅仅是考生的一般写作水平,不能真正体现考生的综合素质,而申论不仅能够全面地检验考生的写作能力,而且还兼顾了阅读理解能力和分析解决问题的能力,在短短的考试时间内完成这么多工作,本身又考查了考生的应变能力以及安排协调能力等。

二、申论的特点

(一)综合性

申论的综合性表现在多个方面。首先是考试形式的综合性。申论的概述、对策和论证写作,与一般的议论文写作全然不同。传统的议论文写作通常只涉及申论的最后一个环节。就文体形式及表达形式来说,概述部分的表达方式主要以说明为主,一般不议论、不描述;对策部分则基本上属于应用文写作,在表达方式上也以说明为主,只需要说明应针对什么问题采取什么措施即可,不需要解释原因和对方法进行论证;论证部分具有有综合性,但以议论为主。其次是材料的综合性。申论的给定材料涉及面很广,可能涉及法律、法规,也可能涉及社会热点或百姓关心的话题,总之政治、经济、文化、社会等各个方面都可能作为申论的话题。在给定材料中可能只涉及一个领域,也可能涉及许多领域。因此,想在考试范围方面做充分准备很困难,而寄希望于像往常考试之前那样去猜题、押题,就更行不通了。

（二）针对性

申论的针对性表现在两个方面。一是材料的现实针对性。申论的给定材料一般具有很强的现实针对性,或涉及时事,或讨论社会热点。从2000年正式进行申论考试到目前,从中央到地方的申论考试,基本上是以普遍的社会问题或某种社会热点问题做背景材料。二是试题应答的针对性。就是说申论应答首先是以给定资料为基础的,需要考生在充分理解、把握给定资料基础上,针对题目要求,充分运用给定资料去做答。这里最忌讳的是"瞥一眼"的习惯,就是说忽视材料,浏览一遍材料就进行发挥。这种做法直接违背申论应答的针对性原则,是非常致命的。实际上,很多申论题目,尤其是概述和对策部分的题目,基本上属于申论这套主观试题中的"客观题",是需要依据材料组织答案的。

值得注意的是,申论的综合性和针对性并非仅仅体现在试题材料的选择和试题结构的组织方面,它的最终考核目标也具有非常强的综合性和针对性。一方面,申论重在考查考生能力和素养的综合性。申论的主要考查目的就是要检验考生的综合能力。申论考试大纲明确规定,申论的主要目的,就在于通过应考者对给定资料的分析、概括、提炼、加工,测查应考者解决实际问题的能力,以及阅读理解能力、综合分析能力、提出问题能力和文字表达能力。这就与一般的写作考试大不相同。一般的写作考试只是要求应考者能围绕要求展开话题并能表述清楚就可以了,考查的主要是写作能力。而申论则不仅可以考查考生的一般写作能力,还可以检验其阅读理解能力、分析辨别能力、解决问题能力。所以申论考查的是考生的整体素质,检验的是考生处理现实问题的综合能力。另一方面,试题设置及考试宗旨有明确针对性。申论考试的目的是选拔进入机关单位的公务人员,其题目类型具有明显的模拟机关日常工作的特征,因此,我们可以说,从考试设置角度来说,申论是针对日常机关事务工作,针对符合机关普通公务人员素质而设定的一种考试形式,就申论写作来说,也是一种针对性非常强的特定文体。

三、申论的写作

（一）概述部分的写作

概述部分的写作,没有固定的体式。因为所给的材料性质不同,因此概述所选角度也不一样,可以按照内容性质去分类概括,也可以按类别顺序概括,有的还可以根据事物的层次去概括。但不管从哪个角度去概括,都要对所给定的材料进行归纳、整理和分析,并写出材料所反映的主要问题、主要内容或主要观点。一般说来,概述要做到以下几点:

一要准确。概述如果不准确,出现失误,就一定会影响到以后的答题,就可能全盘皆输。但要做到准确并不容易,因为资料在种类上比较杂,在内容上比较广泛,概括不可能很简单。这就要求在对材料进行概括的时候,要从多个侧面、多个角度、多个层次上去进行,如果需要的话,还要在与其他现象的比较下去进行归纳和概括,只有这样才可能使概述的主要内容中肯、恰当。二要全面。就是说要将材料中给出的基本信息尽量写全,避免漏项造成偏颇。三是要有条理性。概括并不是杂乱无序地将给定信息进行罗列,而是要在提取有效信息基础上,对信息进行归类。总之,申论的概述部分是要求应答者对给定信息进行阅读、分析,并条理清晰地将符合题目要求的信息呈现出来。

（二）对策部分的写作

对策在申论中也是至关重要的。它一方面是概述的自然延伸，同时又是论证部分的基础。对策做得好不好，也直接关系着论证的成败。如果对策合理、全面有效，那么论证就会充分且有说服力；反之，论证则可能空洞无力。相较于概述部分对资料的依附性，对策部分有较大的灵活性，主要考查考生的思维能力，解决问题的能力。这部分要求考生要尽可能地针对材料所呈现的问题，依据题目要求，做出符合要求的具体、有可操作性的设计。

1. 对策写作的要求

首先，要有针对性。就是严格根据材料所涉及的问题进行设计，绝不能天马行空，不着边际。其次，要有可行性。就是可操作性。虽然申论考试也是"纸上谈兵"，不是真正地解决实际的问题，但是申论考试的材料是有现实针对性的，考试目的本身也是为选拔能处理现实问题的工作人员的，这样就要求考生的对策要符合材料中所反映的情况，也就是在材料所限定的条件下如何解决问题，而不是要那些大而空、理想化、理论化、听上去挺美而实际上行不通的策略。再次，要条理清楚，表述简洁。针对同一个问题，方案有很多种，每一种方案中又可能有很多步骤。这就要求在陈述方案和对策的时候，要条理清楚，表述简洁。一般是按照逻辑顺序，考虑轻重缓急，分条分款陈列，这样清晰明白，也不至于出现遗漏。简洁主要指语言要清楚明白，不能存在语病，不能语义不清，防止引起歧义，这是应用文写作最起码的要求。

2. 对策写作的方法

如何才能条理清楚地写出既有针对性又可行有效的方案呢？第一，在进行方案设计的时候要考虑既定的条件和环境。一个方案的可行性是由现实条件所决定的。一种很有效的处理方式，在时空条件变化了的情况下，其效应也会相应地变化。它的有效性和可行性是要受到所涉及的人、事、物的限制的。比如同样是拆除违章建筑，一间简易棚可能10分钟就能拆除，而一座18层大楼要拆除就不那么简单了。若要针对"违章建筑"出对策就必须考虑这些现实条件，区别不同情形。第二，要考虑职权范围及有关的政策法规。也就是说，所有的方案都要在一定的权限下进行，不能违背有关政策规定。所设计的对策方案要合情合理，合乎有关法规的规定。否则就不是解决问题，而是制造问题了。第三，还要考虑到方案在实施过程中的利弊和风险。任何一种措施都不可能是十全十美的，在实施过程中都可能存在一定的弊端，至少要影响某些人、某些工作，导致一定程度的不便利。因此，在构想对策的过程中，要事先估计到这些不利的方面，权衡利弊，尽量把弊端限制在最小的程度上。

（三）特定文体部分写作

首先需要说明的是，这里所谓"特定文体"并非说申论考试每次都会有特定文体的写作，而是包含一些具体情境的写作，比如政府有某一新政策要推行，需要写一份宣传稿的大纲，再比如针对某地的特定做法进行简要评述等。这一部分题目的总体特征是相对灵活，与公务人员的日常工作联系最为紧密，因此，题目的表现非常灵活，这就要求应答者要针对具体题目要求灵活调整形式和重点。一般来说，这类题目的考察重点在于应答者的灵活应变能力、条理性，应答时应注意针对题目要求设计形式。比如有明确文体要求的，一定要符合特定文体的格式要求：大纲类的题目要注意条理性、内容的针对性和全面性；

评述类题目要注意观点明确,论证充分。

(四)论证部分的写作

论证是申论的最后一个环节,也是最重要、分值最高的一个环节,就是要求考生在利用材料的基础上,就主要问题提出自己的观点,并进行全面、充分的阐述和论证。直观地看,这一部分的写作与一般的材料作文的写作有很多相似的地方。比如要根据材料立意、确定题目、构思布局等,因此一般材料作文的注意事项、写作技巧等对申论论证的写作都有借鉴意义,但申论论证写作还是有自己的特点。

一是有限度地发挥。申论的写作是最能体现考生的知识储备、思想深度和表达能力,也是在申论写作中最有可能进行发挥的部分。但是申论的发挥跟一般议论文有很大不同:申论的题目一般来说相对具体,而且具有现实针对性和政论性,过于个性化甚至纯粹个体体验不可以进入这部分的写作。因此,申论写作虽然可以根据所给材料进行发挥,可以联系与材料有关的问题综合论述,发挥余地比较大,但是必须围绕给定材料所体现出的中心内容进行,不能信马由缰,也不能勉强地生拉硬扯。

二是观点要明确,论证要充分。一般来说,申论写作程式性比较强,给定材料也比较充分,因此在写作时要注意两个问题:一是要体现出一个确定的中心意思,不能让材料淹没了中心,把论述变成材料的堆砌;二是论证要充分,就是要在程式化的框架中适当运用多种论证方法,比如引用、例证、正反对比等,让文章丰富些,避免全部用套话、空话去拼凑。

三是注意申论写作的语体。从实践中看,申论写作有两种常见的语体失误:"学生腔"和"官腔"。前者主要表现为语言幼稚,看待问题的角度过于具体,高度不够;后者表现为套话过多,假大空。这两种语体方面的失误主要起源于应答者对于申论的错误认识。申论的写作者的预设身份是基层公务人员,站在政府立场议论问题但又并非决策者,因此正确的写作立场应是由具体问题上升到相对概括性的"类"问题,但又不能范围过大,像政府工作报告一样框架宏大,否则,由于篇幅限制不能充分展开,就只能写大而无所指的空话了。

例 文

申论模拟试题

一、注意事项

1. 申论考试是对应考者阅读理解能力、综合分析能力、提出和解决问题能力、文字表达能力的测试。

2. 作答参考时限:阅读资料 40 分钟,作答 110 分钟。

3. 仔细阅读给定材料,按照后面提出的"申论要求"依次作答。

二、给定资料

1. 没有了清明时节雨纷纷,出门扫墓的人潮如涌。昨天一大早,杭州各大公墓附近就堵上了。交警部门表示,从以往两年的情况来看,小长假第二天第三天,出行扫墓的市民量都会较第一天多,甚至会呈现井喷之势。

和很多堵在扫墓路上的市民们一样,昨天,安徽人老雷也和同事们一道堵在了去往公墓的路上,他很焦急。昨天的扫墓,对大多数人来说,是祭奠先人、寄托哀思,但是对于老雷来说,却是一份工作——就像年初的贺岁大片《私人订制》里的场景那样,在老雷开的事务所里,代人扫墓,正是服务内容之一。

300元,提供代客扫墓成套服务:清明节前一天核实墓地和路线,确保第二天及时准确地到达墓地;清明节当天清扫墓地,敬香烛、鲜花、冥纸,三鞠躬、代读悼词,装饰墓地等,并提供祭奠前后照片,给客人做纪念(15张高清照片)。整个祭拜过程在20到30分钟。此外,老雷还提供个性定制,包括单人下跪三拜(每人加100元),敬酒/敬烟(除烟酒钱外每人加50元),代客哭墓地(每人加200元),等等。

这样的服务,看上去流程清晰,细节周全,相当有专业气质。可老雷也没想到,自己这门并不火的生意,却在这几天成了网络上的焦点。

"今天有三单业务,其中两单在杭州市内,还有一单在临平。"清明小长假期间,老雷一共接了5笔生意,除了淘宝上这笔,其他都是朋友或老客户介绍来的。

"要说'孝心不是形式,孝道岂能买卖',这么说是有道理。但毕竟每个人情况不同,需求也不同。"老雷坦言,老家也有哭孝子这样的老行当,风评不佳,自己也是犹豫了很久才决定做代人扫墓的业务。老雷打了个比方,买礼物给父母过生日,也是孝道,自己做的这行其实就相当于那个花钱买来的礼物。

老雷是从去年底才开始开展代人扫墓这门业务,至今不过寥寥十几笔。其中绝大多数都是"跨洋生意"——委托者全家已移民海外,确实不方便亲自祭扫的。

老雷说,不止网友,其实不少委托人刚开始也会骂他,赚这样的钱太没良心。但老雷却觉得自己这份工作有着神圣的一面。

在实际业务操办中,老雷发现,多数委托者其实并不在意代扫墓的人是否有哭坟、跪拜这些形式,反而基本都要求通过手机视频,自己在墓前和逝者说话。两天前的一次代扫墓中,委托人在手机那头带着全家人,通过手机视频对着墓碑一起磕头,逐个与逝者说话,这场面让一旁的老雷都眼泪直流,"我想我能为这些远在外地却想要尽孝道的人服务,帮他们实现愿望,担些骂名也是值得的"。

2. 对于代人扫墓这样的形式,在网上也有不同的声音。此前就有网友在网上发起了名为"清明节我们一同拒绝代扫墓"的投票。投票结果显示,有92%的人不赞成代人扫墓这个新兴行业,认为是对死者的亵渎。有4%的人觉得无所谓,但自己不会去花钱请代理。只有4%的人赞成,认为是各取所需。

"清明祭祖是传统,怎么能找人代替,从情感上接受不了。"家住糖坊街的市民王先生说,每到清明节,远在深圳的儿子一家都会回西安,一家三代去祭祖,即使孩子们回不来,也会打电话,或者网上祭奠祖先。

大部分市民认为,清明是寄托哀思的日子,应该到墓地去看看,即使回不去,也可以托亲友而不是找陌生人。但也有个别市民认为,如果回不去,可以让人修整一下墓地环境,本人在网络祭拜一下,表达哀思也可以。

陕西省社科院社会学研究所副研究员尹小俊表示,清明节萌生的"代人扫墓"现象,这与因工作等原因导致流动性大,与亲人空间距离增大等有关。当情感需求和金钱挂钩,总会让人怀疑情感的真实性,这也是有人厌恶的原因。从本质来讲,清明拜祭表达的是一种对已逝亲人的怀念。从这个角度分析,尽孝心还需亲身亲为,这样才能让逝者得到安慰,让生者更加珍惜眼前人和事。把清明扫墓变成商业化就丧失了扫墓的本质,没有意义。

据民俗专家考证,其实早在宋代,便有雇人送葬、替人哭丧的做法。有网友认为,请人代为扫墓,可以降低出行成本,也能节约公共资源。"你想,中国人'集体回家'过春节已够折腾了,如果每年再来一个'集体扫墓',这怎么得了?"

3.近日有报道称,河北省石家庄市一座高仿的埃及古文物狮身人面像,遭到埃及文物部门向联合国教科文组织的投诉。"狮身人面像"所在的文化创意园负责人25日回应说:"该尊狮身人面像是拍戏用的临时性场景,一次性所用,拍摄完了就拆除改景。"同时他也表达了对古埃及文物的尊重。

报道中提到的这座"狮身人面像"修建在石家庄市山前大道旁洞沟村东的空地上。雕像身长约80米,身高约30米,正面以及两侧面有小门可以进去。周围众多村民和游客都被吸引过来驻足拍照。有市民说:"我在网上看到过图片,挺好的,一拍发出去跟到了埃及一样。"

即便如此,因为这座建筑与埃及原版狮身人面像极为相似,还是引起了各界的关注。25日下午,河北"狮身人面像"所属的河北长城影视动漫旅游创意园负责人回应,该尊狮身人面像是摄制组根据电视剧剧情的拍摄需要,临时搭建的外景,将视拍摄进展适时改景。

据文创园负责人介绍,因该外景目前还处于在建状态,并未完全完工,因而缺乏必要的场景介绍和说明,以致部分网友未能完全了解该场景的建造初衷。对此,该负责人也对工作上的疏漏向网友表示歉意。同时文创园负责人还表示,建造这座雕像并非恶意山寨埃及著名的建筑,没有以此创收的目的和行为。

这座仿制的狮身人面像也引起埃及文物部门关注。他们表示,已向联合国教科文组织常驻埃及代表投诉中国复制行为违反了有关条约规定。

在当地著名的新闻媒体《第七日》网站上,一些埃及网民留言对中国的复制行为表示不满。不过,也有一些埃及人认为,此事不值得小题大做。23岁的埃及大学生赛义德说,是否建造"狮身人面像"的复制品对他来说无所谓,埃及应该做的是加倍努力开发、完善本国的旅游资源,从而吸引更多游客来埃及欣赏真正的文物。

埃及文物专家阿卜杜勒—拉希姆·雷汉认为,复制"狮身人面像"行为违反了埃及《文物保护法》,只有埃及文物最高委员会有权批准埃及文物的复制,复制文物必须依据该委员会所确定的规格或许可条件,而且关键一点是复制品必须与原来的文物有所区别。同时,根据埃及文物国务部的规定,文物不能被随意移动并用于商业目的。

4.文化产业已成为当下中国的一个热词。2014年5月15日至19日,第十届中国(深圳)国际文化产业博览交易会举行。十年文博之路,就是中国文化产业由弱到强、由边缘到主流的发展壮大之路。

2011年,第十七届六中全会提出文化强国的国家战略,成为中国文化产业发展的里程碑。2012年,中共十八大报告明确提出文化产业要成为国民经济的支柱性产业。文化产业上升到国家战略的高度,成为打造中国文化软实力、复兴中国文化的重要手段和坚实支撑。文化产业从业者获得了职业的自信、自豪感,极大地解放了创造、创新的生产力。

但与发达国家的文化产业相比,中国的文化产业发展还远远跟不上大众急剧上升的文化需求,特别是文化产业的重要生力军"国家队",其生产能力、人才结构等,还存在着发展的重重障碍。2014年3月1日,几经波折的人民网即刻搜索与新华网盘古搜索合并成立的中国搜索正式上线。虽然这是两支国家队重整旗鼓的新举措,但其效果如何仍令人担忧:它能比得过百度么?是什么样的魔咒在阻碍中国文化产业国家队昂首挺胸,大步向前?

当前中国,虽然解决了文化产业发展的地位问题,但还没有从根本上解决文化产业发展的动力问题。这是即刻搜索这样的国家队难以真正壮大的原因。什么是动力?文化产业发展的动力就是产业的完整性得到尊重,就是生产者的根本利益得到制度的保障,能获得比如期权、股权这样的财富激励。

5.狮身人面像现身河北,引起了广泛关注。有人认为这从一个侧面反映出当前我国文化产业发展过程中存在的问题。

人造文物,反映出的恰恰是当事人对文化遗产、知识产权的普遍敬畏和尊重之心的极度缺乏。这次山寨古埃及的狮身人面像被埃及文物部门投诉到联合国,也可以说是丢人丢到国外去。不但再一次让"山寨能力"在国际上臭名远播,更让世人看到国人对历史文化的忽视,对我国的国际形象带来不利的影响。

这个创意园是被当地列为省重点工程的"影视动漫旅游创意园",显然该项目是已经通过有关部门审批的。不得不说,这种由权力主导的"山寨"让人更加难以接受。依照1972年联合国教科文组织对世界文化和自然遗产的保护公约,作为缔约国的应该为共同维护世界文化遗产文明做贡献。在世界文明享有举足轻重地位的我们,更应拿出积极姿态矫正这些行为。

我国市场上的一些参与者也该反思一下自己的原创意识和能力,假如一直简单粗暴地奉行"拿来主义",这无疑是对创新的蔑视。时下,我们在文化、艺术、设计上的原创力已大大落后于国际水平,长期的山寨泛滥折射出国人思考的惰性。所以说,应及早从山寨的泥淖中拔腿而出,创新的力量不能再被无视。

6.中国传统文化在当代工业化、城市化、信息化和全球化的浪潮中既得到了广泛的传播,又受到严重的挑战,具体表现在多个方面:就民间戏剧形式来说,比如民间戏剧,据中国戏剧家协会主席尚长荣先生表示,中国共有300多个剧种,现在流传下来的仅有不到200个,有近一半的剧种已经或面临失传,其他不少民间传统文化艺术的表现形式也有这种危机。同时,中国民族传统节庆,近年来受到外国节庆的冲击,许多青年对中国的元旦节庆表现平平,而对外国的圣诞节津津乐道、趋之若鹜。对中国的乞巧节知之甚少,却对国外的情人节津津乐道,这是非常典型的种了人家的地,却荒了自家的田。除此之外,历史遗址、名胜古迹毁坏严重,代之以"伪古董"式不伦不类的建筑。在城市化建设中,相当一批珍贵的历史遗址被大兴土木,许多历史街区荡然无存。

7.文化产业具备了资源产业的特征,它可以满足人们的需要,又可以实现价值的增长,更为重要的是能够创造新的需求,完成资源的服务—增长—修复—再服务的循环链,成为一种新型的资源。欧洲有许多国家像英国、法国、意大利、德国、丹麦等拥有丰富的文化遗产资源、完善的文化基础设施以及长期投入的财政资金,推动了文化产业的持续发展。但是,由于不同国家的政治文化背景以及经济发展水平的不同,文化产业在不同的国家的发展定位也不尽相同。

从20世纪80年代开始,法国地方政府即拥有相当的文化自主权,区域性文化发展与中央政府的政策并不抵触,而是形成一种互助合作的关系,这成为法国文化体系的特色。在省政府、地区政府与市政府等地方政府中,对法国文化支出最高的就是市政府。法国的文化政策不仅仅与国家干预主义有关:一方面,法国文化部向来积极支持地方发展,另一方面,各城市的地方机关在文化事务上被赋予的职责也日益增加,各地发展出自己的文化政策。地方机关在文化政策上的参与程度越来越大。这些政策与都市发展、地方经济发展策略、打造新魅力区域之新形象等具有密切关系。

20世纪90年代,英国专家学者率先提出了创意经济这个概念。经过10年的努力,创意产业在英国已成为与金融业相媲美的支柱产业,帮助其国民和政府突破了经济发展的困境,找到了新的经济增长点。

1997年金融危机后,韩国政府开始将资源投入资讯、娱乐产业等与文化相关的产业。对文化产业的人才、研发到完成生产后的国际营销等一列环节进行协助和辅导,为韩国文化产业兴起做了准备。所以说韩国在发展文化创意产业方面,偏重电子游戏、游戏产品以及数码、电子网络等新兴产业。

日本把提高文化竞争力作为提升日本产品竞争力的重要举措,认为通过文化产品可以加深世界对日本文化的理解,使日本重新获得尊重,从而使日本产品提高文化含量和附加值。2001年日本明确提出知识产权立国战略。

三、申论要求

1. 材料显示,如何过清明节成为人们讨论的话题。请根据给定资料说明,人们讨论的主要问题是什么?分别有哪些意见?你如何看待这一问题?(10分)要求:信息把握准确,观点明确,表达流畅,350字左右。

2. 材料表明,当前我国文化产业发展过程中还存在诸多问题,请依据材料说明这些问题是什么?你认为应如何解决这些问题?(10分)要求:概括问题全面,建议有针对性和可操作性,400字左右。

3. 当前在我国的文化建设过程中,文化产业和传统文化都面临诸多挑战。一方面,在当代工业化、城市化、信息化和全球化的浪潮中,中国传统文化遭受挑战;另一方面个别地方却耗费时力,山寨国外文化经典。在文化产业大发展的背景下,如何将文化产业发展与传统文化相结合是我们应当着重思考的问题。请结合所有材料,以"文化产业与传统文化"为题,写一篇文章。(30分)要求:(1)可全面论述,也可选择某一角度进行论述。(2)观点明确,联系实际,条理清晰,语言流畅。(3)字数为1000～1200字。

本讲总结

由于要对某个问题或事件进行分析评价,从而表明作者的看法、立场,于是产生了议论性文体。可见议论性文体是表达自我观点的重要载体,同时也是展示作者思想深度、思维高度的一个舞台。议论性文体是一个大家族,各具体文体都有独特性。杂文以犀利诙谐的文笔针砭时弊,或针对影响深远的社会问题,或针对普通人的日常生活陋习;思想评论的对象集中于思想动态、思想倾向,主要以敏锐的眼光、敏捷的思维洞察人们的思想动向,对于思想误区及时给予批评,以求防患于未然;文艺评论的主要任务是对文艺现象进行评价,明确其优点,指出其不足,以求达到指引接受者、提醒写作者、促进文艺健康发展的目的。与前三者相比,学术论文和申论的适用范围相对小一些,主要适用于专门性领域。学术论文是验证作者学习水平、科研能力的一种手段,而申论则集中于检测写作者的阅读理解能力、分析解决问题的能力和表达能力,是主要用于选拔国家机关普通工作人员的考试形式。

复习问题

1. 杂文的特点有哪些?

2. 杂文写作应注意什么问题?

3. 什么是评论写作? 评论写作有哪些类型?

4. 评论写作应注意的问题是什么?

5. 学术论文的选题应注意哪些方面的问题?

思考习题

1. 在日常工作和学习过程中,我们经常接触大量的议论性文章。请搜集你所阅读过的议论性文章,根据所学知识自己判断其文体类型并分析其写作特点。

2. 查找并阅读文艺评论类文章,体会评论写作的特点,并选择一篇文艺作品进行批评写作。

3. 完成教材关于申论的案例。

4. 根据自己的专业和兴趣,选择不少于3个学术论文题目,并根据结构规范列出提纲。

推荐阅读

1. 胡河清. 灵地的缅想 [M]. 上海:学林出版社,1996.

2. 杨守森. 穿过历史的烟云 [M]. 广州:花城出版社,2000.

3. 〔英〕弗吉尼亚·伍尔夫. 论小说与小说家. 瞿世镜,译. 上海:上海译文出版社,2009.

4. 〔法〕蒂博代. 六说文学批评. 赵坚,译. 北京:三联书店,2002.

5. 《杂文报》在线阅读网址:http://www.admaimai.com/newspaper/Detail10_309.htm

6. 新华网新华时评:http://www.xinhuanet.com/

▶ 杂文部分的词条和图片 ◀

1. 《文心雕龙》:作者刘勰,生平事迹史书很少记载。《文心雕龙》是中国文学史上第一部系统论述文艺创作及阅读规律的文艺理论著作。全书共10卷,50篇。该书以孔子美学思想为基础,兼采道家,全面总结了齐梁时代以前的美学成果,细致地探索和论述了语言文学的审美、本质及其创造、鉴赏等规律。早在公元9世纪初,《文心雕龙》的部分内容便流传海外。1731年,日本出版了冈白驹校正的《文心雕龙》句读本,这也是国外出版的第一个《文心雕龙》版本。

2. 王小波(1952—1997):作品有《黄金时代》《白银时代》《青铜时代》《我的精神家园》《沉默的大多数》《黑铁时代》等。唯一一部电影剧本《东宫·西宫》获阿根廷国际电影节最佳编剧奖,并且荣膺1997年戛纳国际电影节入围作品,这也使王小波成为在国际电影节为中国取得最佳编剧奖的第一人。他秉承罗素的理性精神,为人率真,做文则幽默犀利且富有想象力和创造力。

▶ 评论写作部分的词条和图片 ◀

1. 朱光潜(1897—1986):中国美学家、文艺理论家、教育家、翻译家。安徽安庆人。我国现代美学的奠基人和开拓者之一。主要著作有《文艺心理学》《悲剧心理学》《谈美》《诗论》等。熟悉英、法、德语,主要译作有《歌德谈话录》《文艺对话集》《拉奥孔》以及黑格尔的《美学》、克罗齐的《美学》、维柯的《新科学》等。

2. 沈从文(1902—1988):湖南凤凰人,苗族,现代著名作家、历史文物研究家,京派小说代表作家。主要文学作品有小说《边城》、散文集《湘行散记》等。为人坦诚、率真,写作则要求小说要具有诗意效果,融写实、纪梦、象征于一体;语言格调古朴,简单传神,具有浓郁地方色彩;在主题上,则偏重于突出人性之美,并在作品中体现对人生的隐忧和对生命的思考。

朱光潜

青年时期的沈从文

第六讲　党政机关公文及日常应用文写作

内容要点

1. 党政机关公文及其种类、特点、作用、格式各要素及编排规则
2. 党政机关公文的写作
3. 几种实用事务文书的写作
4. 常用公关礼仪类文书的写作

党政机关公文概述

课程导读

党政机关公文是党政机关实施领导、履行职能、处理公务的具有特定效力和规范体式的文书,是传达贯彻党和国家方针政策,公布法规和规章,指导、布置和商洽工作,请示和答复问题,报告、通报和交流情况等的重要工具。依据 2012 年 4 月 6 日中共中央办公厅、国务院办公厅联合印发的《党政机关公文处理工作条例》的规定,党政机关公文种类为 15 种,即:决议;决定;命令(令);公报;公告;通告;意见;通知;通报;报告;请示;批复;议案;函;纪要。

党政机关公文在办理公共事务的过程中,作为书面形式的载体,具有明法布政、领导管理、联系交流、宣传教育、凭证依据等重要作用。

一、党政机关公文及其种类

(一)党政机关公文的含义

为统一中国共产党机关和国家行政机关公文处理工作,2012 年 4 月 6 日,中共中央办公厅、国务院办公厅联合印发了《党政机关公文处理工作条例(以下简称《条例》)(中办发〔2012〕14 号),条例自 2012 年 7 月 1 日起施行。1996 年 5 月 3 日中共中央办公厅发布的《党机关公文处理条例》和 2000 年 8 月 24 日国务院发布的《国家行政机关公文处理办法》停止执行。

《党政机关公文处理工作条例》规定:党政机关公文(以下简称公文)是党政机关实施领导、履行职能、处理公务的具有特定效力和规范体式的文书,是传达贯彻党和国家方针政策,公布法规和规章,指导、布置和商洽工作,请示和答复问题,报告、通报和交流情况等的重要工具。

《条例》的发布施行,是为了适应党政机关和国家行政机关(以下简称党政机关)工作需要,对推进党政机关公文处理工作科学化、制度化、规范化必将发挥重要作用。

党政机关公文是党政机关、社会团体、企事业单位用于处理公务的具有某种特定格式的文件。它由法定的作者发布并具有法定的权威性,是传达政令和下情上传的基本手段,也是横向联系的纽带,公文完成执行效用后可转化为档案,作为历史凭证供后人查考。

(二)公文的种类

依据 2012 年 4 月 6 日中共中央办公厅、国务院办公厅联合印发的《党政机关公文处理工作条例》(以下简称《条例》)的规定,党政机关公文种类为 15 种,即:决议;决定;命令(令);公报;公告;通告;意见;通知;通报;报告;请示;批复;议案;函;纪要。

党政机关公文可以按照不同标准进行分类,主要的划分方法有以下几种:

(1)按行文关系划分,可分为下行文、上行文、平行文。

下行文。凡是上级机关向下属机关发送的公文,称为下行文。如决议、决定、命令(令)、公告、通告、通知、通报、批复和意见等。

上行文。凡是下级机关向上级机关呈送的公文,称为上行文。如报告、请示等。

平行文。平级机关或者不相隶属的机关之间,由于工作需要相互往来的公文,称为平行文。如函、议案,包括某些通知等。

(2)按公文送达和办理的时限要求划分,根据紧急程度,紧急公文应当分别标注"特急""加急",电报应当分别标注"特提""特急""加急""平急"。

特急件。内容重要而紧急,必须以最快的速度形成和处理的文件。

加急件。内容涉及重要工作,需要急速形成和办理的文件。

以正常速度和程序形成和办理的文件,又称常规文件。对它的处理,要根据不同要求按规定办理。

二、公文的特点及作用

(一)公文的特点

1.鲜明的政治性和政策性

公文是国家党政机关、社会团体、企事业单位等用来沟通、协调、处理上下左右内外关系,进行有效管理、协调管理系统的书面工具。公文的内容是由国家党政机关、社会团体、企事业单位等的行动意图、公务活动决定的,代表其政治意向和根本利益,所以带有鲜明的政治性与政策性。

2.法定的权威性和行政约束力

公文是由法定机关制发的,它以法律为后盾,受国家法规的保障;而制发机关及其负责人是国家政权或团体、企业事业部门的代表,制发权是根据法规章程、通过一定手续赋予的。因此,特定机关所发的公文,就是代表这一级机关法定的职权;凡是在规定职权范围内制发的公文,就是代表一级机关发言,具有法定的权威性和行政约束力。这就是说,它有法规和行政的强制性,有关机关和人员必须严肃对待,认真理解、处理、遵循和执行。

3.规范的体式

体式的规范是公文独具的、异于其他文体的特征。公文的用纸、书写、装订有统一的规定和要求。公文的文风和语言也自成一体，与记叙文、议论文、说明文等实用文体有明显区别。这样规定的目的，是为了维护公文的权威性和严肃性，有利于文书工作和提高机关工作效率。

4.法定的处理程序

公文的制发和办理，都必须经过一定的程序。如公文拟制包括公文的起草、审核、签发等程序；发文包括复核、登记、印制、核发等程序；收文要经过签收、登记、初审、承办、传阅、催办、答复等程序，不能随意处理公文。

5.严格的时效性

公文是在现实的工作中形成和使用的，是为推动现实工作服务的，因此，公文的作用要受到时间的限制。时效性，一方面是指公文是解决当前问题的，要快，往往限期传达执行；另一方面，时效上也不是永久的，某一项现行工作完成了，该项工作中的公文的作用也就结束了。或者经过时间检验，发现原文件不够妥善；以及时过境迁，情况发展变化了，又有新的文件发布，因此，原有公文使命完成，便不再发挥现实作用。

（二）公文的作用

公文在办理公共事务的过程中，作为书面形式的载体，具有极为重要的作用。公文的作用主要表现在以下几个方面：

1.明法布政作用

目前，我国有很多法规政令都是以公文的形式来颁布的，如国家机关依法发布的命令、决定、公告等。法规文件对于维持正常的社会秩序、安定社会生活、保障人民的合法权益有着积极的作用。公文通过本身的法定约束力或通过颁布法规、规章来规范各种社会组织和人民群众的言论与行为，告诉大家应遵循的准则，并对违反者做出处理规定，从而保障各项工作的正常运转，维护社会秩序，促进社会的健康发展。

2.领导管理作用

公文是党和国家实施领导的重要工具，党、政、军各级领导机关和各群众团体、企事业单位的重大决策、决定、措施，要通过各级机关的公文传达贯彻下去，下级机关在落实、执行过程中，也需要通过各种公文传达实施，以达到预期的目标。

3.联系交流作用

公文本来就是应处理公务的需要而产生的，所以，联系和沟通就是它的一个主要作用。一个机关的公务活动，涉及上下左右各机关的工作联系。各级党政机关、社会团体、企事业单位之间，需要经常地传递信息、沟通情况、商洽联络、交流经验。如上级机关向下级机关布置工作，需要用决定、指示、通知等公文；下级向上级机关汇报工作、反映情况、请示问题，以便上级掌握基层的工作进程和动向，需要用报告、请示等公文；上级批复请求事项，发出情况通报，从而让下级了解全局情况，需要用批复、通报等公文；不相隶属的机关之间互相商议、询问或答复问题，以便协调、统一行动，需要借助于函等公文。公文的相互联系、相互沟通作用，使各级党政机关之间得以保持经常联系，互通信息，从而使整个国家机器正常运转,紧张而有序地工作。

4.宣传教育作用

公文是进行宣传教育的重要工具。许多公文是直接向广大干部和群众宣传党和国家重大方针政策、宣传单位个人的典型经验和先进事迹的载体,它起着统一思想、提高认识、鼓舞信心的作用,不但让群众知道要做什么,怎样去做,而且知道为什么要这样去做,从而把党和政府的意图变为广大干部群众自觉的行动。它还担负着对广大干部、群众进行思想政治教育的重要任务。公文的宣传教育作用较之新闻报道、理论文章来说,更具有直接的权威性,也是新闻、广播、电视等媒体进行宣传教育的重要依据。

5.凭证依据作用

公文反映着制发机关的意志,具有行政约束力,因而是下级机关部署和开展工作、处理和解决问题的依据。上级也可以根据下级的公文来了解各方面的信息,作为决策和指导工作的依据。不相隶属机关来往的公文也是处理问题、商洽工作、查核事实的依据和凭证。另外,公文还是写历史的重要依据。各类公文,都是各级机关、团体、企事业单位在一定历史时期内的政治、经济、文化等方面活动的真实记录,它不仅指导了当时的各项工作,在归档后,也能对今后的工作具有查考、凭证作用,有的还能成为研究历史的第一手资料,具有重要的史料价值。

三、公文格式各要素及编排规则

(一)公文格式各要素的划分

公文一般由份号、密级和保密期限、紧急程度、发文机关标志、发文字号、签发人、标题、主送机关、正文、附件说明、发文机关署名、成文日期、印章、附注、附件、抄送机关、印发机关和印发日期、页码等组成。

一份公文通常划分为版头、主体、版记三部分。公文首页红色分隔线以上的部分称为版头;公文首页红色分隔线(不含)以下、公文末页首条分隔线(不含)以上的部分称为主体;公文末页首条分隔线以下、末条分隔线以上的部分称为版记。页码位于版心外。每个部分又由若干要素组成。

1.版头

公文首页红色分隔线以上的部分称为版头。包括以下要素:

(1)份号。公文份号是将同一文稿印制若干份时每份公文的顺序编号。一般公文不印份号,绝密、机密公文要印份号,按号登记分发给收件人。同一文件印刷多少份,就有多少个份号。如需标注份号,一般用6位3号阿拉伯数字,顶格编排在版心左上角第一行。

编份号是为了便于公文的分发、登记、清退、归档,也是加强管理、表明责任的需要。

(2)密级和保密期限。公文秘密程度的等级。需要保密的公文,都要标明其秘密程度的等级。根据《中华人民共和国保守国家秘密法》和《国家秘密保密期限的规定》的有关规定,密级分为"绝密""机密""秘密"三级。"绝密"是最重要的国家秘密,泄露会使国家的安全和利益遭受特别严重的损害;"机密"是重要的国家秘密,泄露会使国家的安全和利益遭受严重的损害;"秘密"是一般的国家秘密,泄露会使国家的安全和利益遭受损害。如需标注密级和保密期限，一般用3号黑体字，顶格编排在版心左上角第二行；保密期限中的数字用阿拉伯数字标注。

（3）紧急程度。紧急程度是对公文送达和办理的时限要求。根据紧急程度，紧急公文应当分别标注"特急""加急"，电报应当分别标注"特提""特急""加急""平急"。急件就是需要紧急办理的公文，分别标明"特急""加急"。具体"特急"和"加急"的时间要求是多少，由各地行政机关主管自行确定，如有的规定"特急件"要随到随办，不能超过24小时；"加急"要求3天内处理完毕。注明紧急程度，可以保证公文的时效，使紧急公务得到优先处理。

如需标注紧急程度，一般用3号黑体字，顶格编排在版心左上角；如需同时标注份号、密级和保密期限、紧急程度，按照份号、密级和保密期限、紧急程度的顺序自上而下分行排列。

值得注意的是，份号、密级和急度不是所有文件都有的，确有必要，才需标识。

（4）发文机关标志。发文机关标志指公文首页上部用红色大字印上的发文机关名称和"文件"，下面用横线隔开，通常被称作"文件头"，俗称"红头"。发文机关标志应当使用发文机关全称或者规范化的简称；联合行文时，发文机关标志可以并用联合发文机关名称，也可以单独用主办机关名称。联合行文时，如需同时标注联署发文机关名称，一般应当将主办机关名称排列在前；如有"文件"二字，应当置于发文机关名称右侧，以联署发文机关名称为准，上下居中排布。

发文机关标志居中排布，上边缘至版心上边缘为35 mm，推荐使用小标宋体字，颜色为红色，以醒目、美观、庄重为原则。

如联合行文机关过多，必须保证公文首页显示正文。

（5）发文字号。发文字号简称文号，是发文机关按年度对公文编排顺序的代号，由发文机关代字、年份、发文顺序号组成。在实际工作中，发文机关代字一般由办公厅（室）编，编制机关代字要科学、明确、易于辨认，要选取机关名称中最具代表性的字，如国务院用"国"字，国务院办公厅用"国办"做代称；机关代字的编排层次宜由大到小，即"地名代字＋机关代字＋分类代字"，如山东省人事厅干部培训处则为"鲁人干"；年份、序号用阿拉伯数码标识；年份应标全称，用六角括号"〔 〕"括入，如〔2012〕；序号不编虚位（即1不编为001），不加"第"字。在阿拉伯数字后加"号"字。机关之间联合行文，只标注主办机关的发文字号。例如："国办发〔2012〕8号"，"国办"是国务院办公厅的代字，"2012"是发文年份，"8号"是指文件的顺序号，表明这一份公文是国务院办公厅在2012年颁发的第8号文件。

发文字号编排在发文机关标志下空二行位置，居中排布。

上行文的发文字号居左空一字编排，与最后一个签发人姓名处在同一行。

使用发文字号应注意下面几个问题：

一是如果一个机关的发文数量较多，可以在发文字号中加一个类别标志，反映文件的业务内容的类别或归属，如"鲁教人字""国办函"等；

二是如果是联合行文，只标明主办机关发文字号；

三是命令、令只有顺序号，没有机关代字和年号，如"中华人民共和国国务院令第五号""××省人民政府令第二号"等，其发文时间在正文中显示。

（6）签发人。签发人指签上发文机关核准发出该文的领导人的姓名。上行文应当标注签发人姓名,主要目的是让上级单位的领导人了解下级单位谁对上报事项负责。领导人签发的应该是职权范围内的文件,不得越级签发。具体地说,带全局性的重要公文,由机关的主要负责人(即机关的正职或主持工作的负责人)签发;局部性、事务性的公文,由分管领导签发;联合发文,要联合发文机关负责人签发;办公厅(室)公文,由秘书长或办公厅(室)主任签发。如有多个签发人,签发人姓名按照发文机关的排列顺序从左到右、自上而下依次均匀编排,一般每行排两个姓名,回行时与上一行第一个签发人姓名对齐。

由"签发人"三字加全角冒号和签发人姓名组成,居右空一字,编排在发文机关标志下空两行位置。"签发人"三字用 3 号仿宋体字,签发人姓名用 3 号楷体字。

(7)版头中的分隔线。发文字号之下 4 mm 处居中印一条与版心等宽的红色分隔线。

2.主体部分

公文首页红色分隔线(不含)以下、公文末页首条分隔线(不含)以上的部分称为主体。主体由公文标题、主送机关、公文正文、附件说明、成文日期、公文生效标识、附注、附件等内容构成。

(1)标题。公文标题的作用是让读者在最短的时间内了解公文的主要内容和形式。公文标题应当准确简要地概括公文的主要内容并标明公文种类,一般应当标明发文机关。完整的公文标题一般由发文机关、事由和文种三要素组成。

公文标题依据三要素的具体构成不同,可以分为如下几种。

第一种:发文机关、发文事由、文种三要素俱全的公文标题,如《国务院办公厅关于对国家税务局系统审计监督问题的通知》,"国务院办公厅"是发文机关,"对国家税务局系统审计监督"是发文事由,"通知"是文种。这是公文常见的标题形式。

第二种:由事由和文种两个要素构成的公文标题,一般说来,在有公文版头的公文中,这种标题形式也是常见的,如在"××省政府文件"的版头下,公文的标题是"关于贯彻实施国务院《国家行政机关公文处理办法》的通知",就只有发文事由和文种构成。

第三种:由发文机关名称和"文种"两个要素构成的标题,在外交部公开发布的公文中,这种标题方式是常见的,如《中华人民共和国公告》《中华人民共和国人民代表大会公告》等。

第四种:只有文种的标题。这种标题常见于公开发布的公文,如《公告》《通告》等。

公文标题中的事由项标示公文的主要内容,一般用介词"关于"和一个表达该文主要内容的词组组成介词结构,作为公文文种的定语。

公文标题一般用 2 号小标宋体字,编排于红色分隔线下空二行位置,分一行或多行居中排布;回行时,要做到词意完整,排列对称,长短适宜,间距恰当,标题排列应当使用梯形或菱形。

(2)主送机关。主送机关是指公文的主要受理机关,发文机关要求对公文予以办理或执行的对方机构,是负有公文处理责任的受文机关。主送机关的写作,直接反映公文的行文关系,上下级的隶属关系,特别是上行文,一般只写一个主送机关。公开发布的公文通常不写主送机关。

主动机关应当使用机关全称、规范化简称或者同类型机关统称,主送机关编排于标题下空一行位置,居左顶格,回行时仍顶格,最后一个机关名称后标全角冒号。它相当于书信中的"称呼",写在标题之下,正文之上,顶格写,以示尊重。然后用冒号引导阅读正文内容。

如主送机关名称过多导致公文首页不能显示正文时,应当将主送机关名称移至版记,标注方法见抄送机关部分。上行文一般只写一个主送机关,如需同时送其他机关,应当用抄送形式。

(3)正文。公文的主体,用来表述公文的内容。正文是公文的核心部分。一般用3号仿宋体字,编排于主送机关名称下一行,正文在标题或主送机关之下、附件及生效标识之上,是公文的主体和中心。公文的发文目的以及文件的具体内容,主要在正文中体现。

公文正文的结构由前言、主体和结尾三部分组成。

前言:正文的导言,主要交代制发这篇公文的原因。常见的有以下三式:根据式、缘由式、目的式。要求简单明了,可以从公文产生的背景、起因等写起,也可根据上级指示或下级机关提出的要求和了解到的重要情况写起,也有的根据本单位发生的事情或面临的问题,以及根据其他单位的来文要求等来下笔。

主体:公文的主要内容部分,它叙述情况,分析问题,说明做法,提出要求,一般这部分所占的篇幅最长。正文的主体,依文种不同而内容各异,但总的写作要求是中心突出,表意明确,条理清楚。常常使用条文式、项目式写法,写作时必须理清思路,讲求逻辑顺序。

结尾:正文的收束。正文结尾部分的写法多种多样,常见的有归结式、说明式、申明式、祈请式、期望式或者显示文种式(例如"特此通知""特此通告"等)。有的公文,如报告、请示的结尾用语,还具有例行性,既比较固定,又不可缺少,在写作时要多加注意。也有些公文事项说完就结束,没有独立的结尾部分。

公文首页必须显示正文。每个自然段左空二字,回行顶格。文中结构层次序数依次可以用"一、""(一)""1.""(1)"标注;一般第一层用黑体字、第二层用楷体字、第三层和第四层用仿宋体字标注。

(4)附件说明。附件是附属于主件的文字材料,对正文起补充和说明作用。主要包括随文转发、报送的文件,随文下发的制度、规定以及报表、名单等。公文的附件是正文内容的组成部分,有些附件甚至是反映公文主要内容的部分,而主件只起发布或转发的作用。例如《成都市人民代表大会常务委员会公告》这份公文,正文只有两句话:"《成都市禁止燃放烟花爆竹的规定》已报经四川省第八届人民代表大会常务委员会第五次会议于一九九三年十月二十八日批准。现予公布,自一九九四年一月一日起施行。"正文之后附有该规定,其中第二条到第十一条均做出约束性、奖惩性的规定,这些正是成都市民必须遵守执行的事项。所以说附件与公文正文一样具有同等效力。

公文如有附件,必须在正文之后加以说明,其标识方法是,在正文下空一行左空两字用3号仿宋体字标识"附件",后标全角冒号和附件名称。如有多个附件,使用阿拉伯数字标注附件顺序号(如"附件:1.×××××");附件名称后不加标点符号。附件名称较长需回行时,应当与上一行附件名称的首字对齐。

附件应与公文正文一起装订,并在附件左上角第1行顶格标识"附件",有序号时标识序号;附件的序号和名称前后标识应一致。如附件与公文正文不能一起装订,应在附件左上角第1行顶格标识公文的发文字号并在其后标识附件(或带序号)。

（5）发文机关署名、成文日期和印章。

① 加盖印章的公文。成文日期一般右空四字编排，印章用红色，不得出现空白印章。单一机关行文时，一般在成文日期之上、以成文日期为准居中编排发文机关署名，印章端正、居中下压发文机关署名和成文日期，使发文机关署名和成文日期居印章中心偏下位置，印章顶端应当上距正文（或附件说明）一行之内。联合行文时，一般将各发文机关署名按照发文机关顺序整齐排列在相应位置，并将印章一一对应、端正、居中下压发文机关署名，最后一个印章端正、居中下压发文机关署名和成文日期，印章之间排列整齐、互不相交或相切，每排印章两端不得超出版心，首排印章顶端应当上距正文（或附件说明）一行之内。

② 不加盖印章的公文。单一机关行文时，在正文（或附件说明）下空一行右空二字编排发文机关署名，在发文机关署名下一行编排成文日期，首字比发文机关署名首字右移二字，如成文日期长于发文机关署名，应当使成文日期右空二字编排，并相应增加发文机关署名右空字数。联合行文时，应当先编排主办机关署名，其余发文机关署名依次向下编排。

③ 加盖签发人签名章的公文。单一机关制发的公文加盖签发人签名章时，在正文（或附件说明）下空二行右空四字加盖签发人签名章，签名章左空二字标注签发人职务，以签名章为准上下居中排布。在签发人签名章下空一行右空四字编排成文日期。联合行文时，应当先编排主办机关签发人职务、签名章，其余机关签发人职务、签名章依次向下编排，与主办机关签发人职务、签名章上下对齐；每行只编排一个机关的签发人职务、签名章；签发人职务应当标注全称。签名章一般用红色。

④ 成文日期。成文日期表明公文发出或生效的时间。成文日期一般以领导人签发日期为准；联合行文以最后签发机关领导人的签发日期为准；须经会议讨论通过的重要公文，以会议通过的日期为准；法规性公文其生效日期，以成文日期为准，或以专门规定的具体生效、开始执行的日期为准；电报以发出日期为准。成文日期用阿拉伯数字将年、月、日标全，年份应标全称，月、日不编虚位（即1不编为01）。成文日期的标识位置大多数写在公文末尾发文机关名称之下，决定、通告、会议纪要等公文则写在公文标题之下，用括号标注。

⑤ 特殊情况说明。当公文排版后所剩空白处不能容下印章或签发人签名章、成文日期时，可以采取调整行距、字距的措施解决。

（6）附注。附注主要用于说明文件的发送、阅读、传达范围。如"此件发至县、团级"或"此件可见报"，不是对公文的内容做出解释或注释。对公文的注释或解释一般在公文正文中采取句内括号或句外括号的方式解决。公文如有附注，用仿宋3号字居左空两字加圆括号标识在成文日期下一行。请示要注明联系人的姓名和电话时，可标识在附注位置。

（7）附件。附件应当另面编排，并在版记之前，与公文正文一起装订。"附件"二字及附件顺序号用3号黑体字顶格编排在版心左上角第一行。附件标题居中编排在版心第三行。附件顺序号和附件标题应当与附件说明的表述一致。附件格式要求同正文。如附件与正文不能一起装订，应当在附件左上角第一行顶格编排公文的发文字号并在其后标注"附件"二字及附件顺序号。

3. 版记部分

公文末页首条分隔线以下、末条分隔线以上的部分。即文尾部分包括分隔线、抄送机关、印发机关、印发日期和页码等要素。

（1）版记中的分隔线。版记中的分隔线与版心等宽，首条分隔线和末条分隔线用粗线（推荐高度为 0.35 mm），中间的分隔线用细线（推荐高度为 0.25 mm）。首条分隔线位于版记中第一个要素之上，末条分隔线与公文最后一面的版心下边缘重合。

（2）抄送机关。抄送机关即除公文受理机关外需要阅知公文内容或协助完成工作的有关机关。公文的抄送机关可以是上级机关、下级机关或不相隶属的机关。如有抄送机关，一般用 4 号仿宋体字，在印发机关和印发日期之上一行、左右各空一字编排。"抄送"二字后加全角冒号和抄送机关名称，回行时与冒号后的首字对齐，最后一个抄送机关名称后标句号。在实际写作中，往往把级别比制发机关高的机关放在第一行，用"抄报"；与制发机关平级、下级或不相隶属的相关机关放在第二行，用"抄送"。如需把主送机关移至版记，除将"抄送"二字改为"主送"外，编排方法同抄送机关。既有主送机关又有抄送机关时，应当将主送机关置于抄送机关之上一行，之间不加分隔线。

（3）印发机关和印发日期。印发机关和印发日期一般用 4 号仿宋体字，编排在末条分隔线之上，印发机关左空一字，印发日期右空一字，用阿拉伯数字将年、月、日标全，年份应标全称，月、日不编虚位（即 1 不编为 01），后加"印发"二字。版记中如有其他要素，应当将其与印发机关和印发日期用一条细分隔线隔开。

（4）页码。一般用 4 号半角宋体阿拉伯数字，编排在公文版心下边缘之下，数字左右各放一条一字线；一字线上距版心下边缘 7 mm。单页码居右空一字，双页码居左空一字。公文的版记页前有空白页的，空白页和版记页均不编排页码。公文的附件与正文一起装订时，页码应当连续编排。

以上所说的各个部分的要素，是一份文件最完备的格式，其中有的项目是必备要素，有的则是不一定出现的要素，使用时可视具体情况省去一些项目。

（二）公文的编排规则

1. 公文中的横排表格

A4 纸型的表格横排时，页码位置与公文其他页码保持一致，单页码表头在订口一边，双页码表头在切口一边。

2. 公文中计量单位、标点符号和数字的用法

公文中计量单位的用法应当符合 GB 3100、GB 3101 和 GB 3102（所有部分），标点符号的用法应当符合 GB/T 15834，数字用法应当符合 GB/T 15835。

四、公文用纸幅面尺寸及版面要求

（一）幅面尺寸

公文用纸采用 GB/T 148 中规定的 A4 型纸，其成品幅面尺寸为：210 mm×297 mm。

（二）版面

1. 页边与版心尺寸

公文用纸天头（上白边）为 37 mm±1 mm，公文用纸订口（左白边）为 28 mm±1 mm，

版心尺寸为 156 mm×225 mm。

2．字体和字号

如无特殊说明,公文格式各要素一般用 3 号仿宋体字。特定情况可以作适当调整。

3．行数和字数

一般每面排 22 行,每行排 28 个字,并撑满版心。特定情况可以作适当调整。

4．文字的颜色

如无特殊说明,公文中文字的颜色均为黑色。

五、公文的印制装订要求

（一）制版要求

版面干净无底灰,字迹清楚无断划,尺寸标准,版心不斜,误差不超过 1 mm。

（二）印刷要求

双面印刷;页码套正,两面误差不超过 2 mm。黑色油墨应当达到色谱所标 BL100％,红色油墨应当达到色谱所标 Y80％、M80％。印品着墨实、均匀;字面不花、不白、无断划。

（三）装订要求

公文应当左侧装订,不掉页,两页页码之间误差不超过 4 mm,裁切后的成品尺寸允许误差 ±2 mm,四角成 90º,无毛茬或缺损。

骑马订或平订的公文应当:

（1）订位为两钉外订眼距版面上下边缘各 70 mm 处,允许误差 ±4 mm。

（2）无坏钉、漏钉、重钉,钉脚平伏牢固。

（3）骑马订钉锯均订在折缝线上,平订钉锯与书脊间的距离为 3 mm ～ 5 mm。

包本装订公文的封皮(封面、书脊、封底)与书芯应吻合、包紧、包平、不脱落。

六、公文的特定格式

（一）信函格式

发文机关标志使用发文机关全称或者规范化简称,居中排布,上边缘至上页边为 30 mm,推荐使用红色小标宋体字。联合行文时,使用主办机关标志。

发文机关标志下 4 mm 处印一条红色双线(上粗下细),距下页边 20 mm 处印一条红色双线(上细下粗),线长均为 170 mm,居中排布。

如需标注份号、密级和保密期限、紧急程度,应当顶格居版心左边缘编排在第一条红色双线下,按照份号、密级和保密期限、紧急程度的顺序自上而下分行排列,第一个要素与该线的距离为 3 号汉字高度的 7/8。

发文字号顶格居版心右边缘编排在第一条红色双线下,与该线的距离为 3 号汉字高度的 7/8。

标题居中编排,与其上最后一个要素相距二行。第二条红色双线上一行如有文字,与该线的距离为 3 号汉字高度的 7/8。首页不显示页码。版记不加印发机关和印发日期、分隔线,位于公文最后一面版心内最下方。如图 5-1。

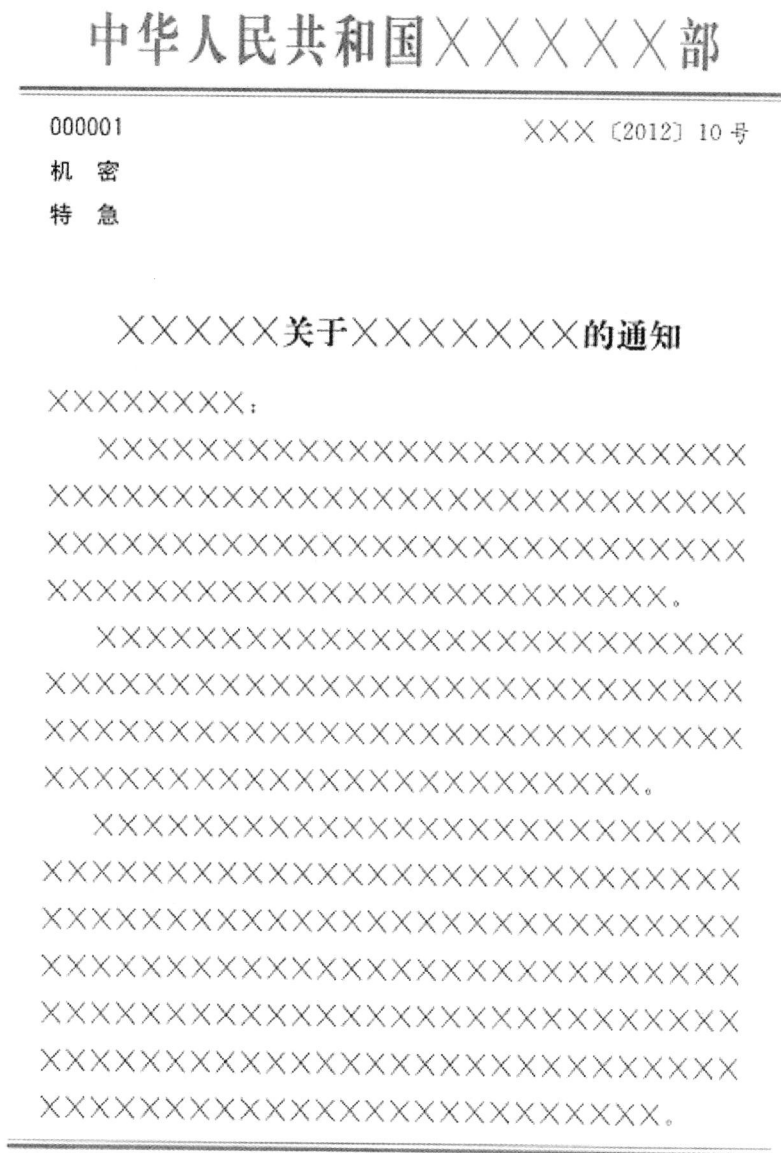

中华人民共和国×××××部

000001   ×××〔2012〕10 号

机　密

特　急

×××××关于×××××××的通知

×××××××××:

　　×××××××××××××××××××××××

×××××××××××××××××××××××××

×××××××××××××××××××××××××

×××××××××××××××××××××××。

　　×××××××××××××××××××××××

×××××××××××××××××××××××××

××××××××××××××××××××××××。

　　×××××××××××××××××××××××

×××××××××××××××××××××××××

×××××××××××××××××××××××××

×××××××××××××××××××××××××

×××××××××××××××××××××××××

×××××××××××××××××××××××××

×××××××××××××××××××××××。

图 5-1　信函格式

(二)命令(令)格式

　　发文机关标志由发文机关全称加"命令"或"令"字组成,居中排布,上边缘至版心上边缘为 20 mm,推荐使用红色小标宋体字。发文机关标志下空二行居中编排令号,令号下空二行编排正文。签发人职务、签名章和成文日期的编排见文中部分。如图 5-2。

$$\times\times\times\times\times\times 令$$

第×××号

××××××××××××××××××××
××××××××××××××××××××。
××××××××××××××××××××
×××××××××××××××××××。

部 长 ×××

2012 年 7 月 1 日

— 1 —

图 5-2　命令(令)格式

(三)纪要格式

纪要标志由"×××××纪要"组成,居中排布,上边缘至版心上边缘为 35 mm,推荐使用红色小标宋体字。

标注出席人员名单,一般用 3 号黑体字,在正文或附件说明下空一行左空二字编排

"出席"二字,后标全角冒号,冒号后用3号仿宋体字标注出席人单位、姓名,回行时与冒号后的首字对齐。标注请假和列席人员名单,除依次另起一行并将"出席"二字改为"请假"或"列席"外,编排方法同出席人员名单。纪要格式可以根据实际制定。

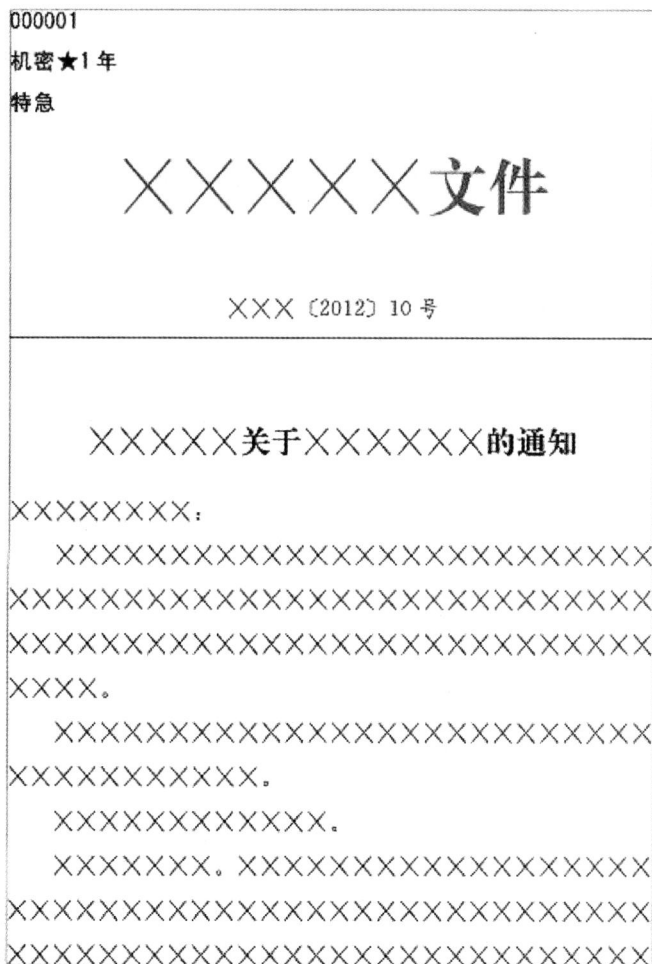

图5-3　公文首页版式

000001

机密★1年

特急

✕✕✕✕✕✕

✕　✕　✕　文件

✕✕✕✕✕✕

✕✕✕〔2012〕10号

✕✕✕✕✕✕关于✕✕✕✕✕✕的通知

✕✕✕✕✕✕✕：

　　✕✕✕✕✕✕✕✕✕✕✕✕✕✕✕✕✕✕✕。

　　✕✕✕✕✕✕✕✕✕✕✕✕✕✕✕✕✕✕✕

✕✕✕✕✕✕✕✕✕✕✕✕✕✕✕✕✕✕✕✕

✕✕✕✕✕✕✕✕✕✕✕✕✕✕✕✕✕✕✕✕

✕✕✕✕。

　　✕✕✕✕✕✕✕✕✕✕✕✕✕✕✕✕✕✕✕✕

—— 1 ——

图 5-4　联合行文公文首页版式 1

000001

机　密

特　急

×××××

×　　×　　×

×××××

签发人：×××　×××

××× 〔2012〕 10 号　　　　　　×××

×××××关于×××××××的请示

×××××××××：

　　×××××××××××××××××××××××

×××××××××××××××××××××××××

×××××××××××××××××××××××××

××××。

　　×××××××××××××××××××××

— 1 —

图 5-5　联合行文公文首页版式 2

XXXXXXXXXXXXXX。

　　XXXXXXXXXXXXXXXXXXXXX

XXXXXXXXXXXXXXXXXXXXXX

XXXXXXXXXX。

2012 年 7 月 1 日

　（XXXXX）

抄送：XXXXXXX,XXXXXX,XXXXX,XXXXX,

　　XXXXX。

XXXXXXXX　　　　　　　　　　2012 年 7 月 1 日印发

— 2 —

图 5-6　公文末页版式 1

XXXXXXXXXXXXXXX。

　　XXXXXXXXXXXXXXXXXXXXXXXXXXXXXXXXXXXXXXXXXXXXXXXXXXXXXXXXXXXXXXXX。

XXXXXXXXXXX

2012年7月1日

（XXXXX）

抄送：XXXXXXXX，XXXXXX，XXXXX，XXXXX，XXXXX。

XXXXXXXXX　　2012年7月1日印发

— 2 —

图5-7　公文末页版式2

XXXXXXXXXXXXXXXX。
　　XXXXXXXXXXXXXXXXXXX
XXXXXXXXXXXXXXXXXXXXX
XXXXXXXXX。

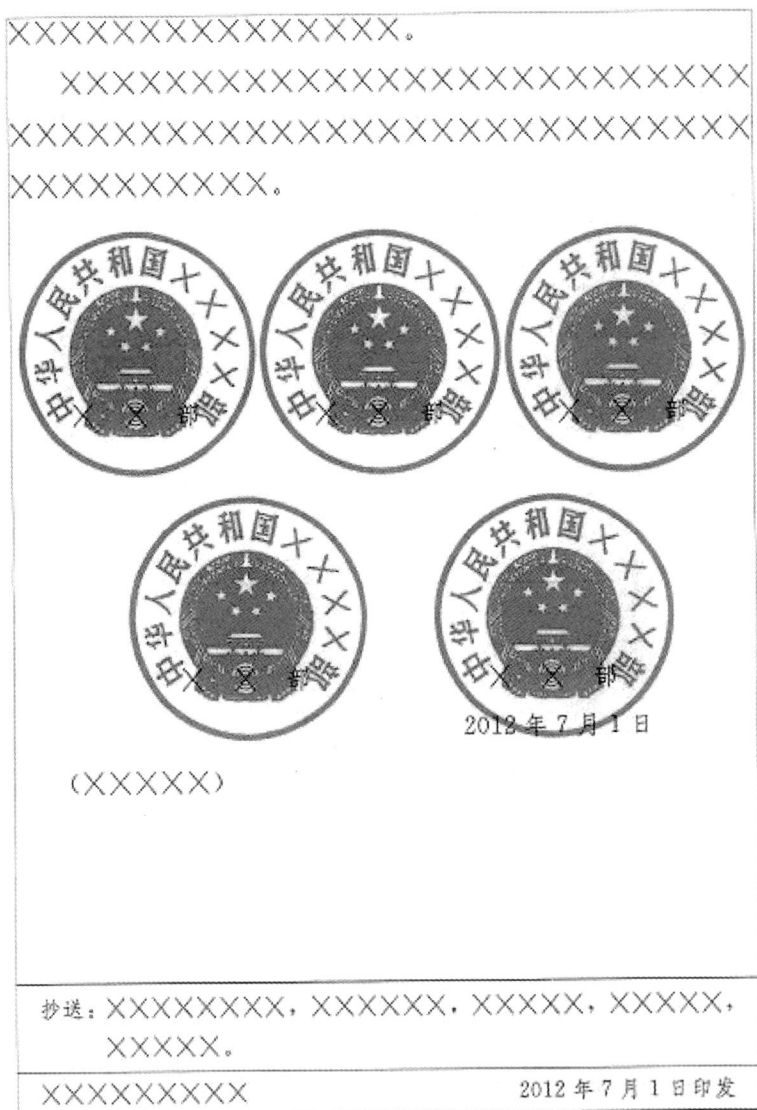

2012 年 7 月 1 日

（XXXXX）

抄送：XXXXXXXX，XXXXXXX，XXXXX，XXXXX，
　　　XXXXX。

XXXXXXXX　　　　　　　2012 年 7 月 1 日印发

— 2 —

图 5-8　联合行文公文末页版式

×××××××××××××。

　　×××××××××××××××××××

×××××××××××××××××××××

××××××××××。

　　　附件：1. ×××××××××××××××××

　　　　　　　×××××

　　　　　　2. ×××××××××××

　　　　　　　　　　　　　×××××××

　　　　　　　　　　　　×　×　×　×

　　　　　　　　　　　　2012 年 7 月 1 日

（×××××）

— 2 —

图 5-9　附件说明页版式

附件2

　　　 ✕✕✕✕✕✕✕✕✕✕✕✕

　　✕✕✕✕✕✕✕✕✕✕✕✕✕✕✕✕✕✕✕✕
✕✕✕✕✕✕✕✕✕✕✕✕✕✕✕✕✕✕✕✕✕
✕✕✕。
　　✕✕✕✕✕✕✕✕✕✕✕✕✕✕✕✕✕✕✕✕
✕✕✕✕✕✕✕✕✕✕✕✕✕✕✕✕✕✕✕✕✕
✕✕✕✕✕✕✕✕✕✕✕✕✕✕✕✕✕✕✕✕✕
✕✕✕✕✕✕✕✕✕✕✕✕✕✕✕✕✕✕✕✕✕
✕✕✕✕✕✕✕✕✕✕✕✕✕✕✕✕✕✕✕✕✕
✕✕✕✕✕✕✕✕✕✕✕✕✕。

抄送：✕✕✕✕✕✕✕，✕✕✕✕✕，✕✕✕✕✕，✕✕✕✕✕，
　　　✕✕✕✕✕。

✕✕✕✕✕✕✕✕　　　　　　　　2012 年 7 月 1 日印发

— 4 —

图 5-10　带附件公文末页版式

党政机关公文写作

一、决议

（一）决议的适用范围

依据《党政机关公文处理工作条例》（中办发〔2012〕14号）之规定，决议"适用于会议讨论通过的重大决策事项"。

决议是指党政领导机关就某些重要事项或者重大问题，按照法定程序组织、召开会议，进行讨论、表决通过其决策，并要求与会人员贯彻执行而制发的指令性公文。

（二）决议的特点

1. 权威性

决议是经过党政领导机关的会议讨论通过的，由党政领导机关发布之后生效的，是党政领导机关意志的体现。决议的内容事关重大，一经公布，全党、全国上下都必须坚决执行，不得懈怠。

2. 指导性

决议所表述的观点和对各种事项的评价都具有指导意义，对党政机关和政府部门、机关在以后工作中的决策、方针的制定和执行有指导意义。

3. 程序性

党政机关的会议要严格按照法定程序进行召开、讨论和表决。决议是经会议讨论，并经表决通过之后才能形成的，有严格的程序性。

（三）决议的种类

根据决议内容与功能的不同，决议可以分为审批性决议、专门事项性决议和方针政策性决议三种。

审批性决议主要用于反映会议审议批准文件、机构设置、财务预决算等事项，是对报批的下级机关或者具有领属关系的机关发出的。比如，中国共产党第××次全国代表大会通过的《中国共产党第××次全国代表大会关于××届中央委员会报告的决议》，是针对具有领属关系的机关报批的文件发出的。

专门事项性决议主要用于公布会议针对有关专门问题讨论后形成的决策事项，是对负责此事项的机关发出的。比如《中国共产党第××届中央委员会第×次全体会议关于召开党的××次全国代表大会的决议》等。

方针政策性决议主要用于从宏观的角度反映会议结果，特别用在路线、方针、政策上要统一思想认识、以确定大政方针的重要事项，是对所有党政机关和政府机关发出的。如中国共产党××届×中全会通过的《中国共产党中央委员会关于建国以来党的若干历史问题的决议》。

（四）决议的写作要求

决议主要包括标题、成文日期和正文三个部分。

1. 标题

由发文机关（或会议名称）＋事由＋文种构成，比如《中国共产党第××届中央委员会第×次全体会议关于召开党的××次全国代表大会的决议》等。

2. 成文日期

成文日期也就是决议正式通过的日期,一般放在标题下,在小括号内注明会议名称及通过时间,也可只写日期,不标注会议名称。

3. 正文

正文由开头、主体和结语三个部分组成。

开头写决议缘由:简要说明会议审议决议涉及事项的情况,陈述做出决议的原因、根据、背景、目的或意义等。

主体写决议事项:写明会议通过的决议事项,或对有关工作做出的部署安排和要求、措施,或对有关文件、事项做出的评价、决定等。

决议是经某些机关的法定的会议对某一议题进行集体讨论,由法定多数表决通过后形成正式文件,并以会议的名义公布的指导性文件。因此语体上不宜在行文中表现出强制性,能体现出权威性、指导性即可。

审批性决议、专门事项性决议一般写得比较简要、笼统。方针政策性决议除指出指令性意见外,还要对决议事项本身的有关问题做若干必要的论述或说明,即做一些理论上的阐述,往往写得比较概括,原则性条文多,给下级机关自由理解发挥的空间,使其在贯彻执行时,可以根据决议和地方的实际情况制定相应的办法或实施措施。

如果决议是安排工作的,要写明工作的内容、措施和实施要求。内容复杂时要使用分级标题的方式或者逐条叙述的方式,条理分明地列出。

语言技巧方面,决议是会议讨论决策通过的,其语言重在体现决议的权威性、指令性,要多使用具有指导性的语言,比如"要组织×××学习传达×××精神","全会要求×××"等。

决议的语言要体现出庄重性和严肃性,不可使用修辞和感情色彩浓烈的语言,更不可口语化。要多使用专业术语,有一定高度的理论水准,体现出一定的思想高度。

如果决议属于方针政策性决议,主体要多使用议论性语言,采用夹叙夹议的方式,来介绍情况、提供事实和提出观点。结尾处也可使用具有号召性、感染性的语言来表达号召和希望。审批性、专门事项性决议则不需要如此烦琐,语言恰如其分地表现出要求、措施等即可。

结语部分:一般针对决议事项有指向性地提出希望、号召和执行要求等。有些决议可以省略此部分。

(五)决议写作注意事项

(1)决议作为规范性公文文种与其他公文显著的不同点是,必须是经过一定会议议决的事项才能使用"决议",不经会议不可能产生决议。同时,从公文处理工作的实践来看,并不是所有会议决定的事项都可以形成决议,原则上讲只有经过法定程序选举或经过其他组织原则按照一定程序形成的会议、委员会会议才能形成决议。工作会议、专题会议或其他临时性会议决定的事项一般不应使用"决议"的形式行文,而采取会议纪要的形式。因此,决议的释义中在会议前加上"一定的"三个字做定语,更是为了表明不是所有的会议,这样表述更科学一些。

（2）决议用法一般有以下三个方面：一是对会议经过讨论通过的议案、报告、法规等文件表明态度。通过评价，要求有关方面在执行中体现的基本原则、基本精神使用决议。二是对会议整个过程中议决的事项，进行全面概括形成的结论使用决议可称综合性决议。三是会议多项议程，一一形成意见后就单项问题形成决议称单项决议或专题决议。

（3）在写作手法上，决议的内容一般是针对重大问题，通过一定组织形式的会议讨论通过郑重作出的决定，事关重大，如全国人大及其常委会通过的一些决议本身就是法律，因此，在行文表述上应十分慎重。要求逻辑严密，用语精确，条理分明，具体明确，严谨、简练、准确。以正面阐述为主，阐述清楚，说理透彻，少做解释，对议而未决的事项，有意回避，避而不提。经常用"会议一致认为"做段首语。

（4）决议应在标题之下正文之前标明决议通过时间和会议全称，一般形式为"×× 年 × 月 × 日 ×× 代表大会常务委员会第 × 次会议通过"并应加括号。

（5）决议无落款、无印章、无发送单位，决议在产生会议的范围、辖区、行业、系统内有效。决议除可见报、张贴外，作为公文其行文形式可由会议的常务委员会、日常办事机构印发。印发时还可由印发机关下发关于印发的通知等。

（6）决议一般应是会议讨论通过的重大事项，有些一般性单项事项，即使会议讨论通过，往往也不以决议的名义发布，而由会议的常设机构以决定的形式下发。

（7）决议的制发主体是会议，决议行文应注意避免把会议与会议的常设机构委员会、大会主席团等相混淆。决议每段开头的常用语通常是"会议认为""会议强调""会议号召"等固定格式，与其他公文有明显不同。

例文 1

全国人民代表大会常务委员会关于批准 2016 年中央决算的决议

（2017 年 6 月 27 日第十二届全国人民代表大会常务委员会第二十八次会议通过）

第十二届全国人民代表大会常务委员会第二十八次会议听取了财政部副部长张少春受国务院委托作的《国务院关于 2016 年中央决算的报告》和审计署审计长胡泽君受国务院委托作的《国务院关于 2016 年度中央预算执行和其他财政收支的审计工作报告》。会议结合审议审计工作报告，对 2016 年中央决算(草案)和中央决算报告进行了审查。会议同意全国人民代表大会财政经济委员会提出的审查结果报告，决定批准 2016 年中央决算。

例文 2

第十二届全国人民代表大会第五次会议关于全国人民代表大会常务委员会工作报告的决议

（2017 年 3 月 15 日第十二届全国人民代表大会第五次会议通过）

第十二届全国人民代表大会第五次会议听取和审议了张德江委员长受全国人大常委会委托所作的工作报告。会议充分肯定全国人大常委会过去一年的工作和作出的决定决议,同意报告提出的今后一年的主要任务和工作安排,决定批准这个报告。

会议要求,全国人大常委会要在以习近平同志为核心的党中央坚强领导下,全面贯彻党的十八大和十八届三中、四中、五中、六中全会精神,以邓小平理论、"三个代表"重要思想、科学发展观为指导,深入学习贯彻习近平总书记系列重要讲话精神和治国理政新理念新思想新战略,坚持党的领导、人民当家作主、依法治国有机统一,紧紧围绕统筹推进"五位一体"总体布局和协调推进"四个全面"战略布局,认真行使宪法法律赋予的职权,坚决维护宪法法律权威,扎实做好立法、监督、决定、任免、选举、代表、对外交往、新闻舆论、理论研究等各方面工作,切实加强自身建设,全面提高人大工作水平,再接再厉、奋发有为、开拓进取,以优异成绩迎接党的十九大胜利召开。

二、决定

(一)决定的适用范围

根据《党政机关公文处理工作条例》(中办发〔2012〕14号)之规定,决定"适用于对重要事项作出决策和部署、奖惩有关单位和人员、变更或者撤销下级机关不适当的决定事项"。

(二)决定的特点

(1)行文的严肃性。决定必须是对重要事项或重大行动作出安排,下级机关接到上级机关的决定,必须认真贯彻不能随意变通执行。

(2)内容的针对性。因为决定是根据现实问题作出的安排、部署和决策决断,所以往往具有较强的针对性。

(3)效力的强制性。决定是一种决断性的下行文,具有指示性,决定的有关事项一经传达,下级机关必须贯彻执行。在法定公文中,决定的强制性仅次于命令,某些决定还具有一定程度的法规作用,具有较强的行政约束力。

(三)决定的种类

按内容分,决定主要有四种:

(1)安排性决定。它是主管机关对其职权范围内重大事项作出特别布置、安排时使用的公文。如《七届全国人大一次会议关于设立海南省的决定》。

(2)决策性决定。它是传达某次会议的特殊决议或提出贯彻某项决议所采取的措施,或批准会议研讨的某些事项等使用的公文。如《全国人民代表大会常务委员会关于我国加入〈承认及执行外国仲裁裁决公约〉的决定》。

(3)奖惩性决定。它是对重大的带有全局性影响的奖惩事项,以及对一些一般的奖惩事项使用的公文。如《国务院关于授予赵春娥、罗健夫、蒋筑英全国劳动模范称号的决定》。

(4)变更或撤销性决定,即变更或撤销下级机关不适当决定事项的决定。

(四)决定的写作要求

决定一般由标题、正文、落款和日期组成。

(1)标题。一般由发文机关+事由+文种组成,如《全国人民代表大会关于设立香港特别行政区的决定》,有发文字号的要写在标题之下。

(2)正文。正文一般包括决定的依据、决定的事项和执行要求。决定的依据要充分,令人信服;决定事项是全文的主体,要准确地写出决定的事项,如果内容较多,可采用分条式结构;结尾部分,一般用于提出要求、发出号召或说明有关事项,如"本决定自发布之日起施行",通常不写成文日期和发文单位。见诸报刊时,可在文末署发文机关名。

篇幅较长的决定,正文在结构上可分为开头、主体、结语三部分。

开头。这一部分一般用一个自然段落,用"特决定如下"或"特做如下决定"与主体部分衔接。"开头"主要用以说明目前形势,分析或阐述做此决定的原因、目的及意义。其语言要求简洁、概括性强。

主体。表达决定的具体内容。因为它是下级机关、相关单位及所属个人必须执行的准则,所以要求写得明确、具体、详尽。这一部分的表达方式常采用条文式写法,在这些表现具体内容的"条""项"之间可以是明显的并列关系,也可以是明显的递进关系,无论何种关系,都一定要形成完整、严谨、清晰的整体。主体部分也可用简述式写法,对所决定的事项作出直接公布。

结语。在这一部分中提出希望、号召和要求。

(3)落款和成文日期。正文右下方写明发文机关名称。若标题上已有发文机关,落款可免写。成文日期,属会议通过的决定,日期须用圆括号置于标题之下;属领导机关的决定,日期一般放在正文完毕以后,或决定机关之下。

(五)"决议"和"决定"的区别

第一,从制作程序上区分:"决议"须经某一级机关或组织机构的法定会议对某一议题进行集体讨论,由法定多数表决通过,然后形成正式文件,并以会议的名义公布。而"决定"却不一定要经过法定会议讨论通过的程序。它既可以是某种会议讨论研究的成果,形成正式文件予以公布,也可由各级领导机关直接制作并予以公布。因此,可以认定,凡未经有关法定会议讨论通过这一程序,而是以领导机关的名义发布的议决性文件,就只能使用"决定"。

第二,从作用上区分:"决议"一律要求下级机关执行。而"决定"只有"部署性决定"才要求下级机关执行,"宣告性决定"只起知照性作用,一般不要求下级机关执行。

第三,从内容上区分:① 在会议讨论通过的前提下,凡作出了具体的规定和要求,履行法定的权力,强制有关部门贯彻执行的,用"决定"。若只是简要地表示肯定或否定的意见,履行法律程序,指导有关部门遵照办理的,用"决议"。② 由会议或领导机关直接制定发布行政法规,用"决定"。由会议审议批准某项议案、重要报告、法规,用"决议",所审议批准的条文作为"决议"的附件。③ 授予荣誉称号或给予处分,用"决定"。审议机构成立或撤销,用"决议"。

第四,从写法上区分:公布性决议、批准性决议一般写得比较简要、笼统。阐述性决议除指出指令性意见外,还要对决议事项本身的有关问题做若干必要的论述或说明,即一些理论上的阐述。"决定"的写法与"决议"大不相同,它不多说理论上的道理,而往往着重提出开展某项工作的步骤、措施、要求等。"决定"要求写得明确、具体,措施要落实清楚,行政约束力强,可以直接成为下级机关行动的准则。而"决议"往往写得比较概括,原则性条文多,下级机关在贯彻执行时,多数还要根据"决议"制定相应的具体办法或实施措施。

例文 1

国务院关于进一步削减
工商登记前置审批事项的决定

国发〔2017〕32 号

各省、自治区、直辖市人民政府,国务院各部委、各直属机构:

经研究论证,国务院决定,进一步削减工商登记前置审批事项,将以下 5 项工商登记前置审批事项改为后置审批:省级人民政府商务行政主管部门实施的设立典当行及分支机构审批;省级人民政府新闻出版广电行政主管部门实施的设立中外合资、合作印刷企业和外商独资包装装潢印刷企业审批,设立从事出版物印刷经营活动的企业审批;中国民用航空局实施的外航驻华常设机构设立审批、民用航空器(发动机、螺旋桨)生产许可。建议将 1 项依据有关法律设立的工商登记前置审批事项改为后置审批,国务院将依照法定程序提请全国人民代表大会常务委员会修订相关法律规定。

各地区、各相关部门要抓紧做好以上事项改为后置审批的落实和衔接,增强工作紧迫感,加快推进配套改革和相关制度建设,进一步改进事中事后监管措施,确保安全责任落实到位。

国务院

2017 年 5 月 7 日

(此件公开发布)

例文 2

山东省人民政府
关于授予海因茨·罗尔夫·斯托克先生等 26 名
外国专家齐鲁友谊奖的决定

鲁政字〔2014〕188 号

各市人民政府,省政府各部门、各直属机构,各大企业,各高等院校:

随着我省对外开放的不断扩大,越来越多的外国专家来我省工作,在各行各业中发挥了重要作用。为表彰外国专家在推动我省经济建设和社会发展中作出的突出贡献,省政府决定授予海因茨·罗尔夫·斯托克先生等 26 名外国专家齐鲁友谊奖。希望各市、各部门(单位)按照有关规定,进一步做好外国专家的管理服务工作,努力为各国优秀人才在我省施展才华创造良好条件,为推动经济文化强省建设提供更加坚强的人才保障和智力支持。

附件：2014年齐鲁友谊奖获奖外国专家名单

山东省人民政府

2014年10月16日

三、命令（令）

（一）命令（令）的适用范围

根据《党政机关公文处理工作条例》（中办发〔2012〕14号）之规定，命令（令）适用于公布行政法规和规章、宣布施行重大强制性措施、批准授予和晋升衔级、嘉奖有关单位和人员。

根据《中华人民共和国宪法》和《中华人民共和国各级人民代表大会和地方各级人民政府组织法》的有关规定，全国人民代表大会常务委员会、委员长、国家主席、国务院总理，国务院各部部长、各地方人民政府及其首长，可以发布命令（令）。党的各级领导机关一般不单独使用命令，确实需要时，可与人大或政府机关联合发布命令，中央军事委员会可以单独发布命令。此外，任何国家机关和个人，例如地方政府的各个职能部门，各群众团体，各企业事业单位，都不能发布命令。从形式上看，命令（令）往往以领导人个人的名义签发，但所体现的不是个人的要求，而是权力机关意志的体现。

用命令（令）公布行政法规和规章，宣布施行重大强制性行政措施，嘉奖有关单位及人员是国家或某级行政领导机关意志的直接体现，它一方面能体现出命令（令）的严肃性、庄重性、权威性和显著的强制性；另一方面能较好地通过国家媒体扩大命令（令）的发布范围和影响力。

（二）命令（令）的特点

（1）高度的权威性。由于命令（令）是在公布行政法规和规章，宣布施行重大强制性行政措施，嘉奖有关单位及人员时才使用的文种，内容重要，因此使用权限有严格的限制。

（2）法定的强制力。命令（令）是宪法和法律赋予国家机关或负责人对重要工作进行决策指挥的权力，它具有强制性地统一人们行为准则的功能，对一切受文机关和有关人员都带有直接的约束力，任何机关和人员都必须无条件地严格遵照执行，违抗命令或延误执行，都将受到严肃处理甚至严厉惩罚。

（3）语言上的果断性。由于命令（令）是由国家机关发出，要求强制执行，所以在表达上要求语言高度准确，篇幅简约精要，语气坚决果断，风格质朴庄重，可使用祈使句，比较多地使用"必须""不得""应即"等决断性词语，直截了当提出要求，作出规定，不必作出解释和说明。

（三）命令（令）的种类

根据内容、性质和用途的不同，命令（令）可分为如下几种：

（1）发布令。依照有关法律发布重要的行政法令、法规、规章和条例的命令。常见的有"中华人民共和国主席令"、国务院总理签署国务院令等，国务院各部委也通过这种方式来颁布行政法规和规章、条例。

例 文

中华人民共和国主席令

第七十五号

《中华人民共和国国歌法》已由中华人民共和国第十二届全国人民代表大会常务委员会第二十九次会议于2017年9月1日通过,现予公布,自2017年10月1日起施行。

中华人民共和国主席 习近平

2017年9月1日

(2)行政令。行政令主要用以宣布施行重大强制性行政措施。

(3)嘉奖令。嘉奖令主要用以表彰奖励有杰出成就和突出贡献的人员或集体。

(4)任免令。主要用以公布领导干部职务任免事项。

例 文

中华人民共和国国务院令

第678号

依照《中华人民共和国香港特别行政区基本法》的有关规定,根据香港特别行政区行政长官选举委员会选举产生的人选,任命林郑月娥为中华人民共和国香港特别行政区第五任行政长官,于2017年7月1日就职。

总理 李克强

2017年3月31日

(四)写作要求

命令(令)一般由标题、发文字号、正文、署名和日期组成。

(1)标题。命令(令)的标题一般有四种结构形式:一是由发布者(机关或个人)＋文种构成,如《中华人民共和国国务院令》;二是由事由＋文种构成,如《抗洪抢险的命令》;三是由发布者＋事由＋文种构成,如《中华人民共和国国务院关于发行新版人民币的命令》;四是只写文种"命令(令)、嘉奖令"。

命令标题中的发布者名称应使用全称或规范化简称。事由是对命令主要内容的概括,措辞应准确简要。

(2)发文字号。发文字号通常是以发令机关的发令顺序按年度编流水号,或按领导人任期的发令顺序编流水号。如"第一号""第二号"。

(3)正文。命令的正文一般要写明发布命令(令)的根据,命令(令)事项与执行要求。不同性质的命令(令),其正文的写法稍有不同。

发布令是用来颁布各种法规、文件时使用的。因此,大都带有附件。正文部分包括主文和附件两部分。正文内容包括发布的对象、依据、执行要求及有关事项的说明(如施行时间等）。附件是发布的法规和文件。

行政令是采取重大强制性行政措施时使用的,它的正文一般分为三部分:一是发令原由,即施行重大强制性行政措施的原因、目的或依据;二是命令事项,即施行的行政措施的具体内容;三是施行要求。正文一般先写发令目的、实施的起始时间和范围,后列具体内容,最后写明对违令者的处罚。行政令的写作通常不如公布令简短,对于正文中的具体法令事项,要写得既明确简练又清楚周密。

嘉奖令是在授予荣誉称号、表彰功勋业绩时使用的公文。其正文部分通常较为翔实,一是嘉奖对象的主要事迹和功勋,有时要作简要评价;二是嘉奖的具体内容,即授予嘉奖对象的荣誉称号或奖励措施;三是向有关单位和人员发出号召、提出希望等。写作时应注意对事迹的介绍要突出重点,实事求是,必要时可作中肯评价。

任免令是在公布重要领导干部职务任免事项时使用的。一般认为,部级以上的职务任免会以命令的形式发布,级别低一些的则使用"通知"发布。任免令的正文一般分为两部分:一是任免的依据,二是被任免者的姓名及所任免的职务。

（4）署名和日期。在正文右下方标注发文机关领导人的姓名,姓名前要冠以职务。以机关名义发布的命令,也可以不签领导人的姓名。命令（令）的日期有两种标法:一种是标在标题之下;另一种是写在文尾署名的下方。

四、公报

（一）公报的适用范围

根据《党政机关公文处理工作条例》（中办发〔2012〕14号）之规定,公报适用于公布重要决定或者重大事项。

（二）公报的特点

公报是国家的党政机关或者人民团体发布某些重大事件或重要决定的文件,主要具有权威性、指导性和新闻性三个特点。

（1）权威性。公报是权威的党政机关发出的,其内容涉及对一些重大事件的决策或者某些重要决定。这些决策和决定在效力上都具有权威性,要求下级机关和其辖区所有的人必须执行,不能违抗。

（2）指导性。有的公报是针对某些事项做出具体的规定,有的是就原则问题给予指导。但无论是哪方面的内容,都对其行文对象,包括下级机关和具体的工作人员行事具有指导作用。

（3）新闻性。无论是公报的文体形式还是公报的内容都是具有新闻价值的,都会被广泛关注,所以说公报具有新闻性。

（三）公报的种类

根据发文机关的不同,公报可以分为两种:一种是真正意义上的新闻公报,适用于党政机关或社会团体发布重大事件、重要决定,比如《中华人民共和国最高人民法院公报》等;另一种是联合公报,即政党之间、国家之间或政府之间就某些重大事项或问题经过会谈、协商取得一致意见或达成谅解后,双方联合签署发布的文件,比如《中美联合公报》等。根据公报的内容性质的不同,公报又可分为事件性公报和会议性公报。

1. 新闻公报

以新闻的形式将重大事件向党内外、国内外公布的文件。其写法与新闻的主要文体消息有些类似。开头部分概括叙述最核心、最重要的新闻事实,接近消息的"导语"部分。接着具体地写明事件的过程以及与此有关的立场、态度、做法、评价等,可以按时间顺序和逻辑顺序来安排层次,类似消息的主体。最后的结语部分也类似消息的结尾,根据情况可写可不写。例如《中华人民共和国和斐济群岛共和国新闻公报》,开头部分写了应中国总理朱镕基的邀请,斐济总理马亨德拉•乔杜里于 1999 年 12 月 13 日至 20 日对中国进行了正式访问。访问期间,江泽民主席会见了乔杜里,朱镕基总理与乔杜里总理举行了正式会谈,双方签署了《中华人民共和国政府与斐济群岛共和国政府关于经济技术合作的协定》等文件。主体部分,以"双方表示""双方认为""双方重申"等词语领起,分别从五个方面阐述了双方的共识。

2. 联合公报

政党之间、国家之间、政府之间就某些重大事项或问题经过会谈、协商取得一致意见或达成谅解后,双方联合签署发布的文件。这类公报中有一些双方认可、联合签署的条文,比一般的新闻公报有更多的务实性内容。但联合公报和新闻公报之间的界限是很模糊的,有时甚至还可以合为一体。例如《中华人民共和国和印度尼西亚共和国联合新闻公报》,《中华人民共和国国务院公报》2000 年第 3 号,《江泽民主席与叶利钦总统非正式会晤联合新闻公报》,《中华人民共和国国务院公报》2000 年第 4 号。

3. 会议公报

用以报道重要会议或会谈的决定和情报的公报。这种公报一般用于党中央召开的会议。

4. 事项公报

党的高级领导机关用以发布重大情况、重要事件的文件。高层行政机关、部门向人民群众公布重大决策、重要事项或重大措施时有时也沿用此类公报。

(四)公报的写作要求

公报的写作包括首部、正文和尾部三个部分。

1. 首部

公报的首部包括标题和成文时间两个内容。

(1)标题。公报的标题一般有三种写法:第一种是只有文种,比如《新闻公报》;第二种是会议名称+文种,比如《中国共产党第××届中央委员会第×次全体会议公报》;第三种是联合公报,写发表公报的双方或多方国家的名称或简称+事由+文种三项内容,比如《中华人民共和国、印度共和国和俄罗斯联邦外交部长会晤联合公报》《中美联合公报》等。

(2)成文时间。成文时间用括号在标题之下正中位置注明,包括公报发布的年、月、日。

2. 正文

公报正文包括开头、主体两个部分。

(1)开头。开头也就是前言部分,不同的公报要写入不同的内容:事件性公报要用最鲜明、精练的语言概述事件的核心内容,也就是何时、何地、发生了什么重大事件等;会议性公报要用最简明的语言概述会议的名称、时间、地点、参加人员等;联合公报要用最得体的语言概述公报的来由,也就是何时、何地、谁与谁举行了什么会谈或谁对谁进行了什么性质的访问等。

(2)主体。主体是公报的核心内容,要求完整、系统、有序地表达清楚需要公知的事件。常见的有三种写作方式:① 分段式,即每段说明一层意思或一项决定,并列或者递进式行文。② 序号式,即每一个序号后面表达一个意思,依次排列序号来行文。内容复杂、问题头绪较多的公报经常使用这种方式。③ 条款式,即把会议或者决策的事情条分缕析地罗列出来。联合公报多用这种方式来行文。

(3)尾部。尾部并不是所有公报的必要组成部分。事件性公报和会议性公报一般没有尾部;但是联合公报要有尾部,即在正文之后写明双方签署人的身份、姓名、日期和签署地点。

例文

中国共产党第十八届中央委员会第四次全体会议公报
(2014 年 10 月 23 日中国共产党第十八届中央委员会第四次全体会议通过)

中国共产党第十八届中央委员会第四次全体会议,于 2014 年 10 月 20 日至 23 日在北京举行。

出席这次全会的有,中央委员 199 人,候补中央委员 164 人。中央纪律检查委员会常务委员会委员和有关方面负责同志列席了会议。党的十八大代表中部分基层同志和专家学者也列席了会议。

全会由中央政治局主持。中央委员会总书记习近平作了重要讲话。

全会听取和讨论了习近平受中央政治局委托作的工作报告,审议通过了《中共中央关于全面推进依法治国若干重大问题的决定》。习近平就《决定(讨论稿)》向全会作了说明。

……

全会号召,全党同志和全国各族人民紧密团结在以习近平同志为总书记的党中央周围,高举中国特色社会主义伟大旗帜,积极投身全面推进依法治国伟大实践,开拓进取,扎实工作,为建设法治中国而奋斗!

五、公告

(一)公告的适用范围

根据《党政机关公文处理工作条例》(中办发〔2012〕14 号)之规定,"公告"适用于向国内外宣布重要事项或者法定事项。

公告是向国内外宣布重要事项或法定事项的一种知照性公文文种,通常以国家名义发布,有时也授权新华社发布,一些地方的权力机构公布非常重要的事项或法定事项,如省人民代表大会公布选举结果,也常使用公告这一文种。公告的发布往往要动用国家的舆论工具,如报纸、电台、电视台等。

公告所宣布的事项都是国内外关注的大事,例如颁布宪法,公布国家主要领导人选举结果,公布国家主要领导人的重要活动情况以及公布发射导弹、火箭、卫星等情况。

(二)公告的特点

(1)发布内容重要。公告发布的内容必须是重要事项或法定事项。所谓重要事项,是指事关全局或在国内外能产生重大影响的事项。例如,公布宪法、公布全国人大代表人数等,都可用公告行文。法定事项,指按法律程序批准确定的事项。例如,全国人民代表大会审议通过某项法规,需向社会发出公告。公告的使用必须慎重,不能事无巨细、随意发布。

(2)发布范围广泛。一般行政公文只在国内一定范围内发布,公告则面向国内外发布,通常是政府授权新华社向全世界发布。

(3)发布机关有资格限制。发布公告的机关是国家领导机关或者由国家授权的单位如新华社等,地方行政机关和其他基层单位一般不能使用公告。公告的内容应该是以国家名义向国内外庄重宣布的重大事项。发布机关有全国人民代表大会、国务院、各省、市人民政府及人大等,也可由有关职能部门按照法律、法规的规定来制发。

(三)公告的种类

(1)宣布重要事项的公告。它是向国内外宣布重要事项的公告,此类公告不在于提出要求,而是重点在于让国内外知道重要事项。如公布国家领导人出访、国家领导人的选举结果等事项公告。

(2)公布法定事项的公告。它是向国内外宣布法定性事项的公告,此类公告的重点在于宣布带有法规性的重要事项,要求人们必须遵守。

(3)向特定对象发布的公告。如法院公开审理案件时发布的开庭公告。如人民法院在无法将诉讼文书送达当事人时发布的向当事人送达诉讼文书的司法公告;有的公司在向社会各界宣布某项商业活动时使用的民事公告等。

(四)公告的写作要求

公告一般由标题、正文、落款和日期组成。

(1)标题。公告的标题常见的构成形式有四种:一是由发文机关＋事由＋文种构成,如《中华人民共和国海关关于简化进出口旅客通关手续的公告》;二是由发文机关＋文种构成,如《中华人民共和国国务院公告》;三是由事由＋文种构成,如《关于坚决制止捕杀国家珍稀野生动物的公告》;四是只写文种"公告",如果是连续发布的公告,要在标题下注明文号"第×号"。

(2)正文。如果要发布的事项单一、简单,那么正文的写作也就只需说明事项,篇幅也就比较简短。较复杂的公告,正文应包括三个方面的内容:依据、事项和结语。依据多交代发公告的缘由,要言简意赅地写明公告的依据、原因、目的,如"根据中华人民共和国第×次代表大会的提议"。事项部分是重点,用来说明公告的具体内容,即公告决定和要求,公告内容较多的可分项列条,逐一交代。结语要在正文结束时另起一行写上"特此公告""现予公告"等字样,有时省略不写。

(3)落款与日期。在正文右下方写明发布机关名称或机关领导人签署,如发布机关在标题中出现,此处可省略。成文日期写在发文机关名称之下,有的写在标题之下用括号括上。

（五）写作注意事项

公告的必须是"重要事项"或"法定事项"，除非是事关国家政治、军事、经济等重大事项，一般事项不宜用公告这一文种。使用公告的一般是国家行政机关、军事机关、司法机关，至于企事业基层单位、社会团体，一般不宜使用公告。

例文 1

国家税务总局公告
2014 年第 56 号

根据《财政部 海关总署 国家税务总局关于在全国开展融资租赁货物出口退税政策试点的通知》（财税〔2014〕62 号），国家税务总局制定了《融资租赁货物出口退税管理办法》。现予以公布，自 2014 年 10 月 1 日起施行。

特此公告。

税务总局
2014 年 10 月 8 日

例文 2

全国人民代表大会常务委员会公告
〔十二届〕第二十五号

西藏自治区第十届人大常委会第三十一次会议补选齐扎拉为第十二届全国人民代表大会代表。第十二届全国人民代表大会常务委员会第二十七次会议审议并同意代表资格审查委员会的审查报告，确认齐扎拉的代表资格有效。

山西省人大常委会决定罢免杨绍清的第十二届全国人民代表大会代表职务。河北省人大常委会决定接受杨崇勇辞去第十二届全国人民代表大会代表职务。吉林省人大常委会决定接受石国祥辞去第十二届全国人民代表大会代表职务。上海市人大常委会决定接受陈旭辞去第十二届全国人民代表大会代表职务。安徽省人大常委会决定接受杨敬农、张晓麟辞去第十二届全国人民代表大会代表职务。依照《中华人民共和国全国人民代表大会和地方各级人民代表大会代表法》的有关规定，杨绍清、杨崇勇、石国祥、陈旭、杨敬农、张晓麟的代表资格终止。

第十二届全国人民代表大会代表钱德伟因病去世。全国人民代表大会常务委员会对钱德伟代表的去世表示哀悼。钱德伟的代表资格自然终止。

截至目前，第十二届全国人民代表大会实有代表 2918 人。

特此公告。

全国人民代表大会常务委员会
2017 年 4 月 27 日

六、通告

(一)通告的适用范围

根据《党政机关公文处理工作条例》(中办发〔2012〕14号)之规定,"通告"适用于在一定范围内公布应当遵守或者周知的事项。

通告是在行政公务和业务管理中应用范围广泛、使用频率较高的具有知照性和一定约束力的普发性公文。通告所要传达到的对象虽然是确定的,但又是分散的,往往不是集中在一个单位或一个处所,因此,多采用报纸或张贴的形式公布。通告不仅可以公布国家法令、政策,也可用来公布生活中的具体事务。如停水停电、临时封锁交通等;而且使用权限宽泛,从国家领导机关到各部门团体及其基层企事业单位,都可使用,实用性强。

(二)通告的特点

(1)发布方式公开。通告所涉及的内容都是在一定的地域范围内需要公众知晓的,不涉及保密内容,所以常用报纸、电视、广播等传播媒体公开发布,有时也用张贴的形式发布。

(2)使用范围广泛。通告不仅可以在一定范围内公布重大事项,还可以用来公布社会生活中的一些具体事务。通告的使用单位也很广泛,各级政府乃至基层单位,都可以在自己的职权范围内使用。

(3)内容有强制性。通告中所提出的规定、要求,带有法规性质,各单位和个人都必须认真遵照执行,如有违反,将受到严肃查处。

(三)通告的写作要求

通告一般由标题、正文、落款和日期组成。

(1)标题。通告的标题一般有四种构成形式:一是由发文机关+事由+文种构成,如《乌鲁木齐市人民政府关于维护社会正常秩序的紧急通告》;二是由发文机关+文种构成,如《中华人民共和国公安部通告》;三是由事由+文种构成,如《关于整治机动车超载违章的通告》;四是只写文种"通告"二字。要根据内容不同来确定标题的形式,事项特别重要的通告,标题的三要素应齐备;一般性通告的标题可省略事由,或只写"通告"二字。

(2)正文。通告的正文一般由通告依据、通告事项、结语三部分组成。通告依据简要说明发布通告的依据、原因、目的等,然后用"特作如下通告"或"现通告如下"等习惯用语过渡到下文。通告事项部分写具体通告事项,即要求一定范围内的单位和人们遵守或周知、办理的事项。为表述清楚、明确,便于理解、记忆和执行,通告事项多用分条列款的形式进行表述,即依事项内部的联系先将其分解成若干条款,再选用恰当的排列方式将各条组合成一个整体,全面而又条理清晰地叙述或说明通告的内容。通告的结尾一般是简要提出执行要求或希望,说明有关规定的生效期限和对违反规定行为的处罚办法;事项的办理期限、办理地点、联系人与联系电话等。有的通告已将这些内容列入条款,则以"此告""特此通告"等结语收束全文,甚至可以不用结语而直接用最后一个条款作结。

(3)落款和日期。落款写发布通告的机关名称,标注于正文后右下方。如果发文机关在标题中出现,此处可省略,成文日期写在发文机关下面,也有的通告将日期写在标题之下的括号内。法规性通告应加盖印章以示庄重。

(四)写作注意事项

一是通告的法令性和政策性很强,在撰写时对所涉及的政策、法规要掌握准确,运用恰当;二是公布的事项要实事求是,内容一定要具体周密,有的放矢;三是语言简练,尽量少用专业术语,以求通俗易懂。

(五)公告与通告的区别

(1)发文机关不同。公告发布级别高;通告则不受单位级别的限制,一般机关单位都可以使用。

(2)收文的对象不同。公告是面向国内外公布;通告常限于国内且是在一定范围之内。

(3)重要程度不同。公告内容必须是重要事项,在国内外有一定影响;通告所涉及的常是一般事项。

(4)发布形式不同。公告通常由新闻媒体发布;通告可以通过新闻媒体发布,也可张贴。

例文 1

关于发展改革委员会政务服务大厅试运行的通告

经研究决定,国家发展和改革委员会政务服务大厅于 2014 年 12 月 1 日开门试运行。现将有关事项通告如下:

一、业务范围

政务服务大厅统一受理国家发展和改革委员会行政许可事项申请、政府信息公开和业务咨询。

二、办公时间

周一至周五:上午 8:30—11:30;下午 1:30—4:30。

法定节假日按国家规定执行。

三、办公地址和咨询电话

北京市西城区三里河南五巷(国家发展和改革委员会西配楼 1 层),邮编 100824。咨询电话:68505050。

四、其他事项

(一)国家发展和改革委员会行政许可事项申报系统同时试运行,用于行政许可事项申报登记、办理进展查询,挂接在国家发展和改革委员会门户网站"政务服务中心"栏目内。

(二)原国家发展和改革委员会政府信息公开办公室职责,自 2014 年 12 月 1 日起移至政务服务大厅。

国家发展和改革委员会办公厅

2014 年 11 月 28 日

例 文 2

丹东市人民政府关于野外火源安全管理的通告

（2015 年 04 月 01 日）

为保护森林资源,加强野外火源管理,消除火灾隐患,根据《中华人民共和国森林法》《森林防火条例》《辽宁省人民政府森林防火命令》等有关法律、法规的规定,现通告如下:

一、3 月 10 日至 5 月 15 日为全市森林防火紧要时期,紧要期间停止一切野外用火审批,任何单位不得以任何理由批准野外用火。

二、紧要期间严禁以下用火行为:

1. 禁止在林区、林缘上坟烧纸、烧香、燃放烟花爆竹。

2. 禁止携带火种及易燃易爆物品进入林区。

3. 禁止烧荒、烧地格子、烧秸秆、烧茬子等一切野外用火。

4. 禁止在林区、林缘吸烟、野炊、取暖、烧烤食品等行为。

5. 禁止炼山和堆烧林木采伐枝桠。

6. 禁止施工单位在林区明火作业和爆破。

7. 禁止在铁路、高速公路、普通公路等道路两侧焚烧一切可燃物。

三、各县(市)区人民政府要组织乡(镇)、村在公墓、散坟周边集中划定焚烧场地。

四、违反上述规定,依照《中华人民共和国治安管理处罚法》《森林防火条例》的有关规定依法处罚;构成犯罪的,依法追究刑事责任。

五、任何单位和个人,一旦发现森林火情,立即拨打"12119"森林防火报警电话。

丹东市人民政府

2015 年 3 月 9 日

七、意见

（一）意见的适用范围

根据《党政机关公文处理工作条例》(中办发〔2012〕14 号)之规定,意见适用于对重要问题提出见解和处理办法。

意见的适用范围非常广泛。2001 年 1 月 1 日,《国务院办公厅关于实施〈国家行政机关公文处理办法〉涉及的几个具体问题的处理意见》对意见的适用范围作了明确的界定:"意见可用于上行文、下行文和平行文。作为上行文,应按请示性公文的程序和要求办理。所提意见如涉及其他部门职权范围内的事项,主办部门应当主动与有关部门协商,取得一致意见后方可行文;如有分歧,主办部门的主要负责人应当出面协调,仍不能取得一致时,主办部门可以列明各方理据,提出建设性意见,并与有关部门会签后报请上级机关决定。上级机关应当对下级机关报送的'意见'作出处理或给予答复。作为下行文,文中对贯彻执行有明确要求的,下级机关应遵照执行;无明确要求的,下级机关可参照执行。作为平行文,提出的意见供对方参考。"

（二）意见的写作要求

（1）标题。一般采用三项式,如《上海市贯彻〈关于城镇医药卫生体制改革的指导意见〉的实施意见》。由于意见往往是由上级机关用通知等公文转发（印发）,在通知的标题上已有发文机关,因此意见本身也可省略发文机关,采用二项式,如《关于加快本市高速公路网建设的若干政策意见》。

（2）主送机关。分为两种情况:一种是上行性意见,常为一个主送机关。因为这类意见多为呈报上级机关要求批转的,主送机关只能是一个。但批示后,转发给谁,则再由上级机关确定主送的单位对象。另一种是下行性意见,常常会涉及多个地区、机关和部门,因而主送机关常为多个。

（3）正文。意见的正文通常包括发文的缘由、具体意见、落实要求这三部分内容。

发文缘由是意见的开头部分,主要写出发布意见的背景、根据、目的、意义等。一般用惯用语"为促进……健康发展,特提出如下意见","为了全面贯彻落实……文件,进一步推动……工作的顺利开展,现提出如下意见","特制定本处理和实施意见","现就有关事项提出如下意见"等过渡到主体部分。

具体意见是意见的核心部分,主要是对有关问题或某项工作提出本机关的见解、建议或解决办法。如果是规划性意见,内容繁多,可列出小标题作为各大层次的标志,小标题下再分条表述。如果是内容较单纯集中的工作意见,主体部分直接列条即可,不必再设小标题。

落实要求即有些意见需要对贯彻执行提出一些要求,可以列入条款,也可单独在正文最后写一段简练的文字予以说明。如常用"以上意见如无不妥,建议转发（或批转）各地区、各部门贯彻执行"等作为结束语。

（4）结尾。要写清楚主体部分未竟事项,如何时起实施,解释权归属,原有意见的废止等等。

（5）发文机关印章和成文日期。意见由通知等公文转发（印发）,发文机关和成文日期均见通知,意见本身无需落款。

（三）写作注意事项

总的说来,意见的写作要求同决定等公文相同,但应注意以下几点:

（1）要有针对性。撰写意见,应围绕一个主题,将一项工作,一个问题的性质、特点、利弊、政策主张与解决办法,讲深讲透,切忌洋洋洒洒、漫无边际而使主题分散。同时,还要注意应符合党和国家的方针政策、法律法规,从实际出发,提出正确的主张与切实可行的方法措施。

（2）要有可行性。所提出的措施或要求应当实事求是,恰如其分,要考虑到受文单位经过努力能够做到。

（3）要注重时效性。意见是为解决现实问题而发的,应当及时,不然就错过了时机,失去了意见的作用,也贻误了工作。

例 文 1

教育部关于改进和加强研究生课程建设的意见

教研〔2014〕5号

各省、自治区、直辖市教育厅(教委),新疆生产建设兵团教育局,中国人民解放军总参军训部,有关部门(单位)教育司(局),各研究生培养单位:

为贯彻《国家中长期教育改革和发展规划纲要(2010-2020年)》,落实《教育部 国家发展改革委 财政部关于深化研究生教育改革的意见》要求,更好地发挥课程学习在研究生培养中的作用,提高研究生培养质量,现就加强研究生课程建设提出以下意见:

一、进一步明确加强研究生课程建设的重要意义和总体要求

1.高度重视课程学习在研究生培养中的重要作用。课程学习是我国学位和研究生教育制度的重要特征,是保障研究生培养质量的必备环节,在研究生成长成才中具有全面、综合和基础性作用。重视课程学习,加强课程建设,提高课程质量,是当前深化研究生教育改革的重要和紧迫任务。

……

十、强化政策和条件保障

20.有关教育主管部门要高度重视研究生课程建设工作,通过规划引导、资源配置和质量监管等手段,鼓励和支持研究生培养单位不断加强课程建设、教学改革和管理。鼓励省级教育行政主管部门组织实施课程建设试点和课程建设示范项目,组织开展课程建设经验交流,营造重视课程建设的良好氛围。进一步完善国家教学成果奖励政策,对研究生教学成果的评审奖励实行分类管理,加大对研究生教学成果的奖励力度。

教育部

2014年12月5日

例 文 2

国务院办公厅关于推进城镇人口密集区
危险化学品生产企业搬迁改造的指导意见

国办发〔2017〕77号

各省、自治区、直辖市人民政府,国务院各部委、各直属机构:

实施城镇人口密集区危险化学品生产企业搬迁改造,是适应我国城镇化快速发展,降低城镇人口密集区安全和环境风险的重要手段,对解决危险化学品生产企业安全和卫生防护距离不达标问题、有效遏制危险化学品重特大事故、保障人民群众生命财产安全和促进石化化工产业转型升级等具有重要意义。根据《中华人民共和国国民经济和社会发展第十三个五年规划纲要》和《中共中央 国务院关于推进安全生产领域改革发展的意见》相关要求,为加快推进城镇人口密集区危险化学品生产企业搬

迁改造,经国务院同意,现提出以下意见。

一、总体要求

（一）指导思想

全面贯彻党的十八大和十八届三中、四中、五中、六中全会精神,深入贯彻习近平总书记系列重要讲话精神和治国理政新理念新思想新战略,按照"五位一体"总体布局和"四个全面"战略布局,认真落实党中央、国务院决策部署,立足我国石化化工产业发展实际,统筹规划产业布局,加强政策支持引导,发挥企业主体作用,分步分类、平稳有序推进城镇人口密集区危险化学品生产企业搬迁改造和转型升级,确保安全生产和社会和谐稳定。

（二）基本原则

以人为本,安全发展。坚持把人民群众生命财产安全放在首位,通过危险化学品生产企业搬迁改造,降低城镇人口密集区安全和环境风险,提升企业安全生产水平,促进石化化工产业与经济社会协调发展。

统筹规划,分步实施。坚持从实际出发,充分考虑区位条件、资源禀赋、发展基础和环境承载能力,依据地区产业发展布局,合理确定危险化学品生产企业搬迁改造方式,科学制定搬迁改造方案,分批分阶段实施。

市场运作,政策引导。坚持以市场为导向,以企业为主体,发挥政府引导和推动作用,加强组织协调,提供政策支持,有效激发企业积极性,鼓励社会资本积极参与,营造有利于加快推进搬迁改造工作的良好政策环境。

（三）总体目标

到2025年,城镇人口密集区现有不符合安全和卫生防护距离要求的危险化学品生产企业就地改造达标、搬迁进入规范化工园区或关闭退出,企业安全和环境风险大幅降低。其中:中小型企业和存在重大风险隐患的大型企业2018年底前全部启动搬迁改造,2020年底前完成;其他大型企业和特大型企业2020年底前全部启动搬迁改造,2025年底前完成。

二、重点任务

（四）组织开展摸底评估。各省级人民政府要组织开展危险化学品生产企业布局情况调查,按照有关法律法规和标准规范,对城镇人口密集区现有不符合安全和卫生防护距离要求的危险化学品生产企业逐一登记造册,科学评估企业安全生产和环保条件,经企业申辩和专家评审,分别提出就地改造、异地迁建、关闭退出的企业(以下统称搬迁改造企业)名单。其中,对安全和环境风险较低、经评估通过改造能达到安全和卫生防护距离要求的,可实施就地改造;对安全和环境风险突出、经评估通过就地改造仍不能达到安全和卫生防护距离要求的,实施异地迁建,对企业不愿异地迁建的,限期关闭退出。同时,要对本省(区、市)所有化工园区开展摸底调查,对各化工园区现状及发展前景逐一进行评估和论证,明确可以承接迁入企业的化工园区(以下简称承接园区)及承接产业类型,确保承接园区符合国家相关法律法规和标准规范要求。

......

三、政策措施

（十）加大财税政策支持。通过现有资金渠道,加大支持力度,对符合条件的危险化学品生产企业搬迁改造项目予以支持。鼓励地方根据实际研究设立危险化学生产企业搬迁改造专项资金,或对搬迁改造企业新厂房基建费用给予适当基建投资补助。企业在搬迁改造期间发生的搬迁收入和搬迁支出,可暂不计入当期应纳税所得额,具体按企业政策性搬迁所得税管理办法执行。

......

四、工作要求

(十三)加强组织领导。各地区、各有关部门要高度重视城镇人口密集区危险化学品生产企业搬迁改造工作,切实加强组织领导,精心组织,密切协作,形成合力,确保工作顺利开展。各省级人民政府对危险化学品生产企业搬迁改造工作负总责,要完善工作机制,落实工作责任,明确任务分工和时限要求,于2017年底前制定本地区搬迁改造实施方案,并抄送工业和信息化部、安全监管总局。

......

国务院办公厅

2017 年 8 月 27 日

(此件公开发布)

八、通知

(一)通知的适用范围

根据《党政机关公文处理工作条例》(中办发〔2012〕14 号)之规定,通知适用于发布、传达要求下级机关执行和有关单位周知或者执行的事项,批转、转发公文。

(二)通知的特点

(1)功能的多样性。在下行文中,通知的功能是最为丰富的。它可以用来布置工作、传达指示、晓谕事项、发布规章、批转和转发文件、任免干部等,总之,下行文的主要功能,它几乎都具备。但通知在下行文中的规格,要低于命令、决议、决定、指示等文体。用它发布的规章,多是基层的,或是局部性的、非要害性的;用它布置工作、传达指示的时候,文种的级别和行文的郑重程度,明显不如决定、指示。

(2)运用的广泛性。通知的发文机关,几乎不受级别的限制。大到国家级的党政机关,小到基层的企事业单位,都可以发布通知。从实际应用的情况看,主要用作下行文,有一部分用作平行文,但一般不用作上行文,如果需要上级机关了解通知的内容,则以抄报的方式告之。通知的受文对象也比较广泛。在基层工作岗位上的干部和职工,接触最多的上级公文就是通知。而且通知虽然从整体上看是下行文,但部分通知(如晓谕事项的通知)也可以发往不相隶属机关。通知的内容方面可大可小,制发形式也灵活多样。当然,作为应用文书使用的通知,其效力、格式与作为行政公文的通知是有所区别的。

(3)一定的指导性。通知这一文体名称,从字面上看不显示指导的姿态,但事实上,多数通知都具有一定程度的指导性。用通知来发布规章、布置工作、传达指示、转发文件,都在实现着通知的指导功能,受文单位对通知的内容要认真学习,并在规定时间内完成通知布置的任务。

（4）较强的时效性。通知是一种制发比较快捷、运用比较灵便的公文文种，它所办理的事项，都有比较明确的时间限制，受文机关要在规定的时间内办理完成，不得拖延。

（三）通知的种类

通知的类型较多，按其使用性质划分，大体上有以下六种类型：

（1）批转或转发性通知。即批转下级机关或转发上级机关和不相隶属机关的公文时使用的通知。批转性通知是指用通知的形式批转下级机关的公文。即对于下级机关呈报的某些公文，上级审批同意后，加上批示性意见，再用通知转发给有关单位贯彻执行。被批转的公文，可以是意见、请示、报告、会议纪要，也可以是方案、计划、纲要等。无论是哪一种，一旦经上级批转，就不再仅仅是下级机关的意图，而是升格为上级的意愿和要求，与上级机关的行文具有同样的法定效力和现实约束力。转发性通知是指用通知的形式转发上级机关或不相隶属机关的公文，或者说转发"非下级机关"的公文。既然被转发的是上级、平级或不相隶属机关的公文，当然不能随意添加批语，而只能以传达、推荐为主，但也可以结合实际提出实施意见，要求下级单位一并贯彻执行。

（2）发布性通知。发布行政法规和规章时使用的通知，要求有关部门执行。此类通知从中央到地方各级人民政府普遍使用。

（3）指示性通知。需要对下级机关或所属单位交代工作，布置任务，并且阐明原则和方法，要求办理执行，但限于发文机关的权限或公文内容，不适宜使用"命令""指示"等行文时，一般可采用通知的形式。这类通知带有较强的约束性和指导性，某些还具有补充法规或规章的性质，必须认真执行。

（4）告知性通知。需要让下级机关或不相隶属机关办理或知道某些事项时使用的通知。这类通知一般只有告知性，没有指导性。其用途较广泛，机构人事调整，启用、作废公章，机构名称变更，机关隶属关系变更，迁移办公地址，安排假期等，都可使用这种通知。

（5）会议通知。召开比较重要的会议，需提前让有关单位或个人知道时所使用的通知。这是一种常见的通知，既可用于下行，也可用于平行。

（6）任免通知。任免通知，只需写明什么会议决定，任命什么人担任什么职务，免去什么人

（四）通知的写作要求

通知一般由标题、主送机关、正文、落款与日期组成。

（1）标题。通知的标题一般采用公文标题的常规写法，由发文机关＋事由＋文种组成，如《中共中央办公厅、国务院办公厅关于严禁用公费变相出国（境）旅游的通知》。二是也可以省略发文机关，由事由＋文种组成标题，如《关于印发〈规范国有土地租赁若干意见〉的通知》（国土资发〔1999〕222号）。三是由发文机关＋文种组成，如《国务院通知》。四是只有文种"通知"二字。如果是"联合通知""紧急通知""补充通知"，要在标题中写明。

发布规章的通知，所发布的规章名称要出现在标题的主要内容部分，并使用书名号。

批转和转发文件的公文，所转发的文件内容要出现在标题中，但不一定使用书名号。如《国务院办公厅转发教育部等部门关于进一步加快高等学校后勤社会化改革意见的通知》。

（2）主送机关。通知属于下行文，应有明确的主送机关，通知的主送机关可以是一个，也可以是多个。通知的发文对象比较广泛，因此，主送机关较多，要注意主送机关排列的

规范性。如人事部《关于解除国家公务员行政处分有关问题的通知》的主送机关：

各省、自治区、直辖市人事(人事劳动)厅(局)、监察厅(局)；国务院各部委、各直属机构人事(干部)部门、监察局(室)：

由于级别、名称不同,主送机关的称法和排列非常复杂,这个序列显然是经过深思熟虑后确定下来的。

(3)正文。正文一般由开头、主体、结尾组成。开头写发通知的原因、依据和目的；主体写通知事项,内容多的可采用条款式；结尾要写明要求、希望等,也可不写结尾。主体是行文的重点。不同类型的通知主体各有侧重。

① 批转或转发性通知。要写明被批转或转发公文的全称(加书名号)和文号(加括号),根据不同情况用"现转发给你们,请遵照办理""希研究执行""请认真贯彻执行""望参照执行"或"供参阅"等词语。有些批转、转发性通知在此之后还可根据本地、本单位的具体情况,说明下发的目的,提出进一步的要求或贯彻文件精神的具体方法、步骤、措施等。

例文 1

国务院批转国家发展改革委关于 2017 年
深化经济体制改革重点工作意见的通知

国发〔2017〕27 号

各省、自治区、直辖市人民政府,国务院各部委、各直属机构：

国务院同意国家发展改革委《关于 2017 年深化经济体制改革重点工作的意见》,现转发给你们,请认真贯彻执行。

国务院
2017 年 4 月 13 日

(此件公开发布)

例文 2

国务院办公厅转发国家机关事务管理局
关于清理规范驻省会城市办事机构指导意见的通知

国办发〔2015〕8 号

各省、自治区、直辖市人民政府,国务院各部委、各直属机构：

国家机关事务管理局《关于清理规范驻省会城市办事机构的指导意见》已经国务院同意,现转发给你们,请结合实际认真贯彻执行。

国务院办公厅
2015 年 2 月 10 日

② 发布性通知。要写明被发布公文的全称(加书名号)和什么时间由什么机关或会议通过,提出执行要求。必要时可强调该法规的重要性,提出认真贯彻执行的要求,请受文单位予以重视。

例文 3

国务院办公厅关于印发

国民营养计划(2017—2030 年)的通知

国办发〔2017〕60 号

各省、自治区、直辖市人民政府,国务院各部委、各直属机构:

《国民营养计划(2017—2030 年)》已经国务院同意,现印发给你们,请认真贯彻执行。

国务院办公厅

2017 年 6 月 30 日

(此件公开发布)

③ 指示性通知。正文部分一般由通知目的、通知事项、执行要求三项基本内容构成。

通知目的即要写清楚发通知的根据、理由或目的,应做到简短扼要,应抓住最主要的写,不可离题,该说的要说清楚,然后用"现通知如下"或"特(紧急)通知如下"等字句,转入通知事项部分。

通知事项是通知的核心部分,这部分写作质量如何将直接影响受文单位对通知精神的理解和贯彻执行,所以在写作时要特别重视,一定要做到准确、清楚,有利于理解与贯彻。所谓准确,是指通知事项中的概念要准确、周密、前后一致;所谓清楚是指语义单一,不产生歧义,不让人感到费解;所谓有利于理解与贯彻,是指受文单位一接到通知就能十分清楚地了解到,本通知要做些什么事,如何做,做到什么程度。

执行要求是通知的结尾部分,其写法较灵活,通常有三种:一是事项部分写完后,没有其他要求,结尾常在事项部分后另起一行,写上"特此通知";二是有执行要求,比较简单,常在结尾处写上"以上通知,望认真贯彻执行","以上通知,自发布之日起执行","本通知望各单位结合自己的实际情况贯彻执行"等;三是要求比较详细具体,这种情况下撰文要准确、清楚,必要时仍要分项分条。

例文 4

国务院办公厅关于加强困难群众

基本生活保障有关工作的通知

国办发〔2017〕15 号

各省、自治区、直辖市人民政府,国务院各部委、各直属机构:

在党中央、国务院的坚强领导下,近年来困难群众基本生活保障制度不断健全、水平稳步提升。同时,也存在部分保障政策衔接不够、保障水平与群众需求相比存在一定差距等问题。为进一步加强困难群众基本生活保障工作,经国务院同意,现通知如下:

一、进一步提高对困难群众基本生活保障工作重要性的认识

党中央、国务院历来高度重视困难群众基本生活保障工作,近年来先后出台了《社会救助暂行办法》以及临时救助、农村留守儿童关爱保护、困境儿童保障、特困人员救助供养等政策措施,全面实施了困难残疾人生活补贴和重度残疾人护理补贴制度,高效有序应对了各类重特大自然灾害,有效保障了各类困难群众的基本生活。进一步做好困难群众基本生活保障工作,是维护社会公平、防止冲破道德底线的基本要求,也是补上民生短板、促进社会和谐的内在需要。尽管近年来我国财政收入增速放缓,但是对困难群众的保障水平不能降低、力度不能减弱、工作不能放松。各地各有关部门要认真落实党中央、国务院关于社会政策要托底的部署要求和守住底线、突出重点、完善制度、引导舆论的民生工作思路,进一步加大困难群众基本生活保障工作力度,织密织牢民生兜底保障安全网。

······

国务院办公厅
2017 年 1 月 26 日

(此件公开发布)

④告知性通知。要写明告知事项、背景或依据,写明事项的内容,提出要求。表达应准确,通知中涉及的时间、地点、单位名称、人名和活动内容要清楚无误。

例文 5

山东省人民政府关于公布全省最低工资标准的通知

鲁政字〔2017〕86 号

各市人民政府,各县(市、区)人民政府,省政府各部门、各直属机构,各大企业,各高等院校:

根据我省经济社会发展和职工工资水平增长等情况,经人力资源社会保障部审核,确定调整最低工资标准。现公布如下:

一、调整后的全省月最低工资标准为 1810 元、1640 元、1470 元;小时最低工资标准为 18.1 元、16.4 元、14.7 元(各市最低工资标准见附件)。

二、月最低工资标准适用于全日制就业劳动者;小时最低工资标准适用于非全日制就业劳动者。

三、调整后的最低工资标准从 2017 年 6 月 1 日起执行,鲁政字〔2016〕117 号文件同时废止。

四、各地要加强对《最低工资规定》(原劳动和社会保障部令第 21 号)和最低工资标准的宣传,在当地主要媒体公布最低工资标准,让用人单位、劳动者和公众广为了解。要进一步加强对用人单位执行最低工资标准情况的监督检查,依法查处违反《最

低工资规定》的行为,切实维护劳动者合法权益。

　　附件:各市最低工资标准表

山东省人民政府

2017 年 5 月 27 日

(此件公开发布)

　　⑤ 会议通知。通常,一份完整的会议通知,应当包括下列几方面的内容:

　　一、开会的目的或根据

　　二、会议的主要议程

　　三、参加对象的条件及名额分配

　　四、会议的时间、地点

　　五、出席会议者应自备的物件,如介绍信、经费、照片、论文等

　　六、报到的具体方式,如报到时间、接站安排或行走路线等

　　七、有关事宜

　　准确、齐全、具体是对会议通知所写事项的基本要求。但在具体的实践中,并不是以上七条都必须同时具备,可根据实际情况,省略其中的个别项目。

例文6

中共××市××区建设局委员会

关于召开信息工作会议的通知

局各科室、区公用事业指挥部、区城市化办公室:

　　为进一步做好我局信息工作,加强信息员队伍建设,提高我局信息工作整体水平,经研究,决定召开信息工作会议。现将有关事项通知如下:

　　一、时间

　　2017 年 4 月 10 日下午 3:00

　　二、地点

　　区行政中心管理大楼 6 楼 1 号会议室

　　三、参加人员

　　(一)各科室、站所负责人,公用事业指挥部、区城市化办公室综合科负责人,各信息员;

　　(二)2016 年度信息工作先进个人。

　　四、会议内容

　　(一)表彰 2016 年度信息工作先进个人;

　　(二)学习政务信息写作技巧;

　　(三)学习政务公开有关知识;

　　(四)学习网站维护知识;

　　(五)研究制定信息员工作制度。

五、有关要求

（一）各科室、站所根据自身工作实际,确定信息工作人员,并于2017年4月8日前报局办公室。原则上要求至少一名,其他愿参与信息工作的同志亦可报名。联系人:李明,联系电话:88665544。

（二）信息工作人员应热爱信息工作,具有一定的综合写作和计算机操作能力。

（三）请安排好工作,准时参加。

中共××市××区建设局委员会

2017年4月7日

⑥ 任免通知。需要任用或免除一般干部职务时所使用的通知,即上级机关向下级机关宣布对有关人员任免决定的一种通知。这种通知写法简单,要求写明决定任免的时间、机关、会议或文件依据及任免人员的职务。任职通知,还附带说明该职务所享受的级别待遇;免职通知,说明"另行分配工作"等。此外,如果是向本单位下属发布上级任免决定的通知,往往只写通知内容而不写根据,带有传达的性质。

例文 7

关于香港特别行政区政府陈茂波等2人职务任免的通知

国人字〔2012〕77号

香港特别行政区政府:

　　依照《中华人民共和国香港特别行政区基本法》的有关规定,根据香港特别行政区行政长官梁振英的提名和建议,国务院2012年7月30日决定:任命陈茂波为发展局局长,免去麦齐光的发展局局长职务。

国务院

2012年7月30日

（4）落款与日期。在正文右下方写发文机关名称,如果发文机关在标题中标明,落款时可以省略,落款下面写明成文日期。

（五）通知与通报的区别

从通知与通报的特点和作用,可以看出它们的主要区别在于:

（1）内容范围不同。通知可以发布行政法规和规章,批转和转发公文,传达需办理和周知的事项等;通报则是表扬先进,批评错误,传达、交流重要的情况、信息。两者虽然都有告知的作用,但通知告知的主要是工作的情况,以及共同遵守执行的事项;通报则是告知正反面典型,或有关重要的精神或情况。

（2）目的要求不同。通知的目的是告知事项,布置工作,部署行动,内容具体,要求受文机关了解要办什么事,该怎样办理,不能怎样办理,有严格的约束力,要求遵照执行;通报的目的主要是或交流、了解情况,或通过正反面的典型去教育人们,宣传先进的思想和事迹,提高人们的认识。

（3）表现方法不同。通知的表现方法主要是叙述，告知人们做什么，怎样做，叙述具体，语言平实；通报的表现方法则常兼用叙述、说明、分析和议论，有较强的感情色彩。

九、通报

（一）通报的适用范围

根据《党政机关公文处理工作条例》（中办发〔2012〕14 号）之规定，通报适用于表彰先进、批评错误、传达重要精神和告知重要情况。

通报是党政机关、社会团体、企事业单位，将工作情况、经验教训以及各种典型事例告知有关单位和人员的公文文种，其作用是将有关情况告知所属单位，以增加工作的透明度，相互协调，搞好工作。具体说来，通报具有表彰先进、弘扬正气、批评错误、抵制歪风、通报情况、指导工作、纠正失误、沟通情况、交流经验、统一思想、进一步推动工作的作用。

（二）通报的特点

（1）典型性。典型就是既有普遍性、代表性，又有个性和新鲜感的事实。通报的题材，不论是表彰性的、批评性的，还是通报情况的，都要求有典型意义。发文机关正是通过对这些事件、人物和情况的介绍与分析，来总结经验或教训，教育干部和群众，指导、推进工作。

（2）时效性。通报所涉及的事实比较具体，写作时对发生的时间、地点等要素都要进行交代。而且这些具有典型意义的事件，总是跟特定的时代背景，跟某一时期中普遍存在的问题和现象，有着紧密的联系。人们对当下发生的事实兴趣较高，对发生已久的事实缺少了解的热情。而且，发生已久的事实也必然会跟最新的现实有所偏离。因此，通报的写作和传播都应该是迅速及时的。

（3）教育性。通报的目的，不仅仅是让人们知晓内容，它主要的任务是让人们知晓内容之后，从中接受先进思想的教育，或警戒错误，引起注意，接受教训。这就是通报的教育性。

（4）真实性。写通报一定要实事求是，内容必须客观真实，否则会引起干部、群众的不满，甚至产生抵触情绪，造成不必要的矛盾。

（三）通报的种类

从内容的角度看，通报有以下三种：

（1）表彰性通报。就是表彰先进个人或先进单位的通报。这类通报，着重介绍人物或单位的先进事迹，点明实质，提出希望、要求，然后发出学习的号召。

（2）批评性通报。主要用于在一定范围内公布对某些犯错误的单位或个人的批评、处理，或在一定范围内公布对某些重大事故的调查情况和处理结果，从而教育广大干部群众从中吸取教训，防止类似情况发生的通报。这类通报，通过摆情况、找根源，阐明处理决定，使人从中吸取教训，以免重蹈覆辙，应用面广，数量大，惩戒性突出。

（3）情况通报。即专门用来传达重要精神和情况，帮助有关单位了解、掌握全局或某一方面工作的信息、动向，以统一思想认识，与上级协调一致，统一步调，克服存在的问题，推动工作进程。这类通报具有沟通和知照的双重作用。

（四）通报的写作要求

通报一般由标题、主送机关、正文、落款和日期组成。

（1）标题。通报的标题一般有四种形式：一是由发文机关＋事由＋文种构成，如《黑龙江省人民政府关于森林火险情况的紧急通报》；二是由发文机关＋文种构成，如《北京市纪律检查委员会通报》；三是由事由＋文种构成，如《关于加强安全生产工作的通报》；四是只写文种"通报"二字。

（2）主送机关。指定下发单位的通报要写明主送机关，通报的主送机关一般都比较多，以体现"通"的特点。普发性或在单位内部公开张贴的通报，可不写主送机关。

（3）正文。通报正文的写作，由于通报种类的不同，正文的写法也有区别，下面分别进行介绍。

① 表彰通报。表彰通报的正文分为四个部分。

一是介绍先进事迹。这一部分用来介绍先进人物或集体的行动及其效果，要写清时间、地点、人物、基本事件过程。表达时使用概括叙述的方式，只要将事实讲清楚即可，不能展开绘声绘色的描绘，篇幅也不可过长。例如：

2006 年"科技下乡"活动，在各级领导的高度重视下，在各单位的积极支持配合下，在广大科技工作者的辛勤工作下，历时三个月时间，在全市广泛开展了送"科技下乡"活动，为我市农村经济发展和社会主义新农村建设作出了重要贡献。经研究，对在"科技下乡"活动中涌现出来的先进集体和先进个人给予通报表彰。

二是先进事迹的性质和意义。这部分主要采用议论的写法，但并不要求有严谨的推理，而是在概念清晰的前提下，以判断为主。同时，也要注意文字的精练。例如：

中技公司这种宁可少收管理费，牺牲本公司的局部利益，而保护国家整体利益的精神和积极主动、认真负责的工作态度，以及与有关部门密切协作，一致对外的全局观念，是值得提倡和表彰的。

李继红同学拾金不昧的行为，体现了当代大学生良好的精神面貌，为我校赢得了荣誉。

这部分评价性的文字，要注意措辞的分寸感和准确性，不能出现过誉或夸饰的现象。

三是表彰决定。这部分写 ×× 会议或 ×× 机构决定，给予表彰对象以 ×× 项目的表彰和奖励。如：

据此，监察部、对外经济贸易部共同研究决定：对中技公司通报表彰。同时建议有关部门对此项工作中做出突出成绩的协作单位给予表彰。

如果表彰的是若干个人，或者有具体的奖励项目，可分别列出，如：

……，省人民政府决定：

授予金牌获得者占旭刚"浙江省劳动模范"称号，给予通报嘉奖，晋升工资二级，奖励住房(三室一厅)一套；

给予银牌获得者吕林、曹棉英和铜牌获得者刘坚军各记大功一次，晋升工资一级；

给予占旭刚的教练陈继来记大功一次，晋升工资二级；给予曹棉英的教练周琦年、刘坚军的教练王小明各记功一次、晋升工资一级。

这部分在表达上的难度不大，要注意的主要是清晰、简练、用词精当的问题。

四是希望号召。这是表彰通报必须要有的结尾部分，用来提出希望、发出号召。例如：

在本届奥运会上，我省运动员、教练员发扬爱国主义、集体主义精神，奋力拼搏，勇攀高峰,为祖国和我省人民赢得了荣誉。省人民政府号召全省各行各业、各条战线要向体育健儿学习,在各自的岗位上为社会主义现代化建设作出贡献;希望体育战线的同志再接再厉,不断进取,为发展我省体育事业再立新功。

希望号召部分表述的是发文的目的,也是全文的思想落脚点,要写得完整、得体,富有逻辑性。

② 批评通报。批评通报也分为四个部分。

一是说明错误事实或现象。如果是对个人的错误进行处理的通报,这部分要写明犯错人的基本情况,包括姓名、所在单位、职务等,然后是对错误事实的叙述,要写得简明扼要、完整清晰。

如果是对部门、单位的不良现象进行通报,这部分将要占较大的篇幅,如《国务院关于一份国务院文件周转情况的通报》,将广东省政府用 70 天时间才将国务院一份文件转发下去,而广州市政府又用了一百多天才将这份文件转发到各个区县的情况,进行了比较详细的叙述,占全文篇幅的一多半。

如果是针对普遍存在的某一问题进行通报,这部分要从不同地方、不同单位的许多同类事实中,选择出一些有代表性的进行综合叙述。

二是对错误性质或危害性的分析。处理单一错误事实的通报,这部分要对错误的性质、危害进行分析,一般都写得比较简短。

对综合性的不良现象或问题进行通报,这部分的分析性文字可能要复杂一些,例如下面这段文字:

用公款请客送礼、吃请受礼的歪风,是与党的艰苦奋斗、勤俭建国的优良传统和正在开展的增产节约、增收节支活动背道而驰的。它不仅大量浪费国家资财,影响经济建设,而且严重损害党和政府的声誉,败坏党风和社会风气,发展下去,势必会腐蚀和葬送一批党员干部。对此,党中央、国务院、中央纪委曾三令五申,明令禁止。但为什么这股歪风屡禁不止、反复发作以至会愈演愈烈呢? 重要的原因是:一方面,我们有些党组织,特别是党员领导干部,对此认识不足,重视不够,没有看到这个问题的严重性、危害性,思想认识上没有解决问题,所以,或纠而不力,或根本没有认真纠正,因而不能根除;另一方面,是由于在这个问题上执纪不严,违纪未究,或者时紧时松,致使一些人认为这方面的规定不过是表面文章,没有什么约束力,任你三令五申、吃喝我自为之,看你可奈我何? 因此,中央纪委认为,现在的问题已经不是再多说什么,而是要坚决执行党中央、国务院、中央纪委已有的规定,并对违犯者严格执纪。

对请客送礼、吃请受礼的性质和原因,分析得全面、深刻,为下文提出纠正措施打下了基础。

三是惩罚决定或治理措施。对个人单一错误事实进行处理,要写明根据什么规定,经什么会议讨论决定,给予什么处分等。

对普遍存在的错误现象或问题,在这部分中要提出治理、纠正的方法措施。内容复杂时,这部分可以分条列项。如中央纪委关于请客送礼、吃请受礼的通报,就提出了五条严厉措施来制止这股歪风。这些方法措施,跟指示的写法相似。

四是提出希望要求。在结尾部分,发文机关要对受文单位提出希望要求,以便受文单位能够高度重视、认清性质、汲取教训、采取措施。如：

目前全国人民正在努力开创各项事业的新局面，国务院要求，作为上层建筑的各级国家机关，必须适应新的形势，认真改进工作。国务院办公厅要带头提高办事效率。……各省、市、自治区政府和国家机关各部门，都要结合机构改革，认真改变作风，改进工作方法，提高办事效率，努力开创机关工作的新局面。

如果是针对一些违纪比较严重的现象进行通报，结尾部分的措辞还可以更严厉一些，譬如提出继续违反要严惩、要登报公布等警告。

③ 情况通报。情况通报正文由三个部分构成。

一是缘由与目的。情况通报的开头要首先叙述基本事实，阐明发布通报的根据、目的、原因等。如：

针对我市书刊市场近来销售淫秽色情读物和非法出版活动又有回潮的情况，市文化局最近会同市工商、公安、邮电等部门对市区部分书刊摊点进行了检查，现将检查情况通报如下：

……

作为开头，文字不宜过长，要综合归纳、要言不烦。

二是情况与信息。主体部分主要用来叙述有关情况、传达某些信息，通常内容较多，篇幅较长，要注意梳理归类，合理安排结构。

三是希望与要求。在明确情况的基础上，对受文单位提出一些希望和要求。这部分是全文思想的归结之处，写法因文而异，总的原则是抓住要点，切实可行，简练明白。

落款和日期。在正文右下方标注发文机关和日期，如在标题中已出现发文机关，则可只写发文日期。日期也可写在标题之下。

（五）写作注意事项

（1）情况要真实。因为通报代表领导机关的看法，所以对涉及的人和事，无论是表扬还是批评，都要以严肃慎重、实事求是的态度认真核准。文字表述也要准确恰当，防止任何夸大、缩小或扭曲事实的现象。

（2）观点要鲜明。对提倡什么、反对什么，一定要是非分明、旗帜鲜明，使读者一目了然，切忌含糊其辞。

（3）典型要选准。无论是通报正面典型还是反面典型，都要注意讲政治，着眼于正确导向。

（4）分析要透彻。对于表扬或批评类的通报，要本着实事求是的原则，力求透彻地分析典型的本质及其主、客观原因，做到以理服人。

（5）文风要朴实。文字表述要简洁明快，言之凿凿，无须夸张渲染。

（6）详略要得当。篇幅长短可视情况而定，但要注意把握重点，突出发文机关的态度和意见。对主要事实和重要精神表述清楚，具体细节可作简略。如需论述事件发生、发展和结局的详细情况，可另附附件。

（六）通报与通告的区别

由于通报与通告在过去相当长的一段时间内相互混用，所以在一些人的感觉中两者似乎性质、用途相同。其实不然。首先，从文种功用上看，通报主要用于奖励表彰、惩处规诚，以及传达、告知重要精神和情况；而通告虽然也有告知作用，但它告知的是需要周知或遵守、办理的有关事项，并不具有教育的目的。其次，通报的受文对象是系统内下级机关及有关人员，而通告的受文对象是社会各有关方面的单位、个人，多用公开张贴、广播的形式发布。

例 文（有删减）

国务院办公厅关于西安地铁"问题电缆"事件
调查处理情况及其教训的通报
国办发〔2017〕56号

各省、自治区、直辖市人民政府，国务院各部委、各直属机构：

党中央、国务院高度重视质量安全。习近平总书记明确指出，供给侧结构性改革的主攻方向是提高供给质量，提升供给体系的中心任务是全面提高产品和服务质量，要树立质量第一的强烈意识，下最大气力抓全面提高质量。李克强总理强调，我们追求的发展必须是提质增效升级的发展，提质就是要全面提高产品质量、服务质量、工程质量、环境质量，从而提高经济发展质量。西安地铁"问题电缆"事件曝光后，习近平总书记、李克强总理作出重要批示，要求加强全面质量监管，彻查此事，严肃处理。国务院责成质检总局会同有关部门和单位组成西安地铁"问题电缆"部门联合调查组，赴陕西省开展了深入调查，并组织对"问题电缆"进行排查更换。近日，国务院常务会议听取了调查处理情况汇报，决定依法依纪对西安地铁"问题电缆"事件进行严肃问责，严厉打击违法犯罪，进一步落实"放管服"改革要求，加强全面质量监管。现将有关情况通报如下。

一、主要问题及原因

通过调查核实，2014年8月至2016年底，陕西省西安市地铁3号线工程采购使用陕西奥凯电缆有限公司（以下简称奥凯公司）生产的不合格线缆，用于照明、空调等电路，埋下安全隐患，造成恶劣影响。这是一起严重的企业制售伪劣产品违法案件，是有关单位和人员与奥凯公司内外勾结，在地铁工程建设中采购和使用伪劣产品的违法案件，也是相关地方政府及其职能部门疏于监管、履职不力，部分党员领导干部违反廉洁纪律、失职渎职的违法违纪案件。暴露的问题主要有以下几个方面：

……

以上问题叠加，导致"问题电缆"被大量采购使用，造成恶劣社会影响，严重损害了政府公信力。总结问题原因，主要有以下五个方面。

（一）质量安全意识不强。尽管这些年陕西省开展了"质量强省"活动，但在思想认识上没有牢固坚持质量第一，在抓具体工作上存在重部署、轻落实，重发文、轻检查的倾向，对重大民生工程项目质量安全督促检查不力、掉以轻心。西安市人民政府在地铁工程建设中片面追求低成本，对工程质量安全问题认识不足，为材料供应商不顾质量降低成本以最低价中标留下空间。杨凌示范区管委会组织相关职能部门开展质量监督检查工作较少。这些都导致"问题电缆"被大量用于地铁工程建设项目，埋下了安全隐患。

（二）……

二、责任追究情况

（一）严肃追究相关政府和监管部门责任。责成陕西省人民政府向国务院作出深刻书面检查。……

涉及其他单位和人员的违法违纪线索,有关地方和部门正在核查处理。

三、举一反三,全面加强质量安全工作

西安地铁"问题电缆"造成安全隐患和重大经济损失,严重损害了政府的形象和公信力,性质十分恶劣,教训十分深刻。各地区、各部门要引以为戒、举一反三,以对人民高度负责的态度,深入推进"放管服"改革,进一步加强全面质量监管。

（一）必须树立质量第一的强烈意识,下最大气力抓全面提高质量。

……

国务院办公厅

2017 年 6 月 21 日

（此件公开发布）

十、报告

（一）报告的适用范围

根据《党政机关公文处理工作条例》（中办发〔2012〕14 号）之规定,报告适用于向上级机关汇报工作、反映情况,回复上级机关的询问。

（二）报告的特点

（1）陈述性。因为报告一般以反映情况为主,只要将本级、本地的工作情况、做法或经验、问题和建议告知上级机关,使下情上达就行了,所以多为陈述性。

（2）内容的真实性。写报告要以实事求是的态度向上级机关反映和提供真实情况,不能任意夸大或缩小,更不能弄虚作假。对于涉及的时间、地点、人物、事件、情况、数据等,都要经过仔细核实,确保准确无误。

（3）行文的时效性。因报告是下情上达的重要工具,行文要迅速,以便上级及时掌握情况以作出决断,以免贻误工作。

（三）报告的种类

（1）从报告陈述的内容来看,可以分为工作汇报性报告、情况反映性报告、意见建议性报告、答复询问性报告和递送材料性报告等。

① 工作汇报性报告。向上级机关或重要会议汇报工作情况的报告。

② 情况反映性报告。专门向上级机关反映某种情况,包括日常工作动向、新近发生的事件、临时出现的重大问题、重要的工作成果等的报告。情况报告不仅在会议上使用,平日也常用。例如,吉林省在遭受百年不遇的洪涝灾害、抗洪抢险工作告一段落后,向国务院写了一份《关于抗灾自救工作情况的报告》。

③ 意见建议性报告。提出意见和方案,供上级决策参考或报请上级批转有关方面执

行。

④ 答复询问性报告。答复上级机关询问或汇报所交办事项进展程度与结果的报告。

⑤ 递送材料性报告。向上级机关呈报文件、物品、资料时,用以说明文件或物品数量、名称的报告。

（2）按报告涉及的范围,还可分为综合报告和专题报告。综合报告是指向上级机关汇报本单位某一时期、某一阶段工作的全面情况的报告,其特点是定期、全面。专题报告是指向上级机关汇报某项工作或工作的某一方面的情况的报告,其特点是内容专一、问题集中、篇幅短小,能反映与当前中心工作密切相关的重要问题,无论报上级机关阅知、参考还是请上级机关批转给有关单位参照执行,都可以用。

（四）报告的写作要求

报告一般由标题、主送机关、正文、落款和日期等部分组成。

（1）标题。报告的标题一般有两种形式:一是由发文机关＋事由＋文种构成,如《水利部关于加强防洪工作的报告》;二是由事由＋文种构成,如《关于加强素质教育的报告》。这种标题省略发文机关的报告,在落款处必须注明发文机关名称。

（2）主送机关。报告的主送机关就是直接的上级机关。主送机关顶格写在正文前第一行,只能主送一个直接上级机关。

（3）正文。报告正文一般由报告缘由、事项和结语三部分构成。

报告缘由部分概括说明报告的目的、意义或根据,然后用"现将××情况报告如下"之类的惯用语转入下文。

报告事项是报告的主体和核心部分,主要阐明基本情况,总结成功经验,找出存在问题,提出解决办法、改进措施及今后的工作设想等。

工作报告重在写清"做什么,怎么做的",一般要写明具体工作任务的完成情况、主要成绩、做法、体会和存在问题,以及对下一步工作的设想。若是专题性的工作报告,则侧重于主要经验和教训。工作报告的写作多采用总分式写法或用小标题来安排结构,既有事实材料,又要有数字印证,以增强报告的客观性和说服力。

情况报告的正文重在汇报本机关出现的新情况、新问题,主要应写清"有关事项情况、基本看法和处理意见"三部分内容。一是情况综述。可用引言交代事件要素,再用承启用语"现将具体情况报告如下"引出主体,也可开门见山,直接综述具体情况。既要写清事件或问题发生、发展的主要经过以及所造成的后果,又要注意列举有关数据和典型材料,让上级能较全面直观地掌握情况。二是基本看法。要围绕所报告的情况来分析原因、事件实质,分清是非、责任,提出自己的看法。分析要一针见血、切中要害,为下文提出的解决办法打下基础。三是处理意见。即针对以上情况及所挖掘的原因,对症下药,提出具体可行的处理意见或解决办法,以供上级参考。

报告的种类不同,一般有不同的程式化的结语,常见的结语有,"请审核","请查收"或"以上报告,如无不当,请批转有关单位执行","特此报告"等。

落款和日期。在正文右下方另起一行标注发文机关名称。如果标题中有发文机关名称,结尾可省略。在落款的下方,注明成文日期,日期要写全。

十一、请示

（一）请示的适用范围

根据《党政机关公文处理工作条例》（中办发〔2012〕14号）之规定，请示"适用于向上级机关请求指示、批准"。

请示可用来向上级机关要求对本单位工作中遇到的新情况、新问题作出指示；或者对本单位所提出的工作方案作出批准；也可以是就开展某项工作活动的具体意见、建议，请求上级机关批转有关单位、部门参照执行。

（二）请示的特点

（1）行文主体的组织性。我们平常所见的请示很多，有书面的也有口头的，有单位的也有个人的，但就公文中的请示而言，其行文主体只能是组织行为，不能以个人名义写请示。

（2）行文内容的单一性。即一篇请示只能涉及一件请求事项或一个问题，亦即所谓的"一文一事"，"一事一请示"。这是由行政管理权限及行文效果所决定的。

（3）行文关系的直接性。请示的行文不能超越法定的隶属关系，而且一般是逐级行文。即下级机关只能按照隶属关系向直接的上级主管机关发文请示，不得向无隶属关系的机关发文请示，因为只有具有隶属关系的直接的主管的上级机关，才有批复的资格和权力。同时，请示只能主送一个机关，不得多头请示，否则就可能造成责任不清，互相依赖或推诿，从而影响工作和相互之间的关系。

（4）行文目的的期复性。请示的行文目的是请求上级批准，解决某个具体问题，要求做出明确答复。上级机关收到下级机关的请示后，无论同意与否，都有责任和义务尽快地予以办理和答复，避免贻误下级机关的工作。这是上级机关和下级机关在为人民服务这个根本利益相一致的前提下的共同要求。有请必复是上级机关处理请示与报告两种文件的重要区别。

（三）请示的种类

根据请示的用途以及行文目的的区别，请示可以分为以下两类：

（1）请求指示类的请示。下级机关对有关方针、政策不甚清楚的问题，对执行政策中遇到的困难和新情况需要变通时，对现行方针、政策、法规等有疑问时使用的请示，核心是要解决"我们请求应当怎样做"的问题。例如政策规定难以把握，工作中遇到新的复杂情况等，需要请求上级给予明确的解释与指示。行文中，要写明本机关的意见或建议，以便上级机关批复时参考。如《关于〈会计人员职权条例〉中"总会计师"是行政职务或是技术职称的请示》《××省高级人民法院关于交通肇事是否给予被害人家属抚恤问题的请示》等。

（2）请求批准类的请示。下级机关就某项工作、某个问题请求上级机关给予审定、核准、认可时使用的请示。核心是要解决"我们请求能否这样做"的问题。这是请示中最普遍的一种，即在机构设置、人员编制、领导班子调整、财务预算、重要事件或重要人物的处理问题上，本单位无权解决，请上级机关进行审核批准。上级机关如同意则用"批复"行文回复请示的机关，或给予解决或准其行事。行文中需要把有待批准的事项阐述清楚，必要时应当采用附件形式，提供有关事项的完备材料，以便上级机关审核批准或了解有关情况。如《××省人民政府关于请求帮助解决××半岛严重干旱缺水问题的请示》等。

（四）请示的写作要求

请示由标题、主送机关、正文、落款和日期组成

（1）标题。请示的标题一般有两种形式：一是由发文机关名称＋事由＋文种构成，如《公安部、民航局关于简化购买国内飞机票手续问题的请示》；一是由事由＋文种构成，如《关于建立中国工程院有关问题的请示》。

（2）主送机关。请示的主送机关只能写一个，即直接上级机关，受双重领导的机关在报送请示时，可同时抄送另一领导机关。

（3）正文。正文一般由请示原由、事项、结语三部分组成。

请示原由是一份请示的主体，因为请示目的是希望上级批准同意、解决有关问题的，为达到这一目的，就必须将原因陈述清楚，以求得上级的理解和认同。

请示事项，即要求上级解决的问题，包括具体办法、措施、主张、看法等。请示事项这一部分虽然字数不多，却是关键，请示的事项，要符合法规，符合实际，具有可行性和可操作性。因此，请示事项应当写得具体、明确，如果请示内容较多，可以分条写。写请示事项最忌讳笼统。

请示的结语有"以上请示，请批复""以上请示如无不妥，请批准""妥否，请批复"等。结语是请示必不可少的一项内容，不能遗漏，更不能含糊其辞。"请示"这一文种有请求性，所以文辞要谦和有礼，大方得体，切不可用"速答复"诸如此类的命令口吻。

（4）落款和日期。在正文之后的右下方写明发文机关名称，如果标题中有发文机关名称，落款处也可省略。在发文机关下方，标明成文日期。

（五）写作注意事项

（1）一文一事。一份请示只能写一件事，讲一个问题，切忌数事混杂。这是《国家行政机关公文处理办法》所规定的，也是实际工作的需要。如果一文多事，可能导致受文机关无法甚至无能力批复，影响请示事项的及时解决。

（2）一个主送机关。制发请示要坚持谁主管就请示谁的原则，只确定一个主送机关，如果有其他需要了解其内容的上级机关，那么就应以抄报形式送阅。

（3）一般不能越级。按照公文行文规则，在一般情况下不要越级请示，除非有特殊情况。没有正当理由便随意越级行文，不但会浪费人力财力，而且容易误事，影响办公效率。如确属情况特殊，必须越级行文，则应抄报越过的机关。

如果是几个单位联合请示，联合单位要充分商量，统一意见，搞好会签，联合行文。

（4）不要同时上报下发。请示的问题属于未定的，必须等上级正式批复后才能办理或执行。有的单位认为某项请求属例行公事，上级肯定会批准，故而在上报同时下发各有关单位，这是不妥的，不符合公文处理的规定。

（六）请示与报告的区别

请示与报告是上行文中两个很接近的文种。其共同点是：在内容方面，都要反映情况、陈述意见；在格式方面，一般都只能主送一个上级机关。但请示和报告是两个不同的文种，各有其适用范围，不可混淆。其不同点是：

（1）行文目的不同。报告的目的只是为了让上级机关了解掌握情况，或者提出意见、建议，一般无需上级机关批准，具有呈报性。请示的目的是请求批准有关事项，给予工作指示或答复问题等，需要上级机关做出明确答复，具有呈请性。

（2）行文内容不同。报告可以是一文一事，作专题性报告；也可以一文数事，作综合性报告。请示必须一文一事，便于上级机关及时审批。如果在一份请示中写了几件事项，上级机关在审核时可能会因为有些事项尚需研究而不能立即批复，从而延误本可立即批复事项的办理。在请示中可以反映情况，说明原因，陈述意见，要求上级机关必须给予答复；在报告中却不能含有请示的事项，不需要上级机关行文回复。

（3）行文时限不同。报告是为了让上级机关了解和掌握情况，它所涉及的工作或事项，可能尚未进行或办理，可能正在进行或办理，也可能已经完成或办毕。因此，报告可以在事前、事中或事后行文。而请示中的工作或事项，必须经过上级机关审核、批准后方能实施、办理。因此，请示必须事前行文。

（4）内容含量不同。报告的内容含量比较大，往往涉及多个事项，即使是专题性报告，也常常包括一个事项的几个方面，篇幅较长；而请示的撰写必须坚持一事一文、内容单一的原则，通常篇幅较短。

（5）结尾形式不同。由于报告、请示的作用和职能不同，这就决定了报告和请示的结尾形式不同，报告因为不需上级答复，故而多用"以上报告，请审阅"，"特此报告"，"专此报告"，"以上报告如无不妥，请批转各地执行"等词语；请示要求上级指示、批复，因而常用"以上请示当否，请批复"，"以上请示可否，请指示"，"以上办法当否，请批示"等祈使请示语言做结尾。

例文

××市人民政府关于解决水利建设资金的请示

××省人民政府：

　　××是一个以农业为主的山区市，自然条件较差，农业生产仍是以"靠天吃饭"为主。近年来在省政府及省级有关部门的大力支持下，全市水利设施得到较大改善，"八五"期间，全市累计新建、整治中型水库3座、小型水利工程47座、微型水利工程2万余个（处）。但由于历史原因和自然条件的限制，水利设施基础差，病害工程多。截至1995年底，全市仅有小型以上骨干工程60余座，其中中型水库仅6座，在4县3区中尚有4个县（区）没有中型水利工程，其中2个县（区）甚至连小型水利工程都没有。连续3年的大旱，加之去冬今春冬旱、春旱低温的影响，使全市农业生产面临着十分严峻的形势，4县3区都有返贫的可能。市委、市政府高度重视水利基础设施的建设，在市财力十分有限的情况下，1996年市财政已拨款100万元用于水利建设，但是有限的资金不能有效地改善全市农田水利基础条件，因此特请求省政府帮助解决水利建设资金，以支持我市水利设施建设。

　　一、遵照省委、省政府主要领导在××视察时的指示精神，从我市具体情况出发，根据山区特点，以小型水利建设为重点，全市在"九五"期间，计划新建、改建、整治、配套小型水库50座，微型水利工程40万个，实现新增蓄水量5000万立方米，旱涝保收农田 20 万亩的目标,需要资金 300 万元。

二、"九五"期间,新建、改建、整治、配套中型工程 3 处。其中新建 1 座蓄水量为 1500 万立方米的中型水库,整治、配套 2 座,使我市中型水利工程有效蓄水量达到 1 亿立方米。需要资金 5000 万元。

为此,请求省政府解决中型水利工程建设资金 5300 万元。

以上请示如无不妥,请批准。

（印）

××××年×月×日

这是一篇典型的请求批准性请示:从内容上说,请求的缘由交代了××市水利设施的现状与历史背景等,这部分的写作既实事求是、有理有据、说明充分,又条理清楚、简明扼要。这篇请示开头先以"××是一个以农业为主的山区市,自然条件较差,农业生产仍是以'靠天吃饭'为主"总括,然后以事实和数字,具体、简明地说清虽已尽了最大努力,但"有限的资金不能有效地改善全市农田水利基础条件"的情况,将其来龙去脉、前因后果,交代得明明白白。这样,请示事项的提出,自然就是水到渠成了。

十二、批复

（一）批复的适用范围

根据《党政机关公文处理工作条例》（中办发〔2012〕14 号）之规定,批复适用于答复下级机关请示事项。

批复是下行文,是上级机关答复下级机关某一请示时使用的公文。批复一般是专门就某一事、某一问题的答复,内容都比较单一,而且是先有来自下级的请示,才有上级的批复。因此,批复与请示是互相配合使用的文种。

批复只有在上级答复下级请示时才用。答复同级和不相隶属单位的询问,不能用批复,只能用函。

（二）批复的特点

（1）权威性。批复发自上级机关,代表着上级机关的权力和意志,对请示事项的单位有约束力,特别是那些关于重要事项或问题的批复,常常具有明显的法规作用。

（2）针对性。这一特点可以理解为两个方面:首先,上级的批复只针对下级的请示而制发,行文方向具有针对性;其次,下级请示什么问题,上级就回答什么问题,批复的内容也具有针对性。简而言之,谁请示就批复给谁,请示什么就批复什么。

（3）指示性。批复的目的是指导下级机关的工作,因此批复在表明态度以后,还应当概括地说明方针、政策以及执行中的注意事项。

（4）简明性。批复对请示中的事项只做原则性、结论性的表态、指示、决定,或提出方向性的意见,无须做具体的分析和阐述,因而要求简明扼要。

（5）时限性。请示的事项往往是下级机关亟须处理,但在其职权范围、承受能力内难以办理的事项。因此,上级接到下级的请示之后,应该尽快研究解决。无论同意与否,都需要及时答复,以便下级抓紧实施或另作安排。只有这样,才能切实提高行政效率。

（三）批复的种类

按照批复的内容和作用,可以分为指示性批复和表态性批复两类。

（1）指示性批复。除了明确答复请示事项之外,还对有关问题进行原则性的概括和提示,即针对请示事项如何执行提出执行意见,要求请示的机关贯彻执行。例如《国务院关于东北地区振兴规划的批复》在明确表示"原则同意"后,又分别从指导思想、交流机制、职责分工、跟踪分析等方面提出了指导意见。

（2）表态性批复。对请示对象表明态度。批复的程式比较固定,文字也比较简要。表态性批复以"表态"为主要内容,可以直接表态,如《国务院关于同意建立服务业统计部际联席会议制度的批复》。当然也可以在表态之后对下级提出一些贯彻执行方面的要求,如《国务院关于同意建立服务业统计部际联席会议制度的批复》还提出了"联席会议不刻制印章","不正式行文","按照国务院有关文件精神认真组织开展工作"等要求。

（四）批复的写作要求

批复由标题、主送机关、正文、落款和日期等部分组成。

（1）标题。批复的标题不固定,一般有以下几种方式:一是由发文机关名称＋批复事项＋请示单位名称＋文种构成,如《国务院办公厅关于深圳特区私人建房问题给广东人民政府办公厅的批复》;二是由发文机关＋事由＋文种组成,如《国务院关于东北地区振兴规划的批复》;三是由事由＋文种构成,如《关于编纂中华大典问题的批复》;四是由发文机关＋表态用语＋事由＋文种构成,如《国务院关于同意建立服务业统计部际联席会议制度的批复》;五是由发文机关名称＋原件标题＋文种构成,如《××市人民政府〈关于做好接受国家开发办验收我市综合开发项目准备工作的请示〉的批复》。

（2）主送机关。在正文之上,顶格写,加冒号。如果标题中出现受文机关名称,也可省略主送机关这一项。通常,批复只有一个主送机关,如果要求更多的部门了解和执行,可在批复给原请示机关的同时,以"抄送"的方式发给有关单位。

（3）正文。批复的正文一般包括四个方面:引述语、批复内容、提出要求、结尾。

① 引述语是引述下级来文的标题、发文字号作为批复的缘由和依据,然后用"现批复如下"、"现对××问题批复如下"等句式过渡,转到下文。具体引述方法是:先引文题,后引发文字号,如《国务院关于东北地区振兴规划的批复》的引述语:"发展改革委、振兴东北办:你们《关于报送东北地区振兴规划的请示》(发改规划〔2007〕1674号)收悉。现批复如下"。

② 批复内容是针对请示事项给予明确答复或具体指示,如果批复的事项涉及的内容较多,则可以分条列项地写出。有的批复具有一定的普遍性,则需上级机关较为详细地写明批复态度,充分阐明理由。还有些批复可在同意的前提下,原则性地提出希望,如"希望在弘扬民族文化、促进民族文化与国际文化交流方面,在发扬我公司的企业文化传统方面,作出努力"。

对请示的批复一般分三种意见:完全同意,基本同意、完全不同意。意见不同,写法也不同。

完全同意的批复可以不写同意的理由,只明确表态同意。下级单位的请示,受政策和具体情况限制有时不能得到完全同意的批复。在写此类批复时先说明同意部分,再讲清不同意部分及其原因。完全不同意的批复,一定要讲明不同意的理由和根据。因为对下级的请示有完全不同的理解,所以要在周密的思考和研究后,清楚、肯定、有针对性地答复下级请示,不能使用有歧义的词语。也可在发文之前,先向下级单位讲明理由和依据。

③ 提出要求这一项也是大多数批复的基本内容,可长可短,视具体需要而定。比较简单的,在表明态度之后继续提出要求,合为一段。事项比较复杂的,则单独成段,有的还要分条列项。

④ 结尾是批复正文的最后部分,有三种写法:第一种是提行写"此复"或"特此批复";第二种是写希望和要求,给执行请求事项的答复指明方向;第三种是秃尾,就是请示事项答复完毕就告结束,此种结尾方法使用的频率越来越高。结语使用的语言要简短,语气要坚决,态度要鲜明。

(4)落款和日期。在正文右下方写明批复机关名称,并在其下方写明成文日期,日期要写全。

(五)写作注意事项

批复的写作应注意以下几点:

(1)针对性要强。因为批复是针对下级机关的请示而行文的,所以必须紧扣请示的事项,有问有答,回复清楚,不能环顾左右而言他,答非所问;也不能只答复其中一部分,置另一部分于不顾。

(2)态度要明确。制发批复,应明确表态,是否同意,是否批准,措施都要果断,概念要准确,态度要恳切,语气要肯定,不能含糊其辞,模棱两可。

(3)表达要准确。批复事关请示的命运,必须慎重处置,要措词严密,用语准确,严谨周全,以免产生歧义疏漏,耽误工作。

(4)篇幅要短小。批复一般不需要分析论理,开门见山,表明态度即可。对个别确需阐述理由的,也应简明扼要,讲清即可,切忌长篇大论。

(5)批复应及时。下级机关是在遇到无法解决的问题时才写请示的,上级机关若不作答复,问题就无法得到解决,因此,请示的写作应尽可能迅速,以免延误工作,甚至给工作带来重大损失。

例 文 1 指示性批复

国务院关于中国国民经济核算体系(2016)的批复

国函〔2017〕91号

国家统计局:

你局《关于报请印发〈中国国民经济核算体系(2016)〉的请示》(国统字〔2017〕5号)收悉。现批复如下:

一、原则同意《中国国民经济核算体系(2016)》(以下简称《核算体系》),由国家统计局印发实施。

二、《核算体系》实施要全面贯彻党的十八大和十八届三中、四中、五中、六中全会精神,深入贯彻习近平总书记系列重要讲话精神和治国理政新理念新思想新战略,认真落实党中央、国务院决策部署,统筹推进"五位一体"总体布局和协调推进"四个全面"战略布局,牢固树立和贯彻落实创新、协调、绿色、开放、共享的发展理念,立足我国经济社会发展实际,充分吸收借鉴国际经验,遵循统计工作客观规律,深化统计管理体制改革,充分发挥国民经济核算体系在推进国家治理体系和治理能力现代化中的重要作用,着力增强统计工作科学性权威性和统计数据真实性准确性,更好地服务宏观调控和经济社会发展。

三、国家统计局要牵头做好《核算体系》的组织实施工作,加强跟踪分析,做好综合协调,及时发现和研究解决《核算体系》实施中出现的问题。有关核算方法改革事项要按程序向国务院请示报告。国务院各有关部门要充分认识实施《核算体系》的重要意义,密切协调配合,加强信息共享,及时提供核算所需的财务统计、业务统计和行政记录资料,并按《核算体系》要求改革各自行业统计制度方法。地方各级人民政府要加强组织领导,切实负起责任,结合各自实际,扎实稳妥推进,并给予必要的人力、财力和物力保障。

国务院

2017 年 7 月 3 日

(此件公开发布)

例 文 2 表态性批复

国务院关于同意设立"残疾预防日"的批复

国函〔2017〕89 号

中国残疾人联合会:

你会《关于设立"全国残疾预防日"的请示》(残联发〔2016〕75 号)收悉。同意自 2017 年起,将每年 8 月 25 日设立为"残疾预防日"。具体工作由你会商有关部门组织实施。

国务院

2017 年 6 月 24 日

(此件公开发布)

十三、议案

(一)议案的适用范围

根据《党政机关公文处理工作条例》(中办发〔2012〕14 号)之规定,议案适用于各级人民政府按照法律程序向同级人民代表大会或者人民代表大会常务委员会提请审议事项。是指国务院和地方各级人民政府,按照法定程序,向同级人民代表大会或者人民代表大会常务委员会提请审议属于该人民代表大会及其常务委员会职权范围内有关事项的公务文书。

(二)议案的特点

(1)制作主体的法定性。议案必须根据宪法或国家法律法规,在各级政府限定的职权范围写作。议案的提案者和受理者都是由法律条文明确规定的,其他的组织或个人都无权提出或受理议案。

(2)内容的特定性。议案所提内容必须是各级人民代表大会及其常委会职权范围的事项或问题。

(3)行文的专一性。议案的内容是专项的,即一事一案,在一件议案内,不得夹带其他事项。

(4)办理程序的法定性。议案的提出、审议和通过都有法定的程序。议案在没有审议通过之前,即使有极强的可行性,也不产生任何效力;只有经过审议通过,形成决定,才能转化为具有法定效力的文件,有关方面才能据以执行。

(三)议案的种类

(1)立法性议案。提请审议国家行政机关制定的行政法规的议案。这类议案也包括请求国家权力机关制定某项法规的内容。如《沈阳市人民政府关于提请审议〈沈阳市九年义务教育条例(草案)〉的议案》。

(2)决定性议案。提请审议某项重大事项并请求做出决定的议案。如《国务院关于提请审议兴建长江三峡工程的议案》。

(3)任免性议案。提请审议任免国家机关工作人员的议案。如《国务院关于提请××等二位同志职务任免的议案》。

(四)议案的写作要求

议案由标题、主送机关、正文、签署和成文日期组成。

(1)标题。议案的标题采用常规公文标题模式,有两种写法,一是发文机关+案由+文种,如《国务院关于提请审议兴建长江三峡工程的议案》;二是省略发文机关,案由+文种,如《关于提请审议修改后的国务院机构改革方案的议案》。

(2)主送机关。议案的主送机关为同级人民代表大会或人民代表大会常务委员会。在人大或人大常委会开会期间提出议案,应标明人大的届次,如"第 × 届全国人民代表大会第 × 次会议"。议案的主送机关,只能是同级人民代表大会及其常务委员会,不能有其他并列机关。要采用全称或规范化简称,不得随意简化。

(3)正文。议案的正文包括案据、方案和结语。

议案的第一部分叫做案据,顾名思义,这部分要提供提出议案的根据。案据要写明提出方案的事实和理由,请求审议的理由应该十分充分,以利于获得通过。

由于内容不同,这部分的篇幅长短在不同议案中会有很大差异。下面是《国务院关于提请审议设立重庆直辖市的议案》的案据部分:

重庆市是我国西南地区和长江上游最大的经济中心城市。1983 年国务院决定将重庆市列入全国首批经济体制改革试点城市和计划单列城市,赋予省级经济管理权限。为了充分发挥重庆市作为特大经济中心城市的作用,进一步推动川东地区以至西南地区和长江上游地区的经济和社会发展,并且有利于三峡工程建设和库区移民的统一规划、安排、管理,同时解决四川省由于人口过多和所辖行政区域过大、不便管理的问题,国务院经过认真研究、反复论证,拟将四川省的万县市、涪陵市和黔江地区所辖行政区域划入重庆市,设立重庆直辖市,总面积 8.2 万平方公里,总人口 3002 万人。

这个案据和常规的根据、目的、意义式的公文开头很接近。有时案据部分内容很复杂，文字也很多。如《国务院关于提请审议兴建长江三峡工程的议案》，案据部分超过全文的一半，对于这样一个耗时耗资十分巨大的工程，将理由阐述得充分一些，是很有必要的。有时案据可以写得很简短，如《国务院关于提请审议〈中华人民共和国著作权法（草案）〉的议案》，就是一个比较常见的"目的式"写法，不过三四行、百余字而已。

方案部分，就是对提请审议的事项或问题提出解决的途径、方法的部分。如果是提请审议已制定的法律法规的，解决问题的方案就在法律法规之中，这部分只需写明提请审议的法律法规的名称即可，但要把法律或法规的文本作为附件。如果是任免性议案，要将被任免人的姓名和拟担任的职务写明。如果是提请审议重大决策事项的，要把决策的内容一一列出，供大会审阅。如果是建议采取行政手段解决某方面问题的，要把实施这一行政手段的方案详细列出，以便于审议。不能只指出问题，而没有解决问题的方案。

结语是议案的结尾部分，主要用于提出审议请求。一般都采用模式化写法，言简意赅。如"这个草案业经市政府同意，现提请审议""请审议""请予审议""现提请审议""请审议决定""此议案请予审议"等词语。

（4）签署和成文日期。一般行政公文，最后签署的都是发文机关的名称，而议案有所不同，要由政府首长签署。国务院提交给全国人大的议案，要由总理签署；各省、市、自治区提交给同级人民代表大会的议案，要由省长、市长或自治区主席签署。日期格式与一般行政公文相同。

（五）写作注意事项

（1）要认真进行调查研究。议案具有较强的政策性，应当反映群众的利益和要求，议案中所要求解决的问题，应当是从调查中发现的实际存在的问题。议案要对群众负责，也要对国家、集体负责。

（2）议案应当尽可能具有可行性。即提出后经有关部门努力有可能做到。有些问题虽然应该提，但目前无法解决；有些问题从局部看是可行的，但从全局看不可行，不宜提出。当然，这不是说其他的议案就不可以提，对那些一时不能付诸实行的议案，有关部门应作出说明和答复。

（3）议案的内容必须明确、具体，一事一案，不能一事几案或几事一案。这样既主题清楚，也有利于人大对议案的分类管理和存档。如果内容过多，可以附上说明资料；提请审议法律法规的，应附上该法律法规草案。

（4）议案须在大会主席团规定的截止日期前提出。

例　文

**北京市人民政府关于提请审议调整北京市
第十届社区居民委员会选举时间的议案**

市人大常委会：

　　为了加强对村民委员会和社区居民委员会换届选举工作的组织领导，提高选举质量，集中精力加强基层民主政治建设，拟将北京市第十届社区居民委员会选举时间由

2018 年调整到 2019 年，与第十一届村民委员会选举同步部署开展。

请予审议。

北京市人民政府
2017 年 9 月 13 日

十四、函

（一）函的适用范围

根据《党政机关公文处理工作条例》（中办发〔2012〕14 号）之规定，函适用于不相隶属机关之间商洽工作、询问和答复问题、请求批准和答复审批事项。

（二）函的特点

（1）沟通性。函对于不相隶属机关之间相互商洽工作、询问和答复问题，起着沟通作用，充分显示了平行文种的功能，这是其他公文所不具备的特点。

（2）灵活性。函是平行公文，但是它除了平行行文外，还可以向上行文或向下行文，没有其他文种那样严格的特殊行文关系的限制，行文关系非常灵活。

（3）单一性。函的主体内容应该具备单一性的特点，一份函只宜写一件事项。函不需要在原则、意义上进行过多的阐述，不重务虚重务实。

（4）行文的多种语气。函由于发文方向不一，功能各异，因而没有统一的语气：商洽工作时用商量的语气；当请求对方答复问题时要用询问的语气；答复对方问题时用肯定或否定语气；需要主管部门批准时，要用请求的语气。

（三）函的分类

按发文目的，函可以分为发函和复函两种。发函即主动提出事项所发出的函。复函则是为回复对方所发出的函。

从内容和用途上，还可以分为商洽性函、询问性函、答复性函和请求性函等。

（四）函的写作要求

函写作包括标题、主送机关、正文和落款。

（1）标题。作为正式公文的函，其标题和一般公文的写法一样，由发文机关名称＋主要内容（事由）＋文种组成。较完全的写法如《国务院办公厅关于羊毛产销和质量等问题的函》等。也可以采用省略发文机关名称的写法，如《关于请求批准 ××市节约能源中心编制的函》。

（2）主送机关。函的行文对象一般情况下是明确、单一的，所以多数函的主送机关只有一个。但有时内容涉及部门多，也有排列多个主送机关的情况，如《国务院办公厅关于羊毛产销和质量等问题的函》（国办函〔1993〕2 号）的主送机关，有七个之多：“国家计委、经贸办、农业部、商业部、经贸部、纺织部、技术监督局”。

（3）正文。发函缘由，函的开头部分，主要用来说明发函的根据、目的、原因等。如果是复函，则先引用对方来函的标题、发文字号，然后再交代根据，说明缘由。这部分结束时，常用一些常用的套语转入下一部分，如“现将有关情况说明如下”“现就有关问题函复如下”等。

事项,函的主体部分,有关某项工作展开商洽、有关某一事件提出询问或作出答复、有关事项提请批准等主要内容,都在这一部分予以表达。

希望请求,结尾部分,向对方提出希望或请求,或希望对方给予支持和帮助,或希望对方给予合作,或请求对方提供情况,或请求对方给予批准等等。最后,另起一行以"特此函商""特此函询""请即复函""特此函告""特此函复"等惯用结语收束。

(4)落款。落款包括署名(印章)、日期。

(五)写作注意事项

(1)行文要简洁明确,用语把握分寸。无论是平行机关或者是不相隶属的行文,都要注意语气平和。不能使用指令性和要挟性的语言,不要倚势压人或强人所难,也不必逢迎恭维、曲意客套。至于复函,则要注意行文的针对性,答复的明确性。

(2)注重时效性。特别是复函更应该迅速、及时。像对待其他公文一样,及时处理函件,以保证公务等活动的正常进行。

(3)要注意请求性函与请示的区别。首先,发文机关和受文机关的关系不同。请示是有隶属关系的上下级机关之间行文,函是平级、不相隶属单位及业务上有主管和被主管关系的单位之间行文。其次,涉及的事项重要程度不同。请示是重要事项,函一般是具体的业务事项。

(4)要注意答复审批函与批复的区别。第一,行文方向不同。批复的行文方向单一,它均为上级机关发给下级机关的下行文;而复函的行文方向灵活,它通常是平行文,有时则是上行文或下行文。第二,重要程度有所不同。批复往往用于答复比较重要的事项,而复函则用于答复一般性问题。

例 文 1 请求性函

××省人民政府办公厅关于申请拨款维修省府机关办公室的函

省财政厅:

省府机关办公室多是五十、六十年代修建的,不少门窗破烂,漏水严重,急需维修。为保证省府机关正常办公,请拨给房屋修缮费××万元。

××省人民政府办公厅

(印)

××××年×月×日

例 文 2 商洽性函

××省电力工业局关于在宝珠寺水电站库区进行开发有关意见的函

××市人民政府:

宝珠寺水电站于 1996 年 10 月开始蓄水,1996 年年底首台机组投产发电,水库已基本形成。据了解,目前库区有关部门正积极筹划在宝珠寺水电站库区发展旅游业和养殖业。为保障水库和大坝的安全运行,现将我局有关意见函告如下。

一、宝珠寺水电站是由国家开发银行贷款，××省电力工业局负责还贷建设的重点水电工程。

××省电力工业局既是宝珠寺水电站工程的业主，又是工程主管部门。按照国家有关基本建设"谁投资，谁受益"的原则，××省电力工业局拥有宝珠寺水电站工程(包括水库)的管理权和开发权，宝珠寺水电厂直接受××省电力工业局领导，是宝珠寺水电站工程管理和开发的直接主体。尽管如此，为支持库区移民发展生产，根据《××省大型水电工程建设征地补偿和移民安置办法》第三十条"大型电站形成后的水面和消落区，在服从工程管理机构的统一指挥、管理、调度和保证工程安全的前提下，由当地县级以上人民政府统筹组织移民优先开发利用"和水利电力部颁发的《水利水电工程管理条例》第二十三条"开展综合经营事业，应由工程管理单位统一规划。可由工程管理单位自营，也可以与有关单位签订经济合同，进行协作或联合经营，应注意有关社会利益，搞好团结和生产"的精神，我局原则同意当地县级以上人民政府统筹组织库区移民对宝珠寺水电站库区进行适当开发，但任何开发活动必须服从宝珠寺水电厂的统一规划，并与宝珠寺水电厂签订有关经济、安全、责任方面的协议。

二、根据国务院颁发的《水库大坝安全管理条例》第十条"兴建大坝时，建设单位应当按照批准的设计，提请县级以上人民政府依照国家规定划定管理和保护范围"的规定，宝珠寺水电站应划定管理和保护范围。但宝珠寺水电站首台机组刚投产，大坝未全部建成，大坝管理和保护范围尚未划定，依照批准设计和国家有关规定，大坝上游3～5公里，以及整个库区征地线以下，属大坝管理和保护范围。

根据《水库大坝安全管理条例》第十七条"在大坝管理和保护范围内修建码头、鱼塘的，须经大坝主管部门批准"和《水利水电工程管理条例》第十一条"确有必要在水利水电工程保护范围内进行建设等活动，应征得水利电力主管机关的同意"的规定，任何单位在宝珠寺水电站大坝管理和保护范围内进行开发活动，必须经××省电力局批准后方可实施，未经我局批准擅自在大坝保护和管理范围内搞开发，都是违反国务院规定的。

三、凡是在水库以内的任何开发和经营活动，必须服从宝珠寺水电厂对水库的统一运用调度，不得影响水库的安全运行。库区的利用应在服从电厂的统一规划的前提下统筹规划，有计划、有组织地进行。

以上意见，特此函告。

（印）

××××年×月×日

例 文 3 询问性函

××省体育运动委员会关于询问举办全省农民运动会有关项目比赛的函

××市体委：

全省农民运动会各项目的比赛，分散在各地举行，拟让你市承办篮球、田径两项目的比赛。能否承办,希于八月三日前答复。

××省体育运动委员会

(印)

××××年×月×日

例文 4 答复性函

国务院办公厅关于同意建立民办教育工作
部际联席会议制度的函

国办函〔2017〕78 号

教育部:

你部关于建立民办教育工作部际联席会议制度的请示收悉。经国务院同意,现函复如下:

国务院同意建立由教育部牵头的民办教育工作部际联席会议制度。联席会议不刻制印章,不正式行文,请按照国务院有关文件精神认真组织开展工作。

附件:民办教育工作部际联席会议制度

国务院办公厅

2017 年 8 月 5 日

(此件公开发布)

例文 5 答复性函

国务院办公厅关于南海博物馆冠名问题的函

国办函〔2017〕35 号

海南省人民政府:

你省《关于使用"国家南海博物馆"机构名称的请示》(琼府〔2017〕12 号)收悉。经国务院领导同志同意,现函复如下:

南海博物馆馆名可定为"中国(海南)南海博物馆"。

国务院办公厅

2017 年 4 月 5 日

(此件公开发布)

十五、纪要

(一)纪要的适用范围

根据《党政机关公文处理工作条例》(中办发〔2012〕14 号)之规定,纪要适用于记载会议主要情况和议定事项。

纪要一般用于重要办公会议或重要专题性工作会议。纪要一经领导人审核签发，即成为正式文件。纪要的适用范围较广，任何一级组织的会议都可以做纪要。纪要用于记载和表达会议的主要精神和认定事项。作为发文的纪要，一般须同有关文种搭配组合。若用作上行文，需要同报告或请示相搭配；若用作下行文，则需要同通知相搭配。

（二）纪要的特点

（1）提要性。纪要，就是概记其要点。纪要围绕会议的中心议题，以简练的文字概括会议的内容和结论。撰写纪要应围绕会议主旨及主要成果来整理、提炼和概括。重点应放在介绍会议成果而不是叙述会议的过程上，切忌记流水账。既要反映与会者的一致意见，又可兼顾个别有价值的看法。有的纪要，还要有一定的分析说理。

（2）实录性。纪要是实录性公文，是在对会议讨论的事项加以归纳、整理的基础上，将其反映出来的公文文种。纪要应忠实于会议情况，如实地反映会议的内容，必须是会议宗旨、基本精神和所议定事项的概要纪实，不能随意增减和更改内容，任何不真实的材料都不得写进纪要。

（3）指导性。纪要不但能记录会议情况，还能起到通报会议精神的作用。纪要是会议文件，纪要中所决定的事项，提出的要求，作出的安排，对有关单位和部门的实际工作具有指导作用，因而纪要一经下发，将对有关单位和人员产生约束力，起着类似于指示、决定或决议等指挥性公文的作用。各单位、各部门应认真研究，结合本单位、本部门的实际情况加以贯彻执行。纪要还可以作为与会同志向单位领导汇报、向群众传达的文字依据。

（4）备考性。一些纪要主要不是为了贯彻执行，而是向上汇报或向下通报情况，必要时可作查阅之用。

（三）纪要的种类

按照会议性质，可以把纪要分作三类：

（1）专题工作会议纪要。为某一项或某一方面的工作而专门召开的规模较大的会议，记录专题工作会议精神的纪要，就是专题工作会议纪要。其主要特点是主题的集中性与观点意见的分呈性相结合，既要归纳比较集中、统一的认识，又要将各种不同观点和倾向性意见都归纳表达出来。

（2）办公会议纪要。记述机关或企业、事业单位等对重要的、综合性工作进行讨论、研究、议决等事项的一种纪要。办公会议纪要一般有例行性办公会议纪要，即记述例行办公会议情况及其议决事项的纪要，以及现场办公会议纪要，即为解决某重大问题而召集有关方面和有关单位在现场研究、议决或协商的办公会议纪要。

（3）座谈会议纪要。座谈会是组织者为解决某一问题而专门召开的以座谈为形式的会议，目的是了解情况、听取意见、收集措施，为解决问题创造条件，记录座谈会情况的纪要就是座谈会纪要。

（四）纪要的写作要求

纪要一般包括标题、正文、结尾。

（1）标题。可采用常规文件的文头格式，也可专门为纪要制作固定的文件，并套红印制。标题可采用三项式,由会议的议题(事由)＋会议名称＋"纪要"组成,如《北京市人民政府关于研究城市交通问题的纪要》;也可采用两项式,由会议名称＋"纪要"组成,如《省委常委会议纪要》、《市长办公会议纪要》等;也可采用双标题形式,如《探讨新时期文学的发展——中国当代文学研究会第一次学术讨论会纪要》,前一句为正题,概括会议的主要内容或精神,后一句为副题,补充说明会议的名称等有关问题。在实际工作中,前两种标题形式在行政公文中运用得较多;后一种标题形式往往在媒体上公开发表时使用。届数或次数在标题下注明。

(2)正文。正文部分又分作开头、主体两个部分。

① 开头。主要介绍会议概况,包括会议时间、召开地点、主持人、参加人员、领导同志参加情况、会议议题等。例如《沿海部分城市座谈会纪要》开头写道:

根据中央书记处和国务院的决定,沿海部分城市座谈会于3月26日至4月6日在北京召开。会议学习了邓小平同志在2月24日谈话中关于对外开放和特区工作的重要意见,着重讨论了如何加快步伐,更好地利用外资、引进先进技术的问题。到会的有:天津、上海、大连、烟台、青岛、宁波、温州和北海八市,深圳、珠海、汕头、厦门四个特区和海南行政区,辽宁、山东、浙江、福建、广东省和广西壮族自治区的负责同志,中共中央、全国人大常委会、国务院有关部门和总参的负责同志。

这一段话对会议情况作了概括的介绍,起了提纲挈领的作用,使阅读者对整个会议有了基本的了解。

② 主体。这一部分是纪要的中心部分,主要写会议的主要事项和主要精神,会议讨论的主要问题,研究的主要工作,会议的报告,大会发言的要点,讨论的情况,形成的一致意见和作出的决议等。根据会议性质、规模、议题等不同,大致可以有以下几种写法:

一是集中概述法。这种写法是把会议的基本情况,讨论研究的主要问题,与会人员的认识、议定的有关事项(包括解决问题的措施、办法和要求等),用概括叙述的方法,进行整体的阐述和说明。这种写法多用于召开小型会议,而且讨论的问题比较集中单一,意见比较统一,容易贯彻操作,写的篇幅相对短小。如果会议的议题较多,可分条列述。

二是分项叙述法。召开大中型会议或议题较多的会议,一般要采取分项叙述的办法,即把会议的主要内容分成几个大的问题,然后另加上标号或小标题,分项来写。这种写法侧重于横向分析阐述,内容相对全面,问题也说得比较细,常常包括对目的、意义、现状的分析,以及目标、任务、政策措施等的阐述。这种纪要一般用于需要基层全面领会、深入贯彻的会议。如《沿海部分城市座谈会纪要》就使用了小标题:

·加快引进外资、引进先进技术的步伐

·进一步开放沿海港口城市

·把经济特区办得更快点更好点

·厦门特区扩大到全岛

·搞好海南岛的开发建设

·疏通利用外资企业产品的内销渠道

·加强领导,培训干部,抓好社会主义精神文明建设

三是发言提要法。这种写法是把会上具有典型性、代表性的发言加以整理,提炼出内容要点和精神实质,然后按照发言顺序或不同内容,分别加以阐述说明。这种写法能比较

如实地反映与会人员的意见。某些根据上级机关布置,需要了解与会人员不同意见的纪要,可采用这种写法。

(3)结尾。纪要的结尾,提出希望、号召,要求有关单位认真贯彻会议精神,努力完成会上提出的各项任务;有时这部分不写。有时还要写上上报与下发单位,印发机关和日期。日期可在正文之后,也可在标题之下。纪要一般不用落款。会议单位、会议日期和成文时间在文头部分已有记载。

例文

局务会议纪要

〔2017〕2号

2017年5月31日,孙义为局长主持召开局务会议,局领导周力丰、万江波、景松健、樊献鹏、朱天奇、吴晓明、包宙华、李明、冯国南、张志勇、林合聚、陈仲才、王秀媛和各处(室、局)、事业单位负责人参加会议。现将有关议定事项纪要如下:

一、会议听取了机关各处(室、局)和事业单位关于2017年5月份工作完成情况和6月份工作安排的汇报。

二、会议充分肯定了各处(室、局)、事业单位按照全市国土资源工作会议部署,扎实有序稳步推进所取得的阶段性工作成效:一是永久基本农田划定全面落地,承办了全省永久基本农田划定上图入库落地到户现场会,有效推进了全市域永农入库落地工作,确保走在全省前列;二是改革创新工作统筹推进,二级市场改革方案获部通过,不动产登记"最多跑一次"改革领先领跑,年度其他重大改革任务全面部署实施;三是"大脚板走一线、小分队破难题"抓落实专项行动全面启动,局领导积极参与市领导领衔项目,同时率领局小分队深入一线走访调研、合力破难专项行动顺利开局。

三、会议明确了6月份及下阶段工作重点。

(一)深化"两学一做"学习教育常态化制度化暨"大脚板走一线、小分队破难题"抓落实专项行动。把全面推进"大脚板走一线、小分队破难题"抓落实专项行动,提升国土资源服务保障能力作为检验"两学一做"学习教育常态化制度化成果的标尺。一要强化统筹协调,专项行动办公室牵头做好项目底数排摸、问题收集、对策研究等工作,为局领导"走一线破难题"打好基础;二要强化成果收集,坚持正面导向、正向激励,加强活动推进过程中先进事迹、典型人物、成功经验的宣传推广,为集中成果展示打好基础;三要强化专题研究,建立"两学一做"、"走一线破难题"专项行动专题研究工作制,每月利用局党委会、办公会等平台,集中听取工作汇报、研究共性难题、破解面上问题,7月份进行一次集中汇总;四要强化监督检查,机关党委牵头做好"两学一做"学习教育工作推进、监督检查和成果汇总,驻局纪检组牵头做好"走一线破难题"专项行动中的"中梗阻"督查问责;五要强化政治学习,开设"国土讲坛"、设立干部固定"学习日",邀请专家学者、各级领导、业务骨干、基层所长和其他干部等各层面人员,加强上下互动和工作融合,定期开展政策宣讲、经验展示和交流汇报,营造机关浓厚学习氛围。

(二)扎实抓好年度各项重点工作有效落实。各处室、事业单位要对照年初工作要点,针对工作不平衡、进度不协同等问题,开展全面梳理、全面督查,确保三季度工作有明显进展。一要抓好重点改革任务推进落实,调控处牵头拟定2-3项涉及全局、全系统乃至今后国土长远发展重大事项,进行重点督办落实,加快推进国土智库建设。二要抓好永久基本农田划定工作,规划耕保处牵头在确保上图入库落地等技术性工作扎实推进基础上,结合"6.25土地日"深入开展耕地保护重大方针、政策法规等宣传,提升各级干部耕地保护意识;法制监察局牵头做好例行督察发现违法用地问题整改。三要强化耕地占补平衡管理,整理中心牵头规划耕保处配合,加大可利用后备资源排查,加强与衢州、丽水和湖州等兄弟城市对接,多途径、多渠道提出破解耕地占补平衡难的方案建议;规划耕保处、行政审批处牵头,加大当前项目落地过程中的土地保障问题梳理,各有关处室积极配合做好用地保障破难工作。四要加快城镇低效用地再开发工作,在扎实推进年度任务的同时,以9月份全省现场会召开为契机,总结提炼一批典型成果、先进经验,为全省城镇低效用地再开发提供更多的"宁波样本"。五要加快推进不动产登记"最多跑一次"改革,加强人员岗位培训,注重政策规范,完善窗口布局,力争既满足改革要求,又少犯差错,使得我市改革工作继续走在全省前列。六要土地储备和土地出让工作,加强统筹谋划和超前收储,提高储备潜在价值,服务"名城名都"建设大局,要压实土地出让的属地责任,做到充分谋划确保落地,从源头减少"批而未供、供而未用"土地。七要做好矿政管理和地质灾害治理工作,加强与市政府办公厅对接,做好矿产规划报市政府常务会议审议工作,组织召开好全市地质灾害防治工作推进会。加强汛期地质灾害防治工作,确保"除险安居"专项行动顺利推进。

(三)切实强化建章立制工作。进一步完善党的建设、党风廉政建设、安全生产、保密、公务接待、信访、文秘等各方面规章制度。办公室牵头在前期内部管理制度梳理的基础上,拟定各项制度的责任分工方案;各处室、事业单位结合职责分工,组织人员对线上规章制度进行深入研讨,在6月底前提出原规章制度"废改立"意见建议;办公室组织好各项规章制度的汇总审议、编印成册,确保在7月底前印发实施新的国土资源内部管理规定。

(四)切实加强党的建设、党风廉政建设和机关文化建设。组织人事处牵头,机关党委、驻局纪检组配合,研究制定关于加强全市国土资源系统党建的若干意见,力争7月初建党96周年前后出台,为迎接市委巡视工作打好基础。各级领导干部要全面落实党风廉政建设责任制,做到逢会必讲,党风廉政建设要与业务工作同步研究、同步部署、同步检查、同步落实,要加大巡查巡视整改和执纪问责,健全内部审计和内控管理制度,切实预防和防范风险。发挥工青妇协同作用,抓好机关文化建设,办公室、计财处配合做好物业安保、食堂管理、职工业余生活的后勤保障工作。

日常应用文写作

课 程 导 读

日常应用文包括事务文书和公关礼仪类文书等。事务文书,指法定公文(即《党政机关公文处理工作条例》所规定的公文种类）之外的全部公务文书。其特点是：不同于法定公文；有更丰富的内容和更广泛的适用范围；灵活的书写格式。它具有传达政策、指导工作、加强联系和沟通、宣传教育等作用，还有很强的资料价值。

公关礼仪文书是指国家机关、企事业单位、社会团体或个人在社会交往、礼仪活动和商务活动中常用的各类文书，是在各种不同场合，根据不同的情况，遵循相应的习俗和人情所撰写的礼仪文字材料，具有礼仪性、针对性、规范性、交际性等特点。

日常应用文使用范围非常广，使用频率极高，而且种类繁多，这里我们仅选择其中使用频率高，使用面广，写法相对较复杂或者格式要求相对严格的几类进行介绍。

一、事务文书

事务文书，被称作常用文书、一般应用文、机关应用文等。有广义与狭义之分，广义指党政机关、企事业单位以及各类社会团体或个人在工作、生活中经常使用的文书。狭义指法定公文（即《党政机关公文处理工作条例》所规定的公文种类）之外的全部公务文书。狭义范畴的事务文书是本章讨论的主要内容。从总体上来说，事务文书的写作在符合应用文体一般要求的前提下，也有各自不同的写作规范和要求。

机关及企事业单位、社会团体常用的事务文书主要有：计划、总结、调查报告、述职报告、简报、演讲词、开幕词、会议记录、闭幕词等。

事务文书根据性质和作用的不同，分为以下几类：

（1）计划类：对未来工作的内容、措施、方案等的预定性设想。如计划、规划、方案等。

（2）报告类：归纳工作的主要内容、成绩、经验、问题和不足。如总结、调查报告、述职报告等。

（3）规章类：为更好地开展工作而订立的一些制约性措施。如规则、制度、章程、条理、守则等。

（4）信息类：向他人传播的或长或短的各类信息。如演讲稿、简报、启事、声明等。

（5）会议类：为会议的召开而准备的有关文件和对会议内容的记载。如开幕词、闭幕词、会议报告、会议记录等。

事务文书具有以下特点：

（1）不同于法定公文。事务文书是公务文书的一种，但它是指法定公务文书（即《党政机关公文处理工作条例》所规定的 15 种公文种类）之外的一切公务文书，所以在法律严肃性、约束力、强制性及格式的严格性上略差于法定公文。

（2）更丰富的内容。机关、企事业单位和社会团体日常工作的方方面面都与事务文书息息相关，包括整个工作进程、人事、财务甚至具体业务，都需要用一系列事务文书进行处理。对于一些专业部门来说，事务文书可作为规范文件，保障工作的顺利进行。

（3）更广泛的适用范围。事务文书级别低于法定公文，可供政府机关、企事业单位、社会团体、商业部门等进行使用，作为开展日常工作的手段和方式。

（4）灵活的书写格式。相对于法定公务文书，虽然事务文书写作仍遵循一定的写作规范，但是事务文书的写作在格式上更加灵活，写作者可根据实际需要进行适当地改造，更好地服务于专项工作和主题。

事务文书具有以下作用：

（1）传达政策，指导工作。事务文书可将国家有关政策或者上级主管部门的工作要求加以具体化，进行上传下达。指导一个单位或者部门的工作程序和步骤，能够根据有关规定和精神落实具体工作。

（2）加强联系和沟通。事务文书的行文手续和写作格式相对灵活轻便，机关、企事业单位或社会团体的大量的日常事务性工作需要用事务文书来承载。事务文书肩负着不可或缺的沟通交流作用。

（3）查考依据。事务文书有很强的资料价值，因为其写作内容具体、范围广阔、使用频率高，所以编写整理事务文书可成为比较可靠的档案，为以后本单位、本部门的工作打下基础。

（4）宣传教育。事务文书中常用的调查报告、讲话稿等，往往用于阐明工作思路和指导原则，使大家认清工作形势，端正态度，增强工作的责任感，明确工作目标和具体步骤，更好地服务于国家建设。

（一）简报

简报是机关、团体、企事业单位编发的反映情况、交流经验、传达信息的一种文体。简报具有向上级机关反映日常工作和业务活动情况，与下级机关或平级单位互相沟通信息的作用。

1.简报的特点和种类

（1）特点。

时效强。在时间上，简报有很强的时限性，类似新闻，要求编发快捷。

精简性。简报，顾名思义，就是要简，不必做过多的评述和议论。形式短小，内容集中，文字简练，反映客观情况。

新颖性。简报与新闻类似，要反映新问题、新情况、新经验、新动向，为人们提供新颖的信息。

保密性。简报通常有不同程度的机密性，发行范围越小，机密程度就越高；反之，发行范围越广，机密程度就越低。

（2）种类。

简报涵盖范围众多，按照性质和使用范围，可以将简报分为情况简报、会议简报和动态简报三大类。

情况简报。又称工作简报，是日常工作中编发的常规简报，范围涵盖工作进展、成绩问题、人员往来、干部任免等。这类简报面广量大。

会议简报。会议简报主要反映会议情况，包括领导讲话、代表座谈及书面发言中的意见、建议以及会议进程。用于比较重要、规模较大的会议期间编发的简报，目的是让与会代表及领导及时了解会议进展和代表们的想法、意见，这类简报编印快速并伴随会议结束而结束。

动态简报。这是简报的主体。动态性简报能迅速地报道新近发生的、有意义的各种事实。但只反映客观情况，不进行评论。这类简报常常是报纸、广播新闻的线索。

"简报"是个笼统的称呼各级机关、事业单位中大量印发的各种"简讯""信息""动态""参考""简况"等均属简报范畴。

2.简报的写作要求和注意事项

（1）简报的写作。简报虽然种类众多，但都是由报头、正文和报尾三部分组成。

① 报头

报头由名称、期号、编印单位、编印日期、密级、编号等部分构成。

简报名称。一般要用套红大字将其印在简报第一页上方居中的位置。简报的名称可以自定，如"生产简报""思想动态""工会信息""审计工作情况"。

期号。简报的名称下面写简报的期数，如第 14 期。通常期数以年为时限依次排列，会议简报的期数以一次会议的始终为顺序排列。

编印单位。编印单位指具体负责编印简报的部门，印在简报名称的左下方，一般是办公室或会议秘书处（组）等机构。印成"×× 局办公室编"或"×× 会议秘书处编"字样。

编印日期。指简报的印发日期，写成"×× 年 × 月 × 日"，日期打印在简报名称的右下方，与编印单位对应排列。

密级。密级印在简报名称左上方的空白处。按公文等级划分，视简报内容而定。

编号。即印制简报的份数，如"编号 125"，以数码形式打印在密级的上面。

② 正文

简报的正文位于标题下，书写结构类似于新闻，通常包含导语、主体、结尾三部分。

标题。标题的书写格式是在横线下居中排印，标题内容要求新颖、醒目、吸引人。

导语。又称作按语，主要用于概括简报的主要事实，揭示简报的中心内容，介绍时间、地点、目的、意义等。

主体。写法灵活是简报的主体的特点，内容只要求做到"达意"，即把主要意思充分表达出来就可以。一篇简报一般集中登载一个问题，如果几个问题比较近似，篇幅又比较短小，也可以合编在一期简报之中。简报一般使用叙述的语言，不加评论、解释。简报的正文结束，要用一条粗横实线与报尾分开。

③ 报尾

报尾位于简报最后一页的末尾，这一部分主要包括发送单位和印发份数。

发送单位一般要分别标明"报 ××××（上级单位）、送 ××××（同级单位或不相隶属的单位）及发 ××××（下级单位）"，印发份数的写法为"共印 ×× 份"。

（2）简报写作的注意事项。简报应用范围广，使用频率高，因此在日常书写中存在众多问题。编写简报应注意：

① 精心选材。精心挑选典型材料，是简报编写的一个基本要求。选材要能够说明问题，揭示事物的本质特征或能够表明事物发展趋势。

② 切合实际。简报的作用是及时反映情况以作为领导机关进行决策的依据，因此，其反映的内容一定要真实可靠，要实事求是。

③ 时效性强。简报类似于新闻，"快"是简报的重要特点。只有快速反映工作中出现的新情况、新问题，才能及时为领导的决策提供依据和前提，其作用才能得到发挥。

④ 形式简洁。简报写作要注重"简"，这也是适应其编写迅速的要求。避免在简报中进行长篇报告，大量堆砌原始材料。

例 文

政协××市六届×次会议　工作简报

（第24期）

大会秘书处　　　　　　　2017年3月

一、今年政府应办几件实事

××委员说：建议市长要有相应的任期目标，要像"秘书工作"那样一年办几件实事，年终总结，有哪些完成，有哪些没完成，为什么。

二、改"三公开一监督"为好

"秘书工作"委员说：报告在谈到廉政建设时，提出实行"两公开一监督"，我们认为应改为"三公开一监督"，即再增加公开市、县两级主要领导的经济收入，以便接受人民群众的监督。

三、不能再走大投入低效益之路

"秘书工作"委员认为，我市社会总产值为180亿元，国民收入为74亿元，而全市的财政收入只有9.15亿元，很明显，经济效益是很低的。而今年的计划数字，基本上是按比例同步增长，经济效益无明显提高。这是我市多年来生产发展的一个关键性的问题，即大投入，低效益，致使财政拮据，入不敷出。市领导应着眼长远，从当前入手，立足于大力提高经济效益和增强生产后劲（包括政策、体制、发展规划、产业结构、环境整顿、提高管理水平、提高劳动力的素质、提高劳动生产率、大力发展科技、教育等多方面综合治理）。只有这样，才能使我市的经济进入高一层次的发展，形成良性循环。这才是提高经济效益的真正出路。

（二）调查报告

调查报告就是对某一个事件或某一个问题，进行深入细致的调查研究之后所写出的真实地反映情况的书面报告。顾名思义，调查报告一是要调查，二是要报告。前者是形成报告的基础和依据，后者则是对调查的反映和综合体现。没有调查研究，就不能形成报告；只调查不报告，则失去了调查的意义。人们要认识客观事物，就要在深入调查，充分占有材料的基础上，作周密细致的分析、归纳、概括，以揭示事物变化的本质和规律，找到解决问题的办法。

1.调查报告的特点

（1）针对性。调查报告有很强的针对性，这主要表现在它是应社会的实际需要而产生，所研究的往往是社会热点问题，群众普遍关心的问题。在党和国家的各项方针、政策贯彻执行中，常常会出现新情况、新问题需要研究解决，也常常有好的经验需要推广，调查报告正是从这一客观需要出发，就现实工作急需解决的各种问题，有针对性地进行调查研究之后所作的书面回答。

（2）真实性。调查报告是为解决实际问题撰写的，客观事实是调查报告赖以存在的基础。调查报告只有通过对大量的具体、真实、准确的事实进行调查研究，才能引出正确的结论；它的说服力主要来自真实充分的事实材料，调查问题的提出，矛盾的展开、发展，要让事实说话。矛盾的解决,结论的提出,要用事实证明。这样人们才能通过具体的事实和正确的结论去认识事物,理解观点。因此,真实是调查报告的生命线。

（3）深刻性。调查报告不同于一般文章之处就在于它是通过对大量材料的分析与综合,揭示出事物的客观规律。从现象到本质,从感性到理性,由事论理,寓理论事,这正是调查报告深刻性的体现。

（4）典型性。调查报告的典型性表现在两个方面:一是调查对象典型;二是文章所运用的材料典型。好的调查报告不仅对调查对象总结工作、提高认识具有指导意义,更重要的是对全局性工作具有现实意义和普遍的指导意义。

（5）新颖性。调查报告要做到角度新,题材新,内容新,观念新。解放思想,不断创新才能真正发挥调查报告的作用,否则就失去了指导意义。

2.调查报告的种类

调查报告的分类依据标准不同,有不同的分法。根据调查对象的时间不同,可分为历史情况调查报告和现实情况调查报告。根据调查对象的范围不同,可以分为综合调查报告和专题调查报告。按照内容性质的不同,调查报告可以分为基本情况调查报告、典型经验调查报告和揭露问题调查报告等。

（1）基本情况调查报告。关于某一领域、某一地区、某一单位或社会的某一方面基本情况的调查报告。

（2）典型经验调查报告。对某一地区或单位贯彻执行党和国家的方针、政策的典型经验进行总结、推广的调查报告。它不仅可以起到表彰先进、树立典型的作用,而且可以推广典型经验,用于指导工作。

（3）揭露问题调查报告。对工作中发生的重大事故、出现的严重失误所写的调查报告。这种调查报告通过全面、深入、细致的调查,用确凿的事实说明事故或问题发生的原因、情况和结果,分析其产生的背景及性质,以澄清是非,查明真相,达到解决问题,批评教育,告诫人们吸取教训的目的。

3.调查报告的结构与写法

调查报告一般由标题、正文、落款和日期等部分组成。

（1）标题。调查报告的标题要用高度概括、简明扼要的语言,点明基本观点和主要问题。它通常包括两个方面的内容:一是揭示基本观点,二是概括主要内容和范围。因此,它常见的构成形式有两种:一种是单行标题,一种是双行标题。单行标题又分两种形式:一种是公文式标题,由事由和文种构成,如《关于邯郸钢铁总厂管理经验的调查报告》;另一种是内容概括式标题,如《联合之路就是生财之路》《湖南农民运动考察报告》。双行标题又叫主副式标题,由主标题和副标题构成,如《亏损企业的现状不容忽视——关于××市亏损企业的调查报告》。

（2）正文。调查报告正文的结构一般由前言、主体和结语三个部分组成,其各部分的基本内容和写作要求如下:

① 前言。调查报告的前言相当于全文的导语,主要起交代领起全文的作用,引导读者或吸引读者对报告的全文进行阅读。一般概括说明三方面内容:一是调查工作的基本情况,如调查的起因、目的、背景;调查的时间、地点、对象、范围;调查的经过、方法等;二是

"调查对象"的基本情况,如调查对象的产生背景,发展结果,对其调查的主要内容等;三是就有关调查研究结果或问题发表简要议论。如对所调查研究的课题的社会意义加以强调,或把调查研究的内容、问题加以概括,指出其重要性或危害性。当然不同的调查报告,前言内容的基本事项不完全相同,要根据具体情况而定。

② 主体。这是调查报告的核心内容,也是对调查研究结果的具体引证、说明部分。在这部分里,调查对象的具体情况,调查的主要内容,调查者对事物的认识、总结的规律性的东西等,都要得到具体说明或充分的分析。因调查报告种类的不同,其写法侧重点也有所不同:基本情况调查报告的主体要写明调查对象的基本情况,要进行分析,提出建议;典型经验调查报告的主体要写明经验做法;揭露问题的调查报告主体要写事实及程度,分析产生的原因和应吸取的教训,有的还要提出处理意见或建议。

调查报告常见的结构形式主要有三种:一种是纵式结构,即根据事物的发生、发展、结局的先后顺序来组织材料。这种结构比较适合表达线索单一、内容集中、一事一议的小型调查报告。另一种是横式结构,也叫逻辑顺序结构,即根据事物的内在联系,分几个部分来安排材料,各部分可以设小标题,也可用序号标出,各部分之间可以是并列关系,也可以是递进关系。这种结构方式运用得相当广泛。还有一种是纵横交叉结构。即在按纵式为主线安排材料的过程中,为了说清问题,插进横向展开的叙述、说明;或在按横式为主线安排材料的过程中,又把其中一些问题的由来和发展加以交代,形成交叉的结构样式。当然,撰写调查报告没有固定不变的模式,但熟悉这些结构样式,对于如何从整体上去把握写作,做到严谨完整、自然和谐,还是有帮助的。

③ 结语。调查报告的结束语,带有结论性质。常见的结尾方式有:通过主体部分的分析得出结论,总结全文,深化主题;提出问题,引起思考;展望未来,指明方向;提出对策、办法,解决问题;强调问题的严重性,引起重视等。总之,结语是分析问题、解决问题的必然结果,要求简明扼要,言尽即止。

(3)落款和日期。落款包括作者姓名或调查单位名称。它可以标在标题下面正中央位置,也可标在正文之后,另起一行,写在结语右下方。

有落款,日期写在落款下面;无落款,日期另起一行,写在结语右下方。

4. 调查报告写作的注意事项

(1)深入调查研究,充分占用材料。调查研究是写好调查报告的基础。只有在详细占用材料、科学分析的基础上,才能写出有思想性和科学价值的调查报告。

(2)分析研究,把握规律。调查报告的观点是在调查材料中直接概括出来的,因此,在占用了大量材料之后,就要对其进行去粗取精,去伪存真,由此及彼,由表及里的分析研究。只有经过认真地分析研究,才能由现象概括出事物的本质和规律,由感性认识上升到理性认识。

(3)用事实说话,把观点和材料统一起来。调查报告的观点不是作者的主观想象,只能从调查到的大量事实材料中引发出来。这一特殊性决定了在调查报告的写作中必须做到观点和材料的统一。具体写作中应该注意两点:一是要善于选择运用具体、典型的材料说明观点,其中包括典型事例、综合性材料、对比性材料和数据等;二是要善于综合运用叙述、说明、议论的表达方式,把观点和材料紧密结合起来。

（4）把握好调查报告写作的五个程序。

① 确定主题。主题是调查报告的灵魂，对调查报告写作的成败具有决定性的意义。因此，确定主题时要注意：报告的主题应与调查主题一致；要根据调查和分析的结果，重新确定主题；主题宜小且宜集中；要尽量与标题协调一致，避免文题不符。

② 取舍材料。首先，要选取与主题有关的材料，舍弃与主题无关的材料，使主题集中、鲜明、突出。其次，要经过鉴别，精选材料，不仅使每一材料都能有用，而且能以一当十。

③ 拟定提纲。这是调查报告构思中的一个关键环节。调查报告的提纲有两种，一种是观点式提纲，即将调查者在调查研究中形成的观点按逻辑关系一一地列写出来。另一种是条目式提纲，即按层次意义表达的章、节、目，逐一地写成提纲。也可以将这两种提纲结合起来制作提纲。

④ 起草报告。这是调查报告写作的行文阶段。要根据已经确定的主题、选好的材料和写作提纲，有条不紊地行文。在写的过程中，要从实际需要出发选用语言、标点符号和表达方法，还要注意灵活地划分段落。

⑤ 修改报告。报告起草好以后，要认真修改。主要是对报告的主题、材料、结构、语言文字和标点符号进行检查，加以增、删、改、调。在完成这些工作之后，才能定稿向上报送或发表。

例 文

农村中小学教育问题调查报告

本次调查以小学和初中的农村教师、学生、家长为主要对象，调查的四个部分分别是：教学问题、教师问题、学生问题、家长问题。其中以教师问题和学生问题为重点。

一、调查的目的、意义以及调查方法

随着新一轮课程改革和教学改革的普遍推行，农村中小学的教育问题更加明显地暴露出来了，对此，老师抱怨、学生抱怨、家长抱怨。为了找到问题的实质，把握问题的关键，从而向有关部门、有关人士发出呼吁，我进行了"农村中小学教育问题"调查。本次调查以走访调查及问卷座谈的形式为主，走访了 8 个中小学，调查了小学生 25 人，初中生 34 人，老师及校长 19 人。通过调查，了解了农村教师、学生和家长对教育的看法及其总体教育状况，并对中国农村教育的发展方向和模式做了进一步的思考。

二、调查的基本情况

1. 教学问题

在农村，九年义务教育已无法满足绝大多数家长和学生对教育的要求，他们要求上高中、上大学。有 62.5％的家长希望孩子拿到大学以上学历。在回答升高中的原因时，64.18％的学生选择是因为他们自己喜欢读书，而选择是家长要求的仅为 3.49％。看来，事实上相当多的学生和家长已经认识到了受教育的重要性。

孩子们是渴望知识的，农村也是需要人才和技术的。但是从调查情况看，农村中

小学教育存在着很多问题,主要包括以下几方面:

(1)公共教育经费短缺,导致办学条件和办学效益差。教育主管部门的领导对素质教育不够重视,教学设施简陋,教师队伍教法相对陈旧严重影响着素质教育的实施。

(2)师资队伍不稳定,总体素质不高。

(3)思想观念落后,教育价值趋向多元化、务实化、功利化。调查中没有一个孩子表示将来会回到自己的家乡。

(4)教学内容和教学手段脱离农村实际,人才培养与农村经济和社会发展不相适应。

2. 教师问题

调查发现,相当大数量的教师对生活表示不满意(51.8%)和比较不满意(7.8%),感到压力很大。我总结了一下,有以下几个方面原因:(一)不合理的农村教育编制导致农村教师的工作量很大。(二)尽管近些年来大力倡导素质教育,积极推进实施着新课程改革,但谁都清楚高考制度不改革,老百姓认可的还是能真正改变孩子命运的考试分数,升学率也就关乎学校生存。面对动辄"下岗""走人"的内部管理体制,老师们为了保住"饭碗",感觉压力很大。

3. 学生问题

在调查学生的学习态度或学习主动性方面,大部分学生都有明确的学习目标,但学生的学习目标大部分是家长、老师压出来的,成绩认可高,重视分数的达80%。在所学课程中,选择英语最薄弱的学生比例最高,占了47.67%。然而对于"你想如何提高"这一问,我原先设计了"自己复习巩固","请家教","参加培训班"和"其他"四个选项,结果有56.3%的同学选了其他,询问后发现学生们想到的更多方式包括家长指导,向同学、老师请教等等。调查表明,46.1%的农村学生在平时能努力学习,并持之以恒,但也有34.5%的农村学生平时学习没有规律,主要靠在考前加班学习来应付考试。

4. 家长问题

在回答"你觉得所在地区教育状况如何"的问题时,75.36%的家长选择"一般",5.8%的家长认为"较差"。可以看出,很多家长对当地教育状况并不满意。如枭卸村,拥有生产康必得的集团公司,当地农民收入较高,但由于很多家长不满足于当地教育,就将孩子送往城里上学。

当问及"您对孩子在校表现情况了解程度"时,只有17.5%的家长表示很了解,而选择"基本不知道"的占20%。然而在回答"对孩子学习上关心程度"时,却有58.75%的家长表示很关心。这其中似乎存在着矛盾,即对孩子在校表现基本不知道又何以说对孩子学习很关心呢?对此我询问了部分家长,原来很多家长认为对孩子学习成绩的关心即是对孩子学习关心的全部表现。

三、解决农村教育问题的对策和建议

结合调查情况以及自己的思考,我认为,要解决农村教育问题,应主要抓以下几点:

1. 改善教师待遇,改革教育系统的人事制度,营造一个合理、高效的竞争环境,解决"教师行为滞后"问题发展经济学家的研究指出,第三世界国家的初等教育和中等教育"学习方法简单和学习内容贫乏是与大多数教师能力差和缺乏主动性密切相关的,他们往往得不到应有的工资,没有兴趣,也没有机会更新自己的知识,提高自己的教学水平"。我们的农村初中教育基本上就属于这种情况。解决"教师行为滞后"问题的有效办法:一是提高教师的工资水平,为他们提供接受继续教育和进行终身学习的经济保障;二是改革教育系统的人事制度,保证教师考核的公开性、公正性、科学性,营造一个合理、高效的竞争环境;三是提高继续教育和终身学习的质量,改变当前继续教育中的形式主义和低效局面。

2. 在普通教育中渗透职业教育,使农村初中生成长为适应农村经济发展要求的复合型人才

我们可以尝试在农村初中进行初中后职业教育——学期职业培训或"3＋1"制的培训。但是从调查情况看,在我们当地,学生家长及教师对此却不以为然。原因还是职业教育与经济社会发展的结合不紧密,就业渠道不畅。调查中一位校长说到,他曾经去青岛考察过,青岛的职业教育培养的都是紧缺人才,毕业后都能找到工作,职业教育很受欢迎。因此实行职业教育应以就业为导向、符合农村的条件,只有这样,才能促进农村经济、文化的发展。

3. 解构封闭传统体制,充分利用社会资源,积极支持社会力量兴办教育机构

私立学校应该是一种补充、激活农村教育的最好形式。然而,在我们当地农村,私立学校几乎没有。最终使我们的教育成为独家经营,始终处于"老大"地位,传统、封闭、死守教条,以致病入膏肓,不可救药。因此应大力支持和促进民办教育健康发展,以切实扩大高中的办学规模,解决农村初中升高中的瓶颈问题,缓解升学的巨大压力。

中国70%的人口在农村,农村(含县镇)义务教育阶段学生高达1.6亿。然而农村中小学教育的现状并不理想,反而面临着诸多问题与困难。在沙河农村,虽然绝大多数家庭通过各种途径尚能承受孩子接受教育的支出,但仍然有少数孩子因家庭贫困,未圆上高中、考大学的梦想。现代社会倡导人们关注弱势群体,这些因经济困难而辍学的孩子们应该得到社会更多的关心和帮助,助他们圆自己的读书梦想!我呼吁各级教育部门和社会各界都应意识到发展农村教育的迫切性,给予农村教育更多的支持,把更多优秀的教师吸引到农村中小学去,提高农村学校的办学质量,促进农村教育和经济社会的协调发展。

(摘自第一范文网)

（三）述职报告

述职报告是一种自我评述性的报告。主要用于国家工作人员就某一阶段内的任职情况,向有关部门及领导、群众作出全面陈述。

1. 述职报告的特点和种类

（1）述职报告的特点。一是特定作者。述职报告是作者对自身工作情况的反思、回顾和总结,所以述职报告涉及的人员范围具有特定性特征,只能把与之相关的材料整理汇总。二是内容特定。述职报告的写作内容是陈述人在某一段时间内工作开展的情况,所以在时间范围上,局限于任职期间的某个时间段;在工作范围上,局限于与特定职务和工

作性质相关的内容。

（2）述职报告的种类。述职报告的种类很多，从内容上分则有专题述职报告、综合述职报告；从时间上分有任期述职报告、年度述职报告、临时述职报告；从范围上分有个人述职报告、集体述职报告。

2.述职报告的写作要求和注意事项

（1）述职报告的写作要求。

① 标题。根据组成要素的不同，述职报告的标题可分为四种写法：一是公文式写法："年限＋所任职务＋文种"，如"2016学年任××中学教务处主任期间的工作汇报"；二是会议式写法：作者姓名＋职务＋会议名称＋文种，如"王××主任在2016年税务检查会议上的汇报（或报告）"；三是新闻标题式的写法，这种写法比较灵活，但是一般在正标题之下添加一个公文式的副标题，显得比较正规严肃；四是只写"述职报告"四个字。

② 署名及日期。这一要素位置较灵活，可写在标题之下，也可以写在正文后落款处。

③ 正文。由三部分内容构成。第一部分是任职概况包括何时任职、背景情况、工作变动、岗位职责和目标以及对个人任职情况的总体评价。第二部分是述职报告的主体内容，具体陈述尽职情况。可分为两部分来写，首先写工作实绩和经验，体现出个人的工作能力和管理水平，尤其是在处理敏感、棘手问题方面，以及突发事件或重大事件方面，更能表现出个人的素质、才能和领导水平。其次写存在的问题和不足。第三部分是改进措施和今后打算，要从实际出发，在科学分析的基础上，制定出有针对性的改进措施及实施细则，对今后工作做出切实可行的规划，表明尽职的态度。

（2）述职报告写作的注意事项。一是要实事求是。在写作述职报告时，客观公正，要实事求是，严肃认真，一定要实事求是地陈述，否则只会给别人留下不好的印象。述职的目的就是为了分析履行职责的情况，以便发扬优点，吸取教训，改进工作。二是要要点突出。要注意论断准确，重点突出，有针对性，在表述时注意不要面面俱到。要善于总结工作中的亮点，善于提炼概括，从繁杂的工作事务中提炼出有针对性的理论认识。三是彰显个性。不同的工作岗位有不同的职责要求和履行方式，即使是相同的岗位，也会由于述职者个人的工作作风和性格差异，导致不同的工作方法、手段和结果。因此，要突出个性特点。

例 文

企业职工代表述职报告

各位领导、同志们：

根据市局工会和市局机关工会的安排，作为一名职工代表，下面，我对自己一年来履职情况简要汇报如下。

一、履职情况

1.严格要求，落实四字真功

（1）做细。"千里之行，始于足下"。办公室工作必须关注细节，有一句老话就是"办公室无小事"，要求我们必须从小事做起，举轻若重，把工作落实到位。起草、修改、把

230

关、向上级报送各类材料、制作版面多件;编发信息100余期,新闻宣传50余篇,组织通知各类大、中、小型会议数十次,每一件都必须认真细致,一旦稍有疏忽,存在侥幸心理,就会出错。

(2)做实。对一些重点和日常工作,实实在在地去做,"路遥知马力,日久见人心"。要经得起考验,自己首先要说服自己,能回答清领导的提问,不要糊弄自己,糊弄领导。比如对灾害应急工作,我们根据各生产单位、职能部室报上来的方案、隐患排查等各项材料,不是简单一装订就送到领导那儿等待领导交办,而是要求具体承办人对灾害应急工作进行回顾,写出整体感受,总结成绩,指出不足,同时提出下一步落实工作的意见和建议,并时刻跟踪领导意见和建议的落实情况,主动发挥办公室综合协调、参谋助手、监督检查三大职能,体现了"热心为基层服务、虚心为机关服务、真心为领导服务"的三服务原则。

(3)做精。精就是"精益求精,精雕细琢"。我们不但在认真做,而且要求"学有心得,做有体会"。何谓心得,一定程度上讲可以叫作经验。很多人有过很多经历,但不一定有很多经验,经验是善于总结出来的。所以办公室要求大家要及时总结,有心得,有体会,把握工作规律,扣准工作脉搏,持续改进,把工作做精。

(4)做优。"人无我有,人有我优"。这里有责任心和意识的问题。我们要求干工作一定要反应敏捷,思路开阔,做的工作拿得出手。如信息的编发量、信息的时效性,信息为领导提供依据的实用性。在信息编发上,编发领导关注的各类信息,为领导提供决策依据;在情况通报上,一旦领导在哪期信息、报纸、文件上做出重要批示,我们都及时编发情况通报,向全局贯彻执行,确保领导关注的重点工作落实到位。

2.搭建平台,适时沟通协调

重点是搭建一个平台,发挥三种功能。即搭建交流沟通平台,发挥集体学习提升素质、展示成绩自我激励、揭短亮丑以利再战三种职能。就是利用每周二下午集中学习的机会,定目标、定主题,反思工作,督促进度,制定计划,总结经验。

二、几点体会

近一年来,我感觉是自己在工作中"学习动力最足,自我提升最快,心得体会最多,交流沟通最好"的一年。

1.学习动力最足。常感"书到用时方恨少"。局领导站得高,看得远,要想干好办公室工作就必须跟上领导的思维和节拍,否则就会被淘汰,因此,主动学习的意识不断增强,为更好开展工作的压力不断增大,从而催生了无穷的动力,所以这一时期,学习动力最足。

2.自我提升最快。以工作报告为例,原先认为自己写得就很不错了,但马上发现,要写好工作报告,努力是永无止境的,因此,要不断充实和自我完善,自我突破。每一次的工作报告,都是一个全面贯彻领导思路的过程,都是深刻理解领导思路的过程,广泛吸收大家意见和建议的过程,原先,不喜欢听不同意见,现在则是闻过则喜,这是一个不断提升的过程。我明显感觉工作报告越写越好,越写越实际,越写越能体现领导思路。这些,是与局领导精心指导和大家的高度关注,广泛提出意见是分不开的。

3.心得体会最多。在工作中不断增强乱中求静的能力。因为要和大家沟通,要不断理清规律,摸清特点,组织大家学习,帮助大家完成工作,就需要及时总结,并不断提高。因此,需要提出课题,收集资料,结合实际,促进工作,这些都需在实际中理论运用于实践,使其紧密结合,不但自己带头写,而且号召大家一起写,一起提高,知荣辱,共进退。

4.交流沟通最好。平台的建立,为大家建立了一个宽松和谐的氛围,大家可畅所欲言,但目标只有一个,就是更好地完成工作。对大家的了解进一步加深,友谊进一步加强,互相支持和理解的氛围进一步形成,为开展工作奠定了更坚实的基础,大家愿意沟通,也敢于沟通,谈自己的真实看法。

三、不足

1.深入基层调查研究不足。

2.学习思考的理性成果不足。

3.开拓创新的精神仍需进一步加强。

针对不足,今后,我将进一步提高认识,认真学习,积极主动,扎实推进工作,为晋城邮政的全面、协调、可持续发展做出努力。

述职人:张三

2017年3月21日

(摘自第一范文网,有删减)

（四）计划

计划是单位、部门或个人对未来一定时期内有关工作、生产、学习、活动等方面,预先拟定目标、任务、方法、步骤,提出具体要求,制定相应措施的一种书面文书。

计划只是个统称,在日常工作中我们见到的"规划""纲要""设想""打算""要点""方案""意见""安排"等都属于计划的范畴。从内容上而言,它们都是写未来的打算,但在使用范围、时间、内容详略等方面有所区别。具体而言,"规划""纲要"的时间跨度大、范围广,带有全面性和长期性,"设想""打算"属于初步的或非正式的东西,设想的时间较长,打算的时间较短,思考不很周密,带有粗线条的想法。"要点"是将计划的主要内容择要摘编,使之简明突出,它适用于时间相对较短的计划。"方案"一般适合专项性工作,内容具体周密,有很强的可操作性,其实施往往要经上级批准。"意见"属粗线条计划,它适用于上级向下级布置工作任务并提供基本的思路、方法,交代政策,提出要求等。"安排"则是短期内要做的,且范围不大、内容单一、布置具体的一类计划。因此,写作者可以根据内容、时间、重要程度等多种要求,确定选用哪一个名称。

1.计划的特点

作为一种独立的文种,计划有自己鲜明的特点,这主要表现在以下几个方面:

（1）预见性。计划是在行动之前制定的,因此必须根据当前形势,遵循客观事物的发展规律,结合实际情况,对可能出现的问题进行科学的预见,从而更好地完成任务。

（2）针对性。计划是为实现某一部门、单位、个人的目标任务而制定的,因此它的制定必须符合本单位、部门、个人的实际情况,这样才能目的明确,有指导意义。

（3）科学性。计划虽然是人们主观意志对未来的打算,但是这种打算是有依据、有实现可能的打算,是符合客观事物发展规律的。计划的制定必须要在深入调查、充分占有资料、了解各种因素的基础上,综合分析研究,提出切实可行的任务、指标和措施。因此,计划不是纯主观的产物,是主观和客观的统一,是科学分析的结果。

(4)创新性。不论是何种计划,其内容都要有新意,要有新任务、新指标、新措施,否则就没有存在的必要。因此,写计划一定要坚持创新精神。

2.计划的种类

按照不同的标准,计划可以分为不同种类,并且一个计划往往涉及多个类别。

(1)按内容分,有工作计划、生产计划、学习计划、科研计划、教学计划、财务计划、科研计划等。

(2)按范围分,有个人计划、班组计划、单位计划、地区计划等。

(3)按时间分,有年度计划、季度计划、学期计划、月计划和旬计划等。

(4)按性质分,有综合计划、专题计划等。

(5)按表现形式分有条文式计划、表格式计划和文件式计划等。

(6)按形式分,有以下三种:文件式计划,分目标、要求、措施、步骤等环节,写作严谨具体,内容重大并有一定篇幅;条文式计划,以列出任务为主,较少涉及措施、步骤等;表格式计划,通常用于项目较多又具共性的内容,有时辅之适当文字说明,使计划简洁明了。

3.计划的作用

古人云,"凡事预则立,不预则废"。计划是做好工作的基础,是完成任务的保证。无论做任何事,都应提前作出周密的打算和安排,使自己的行动有目标、有条理,从而避免盲目性。计划的作用具体表现在如下几个方面:

(1)指导和激励作用。计划中的目标、任务、要求和步骤措施可对行动中的群体人员起到统一意志和行动指导的作用。在总的目标下,任务的分解、行动的时间和步骤,约束着人们依据计划行事,从而调动群体的积极性和创造性,使工作、学习、生活在有序的状况下进行,最终顺利地实现和完成共同制定的目标和任务。

(2)监督和调控的作用。计划中的目标、任务和步骤措施是行动的指南,也是上级部门监督调控的依据。上级部门根据计划对工作进行检查监督,而计划者本身也可通过计划自律自己,并根据进程中的问题和情况变化对计划中的步骤进行适时的调整。

4.计划的结构与写法

计划的结构一般由标题、正文、落款和日期几个部分构成。

(1)标题。计划标题的常见结构形式是:单位名称+计划期限+计划内容+文种,如《××学院2017年教学工作计划》。其中前三项要素可以不同程度地省略,如上述标题可以写成:《2017年教学工作计划》《××学院教学工作计划》《教学工作计划》等。

另外,如果计划还没有批准通过,应在标题中用括号注明"草案""讨论稿""初稿"等字样,有的另起一行写在标题下。计划一般不采用正副标题的形式。

(2)正文。正文是计划的写作主体,其基本写作思路一般可从五个方面考虑:

为什么做——做什么——能否完成——怎样做——什么时间完成。

因此,计划正文在通常情况下可分为五个部分:

第一部分,导言(回答"为什么做")。它介绍写计划的背景,交代其依据,说明目的及其重要意义,按照意思分层次写。这部分的篇幅不要太长,如中长期的计划可以多说一些,年度工作计划用几句话交代一下根据就行。通常用"特制定计划如下""为此,现制定了如下计划"等过渡到下文。

第二部分,目标任务(回答"做什么")。这部分是正文的核心,主要根据需要和可能,明确一定时期内的奋斗目标和具体任务,即一般先提出总的任务和指标,然后提出具体任务,比如农业、工业、交通、财政、金融、科技、教育、文化、卫生等行业的任务和指标,以及发展的程度。总的任务要概括写,具体任务应分项分条写。这样使人看了一目了然,知道在计划期间,该地区该单位的总任务是什么,各行各业的具体任务是什么,做到心中有数、目标明确。

上述任务部分是指大的全面的计划而言,至于短期计划和某项工作计划,不必要这样分开写,总的任务和具体任务可合并起来,可分条写,也可不分条写。因为这类计划比较简单,内容不太复杂。

第三部分,因素分析(回答"能否完成")。这部分是对完成任务的各种有利因素和不利因素的分析,也可以说对完成任务的可能性进行评估,说明完成任务的有利条件有哪些,不利条件或困难有哪些,从而充分利用有利条件,正视不利因素与困难,达到趋利避害,完成与超额完成计划任务。写这部分时可梳理成几条写,即有利条件几条、不利条件几条,对于那些不稳定的可变因素还要估计在内。既不要把各种因素写得过分具体,也不能写得空洞抽象,应点到为止。

第四部分,措施和步骤(回答"怎样做")。这部分是计划的重点,也是任务部分的延伸。写措施可梳理几条写,可用"一、二、三、四"序数词,亦可用小标题,使措施之间隔开,重要的放前面,次要的放后面,尽可能写细写实,便于执行单位操作。至于不太重要的措施,可概括写,一笔而过,也可省略不写。

第五部分,完成时间。计划是对未来一定时期内工作的安排和打算,没有时间限制的计划是没有意义的计划,因此计划的写作中必须明确任务完成的具体时间。另外,任务的主次轻重也决定了每一步骤先后完成的时间的不同,也要考虑哪些先干,哪些后干,进行时间限制,以做到有条不紊,便于执行和落实。

计划的五个部分在内容上是有机联系的,即使结构有改变,也是五部分内容的某一部分的展开或浓缩。不管如何调整,这样三个问题是要回答的,即写计划文书的依据是什么,它的任务要求是什么,怎样来完成这个任务。只要掌握这些原则,就能驾驭自如,写好计划。

(3)落款和日期。计划的落款写在正文下方偏右的位置,日期写在其下面,下发的计划要加盖印章。

5.计划写作的注意事项

(1)材料要准确。计划文书中的设想是建筑在各种材料基础上的,是科学的设想,符合客观事物发展的规律,并不是毫无根据的天方夜谭。因此,写计划文书的各种基础材料,包括数据、信息、资源情况、历史资料等。凡是需要参考的资料,一定要准确、真实,不能有假。如果以假材料为依据,推测出来的设想,将使计划很难实现,还会造成重大失误。

(2)任务指标有余地。计划文书里所提出来的任务、指标和各种措施要求,一定要实事求是,既不能脱离现实、好高骛远,也不能因循守旧、停滞不前。否则,不是保守,就是冒进。所以,在任务、指标、措施上应留有余地,允许上升的空间。就是说,在充分调动群众积极性的基础上,经过努力,可以实现和超额完成计划。

(3)语言朴实准确。计划文书与总结、调查报告不同,不需要生动、形象的语言,也不要更多的修辞方法,一般使用准确、朴实的语言。因为计划文书的内容,都是要求人们未来做的,只有理解明白,才能做,才能执行。所以,语言要朴实无华,不能似是而非、模棱两可,特别是任务指标决不能含糊,一定要清清楚楚,表达准确,这是计划文书对语言的要求。

例文

2017 团支部工作计划

一、指导思想

坚持以党的十八大方针和"三个代表"的思想为指导,在学校党支部和教委团委的共同领导之下,围绕学校教育教学中心工作,认真履行团支部职责,用科学的理论、先进的思想、正确的舆论、高尚的精神,模范人物的先进事迹去引导教育广大团员,树立正确的世界观、人生观、价值观,为"立功在实小,青春献教育"不懈努力。

二、工作目标

全面提高我校团员、青少年学生的自身素质,提高青年团员教师的职业道德水平与教师的师德修养,规范教育教学行为,活跃校园文化,争创先进团委。

三、工作要点

1. 进一步加强政治思想工作,通过自我学习和集中学习相结合的方式,引导广大团员树立正确的世界观、人生观、价值观。

2. 以党团课为主阵地,开展优秀团员事迹报告会,用身边人、身边事激励广大团员青年扬起奋进的风帆,就一些社会热点问题在广大团员中开展广泛的交流、讨论,提高广大团员教职工的政治素养,引导优秀团员积极向党组织靠拢。

3. 结合学校"名师工程",组织团员开展岗位练兵,激励团员教师成为教学骨干。净化教师语言,规范教师行为,美化教师形象,努力提高广大团员教师的职业道德素养。

4. 结合学校青年教师多媒体课件制作技术培训和青年教师业务学习两大活动,积极鼓励团员教职工加强学习,以教师聘任制为契机,进一步激活团员队伍,使团员教职工在教育战线上焕发出更加灿烂夺目的光华。

5. 继续推行优秀教师与青年团员国旗下讲话制度,要精选讲话人,结合时令特点和每周教育重点确定讲话内容,充分发挥国旗下讲话对学生的教育作用。

6. 总结前期团支部工作经验,在不断完善团的自身建设的基础上,创造性地开展生动活泼的团组织活动,丰富团员教职工的业余生活。

7. 继续做好团费收缴、上交工作。

8. 配合学校党政及各职能部门开展各项活动。

某校团支部

2017 年 3 月 12 日

(摘自第一范文网)

（五）总结

1. 总结的含义与特点

总结是各级机关、企事业单位、社会团体和个人通过对过去一段工作的回顾、分析和研究，从中找出经验教训，得出一些规律性的认识，用以指导今后工作的事务性文书。

关于总结的特点，我们可以通过和计划相比，得出如下三点：

（1）指导性。指导性是总结和计划的相同之处。但计划是通过深入调查，综合分析研究，提出切实可行的任务、指标和措施，用以指导未来一定时期的工作。总结是通过对前期工作学习进行回顾，肯定成绩，发现问题，正确认识和把握客观事物的发展规律。其最终目的就是指导今后的工作实践，这是总结的出发点和归宿。

（2）回顾性。计划是在工作、生产等实践活动之前制定的，总结则是在工作、生产进行到一定阶段或计划完成后进行的，总结必须是自身实践的事实，即自身做过的事情，带有明显的回顾性特点。

（3）理论性。计划多用说明和叙述的方式明确完成一定任务所需的具体步骤、方法和措施，回答的是"做什么""怎么做"，总结则多用叙述和议论对计划执行情况进行总分析和评价，回答的是"做了什么""做得怎样"，重在抽出有规律性的经验教训，做出有一定深度的理论概论，是一个从感性认识上升到理性认识的过程，因此总结具有较强的理论性。

2. 总结的种类与作用

总结应用范围广泛，种类较多，依据不同标准可以分为不同的类型。

（1）按照内容不同可分为综合总结和专题总结两种。综合总结又称全面总结，它是对某一时期各项工作的全面回顾和检查，进而总结经验与教训。专题总结是对某项工作或某方面问题进行专项的总结，尤以总结推广成功经验为多见。

（2）按照时间划分，可以分为年度总结、季度总结、月份总结、阶段总结等。

（3）按照范围划分，可以分为系统总结、部门总结、单位总结、个人总结等。

（4）按照性质划分，可以分为工作总结、学习总结、思想总结、生产总结、科研总结等。

总结是人们改造社会和改造自然的重要手段和工具。具体来说，总结可以记录自身发展过程和工作情况，可以传递、交流信息；还可以积累经验，深化认识，用以指导今后工作，克服工作的盲目性。另外，总结还可以帮助领导提高领导艺术和决策水平。总之，"实践认识再实践再认识"这个规律，正是对总结作用的典型概括。

3. 总结的结构与写法

总结的结构一般包括标题、正文、落款和日期等。

（1）标题。有三种情况：

公文式标题：由单位＋时间＋内容＋文种组成，如《××学院2004年教学工作总结》。也可以适当省略其中的要素，如上述标题可以写成《2017年教学工作总结》《×××学院教学工作总结》《教学工作总结》《总结》等。公文式标题醒目，能使读者对基本情况一目了然。

议论式标题：即概括总结的内容作为标题，直接标明总结的基本观点，如《技术改造是振兴企业之路》，这种标题便于读者抓住中心。

双行式标题：即分别以文章式标题和文件式标题为正副标题，正题揭示观点或概括内容，副标题点明单位、时间、性质和总结种类，如《知名教授上讲台教书育人放异彩——××大学德育工作总结》。

（2）正文。由于实践活动的内容和情况不同，总结正文的写作不可能相同，但一般而言，总结的写作主要可从以下几个方面进行考虑：

做什么——怎么做——做得如何——为什么这样做——存在哪些问题——今后怎么办。

因此，总结正文的基本内容包括以下几个方面：

一是基本情况。这部分一般介绍工作背景、基本概况等，可交代总结主旨并作出基本评价，也可对工作的主客观条件、有利和不利条件以及工作的环境和基础等进行分析。总结必须有情况的概述和叙述，它是工作总结的引言，以引出下文。开头力求简洁，开宗明义。

二是成绩和经验。这是总结的主体部分。成绩是指在实践活动中所取得的物质和精神成果。经验是取得优良成绩的原因和条件。具体来说，这部分包括：做了哪些工作，采取了哪些步骤、方法和措施，取得了哪些成绩，其主客观原因是什么，以及在工作实际中的切身体会、感受。不同种类的总结，这一部分写作的侧重点也有所不同。

三是存在的问题和教训。存在的问题是实践中感觉到应当解决而暂时没有条件或没有办法解决的问题。教训是思想不对头，方法不得当，或由于其他原因犯了错误而得出的反面经验。这部分是总结内容中不可缺少的，因为为了便于今后的工作，须对以往工作的经验和教训进行分析、研究、概括、集中，并上升到理论的高度来认识，这样才可以在今后工作中减少失误。

四是今后的打算。根据今后的工作任务和要求，吸取前一时期工作的经验和教训，明确努力方向，提出改进措施等。

（3）落款和日期。落款一般位于正文右下方，日期在其下面。如果是个人总结的话，可居中排列于标题下。

4.总结写作的注意事项

（1）总结前要充分占有材料。最好通过不同的形式，听取各方面的意见，了解有关情况，或者把总结的想法、意图提出来，同各方面的干部、群众商量。一定要避免领导出观点、到群众中找事实的写法。

（2）一定要实事求是，成绩不夸大，缺点不缩小，更不能弄虚作假。这是分析、总结经验教训的基础。

（3）要分清主次，突出重点。材料有本质的，有现象的；有重要的，有次要的。写作时要去粗存精。而所谓重点，即指同类事物的主要或中心方面。抓住了重点，就抓住了决定着事物性质矛盾的主要方面，这样的总结对工作才能具有真正的指导意义。

（4）要善于分析材料，深入研究问题，并找出规律性的东西，以写出特色。

例 文

2016 年度城管个人工作总结

一年来，我严格要求自己，身体力行，紧紧围绕全年工作目标，在队长的带领下团结全队发扬知难而进、攻坚克难的拼搏精神;坚持脚踏实地、创新创效的务实作风,坚定信心,迎接挑战,扎实工作,付出了最大的努力,争取较好的成绩,全面完成了领导分配的各项工作任务。

一、加强学习、转变思想

无论是在市容管理还是规划建设监管工作中,尽管我所扮演的角色快速转变,但是我时刻保持着一丝紧张感,在完成自身的工作和上级交办的任务的同时,不断充电学习,查遗补漏,在巩固自己一线执法能力和执法水平的同时,为成为一个好的下属和称职的管理者而不断学习进取,不断转变思想观念。同时,把自己的思想认识与实际的管理工作结合起来,工作中处处体现"城管执法为人民,城管服务为人民"。

二、注重实效、认真履行职责,全力推进"双创"工作

2016年是我们旬阳城管人难忘的,更是旬阳城管人刻骨铭心的,"三镇一体化"的规划格局和创建"国家级卫生县城"是我们旬阳城管人立身之年,是攻坚克难、冲刺之年,是旬阳城管人树立和提高行业形象的大好时机。

1.切实做好市容管理工作,建立长效管理机制

积极响应大队部号召,积极参与城市市容环境综合整治和夜间执法巡查,以"定人,定岗,定责,定目标,定考核,定奖惩"为基础的管理运作模式,根据辖区特点、人员特点、工作要求,逐步实现划分合理化,人员搭配效能化,协调配合灵活化,检查考核经常化,提高了县城区市容管理的工作效率,扩大了城市管理的覆盖面。通过实施分级化管理,营造了辖区市容较为整洁有序的城市市容环境。

2.切实抓好群众反映强烈、领导关注和创建热点、重点和难点工作

遏制露天烧烤、马路餐桌和马路市场。针对露天烧烤、马路餐桌和马路市场严重污染环境,影响交通和居民正常生活,容易反弹、整治难度大的特点,通过先期发布公告,采取严防死守、逐个击破的方法,有效取缔了这些群众关注问题,受到周边群众的好评。规范户外广告店招店牌。根据创建任务要求,对辖区内的不规范店招店牌、立式灯箱进行统一的更换和拆除。对暂时未使用的店铺进行公益广告宣传,加强了对横幅的设置管理,通过应用语音告知系统、抓现行、有奖举报等措施,亦有效治理了"城市牛皮癣"三乱现象。

三、抓住机遇,切实加强队伍建设

深入开展了"四个要有"实践活动,帮助队员树立文明执法观念,要求在熟悉业务的基础上,严格依法执法、文明执法,做到着装整齐、行为端正,摈弃执法中简单驱赶、取缔的工作方法,更新观念,强化文明执法,把执法工作做得深入细致,扎实有效,"润物细无声"地化解执法矛盾冲突。

四、廉洁自律,提高拒腐防变的能力

在廉政问题上,严格按照廉政责任制要求自己,不做违法乱纪的事,不拿原则做交易,不以权谋私,同时管好了自己的下属。要求自己做到:

(1)按守则自律。上级规定不准做的我绝对不做,上级要求达到的我争取达到,不违章、不违纪、不犯法,做个称职的第一把手。

（2）用制度自律。严格按本局制定的廉政措施办事。在人员调整、奖惩、案件立案、处理等重要问题上,都经中队会议讨论决定,不搞"一言堂",不立"小山头",力求秉公办事。

五、存在的问题和不足

1. 政策、业务水平还不高,要不断学习。

2. 工作还不够细致,稍显急躁。

张三

2016 年 12 月 3 日

二、公关礼仪文书

公关礼仪文书是指国家机关、企事业单位、社会团体或个人在社会交往、礼仪活动和商务活动中常用的各类文书,是在各种不同场合,根据不同的情况,遵循相应的习俗和人情所撰写的礼仪文字材料。

公关,是公共关系的简称,指的是社会组织及其成员,为实现特定的目的,加强多方面的信息沟通,协调好与各方面的关系,塑造自身美好的形象,使组织及其成员与各方面相互了解、相互适应和相互支撑的一种策略行动。开展公关活动,必须讲究礼仪,这是开展公关活动并促使其成功的基本条件

"礼仪",即礼节、仪式的总称,指的是在公关活动或人际交往过程中应具有的相互表示敬重、亲善、谦恭、真诚的行为规范和惯用形式。公关与礼仪有着本质上的一致性,追求的都是一种和谐的人际关系,争取各方面的理解、支持与合作,为事业的成功创造优良的内外条件。

公关礼仪文书具有以下几个特点:

一是礼仪性。不仅文辞典雅、称谓谦恭、祝颂礼貌,而且在书写款式、书写材料等方面也颇为讲究。

二是针对性。公关礼仪类文书往往是根据不同对象的实际情况和事由的具体内容而写成的。这类文书针对性越强,表达效果越好。

三是规范性。公关礼仪文书和所有的应用文一样,是开展实务的工具。它的务实性决定了它的篇幅长短、语言风格和实际事务是一致的。它的工具性决定了它的结构模式是约定俗成而定型的,其抬头、称谓、正文、结尾的行文次序以及信封的格式都有一定的规范性要求。在国际交往中,礼仪文书的要求更加严格。

四是交际性。随着社会的发展,社交礼仪越来越受到人们的重视。尤其是在节假日、婚丧嫁娶、迎宾送客、开业庆典等特殊时刻,人们往往通过各类社交礼仪文书,达到密切联系、沟通感情、增进友谊的目的。可见,交际性是礼仪类文书的本质特点。

随着经济的繁荣和社会的发展,人们的社会交往活动越来越频繁。我们已经进入了一个"全面公共关系时代",因此,迎送、祝贺、答谢等活动也必然会越来越频繁。在这些活动中,公关礼仪文书就起着非常重要的作用。公关礼仪文书与举止礼仪、服饰礼仪、餐饮礼仪、外事礼仪等属于同一个层面,如果能采用合适的礼仪文书,能够运用得体的语言,势必将增加社会交往的砝码,而失礼或行为不当则会导致不良后果。

在日常生活中,公关礼仪文书种类繁多。限于篇幅,现择其最常用、最常见的几种介绍。

（一）求职函

求职函是求职者向有关企事业单位,介绍自己的基本情况,提出供职请求,并要求对方考虑、答复的文书。目的是让对方了解自己、相信自己、录用自己,它是一种私人对公并有求于公的信函。随着社会的发展,人才的流动将会日益频繁,求职函作为新的日常应用类文体,使用频率极高,其重要作用愈加明显。

1.求职函的特点

求职函的特点包括以下几个方面:

一是针对性。体现在三方面:一是针对用人单位的实际情况;二是针对读信人的心理;三是针对自己的实际情况。

二是竞争性。择人与择业的双向选择机制决定了求职行为本身就是一种竞争。从用人单位收到你的求职函起,竞争就开始了。

三是独特性。要在众多的求职者中脱颖而出,必须显示出自己的独特性。可以从求职函的内容和形式两个方面入手,在内容上充分展示自己的特长,在形式上讲究新颖和独特。

四是简要性。求职者在利用求职函介绍和举荐自己时,要力求简明扼要,简洁生动,篇幅不宜太长,以 2000 字以内为宜。

2.求职函的写作要求

求职函一般应包括称呼、正文、附件、署名四部分。

（1）称呼。写明收信人的姓名和称谓或职务,一般是求职单位的负责人。对国有企事业单位的称谓:单位名称或单位的人事处（组织人事部）。对民营、私营或合资独资企业的称谓:公司老板或人事部负责人。注意求职函在称呼中不要使用包含过多个人情感的修饰语,比如"亲爱的"等,而应使用"尊敬的",以示礼貌即可。

（2）正文。正文部分多要写求职、应聘的缘由、求职目标、求职条件。求职缘由就是用一句话简单介绍从何处获得单位用人信息的;求职目标就是说明能胜任何种职位;求职条件是重点,主要写明自己能力,一般应包括学习背景、学历、经历、性格、年龄、专业、特长、业务技能、外语水平及其他潜在的能力和优点等。这一部分的写作一般应实事求是但也要扬长避短。结尾以诚恳的态度表达自己希望被录用的愿望,如"希望领导给我一次面试的机会","盼望答复","静候佳音"等。然后按信函的格式写敬语,如"此致""敬礼"。结尾可以与正文衔接在一起,也可另起一段。

（3）附件。就是求职条件的佐证材料,一般是证书和有关材料的复印件,一般需要学校盖章以证明真实性。"附件"的书写位置应在落款之上、敬语之下。敬语下空一行,左侧空两字写"附件"或"附"后加冒号。如附件不是一个,可用阿拉伯数字标注顺序号上下依次排列。

（4）署名。写上求职者的姓名和日期。落款之下左侧空两字,依次写出通讯地址、邮编、电话、电子信箱等必要的联系方式。

例 文

求职函

尊敬的××商场×××总经理：

我从×月×日《××日报》上看到了贵商场招聘员工的启事。我有意应聘其中的财务会计一职。

我叫张小兰，女，今年24岁，本市人，于20××年毕业于××××学院财务电算化专业。在校学习时各科成绩优良。毕业后在××××厂做销售员，由于专业不对口，所学特长无法发挥，很苦闷，很羡慕那些专业对口并具有用武之地的人士。知悉贵商场需要财务会计专业人员一事，令我非常高兴，觉得终于盼来了施展自己特长的好机会。

希望贵商场能给我一个面试的机会。经考核，如蒙录用，我将会竭尽全力搞好本职工作，做一个合格的××商场的"理财人"。

此致

敬礼！

附件：1.××大学毕业证
2.会计人员上岗证

求职者：张小兰
2017年×月×日

联系地址：本市××路××号
邮政编码：××××××
联系电话：××××××

（二）辞职函

辞职函，也叫辞呈，是个人或集体要辞去在单位所担任的职务或所承担的工作时所写作的一种应用文。辞职函有集体辞职函和个人辞职函两类。

1.辞职函的写作要求和注意事项

（1）辞职函的写作。辞职函在结构上应该包括标题、称谓、正文、结语和落款五部分。

① 标题。一般有两种形式：一是直接用文种做标题，如"辞职函"；二是写明内容的，如"辞去×××工作的函"。

② 称谓。称谓与求职函相同。

③ 正文。首先，用叙述方式写辞职的理由、辞去何种职务或何种工作。这部分要简单扼要。就算是为表示抗议而离职，在说明中也要实事求是，清楚明了，不宜动肝火，以免日后难以再见。实在不好公开说的理由，就用"个人原因"表示。其次，对单位和同事表示感谢，尽可能处理好公共关系。

④ 结语。一般是在正文后写表示歉意的语句。

⑤ 落款。写明辞职人的姓名和日期。

（2）辞职函写作的注意事项。辞职函的写作应该注意以下几个方面的问题：

一是理由要充分、可信。因为只有理由充分、可信，才能得到批准。但陈述理由的文字要写得得体、简要。

二是措辞应委婉、恳切，以表明辞职的诚意。根据自己与单位的感情深度，掌握好表达情感的程度。

三是辞职的时间，要有一定的提前量，以便单位提前做好职位调整。

例 文

辞 职 函

尊敬的 Z 主任：

您好！

工作近四年来，发现自己在工作、生活中，所学知识还有很多欠缺，已经不能适应社会发展的需要，因此渴望回到校园，继续深造。经过慎重考虑之后，特此提出申请：我自愿申请辞去在×××的一切职务，敬请批准。

在×××近四年的时间里，我有幸得到了单位历届领导及同事们的倾心指导及热情帮助。工作上，我学到了许多宝贵的科研经验和实践技能，对科研工作有了大致的了解。生活上，得到各级领导与同事们的关照与帮助；思想上，得到领导与同事们的指导与帮助，有了更成熟与深刻的人生观。这四年多的工作经验将是我今后学习工作中的第一笔宝贵的财富。

在这里，特别感谢 A 主任、B 主任、C 主任在过去的工作、生活中给予的大力扶持与帮助。尤其感谢您在×××的关照、指导以及对我的信任和在人生道路上对我的指引。感谢所有给予过我帮助的同事们。

望领导批准我的申请，并请协助办理相关离职手续。在正式离开之前，我将认真继续做好目前的每一项工作。

祝您身体健康，事业顺心，并祝×××事业蓬勃发展。

员工：×××

××××年×月×日

（三）请柬

请柬和邀请函，均属于对客人发出邀请的专用函件。

请柬的运用较为广泛。在公共关系活动中，凡属较为重要或正式的会议、活动、宴请，如需邀请本组织以外的人士参加，通常都使用请柬。这既是公关礼仪的需要，同时也能起到对所邀请客人提醒和备忘的作用。

一般的请柬，许多文化用品商店都有出售，但格式较为单一，难以满足特定需要。所以，对于一个比较注意对外形象的社会组织来说，邀请客人最好能使用本组织专门印制的请柬。尤其当社会组织所举办的会议、活动、宴请规模较大、规格较高时，也唯有精心设计、制作的专用请柬，才能与之相匹配。这时的请柬，除原有的礼仪功能外，还成了社会组织对外展示自身形象的某种特殊宣传品。

因此,请柬的设计和制作,往往成为某一会议、活动、宴请准备工作中的一项重要事务。请柬的设计包括文字设计和美工设计两个方面。这里,主要谈谈请柬的文字设计和撰写。

一份规范的请柬,无论如何设计,一般总由封面和内页(正文)两部分组成。特制的专门请柬的封面,一般应写明这是什么会议(或活动、宴请)的请柬。在特定情况下(如社会组织为控制成本,一次印制较多请柬以供几个不同的活动所用),也可只写"请柬"两字,但在相应部位,应配上这一组织的标识,以示与其他请柬的区别。

<div align="center">**中国工商银行肇庆市分行肇庆市公务员卡首发仪式** **请　柬**</div>

请柬的内页(正文),则可以有两种撰写方式:

<div align="center">**请　柬**</div> 尊敬的＿＿＿: 　　您好! 　　由中国工商银行肇庆市分行主办的"肇庆市公务员卡首发仪式"定于 2009 年 3 月 23 日下午 6 日在肇庆市皇朝酒店举行。 　　敬请光临! <div align="right">中国工商银行肇庆分行 2009 年 3 月 22 日</div>

<div align="center">**诚邀您出席由中国工商银行肇庆市分行主办的** **"肇庆市公务员卡首发仪式"**</div> 　　时间:2009 年 3 月 23 日 　　　　下午 6 时 　　地点:肇庆市端州区端州五路九号 　　　　肇庆市皇朝酒店 <div align="right">中国工商银行肇庆分行 2009 年 3 月 22 日</div>

这两种撰写方式的区别在于:

前一种方式顶格书写被邀请者的姓名和称谓。在被邀请对象不是很多的情况下,采用这种方式,既体现了对被邀请对象的尊重,又便于在活动过程中了解被邀请对象的实际出席人数。但在被邀请人员较多(如数百乃至上千人)且具体出席对象又不是很确定的情况下,这一方式在操作上难度较大。

后一种方式则解决了这一难题，即请柬上仅表示邀请意向，而不书写被邀请者的姓名和称谓。这就保持了较大的灵活性。这种请柬格式，已被一些大型活动广泛运用。

但无论采用哪种方式，请柬的正文都必须写明邀请的意向、会议（或活动、宴请）的内容、时间、地点以及提请被邀请者注意的有关事项。这里，尤其要注意以下几点：

（1）会议（或活动、宴请）的时间必须根据各种因素精确设定，撰写时做到准确无误。凡在日期后面加注"星期×"的（这是一般请柬的规范写法），尤应认真加以核对，保证两者统一，以免闹出笑话。

（2）会议（或活动、宴请）的地点，除必须写明具体场所（如××宾馆×楼的××厅）外，还须注明这一场所所在的建筑物的具体地址（如××路××号）。有些公共关系从业人员对此往往不够注意，总以为某一活动场所所在的某宾馆或大厦相当有名，一般人不可能不知道，在撰写请柬时就省略了具体地址。请柬上如不注明会议（或活动、宴请）场合的具体地址，被邀请者一不小心就容易搞错地方，南辕北辙，疲于奔命。哪怕只有极少数人出现这一情况，对整个活动的气氛也会造成影响。

还应注意的是，如果某一活动场所所在的宾馆或大厦较为偏僻，或者门前道路为机动车单行道，则最好能在请柬后注明抵达这一场所的交通线路和自驾车行车线路。有条件的话，不妨在请柬后附一张交通示意图，以方便被邀请者顺利抵达目的地。

（3）在许多情况下，会议（或活动、宴请）总有一些需要提请被邀请者注意的事项，亦应该在请柬上注明。这类注意事项一般包括签到、着装、就座、人数限制和资料（礼品）领取等，可视不同场合的不同需要而定。有些必须注明的事项如在请柬上没有注明，届时可能会引起不必要的混乱。

至于请柬的结尾，一般写上"敬请光临指导"之类的礼貌用语，并署上发出邀请的社会组织的全称和发出邀请的时间即可。这在撰写上一般不至于有什么问题，此处不作赘述。

（四）邀请函

请柬虽然印制精美，作为对客人发出邀请的一种专用函件，显得规格颇高，但也有一个缺陷，即其内页篇幅有限，所以正文部分除写明邀请的意向、会议（或活动、宴请）的内容、时间、地点以及提请被邀请者注意的有关事项外，不可能对会议或活动的内容作进一步的介绍。被邀请者阅读请柬，只知道被邀参加某一会议（或活动、宴请），却很难从中了解这一会议（或活动、宴请）的来由和具体情况。如果是一些宴请活动或常规活动，被邀请者又是主办者的老朋友，这似乎并无大碍。但如果是一些内容较新颖的专题性会议（或活动），被邀请对象中又有不少对主办单位不很了解者，一份请柬（即便印制得再精美）就显得不够了。由于对会议（或活动）内容及主办者缺乏了解，许多人可能会弃邀请于不顾，不如期赴会。

在这种情况下，就需要用到邀请函。

邀请函作为对客人发出邀请的另一种专用函件，一般用 A4 纸印制，可套色，亦可单色，外观形式上自然不如请柬考究。但邀请函最大的优点是：它有足够的篇幅（一页或多页），可对一次会议（或活动）的背景情况、具体内容以及规模和形式等方面作较为详尽的介绍和说明，从而引起被邀请者的关注，激发被邀请者的兴趣。

如果细分，邀请函又可分为两种：

（1）发给特定对象（如专家学者、新闻记者等）的邀请函，一般用于专题研讨会、信息发布会和某些大型活动。这些被邀请对象，主办者也许熟悉，也许不太熟悉。之所以不用请柬而用邀请函的方式，主要是这一邀请往往还蕴含着对被邀请者的一定期望，或希望他们在会上发言，或希望他们对会议（或活动）进行报道。因此，在发出邀请的同时，有必要让他们大致了解一下这一会议（或活动）的有关情况。这种邀请函，正文开头应先顶格书写被邀请者的姓名和称谓，然后用一定的文字对会议（或活动）情况作一介绍，最后发出正式邀请（在某些情况下，这两个层次亦可倒置，即先发出邀请再介绍情况）。正文之后，往往还附上联系人和联系电话，以方便被邀请者在会议（或活动）前进一步了解有关情况。事实上，对这一类被邀请者，在邀请函发出后，公共关系从业人员还应该主动与他们联系，以确保他们全部或大部分能准时出席会议（或活动）。但这是操作程序问题，此处不作展开。

下面的例文即是与前面所介绍的请柬属同一活动内容的邀请函，邀请对象为各大新闻媒介的记者。不妨将这一邀请函与请柬作一比较，把握它们写法上的异同。

例 文 1

第56届全国电子产品展销会暨2000年（上海）国际消费电子展
邀 请 函

尊敬的 ×××先生：

您好！

第56届全国电子产品展销会暨2000年（上海）国际消费电子展，定于2000年10月25日至28日在上海光大会展中心举行。本届展会，展厅面积达3万平方米，参展的中外电子企业逾一千家，称得上是新千年中国电子工业的一次盛大检阅。从展会所展示的技术和产品中，人们可以充分感受到新千年中国电子工业进一步腾飞所展现的新成果、新面貌以及中国电子工业跨世纪发展的新趋势。

受本届展会组委会委托，特邀请您出席定于2000年10月25日上午9:30在上海光大会展中心东馆（漕宝路78号）举行的第56届全国电子产品展销会暨2000年（上海）国际消费电子展开幕仪式，并参观指导。敬请您准时莅临为盼。

本次活动记者签到时间和地点：2000年10月25日上午9:15—9:30，上海光大会展中心东馆正门南侧签到处。

谢谢您的支持和合作。

上海××公共关系有限公司（章）
二〇〇〇年十月十八日

如有垂询，敬请与本公司下列人员联系：

×××小姐电话：×××××××

×××先生电话：××××××× 转××分机

（2）发给不确定对象的邀请函,往往用于正在筹备中的一些主题报告会、专题研讨会和大型展览会等活动。这类会议或活动,一般带有某种商业化运作性质,要求参与者交纳一定的费用,所以其邀请函的发出,虽有大致的范围,却并无多少确定的对象,具有"投石问路""广种薄收"的意味。

例 文 2

三层实木地板:中国未来十年的发展专题研讨会
邀 请 函

尊敬的先生／女士／小姐:

您好!

步入新千年,随着新一轮经济建设高潮的到来和内需市场的拉动,中国地板生产和销售也展现出了新的局面。尤其作为现代科技创新成果的三层实木地板,市场前景颇为看好。为了有效地加强政府有关部门、行业协会、同行企业、供应商及新闻机构之间的信息交流与沟通,共同为发展中国三层实木地板产业献计献策,并就三层实木地板产品创新和市场开发等问题达成进一步的共识,中国××工业协会××专业委员会定于2000年×月×日,假座上海××宾馆××厅,举办"三层实木地板:中国未来十年的发展"专题研讨会。专题研讨会采取主题发言和自由讨论有机结合的方式,规格高,形式新,具有较大的信息量。现诚邀请您出席会议,并将有关事项通知如下:

1. 本次专题研讨会会期一天。具体时间为2000年×月×日上午9:00至下4:30（中午招待午餐）。签到时间为上午8:45。

2. 凡欲在专题研讨会上发言的单位,请事先拟好发言稿,随回执一起寄回,由会务组统一整理后编入会议资料集中。

3. 凡欲在专题研讨会上通过播放录像、设置宣传牌等方式展示企业及品牌形象的单位,请在回执上注明,并于会议举行前10天提交有关资料,支付相应费用。

4. 本次专题研讨会会务费标准为:外方企业,每人×××美元;中方企业,每人×××元人民币。凡本协会会员单位,可有一人免交会务费。

凡有意参加"三层实木地板:中国未来十年的发展"专题研讨会者,请妥善填写好回执,于×月×日前邮寄(或电传)会务组。会务组通讯地址:上海市××路××号×楼×座(上海××公共关系有限公司)。邮编:××××××。垂询电话:021-×××××××或×××××××。传真:021-×××××××。

中国××工业协会××专业委员会(印)

二〇〇〇年×月×日

例文 3

邀 请 函

尊敬的新老客户：

　　大家好！首先很感谢广大新老客户一直以来对××××××公司的关注和支持，正是有了大家一路的帮助和呵护，才会发展得如此迅速。20××年×月×日至×日，香港秋季电子产品展在香港会展中心展开。届时，"沃全"将携数款最新研发的新产品参展，现诚挚邀请广大新老客户莅临展会现场考察、指导！

　　展会地点：××××××××××
　　展出时间：20××年×月×日
　　组织单位：×××××公司
　　客服专员：×××
　　工作手机：×××××××××××
　　e-mail：××××××

××××××公司
20××年×月×日

　　就主办者而言，无疑是希望通过这一邀请函的广为发出，能有一部分组织和人员对这一会议或活动有所响应，踊跃参与。如果说，前一种邀请函的性质与请柬相同而只是内容更为详尽的话，那么，这后一种邀请函更多的是起到一种"征集参与者"（即探寻实际可邀请对象）的作用。

　　所以，这种邀请函，正文开头可以顶格书写被邀请者的姓名和称谓（但姓名多留空白，称谓则是泛指），也可以不设这一行文字，而直接进入主题，对拟议中所要举办的会议或活动进行介绍。

　　鉴于这一种邀请函的特殊性质，其介绍文字应更为详尽，不仅要说明这一会议或活动的内容、时间和地点，还必须说明举办这一会议或活动的背景和意义，会议或活动由什么单位主办、什么单位承办，参加这一会议或活动能有什么收获，以及会议或活动的参加（报名）方式和收费标准，以最大限度地激发有关组织或个人的兴趣，从而产生预期的效果。

　　邀请函的一般结构由标题、称谓、正文、落款组成。

　　标题。由礼仪活动名称和文种名组成，还可包括个性化的活动主题标语。

　　称谓。邀请函的称谓使用"统称"，并在统称前加敬语。如，"尊敬的×××先生／女士"或"尊敬的××总经理（局长）"。

　　正文。邀请函的正文是指活动主办方正式告知被邀请方举办活动的缘由、目的、事项及要求，写明礼仪活动的日程安排、时间、地点，并对被邀请方发出得体、诚挚的邀请。

　　正文结尾一般要写常用的邀请惯用语。如"敬请光临""欢迎光临"。

　　落款。落款要写明礼仪活动主办单位的全称和成文日期。

　　为了保证商务或礼仪活动的顺利举办，确保宾主双方在活动期间愉快交流，使活动取得圆满成功,邀请函既要向被邀请方告知礼仪活动的有关信息,还要通过"回执"来确认被邀请方是否有参与活动的意愿和要求。邀请函回执有两个作用,一是确认对方能否按时参加活动,二是可以根据回执了解被邀请方参会人员的详细信息,如参会单位、参会人员姓名、性别、职务级别、民族习惯等,便于在礼仪活动中制定合理、适当的礼仪接待标准和规格,安排相应的礼仪接待程序,避免因安排不周、礼仪失范而造成不良影响。

回执常采用表格的形式,将需要被邀请方填写的事项逐项列出。一般包括参会单位名称、参会人员姓名、性别、职务、民族习惯、参会要求(如参与某项专题活动);被邀请方的联系人、联系电话、电子邮件地址等,以及活动组织部门的名称、联系人、联系电话、电子邮箱、企业网址等。回执要随邀请函同时发出,并要求按时回复。

(五)聘书

聘书,是聘请书的简称。它是指各类企事业单位、社会组织聘请某些有专业特长或有名望权威的人才担任本单位某项职务或承担某项工作任务时所使用的一种协议性的、具有固定格式的文书。有时,延请本单位其他部门的人员到本部门来工作也应发聘书,以示尊重。

聘书的使用颇为广泛,随着改革开放的深入发展,无论是党政机关、人民团体,还是企事业单位,需要招揽一些人才时都可以使用聘书。聘书具有明显的针对性:首先是针对单位的实际情况,比如缺乏何种专业人才,岗位是什么,等等;其次是针对所聘请人的专业背景和实际能力。聘书还具有凭据性:当前社会已打破了职务、职业终身制的旧模式,大面积聘书一旦签发和被接受,对双方都开始产生行政约束力,聘书是聘任与被聘双方互相选择的结果,是受聘者上岗工作的凭证,也是用人单位衡量受聘人员是否履行职责、是否完成任务的依据。

聘书有聘请书和聘任书两类。聘请书一般是临时性的,是企事业单位在工作、生产、科研活动中,因自身力量不足,需要临时聘请外单位有关人员承担某个职务或某项工作而使用的凭证。任务完成后,聘请书的效用也就结束了。聘任书在时间上一般长一些,具有较强的稳定性和约束力。当一个组织聘任到一个人员之后,发出的聘任书上要表明聘任时间,聘任书一经签署,双方都要履行所承担的权利和义务,期满则失效。

1. 聘书的写作要求

聘书在结构上包括标题、称谓、正文、结尾、落款五部分。

(1)标题。在页面上方居中(横式)或右侧居中(竖式)。标题一般稍加装饰,以显得喜庆。标题有两种形式:一是直接用"聘任书"或"聘请书"为标题;二是在"聘任书"或"聘请书"上方或右边用稍微小一点的字注明单位名称。标题要用花边、图案修饰一下,以示喜庆。

(2)称谓:即被聘请或聘任者的姓名。也有两种形式:一是在标题下一行顶格写上受聘者的姓名"×××同志",一是在正文中写明,套在"兹聘请×××(单位名称)×××(被聘请人姓名)先生/女士为本校××(职务名称)"的句式中,不单独列出。

(3)正文。聘书的正文大多采用一段到底式来写作。具体内容包括:聘请的原因、目的,受聘者担任的职务或做什么工作,聘用的期限;有的聘书还需简明交代受聘者享受的待遇、酬金等。文字要简明,交代清楚。

(4)结尾。在正文下另起一行空两格写"此致",另起一行顶格写"敬礼",表示对被聘者的尊敬。也可直接在正文后写"此聘",或另起一行空两格写。也可以不写。

(5)落款。聘书,尤其是聘任书有法定依据和凭证作用。因此正文结语右下方(横写)

或左下方(竖写)要写明聘请或聘任单位的全称(不写简称,以示敬重),并加盖单位的公章;在署名的下一行,写明颁发聘书的时间,年、月、日都要写上。

2.聘书写作的注意事项

聘书是一种证明性的文体,是具有法定效力的,因此写作中应注意:一是行文要简洁,交代要清楚、明确,不能含糊。要写清为什么聘请、聘请谁、聘请时间、任务。二是语言要礼貌,言简意赅,准确无误,书写要工整、清晰、大方、美观,不要马虎潦草。三是形式上聘书用纸要多用红色,还可稍加装饰,以显庄重、喜庆。聘书是以单位名义发出的,一定得加盖公章,方视为有效。

例文 1

聘　书

　　兹聘请×××工程师为我厂技术顾问,聘期从20××年6月1日至20××年6月1日,聘任期间享受集团高级工程师全额工资待遇。

　　　　　　　　　　　　　　　　　　×××厂(公章)

　　　　　　　　　　　　　　　　　　20××年5月10日

例文 2

聘　书

　　为增强农业服务能力、使农业气象服务信息更加具有针对性、实用性,我局成立专家顾问团,特聘请××教授为该团技术顾问,指导我局的为农服务工作。

　　此致

　　敬礼!

　　　　　　　　　　　　　　　　×× 市社会科学院(盖章)

　　　　　　　　　　　　　　　　院长:××(盖章)

　　　　　　　　　　　　　　　　×年×月×日

(六)启事

启事是国家机关、社会团体、企事业单位或个人,向公众说明某个事项,或请求大家援助、支持或协助办理与参与时所拟写的一种应用文体。简言之,就是公开地陈述事情。

目前随着生活的丰富和工作节奏的加快,启事的使用日趋广泛,如寻人启事、征婚启事、征文启事、招聘启事、招生启事、迁址启事等,具有公开性、专项性、简明性和告启性等特点。大多张贴于墙头、路边建筑等公共场所,有的刊登在报刊、杂志上,也可由广播、电视播发。

启事的最突出特点是告知性。就是告知人们某一事项,只具有知照性,无强制性和约束力。二是简明性,语言上多简洁、准确,行文灵活,写清楚要告知的事项即可。

1.启事的类型

启事应用广泛,从不同的角度划分,可形成不同的类型。

(1)根据公布方式不同划分,可分为张贴启事、报刊启事、广播启事、电视启事等。

(2)根据内容的不同划分,又可分为三类:寻找类启事,如寻人、寻物;声明类启事,如作废、迁移、更名、更正、开业等;征招类启事,如招聘、招生、招标、招领、征集、征婚、换房等。

2.启事的写作

启事的写作应包括标题、正文、署名三部分。

(1)标题。第一行居中写标题,用醒目的字体写。主要有三种形式。一是要标明启事的内容,便于读者一目了然,如"征婚启事""遗失启事"等。二是只写文种,如"启事"。三是在文种前加单位名称和具体内容。如"××商厦开业启事"。如果启事所陈述的事情重要或紧迫,可在"启事"前加"重要"或"紧急"字样,如"重要启事""紧急启事"等。

(2)正文。在启事标题之下空一行开始写内容。针对启事不同的写作目的,其内容的重点和写法也不相同。一般应包括启事目的、意义、原因、要求、特征、待遇、条件等。若内容较多,建议可分条列项写作,以显清晰,便于阅读和记忆。正文写完之后,写上"此启""特此启事"等结束语。该部分多使用直陈手法,简明扼要交代清楚有关事项即可。

(3)署名。如果标题中或正文已写明单位名称,结尾处可省略不写。若是以单位的名义发出的启事,最后要加盖公章,并写上日期,还要附上联系地址和方式,有时还要写明乘车路线等。若是个人发出的,则要写明联系人和联系电话。

启事的写作应该注意以下几个问题:一是标题要鲜明,通过标题反映启事的主要内容与性质;二是事项要严谨、完整,表达清楚,不应遗漏应启之事;三是事项要单一,一事一启;四是语言要简练精确,对原因的陈述不宜过详,一两句话带过即可,而对特征、要求等重点的介绍则要准确清楚。

例文1

寻物启事

××月××日上午十一点半钟,我在省图书馆阅览室查阅科技资料。由于走时过慌,不慎将上海产的黑色小提包丢失,内装钱包一个,工作证一个,新书三本。经多方寻找,仍未找到。哪位同志看到或代为保存,请在此启事上留下地址,姓名,我亲自前往认领。假若感到不便,也可以写信告诉我,我持信登门领取,并当面表示感谢。

启事人:×××
××年××月××日
(摘自www.fanwen.chazidian.com,有改动)

例文 2

企业招聘启事

××公司成立于××年,主营房地产开发与经营、物业管理、建材购销、房地产咨询等业务,现因公司业务发展需要,现面向社会诚聘销售管理人员。愿您的加入给我们带来新的活力,我们也将为您提供广阔的发展空间!

1. 招聘要求:正规本科以上学历,工作认真扎实,具有较强的沟通协调能力和团队协作意识,有责任心;专业、男女均不限,学生会或班干部优先录取。

2. 招聘人数:4～5人。

3. 招聘岗位:销售管理人员。

4. 主要职责:销售案场管理,联系房管局和银行,给客户办理按揭贷款,签订购房合同,办理房产证等业务。

5. 工资待遇:试用期基本工资×××元／月,试用期3～6个月。试用期满考核合格,缴纳三险一金,实行基本工资加奖金的薪酬制度。

6. 报名方式:打电话报名登记,发送邮件投寄简历或直接到×××销售部报名,并按报名顺序统一组织面试,可登陆××网或××大学网查询招聘信息。

7. 报名日期:截止到××年×月×日。

面试日期:××年×月×日(周六)上午9点(请带毕业证或学生证,近期一寸免冠照片1张,简历1份参加面试)

面试地点:××销售部(××路和××路交界口,××店对过)

×××××××公司

××××年××月××日

联 系 人:王先生

电子邮箱:×××××××

联系电话:×××××××

(摘自 www.fanwen.chazidian.com,有改动)

(七)声明

声明是国家机关、企事业单位、社会团体或个人,对某些重要问题或者重大事件公开表明立场、观点、态度和主张时使用的一类应用文。声明在日常生活中常用,主要用来说明事项,告白大众,具有一定的法律制约性或震慑力,声明可以在报刊登载,也可以通过广播、电台播发,还可以进行张贴。

1. 声明的特点和种类

(1)声明的特点。声明的特点与启事类似,也具有突出的告知性。但不同之处在于:启事写作的主要目的除了告知之外还有制约性,有需要对方办理的要求,而声明则只要求对方知晓即可,无须办理和执行什么。声明比启事更郑重、更严肃,态度也更为强硬,具有警告、警示的作用以及保护自己合法权益的作用。

（2）声明的种类。声明主要有两类：一是政治性声明，包括抗议、驳斥或者澄清事实性质的声明及两个或两个以上国家、政府、政党、团体或其领导人就某事进行会谈问题所发表的声明。二是一般性声明，如自己遗失了支票、证件等重要凭据或证明文件时，为防止他人冒领冒用而发表的声明。当自己的某种合法权益受到侵害，为维护自己的合法权益、引起公众关注，并要求侵权方停止侵害行为的声明。

2.声明的写作要求

声明在结构上一般包括标题、正文、落款三部分。

（1）标题。声明的标题有三种形式，一是直接以文种名称为题，如"声明"；二是以事由加上文种构成，如"遗失声明"；三是写上发表声明的机关、单位的名称或个人姓名、事由和文种，这类标题多用于比较严肃的政治类声明，比如《中华人民共和国和越南社会主义共和国关于新世纪全面合作的联合声明》。还有的"声明"前面冠以"严正""郑重"等字样，引起读者的注意。

（2）正文。声明的正文部分即声明的内容，一般用直陈的写法。前言一般交代声明的目的或背景，主体部分直接陈述需要有关方面或有关人士知道的事情，或者表明对某个问题或事件的态度、立场，结尾部分一般用"特此声明"或"特此严正声明"作结。这部分的写作语言要通俗，文字要简约，使人一目了然。

（3）落款。落款包括署名、时间和附项三项内容。有的声明正文内容中写有希望公众检举揭发侵权者的意思，还应在署名项目的右下方附注自己单位的地址、电话、电传号码及邮政编码，以便联系。

例 文

遗失声明

××××公司的××××发票(发票的种类)号码(从几号到几号)因××原因不慎遗失，现声明作废。

××××公司
××××年×月××日

（八）海报

海报最早起源于上海。旧时，海报是用于戏剧、电影等演出或球赛等活动的招帖。上海人通常把职业性的戏剧演出称为"海"，而把从事职业性戏剧的表演称为"下海"。作为剧目演出信息的具有宣传性的招徕顾客性的张贴物，也许是因为这个，人们便把它叫作"海报"。

"海报"一词演变到现在，成为人们极为常见的一种招贴形式，多用于电影、戏剧、比赛、文艺演出等活动。海报是小型广告的一种，通常要写清楚活动的性质、活动的主办单位、时间、地点等内容。

1.海报的特点

写作海报的目的仅在于宣传，因此海报的突出特点就是告知性，不具有强制性和约束力。与海报的目的与特点相适应，其公布方式主要是悬挂和张贴，有的也在广播电视上播出。海报的语言要求简明扼要,形式要做到新颖美观。

海报还具有商业性,海报是为某项活动作的前期广告和宣传,其目的是让人们参与其中,演出类海报占海报中的大部分,而演出类广告又往往着眼于商业性目的。

2.海报的写作要求和注意事项

(1)海报的写作。海报一般包括标题、正文、落款几部分。

① 标题。海报的标题写法较多,大体可以分为以下形式:一是单独由文种名构成,即在第一行中间写上"海报"字样;二是直接以活动的内容为标题,如"舞讯""球讯""影讯"等;三是用描述性文字为标题,如"××再显风采、××旧事重提"等。

② 正文。海报的正文一般应写明以下内容:一是活动的目的和意义;二是宣传的基本内容,包括活动的主要项目、突出特征、性能、地点和时间等;三是参加活动的具体方法及一些必要的注意事项。

③ 落款。写明主办单位名称及海报的发文日期。若在正文中已写有举办单位和时间,落款可略之。

以上的格式是就海报的整体而讲的,实际的使用中,有些内容可以少写或省略。

(2)海报写作的注意事项。一是海报一定要具体真实地写明活动的地点、时间及主要内容;二是文中可以用些鼓动性的词语,但不可夸大事实;三是海报文字要求简洁明了,篇幅要短小精悍;四是海报的版式可以做些艺术性的处理,以吸引观众。

例文

美国名师史景迁讲演

主题:欧风东渐——利马窦的足迹
主讲人:Jonathan Spence
时间:5月31日(星期四)19点
地点:英杰国际交流中心阳光大厅

北京大学
××××年×月×日

主讲人简介:史景迁是美国耶鲁大学史学荣誉讲座教授,剑桥大学文学士,耶鲁大学硕士、博士。执教已达41年,论著甚丰,文辞优美典雅,是国际学界公认的叙述史学代表人物和近代中国研究大师。被选为2004—2005年度全美史学会会长。其代表作有:《改变中国》《毛泽东传》《天安门》《寻求现代中国》《中国人及其革命》《中国世纪》《中国面面观:历史文化论集》《上帝的中国之子》《曹寅与康熙大帝》《胡氏之疑》《陈氏大陆:西方观念中的中国》《王女士之死》《举书谋反》等,被各国大学广泛列为学生必读之书。他因杰出成就而荣获过美英许多著名奖项,1985年被任命为美国人文与科学院院士。

思考与训练

1.什么是党政机关公文?

2. 党政机关公文的特点和作用是什么？

3. 公文的构成要素是什么？请你从版头、主体、版记等几方面在稿纸上图示出公文各要素及排列位置。

4. 根据下面材料拟定一则决定：

作者：××市人民政府

事项：表彰本市 2016 年劳动模范和先进工作者。其中劳动模范有李伟等 20 人，先进工作者有王亮等 18 人。

时间：2017 年 1 月 20 日。

5. 代某市政府写一份召开年终表彰大会的通知。

6. 为两个单位就举办足球友谊赛拟定一则来函和去函。

7. 制定计划时需要注意的问题有哪些？

8. 写一份大学期间的学习计划，要求内容全面，格式正确，具有实际可操作性。

9. 总结写作时应注意的事项有哪些？

10. 根据你的学习生活或所参加的活动写一份总结。

11. 根据本校大学生使用手机的状况写一篇调查报告。

12. 述职报告写作时的注意事项有哪些？

13. 根据范文仿写一份简报。

14. 病文修改

下面是一篇病文，请写出修改稿。

请　柬

××先生（小姐）：

在您的帮忙下，我厂生产的电视机在今年全国质量评比中获奖。现在确定于 2017 年 6 月 6 日在凤凰饭店开个庆功会，邀您赴会！

××电视机厂厂长（签字）
2017 年 6 月 3 日

15. ××学院团委决定组织学院第三届"挑战杯"大学生辩论赛，特聘请李丽教授担任评委，请你代学院团委拟一封聘书。

16. 假如你是今年的毕业生，正四处奔波找工作。偶然在××日报看到某电视台招聘记者的消息，你正好对此感兴趣。请你根据设定情境写一份求职函。

17. ××公司职工王明因薪金原因及某些个人原因，想辞职。请你代他写一份辞职函。

18. 假如你在学校食堂捡到钱包一个，内有人民币及证件若干，请就此拟写一则招领启事。

19. ××同学不慎丢失了二代居民身份证，请你代他写一份声明，声明作废。

20. 请以学生会文体部的名义为一场足球友谊赛写一份海报，内容如下：

（1）参赛者：××校队和我校校队

（2）地点：足球场

（3）时间：2017 年 12 月 23 日（星期六）下午三点

（4）组织者：我院学生会文体部

（5）海报发出时间：2017 年 12 月 14 日

第七讲　演讲与辩论

● *内容要点* ●

　　1. 论辩性文章是一种独特的文章类型,在现实生活中具有重要的作用。

　　2. 演讲词具有鼓动性、艺术性、演示性等的特点,要根据这些特点来进行写作。

　　3. 辩论词具有对立性、逻辑性、谋略性、临场性等特点,完美的辩论词是成功辩论的保证。

论辩性文章概述

　　论辩性文章是文章写作的独特类型,也是学生需要学习的重要文体,一般针对现实生活中出现的不同思想倾向或见解,及时运用辩证或辩论的方式进行说理分析,以辨明是非,从思想上、理论上给阅读者以新的启迪。深入认识论辩性文章的重要作用,把握论辩性文章的写作技巧,提高驾驭论辩性文章的能力,对于提高学生的论辩能力、写作水平具有重要作用。

一、论辩性文章的概念

　　论,即论理,是指依据一定的原则分析和说明事理;辩,即辩驳,是指依据一定的理由来驳斥某种观点。论辩是论和辩的有机统一,有辩有论,论辩的同时,既要论证自己观点的成立,也要证明对方观点的不成立。因此,辩论本质上是一种思想的较量、语言的对抗,是关于同一事物的是非之争。从这个意义上讲,论辩性文章是指写作者为说服见解对立的一方(或多方),通过各种论证方法,阐述自己的见解,揭露对方的谬误,以肯定正确的观点并最终通过有声语言载体表达的文体。论辩性文章需具备三个要素:一是存在着持不同意见的双方或多方;二是存在着同一论题,辩论必须针对同一事物或同一问题展开;三是存在辩论诸方承认的共同前提,如思维的逻辑规律、社会公理、科学规律等基本是非标准和价值取向。没有这些,论辩只会是一场混战,不可能得出结论。

二、论辩性文章的特点

(一)思想的深度

　　所谓思想的深度,是指论辩者通过论辩内容的正确、深刻、新颖、精当,以其充分有理和充分有力,使听众或对手不由自主然而又是心悦诚服地接受论辩者所表达的思想。这种思想的深度来源于两点:一是材料。一般来说,论辩的内容要向历史的深度和现实的广度开掘,通过丰富的材料反映出崭新的时代意识。二是理论。论辩的影响力在于其所蕴含的独到见解和所闪现的思想火花,在于论辩者"所见者真,所知者深"。成功的论辩之所以具有不可抗拒的思想深度,一个重要原因就来源于论辩者对社会和人生有真知灼见,对事理有创造性的阐发,能引导人们正确认识生活和自我。

(二)逻辑的力度

论辩者必须准确地表达思想和严密地论证思想,必须运用逻辑力量去吸引听众,一层接一层,一环扣一环,以无可辩驳的事实和无懈可击的论证,引出必然的结论。从某种意义上说,论辩就是一种"逻辑征服"。

(三)艺术的高度

成功论辩之所以获得成功,与其独到的雄辩技巧和引人瞩目的语言艺术是分不开的。例如,对照手法的使用,能够在强烈的对比中体现作者鲜明的观点;再如增强说理论辩的形象性,善于启发人们丰富的联想,某些比喻手法的灵活运用,使深奥晦涩的哲学论辩变得有血有肉起来;还可以精练词句,声情并重。各种修辞手法的灵活运用,感情的表达和语句的整齐、流畅以及巧妙的文采,使得语言更有说服力和吸引力。

三、论辩性文章的作用

(一)发动民众、驳斥敌人、传播真理、倡导文明,可以推动社会发展

古今中外许多政治家、军事家、思想家、教育家、科学家、文学家同时又是演讲家。一切正义的政治家,都是拿着演讲这个武器,宣传真理,唤醒民众,推动社会进步。我国历史上,盘庚为了迁都所作的演讲中,将旧都比作被砍倒的树木,把新都比作刚生出的新芽,使民众深刻认识到了迁都的意义而欣然接受,实现了迁都的伟大壮举。孙中山先生是中国伟大的资产阶级民主革命先行者,同时又是中国近代优秀的演讲家。他的《中国决不会沦亡》的演讲词是在同盟会成立前七天所作,体现了孙中山先生的革命理论和斗争纲领,是一曲振兴中华的壮歌。孙中山先生在致力于民主革命的 40 年间,始终以演讲为武器,启迪和呼唤民众投身于民主革命。正如后来许多参加辛亥革命的人所回忆,他们之所以参加辛亥革命,就是因为听了孙中山先生激动人心的演讲。

(二)动之以情、晓之以理、授之以知、导之以美,可以用来进行思想教育

在现实生活中,因为人们对客观事物的认识和理解不可避免地存在着差异,要否定错误认识,肯定正确认识,就必须展开论辩。通过论辩能够加强对真理的认识,从而达到消除分歧、促进和谐的目的。好的演讲词极富感染力,令人激动,催人奋发。20 世纪 80 年代李燕杰的演讲在社会各界产生了强烈反响,他的演讲能够抓住当时青年思想政治工作的焦点以及人民关注的社会问题,采用灵活多样的形式入情入理地阐发人生的哲理、生活中的美,调动听众心灵中的积极因素,以奋发进取、健康向上的主旋律激励人们直面严峻的现实与人生提出的各种挑战。

我们处在一个飞速发展变革的时代,演讲要跟上时代的步伐。华中科技大学校长徐培根是一个榜样,我们很难想象一个科学家竟然对社会、对网络、对网络热词所反映的现象有那样透彻的认识。他的演讲把握住了时代的脉搏,鼓舞了毕业生自立自强、拼搏奋斗的信心。

（三）开发智力、丰富知识、锻炼技能、提高素质，可以培养人才

论辩性文章要达到阐明观点、说服别人的目的，必须具备站在时代前沿的精深的思想、渊博的学识、丰富的阅历；还必须具备敏锐的观察力、敏捷的思维力、准确的判断力、迅速的应变力和较强的记忆力，这更需要刻苦的磨炼。可以说，是多方面刻苦的学习与磨炼造就了一个论辩家。他们经过长期训练和实践，不仅在讲台上可以表现他们的文雅举止和出众口才，而且在日常交际生活中，他们丰富的学识、敏捷的反应、良好的修养都很容易冲破种种人际关系的障碍，比一般人更迅速、有效地进行人际交往和沟通。

（四）与人沟通、同人交际、进行协作、搞好团结，是人们参与社会生活的方式

能说话并不代表会说话。有人伶牙俐齿，说话头头是道，条理清楚，让人信服；有人笨嘴拙舌，说话单调乏味，颠三倒四，让人费解。说话的最终目的是能很好地交流，让别人明白自己的意图，进而相互理解，增长智慧，加深感情，或者实现预定计划，达到一定目的。

论辩在交流中是非常重要的。小到结识新友、托人办事，中到涉案诉讼、公关谈判，大到国际外交、不辱使命，都离不开出众的辩才。

演讲词

"一言之辩重于九鼎之宝，三寸之舌强于百万之师。"舌头是一把利剑，演讲比打仗更有威力。演讲在我们的日常生活中无处不在。常规意义上的演讲，又叫演说或讲演。它是当众进行的正式讲话，旨在向听众就某一事件、某一问题发表个人见解。不但政治家鼓动说服群众、科学家论证科学观点需要演讲，而且商务活动中商界人士也要发表演讲，发表礼仪性的欢迎词、欢送词、祝贺词、答谢词等。演讲是人们参与社会生活的重要形式，演讲词的写作，是大学生写作的一项基本技能，写好演讲词可以为发表精彩的演讲做好准备。

一、演讲词的定义

广义的演讲词可以把各种会议上的讲话都包括进去，如开幕词、闭幕词、欢迎词、欢送词、贺词、答谢词等；狭义的演讲词即指我们在演讲比赛中看到的正式演讲或知名演说家的演讲。

演讲是演讲者面对广大听众，以口头语言为主要形式、非口头语言为辅助形式，就某一问题发表自己的意见或阐说某一事理并互相交流信息的社会活动过程。演讲词也叫演说辞，它是在较为隆重的仪式和某些公众场所发表的讲话文稿。演讲词是进行演讲的依据，是对演讲内容和形式的规范和提示。演讲词是人们在工作和社会生活中经常使用的一种文体，它可以用来交流思想、感情，表达主张、见解；也可以用来介绍自己的学习、工作情况和经验等。

演讲词具有宣传、鼓动、教育和欣赏等作用，它可以把演讲者的观点、主张与思想感情传达给听众以及读者，使他们信服并在思想感情上产生共鸣。

二、演讲词的特点

一般说来，作品是给人看、给人读的，而演讲词却是以"写"来体现"说"的艺术。因此，演讲词与一般文体相比具有如下特殊性：

（一）鼓动性

好的演讲自有一种激发听众情绪、赢得好感的鼓动性，能达到"言者凿凿，听者跃跃"的群情激奋的现场效果。要做到这一点，首先要依靠演讲词思想内容的丰富、深刻，见解精辟，有独到之处，发人深思。其次，其内容要与现实生活紧密相关而不是陈年往事。它要提出和回答现实生活中人们关注的问题，要涉及人们眼前的、身边的、切身的问题；还要通过严密的逻辑、充分的说理使人叹服，使整篇演讲充溢着动人心魄的力量。

（二）艺术性

演讲是一门艺术。其艺术性体现在很多方面。首先，语言表达要形象、生动，富有感染力。革命先驱李大钊在演讲词《艰难的国运和雄健的国民》中用一条长江大河作比喻，把革命道路的曲折、艰难说明得形象可感，内涵深刻。其次，演讲词中应根据需要交叉运用议论、叙述、描写、抒情、说明等各种语体，而文体的种类则更多。演讲词的写作与各种文体都有一定的关系，但又没有单一的对应关系，它需要运用各种文体的写作规律，发挥各种文体的长处。有人说演讲词是论文的结构，新闻的真实，小说的语言，诗歌的激情，散文的取材，戏剧的安排，相声的幽默，这是不无道理的。

（三）演示性

演讲是一种综合表达，既要讲，也要演，要借助身体语言，诸如眼神、表情、手势等来表情达意。虽然这种演示性并不直接见诸演讲词的文字，但它却含在文字稿的字里行间。比如，当演讲词出现"同志们，前进"这样的文字时，当演讲者把它转化为有声语言讲出来的时候，人们可以想象演讲者是怎样振臂一挥的情景，所以这种演示性是随着演讲词的形成而同时形成的。

三、演讲词的写作准备

（一）知识储备

演讲词写作是演讲的准备，准备演讲词写作的过程就是对现实的生活现象进行筛选、提炼、概括和评价的过程。它要综合各方面、各学科的丰富知识和最新成果，并以文字符号的形式记录下来以供口头传播。因此，演讲词写作的长期准备无疑就是知识的准备。另外，演讲词写作前必须要把握演讲的规律，从而写出符合演讲需要的演讲词。再次是要了解心理学，特别是传播心理学。传播心理学研究人们传播（宣传）活动中的心理内容、心理规律，为演讲者了解自己、熟悉听众、提高演讲效果提供理论依据，所以不了解心理学就难写好演讲词。

（二）写作之前的准备

演讲是一种社会活动，是用于公众场合的宣传形式，必须要有现实的针对性才能起到应有的社会效果。要根据不同的听众对象、不同的公众场合去写作。了解听众，是为了更有针对性地进行演讲的准备，强化演讲的效果。

四、演讲词的写作

（一）确定主题

一要旗帜鲜明，即演讲的主题要鲜明、突出。主张什么、反对什么、赞成什么、批判什么,让人一听就能知道你的思想倾向,演讲者的爱憎态度从中要明显地表现出来。二要深刻、科学、正确,即你表达的思想、倾向要符合规律、接近真理,要从纷繁琐碎的日常生活中找出本质的东西,得出规律性的结论。三要符合时代精神,即要跟上当前的形势,时代和社会是不断向前发展的,人们的思想、意向也是不断更新的。演讲要具有催人上进的力量,使人积极行动起来。

(二)选取材料

不管古今中外,现实的还是具体的、抽象的,不管是言论、事实还是数据都可称为材料。

但演讲者在他所掌握的这些材料中,只有很少一部分适合写入某一篇演讲词。因此在写作演讲词的时候,对材料就要进行选取。首先要选取真实、典型的材料。材料是客观存在的,它包含一定的内容,能说明一定的问题,选取典型的、有代表性的材料,可以起到以少胜多的作用。其次要选取新鲜、生动的材料。再次要选取适合演讲者个人特点和符合演讲场合的材料。选择了好的材料,还应该用好这些材料,材料并不能自己说明问题,需要作者把材料和主题之间的内在联系揭示出来,把材料蕴含的深刻的本质意义揭示出来,使得材料与主旨、事实与观点达到水乳交融的程度,而非油浮于水、油水分离的状态。

(三)合理安排结构

结构是演讲材料的组织构造,是演讲者依据主旨、意图对材料进行组合、编排而成的一篇演讲词的框架。结构的中心是回答和解决这次演讲"怎样讲"的问题。演讲词要求条理清晰、逻辑性强,或以时间为序,或以空间为序,或以逻辑为序。演讲要有意识地建立鲜明的逻辑结构,能使听众感觉到清晰的层次。可采用排比句段、过渡句等语言标志来实现。如一则《莫让年华付水流》的演讲,就在每个段落的开头都采用"时间"这个词做语言标志,再选用与时间紧密关联的短句子来表明层次:时间是一个常数;时间是青春的要素;时间是无情的;时间就是速度;时间就是胜利;时间就是生命;我们要做时间的主人。这样既承上启下,又各不相同,从多侧面、多角度说明了青年朋友应珍惜宝贵的青春年华,也使听众感到层次清楚,印象深刻。

要重视开头结尾。这里,开头处于演讲词的重要位置,具有镇场的作用,为整个演讲奠定基调。应该力求迅速引起听众的注意,力避拖沓、冗长和客套。具体方法有:开门见山,揭示论题;叙述故事,娓娓道来;提出问题,引发思考等。结尾则在于使整个演讲给听众留下一个完整、清晰的概念,力求做到揭示题旨、加深认识、促人深思、耐人寻味,文字不可过长。具体方式可有:篇末点题、提出希望、引用诗文等。

有时,演说词也要讲究一定的"无言之美",给听众留下适当的思考回味的余地。如演讲词中停顿之处的安排,以及其他富于启迪性的句子的运用等。有一位美国总统的退职演说仅有六个字:"那么,好吧,再见!"但它却被视为最好的退职演讲,因为它耐人寻味,有一种"无言之美"。事情就是这样,有时越想把自己的思想表达得更完整、更明了,听众越糊涂、越厌烦。当然,我们不是说所有的演说词都以只写几个字为好,我们只是强调在一些特定的场合下,有时也可以适当地给听众留下一点思考的余地。

(四)凝练语言

演讲稿的语言要适应演讲现场的需要,既要准确、规范,又要形象、生动;既要有一般书面语言的特点,又要有口语表达的效果。写作演讲词在语言运用上应注意以下四个问题：

1. 书面语言和口语相统一

演讲是用来说的，这是演讲词语言不同于其他应用文体以书面语言为主的特点，但它不是日常口头语言的复制，而是经过加工提炼的口头语言，要逻辑严密，语句通顺；要含义隽永，语意深刻。演讲是书面语言和口语相结合的产物。写作演讲词时，应把长句改成短句，把倒装句改成正装句，把单音词换成双音词，把听不明白的文言词语、成语改换或删去。演讲词写完后，要念一念、听一听，看看是不是"上口""入耳"，否则就需要进一步修改。此外，一定要通俗易懂。演讲要让听众听懂，如果使用的语言讲出来谁也听不懂，那么这篇演讲词就失去了听众，因而也就失去了演讲的作用、意义和价值。为此，演讲词的语言要力求做到通俗易懂。演讲时要尽量避免使用文言词语、专业名词和不常用的成语等听众不太熟悉的语言。

2. 力求语言生动感人

用形象化的语言，运用比喻、比拟、夸张等手法增强语言的形象色彩，把抽象化为具体，深奥讲得浅显，枯燥变成有趣。席慕蓉在一次有关亲情的演讲中说："在遥远的山村，在夕阳绯红的村落，虽然闭塞和落后，但日落而息日出而作，亲人在一起的惬意格外温暖。但如今，父母远逝，孤身一人，即便在热闹的尘世，却有不经意的伤感。"在缓缓流动的文字中表达出对亲人的深深怀念。

3. 发挥语言音乐性的特点，注意声调的和谐及节奏的变化

要根据内容的表达、思想感情的变化把握语言的轻重缓急、抑扬顿挫，讲起来才能朗朗上口，听起来才能够声声入耳。马云 2014 年在联合国演讲时说："阿里巴巴有一个密码，那就是梦想总要有的，万一有一天实现了呢？"马云在讲到"有一个密码"之后停顿了一下，引起了听众的思考，收到了好的效果。

例 文

失败是上天额外的馈赠[①]

——《哈利·波特》作者 J·K·罗琳在哈佛大学的演讲

福斯特校长，哈佛集团的董事们和监察委员会的各位成员，各位老师、员工，自豪的父母以及所有的毕业生们：

首先我想说的是"谢谢你们"。这不仅是因为哈佛给了我此次演讲的殊荣，还因为这几个礼拜以来，每每想到这次毕业典礼演说就产生的惶恐让我减肥成功。这真是一个双赢的局面！现在我需要做的就是深呼吸几下，眯着眼看着红色的横幅，然后让自己相信我正在参加世界上最大的格兰芬多("哈利·波特"中霍格沃茨魔法学校的四所学院之一)学院聚会。

发表毕业典礼演说真是一个艰巨的责任，直到我想起自己的毕业典礼我才有点如释重负。那天的演讲者是英国杰出的哲学家玛丽·瓦诺克(Marry Warnock)，对她演讲

---

① 武敬敏. 从哈佛学院到耶鲁礼堂——在哈佛和耶鲁听讲座 [M]. 北京：北京工业大学出版社，2010.

的回忆对我写这篇演讲稿帮助巨大,因为我发现她说的话我居然一个字都没有记住。这个发现让我释然,使我得以继续写完演讲稿,我不用再担心,我可能会无意中误导你们放弃在商业、法律、政治领域的大好前途,转而醉心于成为一个像"Gay Wizard"("哈利·波特"中德高望重的魔法大师邓布利多)那样的魔法大师。

你们看,如果你们在若干年后能记住"Gay Wizard"这个笑话,我就比玛丽·瓦诺克有进步了。所以,设定一个可以实现的目标是个人发展的第一步。

实际上,为纪念应该和大家谈些什么,我已经绞尽脑汁、费尽了心思。我问自己:我希望在自己毕业那天知道点什么,而又有哪些重要的经验是我从那天开始到现在的21年间学会的。我想到了两个答案。在今天这个愉快的日子,我们聚在一起庆祝你们学业上有所成就的时刻,我决定和你们谈谈失败的收益。另外,在你们即将迈向"现实生活"的道路之际,我想向你们颂扬想象力的重要性。① 我选择的这两个答案似乎如同堂吉诃德式幻想一样不切实际,或者显得荒诞不经,但是请耐心听我讲下去。

对于我这样一个已经42岁的人来说,回头看自己21岁毕业时的情景,并不是一件舒服的事情。在我的前半生,我一直在自己内心的追求与最亲近的人对我的期望之间艰难地寻找着平衡。

我确信我自己自始至终唯一想做的事情就是写小说。然而,我的父母——他们都出身贫寒,没有上过大学——他们认为我的异常活跃的想象力只是滑稽的个人怪癖,并不能用来支付抵押贷款,或者确保得到退休金。

他们希望我能去拿一个职业文凭,而我想读英国文学。最后,我们达成了一个回想起来双方都不甚满意的妥协:我改学现代语言。可是等到父母一走开,我立刻报名去学习古典文学了。

我好像并没有把自己改学古典文学的事情与父母商量,直到我毕业那天他们才第一次知道。在这个星球上的所有科目中,我想,他们很难再发现一门比希腊神学(学习古典文学需要修的一门课)更难以令人过上优裕生活的课程。

我想顺带着澄清一下,我并没有因为父母的观点而抱怨他们。我们不能无休止地抱怨父母引导自己走错了方向,我们已经到了自己作出决定、自己承担责任的年龄。而且,我也不能批评我的父母,他们仅仅是希望我能摆脱贫穷。他们以前曾经贫穷过,我也曾经贫穷过,我和他们一样并不认为那是一段光彩的经历。贫穷会引起恐惧、压力,有时候甚至是绝望,它意味着诸多微小的耻辱和艰辛。通过自己的努力摆脱贫穷确实是件很值得自豪的事情,但只有傻瓜才对贫穷本身夸夸其谈。

我在你们这个年龄的时候,最害怕的不是贫穷,而是失败。

在你们这个年龄,尽管我明显缺少在大学学习的动力,我大部分时间都泡在咖啡馆里写故事,基本不怎么去听课,但幸好我知道通过考试的技巧。当然,这也是好多年来评价我,以及我的同龄人是否成功的标准。

我想,没有人会因为年轻、有天赋、受过良好的教育,就永远与艰难和痛苦绝缘,天赋和智商还未能使任何人免于命运无常的折磨。我从来不认为在座的每个人都已经享有平静的恩典和满足。

---

① 本文只摘选了谈论失败的收益这一部分。

但是，你们能从哈佛毕业这个现实表明，你们对失败还不是很熟悉。对于失败的恐惧和对于成功的渴望可能对你们有相同的驱动力。确实，你们对于失败的标准可能与普通人的成功差不了太多。你们已经站在了很高的起点上！

然而，最终我们所有人都必须得知道什么才算是失败。如果你愿意的话，世界很愿意给你一堆的标准。基于任何一种传统标准，我可以说，仅仅在我毕业7年后，我经历了一次巨大的失败——我结束了一段无比短暂的婚姻，丢掉了工作，还得独自抚养孩子。

在这个现代化的英国，除了不是无家可归，我一无所有，要多穷就有多穷。我父母对于我的担心，以及我对自己的担心都成了现实，从任何一个通常的标准来看，我都是我所知的失败得最彻底的人。

现在，我并不是站在这里和你们说失败很好玩。那段日子是我生命中的最灰暗的岁月，那时我还不知道我的书会被出版界认为是神话故事的革命，我也不知道这段路要延伸到何方。那时候的很长一段时间里，任何前方出现的光芒只是希望而不是现实。

那么我为什么还要谈论失败的收益呢？因为失败意味着剥离掉那些不必要的东西。

我不再伪装自己、远离自我，而开始把我所有的精力仅仅放在我关心的工作上。如果我曾在其他方面成功过，我就永远不会这样坚定地下决心，一定要在这个我相信属于我的舞台上获得成功。我变得自在，因为我已经经历过最大的恐惧。而且我还活着，我有一个值得自豪的女儿，我有一个陈旧的打字机和很不错的写作灵感。我在失败堆积而成的硬石般的基础上开始重筑我的人生。

你们可能不会经历像我那么大的失败，但在生活中面临失败是不可避免的。永远不失败是不可能的，除非你活得过于谨慎，这样倒还不如根本就没有在世上生活过，因为你从一开始就失败了。

失败给了我内心的充实，这种充实是顺利通过测验和考试获得不了的。失败让我认识自己，这些是没法从其他地方学到的。我发现自己有坚强的意志，而且，自我控制能力比自己猜想的还要强，我也发现自己拥有比红宝石更珍贵的朋友。

从挫折中获得的知识越充满智慧、越强大，你在以后的生存中则越安全。只有遭受过磨难，你们才会真正认识自己，真正知道人情冷暖。这些知识才是真正的礼物，它们比我曾经获得的任何资格证书更为珍贵，因为这些是我经历过痛苦后才获得的。

如果给我一个时间机器，我会告诉21岁的自己，个人的幸福建立在自己能够认识到：生活不是拥有的物品与成就的清单。虽然你们会碰到很多和我一样大或比我更年长的人也分不清楚生活与清单的区别，但你们的资格证书、简历，都不能等价于你们的生活。

生活是困难的，也是复杂的，它完全超出任何人的控制，谦虚地认识到这些能使你们在生命的沉浮中得以顺利生存。

......

生活就像故事一样：不在乎长短，而在于质量，这才是最重要的。

我祝愿你们都有幸福的生活。谢谢大家！

辩论词

辩论是人们根据各自视角和对某种事物的理解的不同进行平等的对话。通俗地讲就是通过语言表达自己的观点并说服别人。辩论是会话体口语中的最高形式。在社会生活中为了推进人际关系的和谐、社会的安定发展、科学的进步、工作的顺利开展，随时要与周围的人达成思想和感情共识，因此辩论活动在政治、经济、军事、科学等社会的各个领域中是无处不在、无时不有的。辩论是思想的争锋，是语言的艺术，是智者的游戏。

一、辩论词的定义

辩论词是辩论双方用一定的理由来说明自己对事物或问题的见解，揭露对方的矛盾，以便最后得到正确的认识或共同的意见的文稿。

二、辩论词的特点

（一）对立性

辩论的特点首先体现在双方观点的对立性上，当人们对某一问题产生意见分歧时，就具备了辩明是非对错的需要。辩论双方所持的观点往往是针锋相对、非此即彼的，这种认识上的矛盾性就成为双方对抗论争的焦点。辩论的对立性特点还表现为语言上的直接交锋，辩论双方要面对面地进行争论，各抒己见，努力论证自己的观点、批驳对方的观点，呈现出一种攻与守的对立状态。例如，在2003国际大专辩论会决赛中，世新大学黄执中在论证逆境更有利于人的成长时的发言，对对方的观点论证进行了针锋相对的辩驳。

我们先来回顾一下，刚刚的质询答辩，对方辩友在猜我们桌上的喉糖的时候，她用了一个很巧妙的方式，说我三个都猜可不可以呀。在这场比赛当中，当然可以，可是我想请问一下在座的各位观众，我们在人生的选择当中，可以说我统统都要可以吗？好像不行吧。不管我们是科学家在做实验，不管我们是学生在选择人生的经历和过程，不管我们是一个企业家在选择企业投资的方向，我们好像都必须要从中择一，当然如果遇到顺境，我们第一次都猜对，我们就得到了成功的果实，我开了第一个杯子知道里头有东西了，可是在这个过程当中，我失去了什么，我失去了看看其他杯子里的东西的机会。《阿甘正传》里头不就有一句话吗：人生就像一盒巧克力，你不吃下去，你永远不知道它的味道是什么？顺利的人有一个特色，就是他永远都吃到他最喜欢吃的那颗巧克力，可是呢，他永远不知道其他巧克力是什么味道，他也永远不知道别的路途会有什么样的风景。[①]

（二）逻辑性

逻辑的力量在辩论中表现得尤为显著，观点的论证本身就是一个逻辑推理的过程。辩论时需要根据人们的逻辑思维习惯摆事实、讲道理，用已知的概念和判断推出预计的结论。因此辩论最常用的方法就是逻辑推理，找出对方论证逻辑上的漏洞则比任何否定都更彻底，逻辑是辩论的生命。

---

① 2003国际大专生辩论赛A组总决赛：顺境还是逆境更有利于人的成长 [DB/OL].http://wenku.baidu.com/view/ead8e32be2bd960590c6773e.html

（三）谋略性

"知有智，智有谋，力能任。"辩论又被称为论战，战即有术，术即谋划策略，辩论中要想捍卫自己的观点令他人信服就需要讲究方式方法，讲究策略，思考怎样进攻、怎样防守、怎样反击才能克敌制胜。辩论赛需要通观全局，知己知彼，见微知著，赛前确定谋略，临场机智应变。辩论的进程是受到辩论双方制约的，任何一方都不能绝对左右谈话的内容和进展。虽然辩论之前可进行充分的准备，但对方的情况我们不可能完全准确掌握，只能在辩论现场听取了对方发言之后灵活处理，随机应变，临场发挥。

（四）临场性

辩论双方的语言交锋要求思维敏捷，保持高度的紧张，双方要在现场有限的时间里辩明是非、决出胜负，不容许有丝毫的犹疑，思维和语言节奏都是比较快的，因此造成现场气氛严肃紧张而又热烈。

三、如何为辩论词撰写作准备

（一）积累知识

辩论是知识的较量，知识能产生理性和科学的力量。辩论场上的滔滔不绝、妙语连珠来自于平时对知识的刻苦积累。不论是陈词还是自由辩论部分，均对辩手的知识积累有很高要求：首先自己要高屋建瓴，有理有据；其次要对对方的理论和论据有所准备，才谈得上对其进行有效的反驳。在 1993 年新加坡国际大专辩论赛上，针对悉尼大学队关于艾滋病是医学问题而不是社会问题的辩论中，复旦大学队提出："请问对方辩友一个简单的问题，今年艾滋病日的口号是什么？"对方几个辩手面面相觑，答不出来，又因为是一个简单的问题，不得不回答，片刻之后乱编一个应付，答错之后非常被动。从根本上看，辩论赛是一种游戏，因而辩论技巧的作用是十分重要的，但如果光有辩论技巧，知识底蕴很差，可供调动的东西很少，那就会陷入"巧妇难为无米之炊"的窘境，纵有最高超的辩论技巧也无法展示出来。所以，把知识积累与辩论技巧结合起来是十分重要的。谁精通哪一领域的知识，谁就是那个领域的权威，谁知识积累越丰富，谁对问题就越有发言权。人们常常把文科的知识比喻为一座金字塔，没有宽阔的知识背景，想在某一专业领域里做出出类拔萃的成绩是不可能的，想在辩论中运用自如、应答如流也是不可能的。

（二）分析辩题

要进行严格的审题，也就是要对辩题字面上的每个词或词组逐个进行概念分析。这种分析要同时站在双方的立场审视，必须运用逻辑思维透彻地分析辩题，明了辩论双方实际的逻辑地位和逻辑困难。如"温饱是谈道德的必要条件"这一辩题中的"必要条件"，在逻辑上的含义是"无之必不然，有之不必然"。所以，正方在这一辩题中显然要证明：没有温饱就绝对不能谈道德。也就是说，反方只要举出一个例子，说明人们在不温饱的状态下也能谈道德，正方在逻辑上就已被打倒了。明了双方在辩题上的逻辑关系是确定对方立论之要害的前提之一。因为一般的论辩赛，双方都会抓住辩题中的某个词项解释来开始辩论，有时会出现整个论辩赛始终围绕这种解释来进行的情况。因此，尽量设法站在一定理论高度，对辩题作出有利于本方观点的界定，以获得大多数听众的"公认"，是极为重要的一环。

（三）确定论点

论点不仅要观点正确,旗帜鲜明,而且用之攻则能破对方任何的立论,用之守则能抵挡对方的任何攻击。能不能确立这样一个论点是一次辩论赛准备的成败关键。正确合理的论点是辩论获胜的基础,论点的正确能使对方难以找到辩驳的缺口,使己方增添获胜的信心。确立论点要注意科学全面,要符合辩证法的原则,应在一定条件下谈论其正确性与合理性。论点提出以后还应反复推敲,站在对方的立场上吹毛求疵,直至无懈可击,这样的论点才经得起一辩,并且观点本身也才具有说服人的力量。

（四）准备证据

查找支撑辩题的资料,并从中提取本方可以利用的观点。确立论据,为了确保论据的合理和有效性,应注意它的准确性(来源也要准确)、典型性、充分性、新颖性等问题。收集论证过程中,应注意了解和把握论证的因果关系,以及善于归纳论证的内容。例如,在"发展旅游业利大于弊"的辩论中,反方代表为说明盲目发展旅游业带来的弊端,很恰当地列举的澳门赌博业和泰国色情业造成的悲剧的事例,就非常典型有力。材料越丰富,论点的支柱就越坚实。辩论者应广泛收集材料,古今中外触类旁通,事例、数据、名人事迹、名人言论等都可成为我们信手拈来的武器。

（五）设计策略

要在辩论中取胜,只凭正确的论点、充分的材料还不够,还需考虑"怎么辩"的问题,即如何将我们所掌握的信息综合起来,合理安排,使之发挥出最大的作用。因此辩论前要对整个辩论过程作一番周密的计划。一是要设计辩论程序,即辩题论证的进程、攻守破立的时机、材料的分配。辩论员在各司其职时还应注意分工合作,每位辩论员不是作为独立个体,而是作为整体中的一员来参赛的,应观点一致,团结协作,首尾相连,浑然一体。二是要选择辩论方法。辩论方法的选择要根据论题的特点、攻守需要、双方形势等因素来确定。常用的辩论方法有归纳法、演绎法、类比法、反证法等立论法,驳论点、驳论据、驳论证等反驳法。

（六）分清类型

辩词有两类:一类是立论性辩词,用于陈述本方论点。这类辩词应精心写作,字斟句酌,反复推敲,要形成完整的文稿。另一类是驳论性辩词,主要用于自由辩论阶段,它以驳论为主,因辩论交锋中不可知因素较多,所以这类辩词只能拟定辩词纲要或局部性辩词,只能作为发言提示,在辩论中根据具体情况选择使用。

从写作的角度看,应把立论性陈述辩词的撰写作为重点。立论性辩词以证明本方论点为主旨,在结构上大体分为三部分:第一部分,提出论点。第二部分,对论点进行论证,通常要在总论点之下,分成若干分论点,从不同的方面和层次进行论证;其逻辑关系可以是并列方式,也可以是递进方式,在论证中,要引用大量典型论据、数字,运用适当论证方式证明本方观点正确,或反驳对方观点,证明对方论点不正确。第三部分,得出结论,与论点相呼应。

在辩论赛中,立论陈述是由几个辩手的辩词共同完成的。每篇辩词都是围绕总论点展开的一个独立论证的子体系。在写法上,每篇辩词的结构方式同样由上述三个部分组成,只是提出的观点应是总论点下的一个分论点。几篇辩词各有侧重,彼此照应,相互勾连,形成有机的统一体,共同完成建构本方理论的系统工程。

(七)模拟辩论

尝试性地模拟比赛,以检验自己的赛前准备是否经得起实际的考验。为了达到检验的效果,试辩条件和气氛要尽量搞得逼真些,另外还应有一支与之实力相当的陪练队伍。在模拟辩论阶段,参赛队员要充分进入角色。模拟赛中不仅要有理论上的正面交锋,还要有辩论风度、情态等方面的表演,通过试辩往往能促使参赛队员不仅在理论上,而且在情感上也完全站在所持的辩题观点上。对于初赛者来说,试辩还可以先锻炼一下上场的胆量,培养一下临场的经验。试辩赛还可以有听众提问,群众的眼睛是雪亮的,有什么问题可以得到及时纠正。模拟赛后要总结,参赛队员对原先准备的辩词和论辩技巧作相应的调整、修正和补充,这样赛前所有的准备便完备了。

四、辩论词的语言技巧

(一)巧设比喻、类比

以生活常理就近设喻、巧作类比。在很多情况下,单纯的理论阐释枯燥无味,而且艰涩冗长。而运用类比,既能活跃气氛,又能使辩论生动形象,易于理解。

(二)要做到情理交融

坚持理性与丰富情感的统一,采用因势利导的方法,借以激发对方的情感,必须以对方接受为出发点,减少论辩的对抗,从而达到宣传、实现自己的主张的目的。心理学研究表明,人在感情波动时,大脑思维及反应能力均有不同程度的降低。要做到情理交融,使人分不清情与理。

(三)要有一点幽默感

幽默有以下作用:可以使大家在舒畅的心情中接受你的观点,可以营造场上自己占优的气氛,给对方造成压力。如:

要知道医学这个狭小的概念是装不下艾滋病这个"世纪恶魔"的,对方辩友,请千万不要让大象在茶杯里洗澡。[①]

再如:

在医院里发现的就都是医学问题吗? 在医院捡到别人丢的一把钥匙,这把钥匙就成了医学问题喽? [②]

幽默来自于对一种事物的高超的把握,是对一种知识的随心所欲的驾驭,是对一种材料的透彻的认识。另外,幽默要与一定的场景结合起来,既要了解人的心理,又要和当时的环境有所结合。

(四)充分展现语言之美

语言作为一门艺术,不仅要求词能达意,还要求能给读者和听众带来美的享受。有人

---

① 王沪宁,俞吾金.狮城舌战——首届国际大专辩论会纪实与评析 [M].上海:复旦大学出版社,1993:308.

② 王沪宁,俞吾金.狮城舌战——首届国际大专辩论会纪实与评析 [M].上海:复旦大学出版社,1993:318.

说,辩论赛是语言的艺术体操。辩手发言讲究发音准确,吐字清晰,音色优美,音质醇厚,语速错落有致,语调抑扬顿挫。音质甜美和有表现力的嗓音能最大限度地吸引听众。其次,辩论员还应运用多种手法,增强语言的表现力。如下面这段辩词:"雨果说过,善良的道德是社会的基础。道德是石,敲出希望之火;道德是火,点燃生命之灯;道德是灯,照亮人类之路;道德是路,引我们走向灿烂的明天。"段中综合运用博喻、排比、顶针等手法,语意深邃,美不胜收。

(五)服人以德

在辩论场上,赢得听众就能赢得辩论赛的胜利。比赛中的一方要想完全说服对方并因此而获胜是基本不可能的。说服观众和评委,就是让观众和评委接受你方的表现,认同你方的观点。这有两条途径:一是以理服人,二是以德服人。前者是知识的力量,后者是人格的力量。"心服于德",知识的力量能使人们信服观点的论证,人格力量则能使人们接受辩手本身,并进而在有意无意中相信和支持该辩手的观点。在辩论中,人格力量的首要基础是辩手言谈举止所表现出的完美人格和高尚品德。所言所辩要让人接受,让人接受的不是所言所辩的内容本身,而是辩手自身,是他们的知识结构、理论基础、辩论技巧、心理特征、思维方式和风采风范,是以他们的认知能力和理性能力赢得评委和观众。

论辩性文章对于社会具有发动民众、传播真理、进行思想教育等推动社会发展的重要作用;对于个人具有开发智力、提高素质,促进沟通协作的作用,是人们参与社会生活的方式。演讲词的写作要根据场合和对象,要适应演说的需要,在内容和表达方式上要精心构思;辩论词的写作要适应辩论场上对立性、应激性等特点,要灵活、有理有据地进行写作,赢得观众和评委的认同。

本讲总结

复习问题

1. 论辩性文章的作用有哪些?
2. 演讲词的特点是什么?
3. 辩论词的特点是什么?
4. 如何为辩论赛作准备?

思考习题

1. 选择一篇演讲词并分析:
(1)演讲稿中口语书面语结合运用的例子,体会其作用。
(2)所选演讲稿在选材上的特点及作用。
(3)分析所选演讲稿的逻辑层次。
2. 根据以下材料写作演讲词。

针对目前高校高学费和大学生就业难的现状,有不少家长尤其农民家长认为,大学毕业以后也是找不到铁饭碗,还不如让孩子早早出去打工的好,这样还可以省了大学学费甚至中学学费。所以,不少孩子中学未毕业就走上了艰辛打工之路。对此,你的看法是怎样的,请自拟题目写作一篇演讲词。要求:1000 字左右。

3.查阅辩论赛案例,把握辩论赛的程序。

4.模仿查阅到的案例,分组组织一次小型辩论。

推荐阅读

1.武小军.演讲艺术教程 [M].北京:高等教育出版社,2013.

2.邵守义.演讲学教程 [M].北京:高等教育出版社,1994.

3.黎娜.人一生要读的 60 篇演讲辞 [M].北京:中国戏剧出版社,2005.

4.孙立湘.凡人演讲辞 [M].北京:机械工业出版社,2004.

5.阮崇晓.从牛津讲坛到三一学院——在牛津和剑桥听讲座 [M].北京:北京工业大学出版社,2010.

第八讲　传播类文体写作

● 内容要点 ●

1. 传播在我们生活中的重要意义。
2. 用事实说话是所有传播类文章的文字特性。
3. 以叙写 What（事实及结果）为主的称为消息。
4. 以回答 How（过程）为主的称为通讯。
5. 通过电子技术公开传播的报道或评述最新事实信息的为广播电视新闻。

传播类文体概述

课 程 导 读

传播在生活中无处不在。根据传播媒介和写作重点的不同,常见的新闻传播类文种有消息、通讯、广播电视新闻等。用事实说话,是所有传播类文章的共性。

一、传播的含义

传播学之父威尔伯·施拉姆(Wilbur Schramm)在《传播学概论》中的一段话说明了传播在我们生活中的普遍性:

即使是在极其罕见的情况下,传播也照样在进行着。平时我们的大多数人对此是无意识的,除非有时自我意识到它。一名专业人员对于自己正在为一家杂志写的文章也许是很有自我意识和自我批评的。一个政治家对于自己正在背诵的演讲可能是有自我意识的。但是生活漫无目的的孩子们却是自然而然地发出和接受讯息,以他们整个有机体表现举止行动,不太考虑怎样做这种行动。他们知道喊一声"爸爸"和后来知道讲话时用"请"字会受到父母的奖赏,但是即使这种表现也是自然形成的。他们喜欢看电视和回忆他们最喜欢的节目。他们到学校去,对自己必须写的作文题变得有点自我意识,或者就一个小伙子来说,对于第一次给一个姑娘打电话变得有点自我意识。但是,除非他们讲话有缺陷,或者是耳聋,或者其他某种痛苦的困难,他们都是以他们自然学会的方式进行传播,利用他们摸索学会的举止来带来他们想取得的结果。①

由此可见,和呼吸一样,传播是人类的一种十分普通的行为。呼吸保证了人作为生物

---

① ［美］威尔伯·施拉姆,威廉·波特.传播学概论[M].李启,周立方,译.北京:新华出版社,1984:36.

人的必要能量,而传播提供了人成为社会人的必要信息。后一句话揭示了"传播"的两方面含义,首先,从内容上强调了信息的传递(单向或双向)是一切传播行为的核心;其次,从社会属性上强调了传播是人类的基本社会行为,是人类社会赖以建立的基础,是最重要的社会现象之一。可以说,自从有了人类就有了传播,传播带来了人类社会的变化和发展。而且,随着当代社会的信息化,传播显得越来越重要。

二、传播的分类

传播学界较流行的分类是把传播分为内向传播、人际传播(含群体传播)、组织传播和大众传播。

内向传播,也称为自我传播、人内传播、内在传播,是个人内在的信息活动,个体对信息的加工过程。从生理机制上说,人体内部由各种器官组成的呼吸、消化、循环、生殖等系统,它们都时时发出信息,接受信息。内向传播是人类一切传播的前提和基础,换言之,是"有感而发"的"感"的源头。《论语•学而》篇中曾子说:"吾日三省吾身。为人谋而不忠乎? 与朋友交而不信乎? 传而不习乎? "这就是一种内向传播的行为。

人际传播(含群体传播)既包括面对面以语言为主兼容体语、距离、服饰等符码的传播活动,也包括私人之间借助电话、信件、电报、图片、录像等工具进行的交往活动,即无媒介居间的传播活动和有媒介居间的传播活动。

组织传播是企业、学校、军队等各类社会组织的信息传播活动。或者说,组织传播是围绕着相应的组织目标,组织成员之间、组织与外部环境之间进行的信息传播,目的在于实现组织关系的协调。

所谓大众传播,是指职业的传播机构,运用先进的传播技术和产业化手段,以社会上一般大众为对象,广泛、迅速、连续地传播信息的一种行为过程。[①]

大众传播的定义中,强调了大众传播使用的媒介是技术性的媒介,且用于对大众传播。

大众传播媒介是广播电台出现以后才被人们使用的新概念,是指在传播途径上有用以复制、传播信息符号的技术机械和有编辑人员的报纸、电台等传播组织居间的传播中介物,它包括书籍、报纸、杂志等印刷媒介和电影、广播、电视、互联网等电子媒介。

通过报纸、广播、电视、网络等媒介进行的传播,从其所传播的信息(是新闻)的性质角度又可称为新闻传播或新闻报道。新闻传播类文章,常见的文种有消息、通讯、深度报道、新闻评论、广播电视新闻稿等。

关于新闻的定义,国内外众说纷纭,莫衷一是。在我国比较公认、影响较大的还是陆定一关于新闻的定义。1943 年陆定一在《我们对于新闻学的基本观点》一文中说,新闻"是新近发生的事实的报道"。这一定义之所以得到新闻界较普遍的认可,是因为它简洁明确地揭示了新闻的本质特征。第一,新闻是事实,即新闻的内容应当是"有准确地址"的真人真事;第二,新闻中的"事实"是"新近发生的";第三,事实本身还不是新闻,还必须经过"报道"。不是所有的事实都会成为新闻,只有在经过媒体报道之后才是新闻。记者对事实进行报道,尽管报道动机丰富多样,但必须体现"用事实说话"的原则。

概而言之,新闻报道的基本要求有三点:坚持真实性,注重时效性,用事实说话。

---

① 佘绍敏.传播学概论 [M].厦门:厦门大学出版社,2003:10.

三、用事实说话——传播类文章的文字特性

上述常见新闻文体之间既有共性又有差异。"用事实说话"既是其共有的内容要求,也是共同遵守的报道的文字特性。

新闻是通过事实来说明问题、论述主张、影响读者的。从文字上看,只是客观地、朴素地叙述新闻事实,即使要表达作者观点也往往要隐藏在对事实的叙述之中。

要做到"用事实说话",需要符合以下几个方面的要求:

(1)构成新闻的基本要素要完全真实。内容真实,是指新闻报道的事实应当是"有准确地址"的真人真事。从新闻的构成要素上讲,就是"何时、何地、何人、何事、为何、如何"六要素都要准确无误。

而在现代战争中,新闻发布已成为心理战的一个部分,新闻发布实际是战争中一个软战场。双方发布的信息的特点是:真假难以辨别;刻意欺骗对方;存心误导舆论。由此可见,现代战争中发布的新闻,已严重脱离"新闻"的真正含义。

(2)新闻所引用的各种材料要真实可靠。新闻所引用的材料包括数据、史料、背景材料等,都是一些间接材料,要善于判别其可靠性。在可能的情况下,要找到原始材料核实,并尽量请权威人士或当事人、知情人认可,以求确切。

被列为 2004 年我国十大假新闻之一的《新闻从业人员平均寿命 45.7》,说新华社江苏分社新闻信息中心主办的一个研究会上医学专家公布了这一统计数据。事实是,上海《新闻记者》杂志 2000 年第 6 期发表了一篇文章,对上海市新闻从业人员健康状况抽样调查,发现上海 10 家新闻单位已死亡的在职职工平均寿命仅为 45.7 岁。这一新闻便将这一调查结果误为"新闻从业人员的平均寿命",其错误在于没把材料弄清楚。因为数据与事实的出入,这条新闻就成了有名的假新闻。

(3)对人物心理活动的描述,必须是当事人所述,切忌"合理想象"。鲁迅先生曾说:"叙述这第三人称的主人公的心理状态过于详细时,读者会疑心这别人的心思,作者何以会晓得这样精细?于是,那一种幻灭之感,就使文学的真实性消失了。"文学尚且如此,何况新闻!所以,新闻报道中的"合理想象",应坚决叫停。

(4)准确地把握事物的性质,恰如其分地描述事物的状态。准确地把握事物的性质,要求我们看问题必须坚持辩证法,不搞主观片面化。主观片面地看问题,是把握不住事物的性质的。

2005 年 1 月,我国多家媒体报道了《中南财经政法大学一贫困生一年消费仅 8.35 元》的消息,称这位贫困女大学生两年来靠在校内食堂捡吃剩馒头剩菜,2004 年伙食消费仅 8.35 元。经查,这名女生家境确实困难,但不是特困生。两年来,她累计获得国家和学校的资助 1 万元,其中直接生活补助为 6400 元。报道把"一张伙食卡一年的消费 8.35 元"夸大为全年实际消费金额,又不核实而大肆渲染,太过片面。

(5)准确判断新闻线索和新闻来源的可信度。现在我国新闻媒体获取新闻线索的途径多种多样。特别是一些媒体靠"线人"提供信息,记者如果缺少对所提供的新闻线索进行求证的工作,那么虚假新闻的泛滥是可想而知的。

2007 年广州的"香蕉癌症事件"直接导致 7 亿多元的经济损失,就是假新闻惹的祸。香蕉枯萎病(也称巴拿马病)是一种香蕉常见病,香蕉树感染后,会出现枯萎、不挂果、最后死

亡的情况,在广州也并非首次出现。2007年3月13日,广州某媒体发表了一篇题为"广州香蕉染'蕉癌'濒临灭绝"的文章,报道了广州种植的香蕉感染巴拿马病的严重情况,并在后续报道中称这种"香蕉癌症"将给广州、甚至全国的香蕉种植带来"灭顶之灾"。

没想到,这一关于香蕉树常见病的消息,经各种渠道以讹传讹,最后竟变成了"吃香蕉致癌"这样的恐怖传言。消息、传言、谣言铺开的结果就是:香蕉滞销,蕉农只能眼睁睁地看着香蕉烂在树上。据相关政府部门不完全统计,自3月13日某媒体消息见报后的43天里,广东、海南的蕉农因谣言而造成的损失至少达7亿元之巨。

消　息

课程导读

消息是以简要文字对新近发生的事实或事实的最新变动的及时报道。消息是最经常、最大量运用的报道体裁。消息除了具备新闻的一般属性如"真""新"外,还有自己的突出特点:快、短、活。消息的结构一般包括消息标题、消息头、导语、主体、结尾和背景材料。消息标题是消息内容的形象概括。内容上要求用一两句简洁的语言概括新闻事件的主要内容;形式上常用引题或副题。在标题制作时,要具体确切,简洁工整,生动传神,新颖别致。消息头是消息文体独有的一种结构形式。导语是消息的核心所在。在倒金字塔结构中,导语的任务是让受众了解基本的新闻事实和关键信息。在非倒金字塔结构中,导语不一定要说出基本的事实,它的作用是紧紧抓住受众的注意力,引导他们继续往下阅读。主体的任务主要有两方面:一是解释和深化导语;二是补充新的事实。结尾是从全盘考虑作出进一步的总结、深化、说明或补充。新闻背景是指新闻报道中同新闻的主要事实有密切关系的历史情况、社会环境、政治局势、自然情况、人物简历、知识资料和基本数字等附属事实材料。

一、消息的含义和类型

什么是消息?《新闻学大辞典》解释为:"以最直接、最简练的方式报道新闻事实的一种新闻文体,是最经常、最大量运用的报道体裁。狭义的'新闻'概念即指消息。"综合不同的解释,消息的含义可以解释为:以简要文字对新近发生的事实或事实的最新变动的及时报道。

对消息类型的划分,一般有三种方式:

（1）按报道分工的范围来划分,有经济新闻、科技新闻、军事新闻、文艺新闻、体育新闻、会议新闻、社会新闻等。

（2）按篇幅长短来划分,有标题新闻、一句话新闻、简讯、短消息、长消息等。

（3）按报道的内容划分,有动态消息、综合消息、述评消息、经验消息等。

二、消息的特点

消息作为新闻报道的一个种类,除了具备新闻的一般属性如"真""新"外,还有自己的突出特点:快、短、活。

真。真即真实性,是指新闻报道必须反映事物的本来面貌。这是新闻所有文体写作的基本要求。它要求新闻构成的六要素,新闻事实的过程和细节,人物的语言和动作,以及新闻涉及的各种资料(数字、史料、背景材料等)都必须真实、准确。

新。新即时新性,是指新闻报道的事件必须是新近发生的或已经存在的事实的最新变动。具体而言,新闻必须报道客观生活中的新情况、新问题、新事物、新经验。因为求新是人们普遍的心理需求,新闻报道中要体现出强烈的新鲜感。

快。快即时效性,是指要迅速、及时地报道新闻。时效性是新闻的生命,西方学者甚至认为新闻价值的首要因素就是新闻时效。新闻是一种"易碎品",报道迟缓是它的大忌。当今的新闻写作讲究"第一时间",即在第一时间采访、第一时间写作、第一时间发稿("抢新闻",就是抢时间先报道),这样的新闻才有价值。我们在"新闻播报"类节目中经常会听到主持人说"现在播报刚刚收到的消息……"就是新闻时效性的体现。时效性是对一切新闻报道的要求,但消息在这一点上更严格,更突出,它是所有新闻文体中时效性最强的一种。

短。用最经济的文字描述出新闻事实中最精彩、最重要的部分,是消息写作的基本原则。与新闻的其他体裁相比,消息的篇幅最短小精悍,一般在500字左右,甚至只有几十个字或者是标题新闻。人们有一形象的说法,即新闻报道是记者站着写的,读者站着读的。篇幅短小的新闻,最能满足新闻的本质属性即迅速报道新近发生的事实,因为最经济的文字才能抢得了时间。

活。消息的写法灵活多样,随着新闻竞争的形成,各新闻媒介为了赢得更多受众,记者除了在内容上选择新鲜、生动的新闻事实以外,在表现手法上也是灵活多样,如散文式新闻、视觉新闻、主体新闻、全方位新闻等,其灵活的手法逐渐被社会认可和欢迎。

三、消息的结构与写作要求

消息的结构一般包括消息标题、消息头、导语、主体、结尾和背景材料。前五种具有结构形式上的意义,而新闻背景一般只表现出结构内容上的意义。

(一)标题

消息标题是消息内容的形象概括。用一两句简洁的语言概括新闻事件的主要内容,是其内容方面的特点;常用引题或副题是其形式方面的特点。

消息的标题和其他文章特别是文艺作品标题有很大不同。文艺作品追求言外之意,标题一般比较含蓄,不直接把文章的内容明示出来,比如,朱自清先生的散文名篇《背影》,有些甚至以《无题》这样的标题来遮掩文章的内容,可谓"欲说还休"。而消息的标题恰恰相反,它要求"一语破的",点明新闻的精髓所在,揭示新闻的要旨,突出消息所包含的重要信息,使读者一见钟情,产生阅读的欲望。

消息标题按结构形式,可分为单一型和复合型两类。

单一型标题一般为单行标题,也有两行的(虽由两行构成,实际上只是一个标题);复合型标题为多行标题。前者只有主题,后者则包括了主题和辅题两部分。

主题,亦称正题,它是消息标题的主体。一般来说,主题的作用在于点明消息中最主要的事实与观点,文字十分简洁。

辅题又分为引题(又称眉题、肩题)和副题(又称子题)。在具体的报道中,引题和副题可以同时使用,也可以使用一个。引题在主题之上,它主要是从一个侧面对主题进行引导、说明、烘托或渲染。副题置于主题之下,对主题起到补充、注释说明作用。

从编辑学角度讲,正题所用字号最大,引题次之,副题最小。

按内容区别,消息标题中含有实标题和虚标题两类。

实标题重在叙事,揭示事实,重在具体表现新闻事实中的人物、事件、地点等要素。虚标题重在说理、抒情,烘托气氛,重在揭示新闻事实中所蕴含的道理、思想、原则等。在标题制作中,特别要注意处理好实标题和虚标题的关系,具体来说要注意以下几点:

第一,单一型标题不管是单行题还是双行题,都应是实标题。例如:

例1:85名村干部考上公务员

(《湖南日报》2007年7月21日)

例2:工人王洪军荣获国家科技进步奖

(吉林人民广播电台2007年2月27日)

例3:大风刮翻列车
　　　记者亲历抢险

(新疆电视台,2007年2月28日)

以上三例,例1和例2是单行题,例3是双行题,都属于单一型标题,其内容都是写实的。

第二,复合型标题中,至少必须有一个实标题。例如:

例1:胡锦涛总书记在国际助残日前夕给聋哑儿童学生刘丹阳回信(引题,虚标题)
　　　我同你的爷爷奶奶一样爱你　　　　　　　　　　　　　(主题,实标题)

(《中国青年报》2007年12月3日)

例2:85名村干部考上公务员　　　　　　　　　　　　　　　(主题,实标题)
　　　我省首次大规模从村干部中考录公务员　　　　　　　　(副题,虚标题)

(《湖南日报》2007年7月21日)

例3:285万外来工免费享受五大保险　　　　　　　　　　　(引题,实标题)
　　　宁波破解"全民社保"最后一道难题　　　　　　　　　(主题,虚标题)
　　　社会保障制度实现城乡居民全覆盖　　　　　　　　　　(副题,实标题)

(《宁波日报》2007年11月9日)

前两例都有一个实标题,后一例中的引题和副题都是实标题。

第三,在大多数情况下,引题以虚标题居多,副题以实标题居多,主题可虚可实。

如果标题中有两个实标题,要注意处理二者之间的关系。如果主题是实标题,它标出的是新闻事实的主要内容,如"爱吃瘦肉者,请您多付钱",副题则应该是对主题中实际的内容进一步补充或进一步具体化,如"本省十几个县市调整猪肉各品种之间的差价",就是把话说得更详细。

消息标题的写作要求主要有以下几点:

一个好的新闻标题不仅要符合新闻事实,还要有好的思想感情。标题必须有很强的表现力、吸引力、说服力和感染力。为此,在标题制作时,应从以下几个方面努力。

第一,要具体确切。标题如消息的眼睛,眼睛是心灵的窗户,最能传神。要选取那些最能传达新闻事实和新闻主题的词句写入标题。无论使用什么样的消息标题,都必须显示出主要的新闻事实。

第二,要简洁工整。标题要尽量做到言简意明、字句工整、朗朗上口,使人过目不忘。标题除了在用字数量上讲究凝练之外,还要在字音上讲究对仗、押韵,追求韵律之美。有些好的标题,甚至直接化用古诗词名句。如《中国体育报》上有一条消息的主题为:

三番五次凌绝顶　为何不能过小山

这是由杜甫《望岳》一诗中的名句"会当凌绝顶,一览众山小"点化而成,说的是我国乒乓球名将邓亚萍与日本选手小山智丽的比赛。邓亚萍多次登上世界冠军宝座,用"三番五次凌绝顶"写之,而其中"小山"二字语意双关,更是用得贴切,令人叫绝。又如:

春风吹得远客醉　直把店家当自家　（主题）

镇江饮食店热情待客真个名不虚传　（副题）

这个标题的主题,是从宋代诗人林升《题临安邸》一诗中的"暖风熏得游人醉,直把杭州作汴州"两句衍化而来的,放在这里,既简洁,又富于表现力。

第三,要生动传神、新颖别致、不拘一格。生动传神、新颖别致的标题,能给人耳目一新之感,自然能先声夺人,吸引读者的注意。可以使用一些修辞手法,使标题增色,激发读者的阅读兴趣。

某市有一家名叫"万紫千红"的夜总会,因从事色情服务被查处。当地的某家报纸对此事作了报道,所刊发的消息的标题是:

万紫千红"黄"了

整个标题只有6个字,而它对新闻事实的叙述、概括相当准确,同时又很形象。"万紫千红"本意是色彩绚丽,本应给人赏心悦目之感;但有此名的夜总会却从事色情服务,使"万紫千红"带上了黄色,它由此而"黄"了。这里"黄"字一语双关:既有"熄火"之意,又有从事色情服务即"黄色"之意。

再如,一篇获第十二届中国新闻奖一等奖的广播新闻,其标题为:

菜头、鱼头、蟹头当了村长

说的是种菜大王、养鱼大王、养蟹大王当选村干部以后如何带领大家致富,三个称谓都用了借代的修辞手法,既通俗易懂,又生动形象。

(二)消息头

消息发表时,在开首部分都要冠以"本报讯"或"××社××地×月×日电"的字样,这在其他新闻文体中是见不到的,属消息文体独有。新闻写作学称之为"消息头"。

消息头的形式有"讯"和"电"两大类。讯,主要是指通过邮寄或书面递交的方式向报社传递的新闻稿件。当报社通过自身的新闻渠道获得消息时,若稿件来自本埠,一般标明"本报讯"即可;若稿件来自外埠,一般应标明新闻事实的地点,如"本报山东消息"。如果消息来自别的新闻媒体,应标明引用的媒体的名称,如"据新华社成都消息"。电,主要是指通过电报、电传、电话等形式向本埠传递的新闻稿件。各家新闻通讯社向新闻媒体传递新闻信息时,多数采用此类形式,称为"电头"。"电头"一般由播发新闻单位的名称(多为简称)、发布新闻的地点和时间及播发新闻的形式(即"电")组成。如"新华社华盛顿6月26日电"。

(三)导语

导语是消息文本的开首部分。它和一般文体的开首部分有所不同,并不用来介绍事由、缘起,也并不只是起一种导引作用。消息的导语,从形式上看,它是文本的第一个自然段(如果整篇消息只有一个自然段,那么导语就是开头的第一句话);从内容上看,它必须对新闻事实(事件)用言简意赅的语言加以概括;从功能上看,它必须对所报道的新闻事实(事件)进行浓缩、提炼,展示其最新鲜、最精彩、最重要的兴奋点,对受众形成看一眼就被吸引住的力量。因此对于消息来说,导语并不是一般意义上的文本开头,而是文本中新闻信息特别集中、价值含量特别高的兴奋点,是"浓得化不开"的部分。

导语是消息的核心所在。一条好的导语会让受众感到眼前一亮。如果导语平庸,性急的受众就可能因为最初印象不佳而将注意力转到别的报道上。在倒金字塔结构中,导语的任务是让受众了解基本的新闻事实和关键信息。而在非倒金字塔结构中,导语不一定要说出基本的事实,它的作用是紧紧抓住受众的注意力,引导他们继续往下阅读。

导语根据不同的标准可以分为不同的类型。我们采用比较通用的分类方法,即按表达方式的不同将导语分为三大类:叙述型导语、描写型导语和议论型导语。

1.叙述型导语

叙述型导语是最基本的一种导语类型,它用客观事实说话,直截了当、简明扼要地反映出新闻中最重要最新鲜的事实要素,突出新闻要旨,让读者获得对新闻事实的总的印象。

叙述型导语包括直叙式、概括式、对比式等不同形式。

(1)直叙式导语。特点是开门见山,直接将最有新闻价值、最有新闻冲击力、最有吸引力的事实要素叙述出来。例如,获第十八届中国新闻奖一等奖的广播短消息《工人王洪军荣获国家科技进步奖》的导语:

本台记者鲍莹报道 今天上午在北京人民大会堂隆重举行的2006年国家科学技术奖励大会上,一汽大众汽车有限公司钣金维修工王洪军荣获国家科学技术进步二等奖。

(吉林人民广播电台2007年2月27日)

再如:

新华社驻美国记者任毓骏王如君报道:9月11日上午9时48分,一架飞机撞到了纽约世界贸易中心大楼,飞机把大楼撞了个大洞,在大约距地面20层的地方冒出滚滚浓烟。就在楼内人员惊惶失措之际,18分钟后,又有一架飞机撞上了世贸大楼,这架飞机是从大楼的一侧撞入,由另一侧穿出,并引起巨大爆炸。

直叙式导语适合快速地报道新闻,多用于动态消息,它能适应日益加快的现代生活节奏,已成为大多数记者采用的导语写作模式。但写好这种导语并不容易,关键在于解决好"叙述什么"和"怎样叙述"两个问题。"叙述什么"指的是必须作出准确判断,在报道的内容中,哪一个新闻事实最有新闻价值,最为读者关心,是最大的兴趣点,就在导语中突出这一事实要素。"怎样叙述"指的是叙述不仅要简洁,而且要明白而准确。总之,直叙式导语应当以凝练的语言摘取消息中最主要的内容,并且加以突出表现。

（2）概括式导语。特点是把新闻的诸项内容加以概括归纳,浓缩成一两句话表现出来。它包举全篇,为读者提供整篇消息的梗概。如 2001 年度中国新闻奖作品《达赖在信徒中的地位急剧下降》的导语:

西藏拉萨市近日对百户藏族居民进行了无记名问卷调查,调查表明:达赖在信徒中的地位急剧下降。

概括式导语多用于综合性消息或内容复杂、过程曲折的消息。善于归纳是写好这种导语的关键。在对全篇消息进行归纳时不仅要概括准确,还要尽量做到生动。概括式导语不是概念的堆砌、空洞抽象的表达,而是要言之有物。如外国记者写的消息《嫁给自己》的导语:

合众国际社华盛顿 3 月 12 日电 对珍妮弗·赫斯这位荷兰女子来说,5 月 28 日将是一个大喜临门的好日子。这一天,她将年满 30,成为羞涩的新娘,而且还将是自己的"新娘"。珍妮弗将在荷兰哈勒姆市市政大厅举行的婚礼上嫁给自己。

该导语把"大喜日子"的复杂内涵概括出来,信息量大。

（3）对比式导语。对比式导语是把新闻事实同一个与之既有联系又相反的内容放在一起叙述,通过对比衬托,以突出新闻事实的意义。这种导语中的对比又分以下两种情况:

一是纵向对比,即把现在的情景和过去的情景相比较,以过去衬托现在。如获得第十二届中国新闻奖一等奖的湖南日报消息《洞庭湖长大五分之一》的导语:

洞庭湖变大了! 经过三年规模空前的治理,洞庭湖面积扩大 1/5。这个自明清以来不断萎缩的湖泊,终于出现了历史性大转折。

（《湖南日报》2001 年 12 月 26 日）

数百年来"八百里洞庭"泥沙淤积,盲目开垦,造成严重洪涝灾害。1998 年的特大洪水过后,经过三年综合治理,通过平垸行洪退田还湖,"洞庭湖长大五分之一"。通过对比性材料,新闻事实凸显的历史性变化的意义就更突出了。

二是横向对比,即把发生在此时此地的新闻事实同另一情景相对比。如《长江大桥上车水马龙》的导语:

新华社武汉 1957 年 10 月 16 日电 武汉长江大桥正式通车后的第二天,长江上遇到了八级狂风,江面白浪滔滔,武汉市悬起了"风大浪急轮渡停航"的公告牌。但是,长江大桥却接待了南来北往的火车、汽车和络绎不绝的人群。

这条消息如果是第一次报道长江大桥通车的消息,可能会用纵向对比突出大桥的意义。但这是报道正式通车第二天的情况,作者巧妙地用"风大浪急轮渡停航"这一点来衬托长江大桥的车水马龙的情景,现成的材料,现成的对比,长江大桥的作用和威力不言自明。

再如,"正当鸟语花香的春天到来时,记者在河北山区,看到大约半数荒山都见不到新绿"。春天本该是鸟语花香,未见绿色的荒山与其形成鲜明的对照。写前者是为了衬托后者,制造这种悬念式的气氛吸引读者去发掘具体的新闻事实。

对比式导语由于同时叙述了对比的两面,更需要作者在叙述中力求简练,尽量不加大导语的篇幅。一般说来,这种导语是以新闻事实为主体,将对比的内容处理成修饰语或作为背景交代,仅仅起陪衬作用。

2. 描写型导语

该导语是一种以生动具体的描绘见长的导语。记者抓住新闻中的主要事实、事件发展的高潮、事件的某一有意义的侧面或某个特定的场景等,进行简洁质朴而传神的描写,以造成现场感来感染和吸引读者。

描写型导语最常见的有见闻式和特写式两种。

（1）见闻式导语。以描绘远景见长,故一般用于较大场面的描述。它以叙事为主,穿插一些形象的描写,比起叙述型导语来,它要使读者获得如临其境的感受。

2003 年 10 月 16 日凌晨,我国首次载人航天飞行圆满成功,航天员杨利伟在亿万观众的瞩目下安全返回地面,全国各大媒体争相报道。《解放军报》的消息为《目击杨利伟飞天归来》,其导语为:

今天清晨 6 时 23 分,中国首飞航天员杨利伟乘坐"神舟"五号载人飞船从太空归来,平稳着陆于内蒙古中部草原。

而当天的《人民日报》发表的消息《我国首次载人航天飞行圆满成功》,其导语采用见闻式:

"看到了,我们看到了!"晨曦初现的草原上传来惊喜的欢呼声:"神舟回来了!"

两条导语,各有千秋,但比较而言,见闻式导语更有吸引力。它一开篇就把读者带进了报道现场,同时,也把现场的气氛带给了读者。

（2）特写式导语。以表现近景见长。它抓住人物表情或一些事物的局部细加描绘,给人留下特写镜头般的印象。在一些新闻报道中,记者往往在导语中通过对某一点的特写,由点到面,由此及彼地引导读者阅读全文,了解整个新闻事实。例如:

巡警威廉·伊斯顿紧张地盯着一支口径为十二毫米的鸟枪枪口。突然,他一只手扣响了自己手中的左轮手枪,同时像只猫似的敏捷地闪到一边。

再看《"王尔德"重返都柏林》的导语:

美联社爱尔兰都柏林(1997 年) 11 月 19 日电 近百年以前,过早离开人世的剧作家和才子奥斯卡·王尔德终于在这个月回到他度过了半生的都柏林:他低头垂肩,面带自负的笑容,高居在梅里恩广场的一块岩石上。

导语中用来描写形象的部分只有最后的一句话,26 个字。这个形象描写抓取了王尔德雕像的两个特点:低头垂肩和自负的微笑。消息主体中的背景介绍说:"王尔德曾因与年轻男子调情而遭到起诉并被监禁 3 年。这使他一蹶不振,终于在 1900 年 46 岁时逝世于巴黎。"人物的表情也许反映了雕刻家丹尼·奥斯本对王尔德重归故国的心态的诠释,而消息导语中的描绘,寥寥几笔,恰恰也再现了这一特点。特写式导语的"点睛"之笔,是记者观察与思考的结果。

一般说来,描写型导语在事件性新闻即动态新闻中用得较多些,在非事件性新闻特别是经验新闻中要少些。而在动态新闻中的会议新闻中又很少采用这种写法;在非事件性新闻中,综合消息采用这种导语又多些,至于在特写新闻和在现场目击式报道中,这类导语用得更多。

描写型导语虽然能以生动的画面感染读者,但过多的描写又不符合导语简洁的特性。所以,在什么情况下采用此类导语必须谨慎考虑。其次,要防止描写过多,只能运用白描,寥寥几笔勾勒出对象的主要特征,以写意传神为宗旨。再次,描写一定要注意具体生动,避免陈词滥调和空泛的辞藻堆砌。

3. 议论型导语

新闻报道以客观叙事为主，一般不允许记者直接在报道中大发议论，但有时也不排除叙事过程中画龙点睛式的说理议论。

议论型导语，就是用夹叙夹议的方法或者借助一些因素巧妙地表达对新闻事实的态度的导语。

常见的议论型导语有评论式导语、设问式导语、引语式导语。

（1）评论式导语。评论式导语的特点是叙事与议论紧密结合在一起。它表现为两种情况，如：

本报东京湾美国"密苏里"号战舰上9月2日电　今日上午9时05分，日本外相重光葵在无条件投降书上签字。日本终于为它在珍珠港投下的赌注付出了代价，失去了世界强国的地位。

这是先叙事后评论。"日本外相重光葵在无条件投降书上签字"是事实，"日本……地位"是评论，点名事实的历史意义。

又如获2002年度中国新闻奖的消息《广东着力解决农村困难家庭子女读书难》，其导语为：

我们常常轻松而随意地使用"座无虚席"来形容观者的众多，来烘托场面的精彩。新中国的义务教育为追求"座无虚席"，筚路蓝缕奋斗了半个多世纪。如今，"座无虚席"在广东省的每一所农村中小学的课堂上成为现实。去年秋季以来，广东已基本做到没有一个孩子因贫困失学、辍学。对于广东省委、省政府来说，这四个字并不轻松，因为它承载着全省88.8万贫困中小学生书杂费全免的义务教育；这四个字沉甸甸，因为它意味着从今以后全省每年须支出3亿多元的财政专款。

这条导语先评后叙。先点出"解决农村困难家庭子女读书难"的意义，后概括写出广东省的做法和为实现这一做法所要支出的财政款额。评叙结合，很好地表现出了事实的意义。

评论式导语要求议论精辟，对新闻事实意义的揭示要一语中的。要充分挖掘事实本身所蕴含的意义，但不要脱离事实任意发挥，更不能牵强附会地将一些无关的评论强加于事实之上哗众取宠。

（2）设问式导语。这类导语是把新闻报道里已经解决的问题或确定的思想内容，先用疑问句鲜明地提出，而后用事实加以回答，使之更加引人注目，吸引读者阅读全文以获得对问题的全面解答。

设问式导语回答问题的情况有两种：或边问边答；或开头提问，全文作答。前者先给读者一个粗略的回答，读者欲知详情，定将阅读下文。后者先不作答，容易产生悬念，吸引读者追寻答案。请看下面这则导语：

一架飞机能从宽仅14.62米的巴黎市中心的凯旋门门洞中飞过，谁会相信？法国人不相信，巴黎市警察局也不相信，但这却是真的。

（《人民日报》1981年10月21日）

这则导语在提问之后并不急于转入主体，而是通过"法国人不相信，巴黎市警察局也不相信"进行加码、蓄势，调动起读者了解事实真相的强烈好奇心。

而芝加哥《每日新闻》的一则消息《钢铁价格上涨》的导语是：

本报讯 最近钢铁价格上涨,这将对你的购买力发生怎样的影响呢?

由钢铁涨价引起的消费品价格上涨是一般读者最为关心的问题,这一问题在主体部分得到了回答。具体在主体部分中以大量的事实提示了钢铁涨价与消费品价格的内在联系,对消费者来说,涨价的影响就不言自明了。

(3)引语式导语。引语式导语的议论并不是记者直接发表言论,而是引用新闻中主要人物精彩的语言或人们熟知的俗语、谚语、警句名言来点名题旨、表明观点或引出主要新闻事实。

引语的方式有两种:直接引语和间接引语。

直接引语即直接引用原话。西方新闻写作教材中对直接引语非常重视。他们认为直接引语最大的好处之一,就是能够揭示被采访者的观点或情感。广播电视新闻更是直接让人物说话。

直接引语应注意其真实性,千万不能是经记者编造后的话。

间接引语是把别人的原话略加整理引出。整理的目的在于让引语的意思更简明扼要。如:

路透社北京8月2日电 邓小平副主席今天说:中国没有叫台湾投降,而是希望它接受在平等的基础上就中国和平统一的问题进行谈判。

间接引语引用的虽不是人物原话,但必须符合愿意,不能断章取义,更不能不负责任地随意歪曲。

(四)主体

导语之后的主要部分称为主体,形象一点说,如果将导语比做"头",主体便是"躯干"。消息要有一个精彩的导语,以便吸引读者;兴奋点之后,还必须有一个丰满的、文字讲究的主体,否则,不能算作合格的消息。

虽然标题、导语已经概括了新闻事实(事件)内容,比如,标题采用高度概括的方式表现新闻事实,导语表现新闻事实的方式是掐取其中最新鲜的、最有价值的部分,但读者藉此还不能了解事件的全貌,所以,主体的任务具体来说主要有两方面:

一是解释和深化导语。即对于导语中所涉及的内容,提供进一步的细节和具体材料,使读者能够更清楚地了解新闻事实的全貌。

二是补充新的事实。消息的导语部分有时无法涵盖全部的新闻事实要素,主体部分可以补充交待导语中未涉及的新闻内容,使六要素完备。有时,还交待有关的背景材料,使读者对新闻事实的来龙去脉有更深的理解。

所以,消息主体是阐述新闻内容的主要部分,对主信息的强化起着非常关键性的作用。

在一些篇幅较短,内容较单一的新闻里,主体部分的两大作用有其一就可以了。请看2005年11月22日《参考消息》上所发的两条消息:

例 文 1

布什支持率再创新低

法新社纽约11月17日电 美国哈里斯网上评估公司今天公布的民意调查结果

表明,布什总统的支持率再创新低,低至 34%。

此次民调结果显示,约三成的美国人认为布什在白宫的表现是"积极"的,而 65% 的人认为"还算可以"或"差劲"。

根据这家总部设在纽约的民意测验机构统计,布什的支持率自 2004 年 11 月成功连任以来一路下滑,68% 的被调查者说美国正在"沿着错误的路线"发展,27% 的人认为它正朝"正确的方向"前进。

例文 2

俄确定明年接收外劳数量

俄塔社莫斯科 11 月 16 日电 根据俄罗斯联邦政府总理弗拉德科夫签署的政府令,2006 年,不超过 32.93 万名外国劳动力可通过官方邀请前往俄罗斯打工。

俄罗斯政府每年都会确定外国公民到该国务工的人数。2005 年向 21.4 万名外国人发出了邀请。

以上两例中,例 1 是解释和深化导语,细说"新低"低至什么情况。例 2 是对导语的补充。导语说 2006 年的情况,主体补充了 2005 年的情况,可供读者参考。

(五)结尾

消息和任何文体的文章一样,都有开头和结尾。消息的结尾,就是消息的主体部分已经将新闻事实交代清楚,写作者从新闻事实的整体和揭示主题的需要出发,即从全盘考虑作出进一步的总结、深化、说明或补充,它有时作为消息的最后一段,有时是消息的最后一两句话。

常见的结尾形式有以下几种:

1. 自然收束法

大多数新闻都采用这种方法,尤其是倒金字塔式新闻,故又被称为"倒金字塔式结尾法"。当材料已按重要程度递减顺序安排完毕,或者是当必要的新闻内容、新闻要素、事件过程交代完毕,全文已具有水到渠成之势,就此戛然而止,不再节外生枝另作一个所谓的"结尾段"。因此也有人称这类结构的新闻,没有结尾。

2. 卒章显义法

在结尾处,用画龙点睛的语言(或引用他人精辟的语言),一语中的地点明新闻事实的本质或问题的实质,或总括全篇,或提示读者。它能使新闻主题更加明朗、突出,甚至得以升华。如 1980 年 2 月 4 日《参考消息》上的一则外电《莫斯科出现手纸荒》:

合众国际社莫斯科 1 月 31 日电 莫斯科居民又碰到另一种短缺:没有一处地方可找到厕纸。

一名恼怒的莫斯科人星期二说:"我们就是到处找不到。店主人只说出现短缺。"

存有厕纸的寥寥可数的商店挤满了人。

有人说:"有人暂时裁用纸台布或纸尿片充厕纸,但这些东西现在也用完了。"

一年多来,行之有效的办法是,裁用苏联《真理报》。

一个多么有力的结尾!它貌似叙事,却包含作者对厕纸短缺这一事件的评论和强烈的感情色彩。舍去它,全文绝对要失色一半。

3.发展趋向法

新闻事实是在不断变化发展之中的,现有的事实可能蕴含了今后的发展趋势。同时当报道某一事件的现状时,读者还有兴趣知道下一步发展。所以,这类结尾的写法,或启发读者的思路,让人看到前景,增添信心;或预告事件动态,让人对此进一步的关注。例如,新华社《雷峰塔舍利函开启 函内文物通宵清理》的结尾:

截至发稿时,文物专家还在清理和鉴定舍利函内的文物,清理和鉴定工作有可能持续一个通宵。明天上午,文物专家将公布和展示舍利函内的文物情况。

再如2002年度中国新闻奖作品《广东着力解决农村困难家庭子女读书难》,主体部分着重报道完上一年的情况后,结尾写道:

继去年采取重大举措之后,广东省今年又推出一个重大举措:在年内加快改造革命老区和山区1000所农村小学,省财政为每所小学补助30万元,共计3亿元,要求将有危房的学校改造成规范化学校,乡镇中心小学要建成有规模、上水平的学校。副省长李鸿忠在接受采访时说,这是为了落实政府义务教育的责任,着眼于经济社会的长远发展,也是为了进一步体现教育公平,力争让所有经济欠发达地区的孩子和城市的孩子站在同一个起点上。

(《人民日报》2002年5月7日)

4.拾遗补阙法

这种结尾往往补充新闻导语和主体部分未提及的新闻要素,使新闻报道完整、圆满;或者补充有关的背景材料,使读者对整个的新闻事件形成更加明晰的认识。在形式上表现为结尾处有明显的"结尾段落"。如《水煮鱼居然使用口水油》:

本报讯 据《竞报》报道,北京刘先生家的窗户正对着一家餐馆的后厨,一天晚上,他偶然看到服务员将顾客吃完的水煮鱼放到后厨,厨师则将盆里的油倒进了一个大桶里。难道这家餐馆做水煮鱼使用"口水油"?记者对刘先生所说的餐馆和另一家大餐馆进行了暗访。发现一些餐馆不允许把油打包带走,重复使用水煮鱼油的情况确实存在。

记者来到位于北京前门的一家餐馆,这里不让顾客打包。记者借看鱼大小的机会进入后厨,只见一个大厨正朝着一个不锈钢大桶走去。记者过去一看,里面全是污浊的油,油里还漂浮着辣椒。不用问,新油里是不会浮着辣椒的,这一桶都是"口水油"。大厨从桶里舀了油就上灶台。记者和这位大厨聊了起来。

记者:别人吃完剩下的油再用卫不卫生啊?

大厨:没事,高温熬过的,消毒的没事。

记者:这一桶油多长时间换一次?

大厨:这基本上不换,都是老油,用少了就加新油,这样循环用。

餐饮业中绝对不允许重复利用油,而餐馆冒险使用"口水油"原因是什么呢?记者算了一笔账:一盆水煮鱼大概需用三斤油,按每斤三元计算,成本就是九元,一盆省九元,对于小本经营的餐馆,是值得冒这个风险的。

专家介绍,油在高温反复熬制过程中,产生的一些聚合物,会对人体健康造成危害,有一定的致癌性,还对消化器官、肝、肾等有一定的损害。

如何分辨水煮鱼用的是老油还是新油？一看油色：新油油色发亮而清澈；新油做出的鱼肉比较白嫩；第二，旧油非常混浊，油色发污；旧油做出的鱼肉则比较发暗。另外，餐馆为了掩饰这种不新鲜的油，往往会在油里多放辣椒。

（《广州日报》2005 年 9 月 7 日）

消息结尾告诉人们该如何分辨"口水油"及其做出的水煮鱼。补充这一信息，对于读者来说是十分必要的。没有这个结尾，读者只知其然，加上结尾，就知其所以然了，信息含量也在无形中增大了。

（六）新闻背景

什么是新闻背景？具体来说，它是指新闻报道中同新闻的主要事实有密切关系的历史情况、社会环境、政治局势、自然情况、人物简历、知识资料和基本数字等附属事实材料。

理解"新闻背景"这一概念，应注意三点：一是要明确新闻背景是事实；二是要明确新闻背景是附属性的材料，而非新闻本体事实；三是明确新闻背景的作用是对新闻事实进行解释。

背景材料是新闻稿件中不可缺少的内容。对于读者来说，新闻背景不仅能为读者不熟悉的新闻事实做注释，还可以帮助读者加深对新闻事实意义的理解，认识新闻事实所蕴含的新闻价值。对于记者来说，能够借以表达他的立场、观点、思想倾向，是作者巧借事实说话的一个重要手段。我们强调新闻必须用事实说话，记者一般不在新闻中直接发表议论，但谁也无法禁止记者通过采写的新闻事实来表达自己的立场和看法。在西方，新闻背景被用来表达记者的观点，几乎成了记者共同遵守的准则。他们或貌似客观，实则是有选择地引用他人的言论，完全是"六经注我"式的让自己的观点表述得更为合乎"客观性"；或是提出与新闻事实相对立的另一些背景材料，造成以子之矛攻子之盾的冲突或真与假的对比。以功能为依据，常见的背景材料有以下几种：

1. 说明性背景材料

它是用来说明和解释新闻事实产生的原因、条件和环境以及人物行为活动的背景材料，包括历史背景、地理背景、人物背景、实物背景等。其作用在于能使新闻内容容易为读者所理解接受，使新闻的意义显得更为清楚突出。在新闻六要素中，"为何"要素如果交代不清楚，不说明与解释新闻事件的来龙去脉及其与周围事物的联系，新闻就会缺乏深度，事物的内在规律性就难以揭示。这一点，在深度报道的解释性报道中显得尤其重要。

请看 2003 年度的中国新闻奖获奖作品《中国总理与艾滋病人握手》，报道温家宝总理在北京地坛医院与三位艾滋病患者握手交谈，鼓励他们坚定战胜疾病的信心。其中写道：

一些学者指出，在中国及其他很多亚洲国家，由于文化、社会等因素的影响，容易对艾滋病人产生歧视，这造成患者和病毒携带者生活艰难，也使很多人不愿深入了解有关艾滋病的知识。

最近一项调查显示，约 20％的中国人从未听说过艾滋病，只有 66％的被调查者知道艾滋病不会通过共餐传播。多达 77.2％的被调查者表示不能接受让感染艾滋病病毒的同事继续工作。

（新华社 2003 年 12 月 1 日）

这两段文字就是说明性背景材料。由于这篇报道是对外报道，一般西方人难以理解

283

"与艾滋病人握手"的意义,因此,报道特意加上大多数中国人及其他很多亚洲国家的人们由于文化、社会等因素的影响而对艾滋病人存有歧视,大多数人担心与艾滋病患者握手会被传染病毒等内容,有了这些背景材料,"中国总理与艾滋病人握手"这一事实的意义也就特别突显出来了。

2. 注释性背景材料

这是用以帮助读者理解新闻内容、增长知识和见闻的背景材料。它通常包括人物出身经历(事物来历)、性格特点;产品性能、使用方法;名词术语、科技知识的解释等。

例如,《北京日报》曾经发过消息《"狗不理"包子在北京地安门开业》,就提供了这样的注释性背景材料:

天津"狗不理"包子历史悠久。相传100多年前,天津侯家后运河边有个绰号叫"狗不理"的人摆了个包子摊。他做的包子与众不同,打馅、揉面颇有独到之处,味道鲜美,吸引的顾客越来越多,"狗不理"包子便因此扬名了。

这段材料,把"狗不理"包子的来历向读者作了交代,增加了信息含量,既解答了不少人的疑问,又无形中让人增长了知识。

说明性材料和注释性材料的意义,都在于为读者着想。它或者让读者对新闻事实的了解不仅知其然而且也知其所以然;或者扩大读者的知识面,让读者对新闻事件中的一些陌生的内容容易理解接受。

3. 对比性背景材料

对比性背景材料是指那些能与新闻主体事实形成某种对比关系(正反,前后,彼此等)的材料。在新闻事实与新闻背景两类不同性质的对比中,作者的思想倾向不言自明。如消息《亚洲人读书越来越少》:

法新社香港3月12日电　就在亚洲的发达国家和地区为自己在教育方面取得的惊人成就而自豪的同时,最近的调查表明,这些国家和地区正在背弃一项主要的学习方式——读书。亚洲各地区有迹象表明,书籍正在受到视频游戏、电视和其它电子娱乐形式的冲击。

在日本,全国约1.3亿人口的识字率几乎达100%,但大多数日本人却说自己太忙,无暇读书。

日本的畅销报纸《读卖新闻》的调查表明,去年10月接受调查的1869人当中有48%在过去一个月中没有读过一本书。其中半数的人表示自己太忙,18%的人说有趣的书太少。

香港也出现了类似现象,更加直接的娱乐形式——尤其是唱卡拉OK和看电影——在香港人的日常生活中占有更高的地位。

本年度的香港国际文学节总监梁美妍表示:"香港的娱乐活动太多了。人们觉得玩游戏比坐下来看书有趣。香港没有读书的风气。"

今年的文学节是香港有史以来最成功的一次。曾获"布克奖"提名的作家戴维·米歇尔和该奖项的评委会主席约翰·凯里均应邀出席。但梁美妍说,具有讽刺意味的是,香港人的读书选择非常有限。"人们只对流行书籍感兴趣,例如励志书籍或斯蒂芬·金、约翰·格里沙姆等人的畅销小说。如果你想买比较古典的、优秀的文学作品,你甚至会找不到。"

三联书店一名采购经理认为，香港人中只有5%经常读书。他说："整个社会关心的只是玩乐和怎么挣钱。香港的生活节奏很快，人们发现很难坐下来读书，因为文字不像电影那么吸引人。"

在泰国，尽管全国5530万人口的识字率为91%，但只有61%的人有阅读的习惯，其中2/3的人只读报纸。泰国教育部长表示，书籍必须与电视和无线电作战。

（《参考消息》2004年3月26日）

对比是证明和说服的一种有力手段。这则消息从读书与娱乐的对比中揭示出在今天"不读书"问题的严重性，引起读者的反思。

4. 提示性背景材料

提示性背景材料是作者精心安排的，对新闻事实的意义有所提示或对读者有某种暗示作用的背景材料。如《阿部长会议主席谢胡自杀身亡》：

新华社北京1981年12月19日电 据阿通社报道，阿尔巴尼亚部长会议主席穆罕默德·谢胡12月18日凌晨自杀身亡。

这一消息是阿尔巴尼亚党政领导在18日晚发布的一项公报中公布的。这项公报说，谢胡是在"精神失常"时自杀的。

在这之前，阿通社在12月17日曾经发表谢胡16日在地拉那接见罗马尼亚政府贸易代表团的消息。

谢胡自1948年起任阿尔巴尼亚劳动党中央政治局委员，1954年起任阿尔巴尼亚部长会议主席，终年68岁。

这一消息中，谢胡"自杀身亡"是新闻事实，谢胡为何自杀，却是读者最为关心的"新闻背后的新闻"。第一个背景材料是说明性的，引用阿尔巴尼亚党政领导发布的一项公报所说，解释为"精神失常"时自杀。消息写到这里，按理说主要要素都有了，事实也基本清楚了，最多加上最后一段介绍一下谢胡的生平就足够了。但这里作者特意又引用了一个关于"谢胡16日在地拉那接见罗马尼亚政府贸易代表团"的事实。这个背景材料既不是对谢胡死因的说明解释，也不与新闻事实本身构成对比，算是什么样的背景材料呢？原来，这一背景材料在向读者暗示或提示：阿尔巴尼亚党政领导发布的公报对谢胡之死的解释是值得怀疑的。事实也的确如此。不久，阿通社就改变了说法，说谢胡早就是西方的间谍等。这就是提示性背景材料在新闻报道中的运用。

提示性背景材料与对比性背景材料的运用，体现了记者报道客观事实的主观能动性，巧借一些相关的背景材料来表明自己的思想但又不违背新闻报道"用事实说话"的要求。

动态消息例文

天津滨海爆炸事故现场消防专家确认

700吨氰化钠已找到　尚未发生大范围泄漏

冯国梧

记者15日从天津港"8·12"瑞海公司危险品仓库特别重大火灾爆炸事故现场消防专家处了解到，昨日上午8时左右，氰化钠生产企业河北诚信有限责任公司老板主动带着一群技术人员来到爆炸现场,协助全力排查氰化钠的分布情况,组织实施对氰化钠的清理回收。

河北诚信有限责任公司(下称河北诚信)官网显示,该公司是全国规模最大的氰化钠及其衍生物生产企业之一,是中国化工 500 强企业。该公司是天津滨海爆炸事故现场堆放的氰化钠的货主。

爆炸事故现场消防专家介绍,15 日上午 8 时左右,现场发现一处白色固体。他们及时将氰化物货主找来辨识,确认后迅速组织相关人员查找氰化钠可能分布的区域。

考虑到这里曾经发生过大规模的爆炸,许多氰化钠的包装被炸开,有些氰化钠可能散落,专业人士从爆炸现场开始展开搜索,查找氰化钠的下落。

现场消防专家称,目前已找到氰化钠的分布范围,并以发现氰化钠相距最远的两点划定重点排查区,只允许专业人士在现场作业。在此基础上再扩大 1.5 倍距离为缓冲区,组织专业人员进行全面排查和处理。

化工专业人士告诉记者,氰化钠为剧毒物品,进入人体后,会释放氰根(CN-)。因为与铁离子的结合能力更强,氰根会争抢细胞中的铁离子,阻断细胞正常的氧化过程,使细胞窒息,组织缺氧,致人死亡。

如何处理已找到的氰化钠? 那些已爆炸散落的氰化钠又该如何处理?

现场消防专家介绍,河北诚信已派出专业人员将氰化钠以及可能含有氰化钠的土壤进行回收处理。从目前检测的数据看,尚未发生氰化钠的大范围泄漏。此外,天津市安监部门已准备数百吨双氧水用于分解可能残留的氰化钠。

河北诚信有关负责人说,这批氰化钠是用于出口的,总量约 700 吨。

(《科技日报》2015 年 8 月 16 日)

采编过程(作品简介):

"8·12"天津滨海爆炸事故震惊全国,特别是在传出爆炸现场存在大量剧毒品氰化钠的消息后,各种传言到处弥漫,给人们造成了极大的恐慌。

记者第一时间联系到天津消防所高级工程师付学成,他是事故发生后,一直坚守在事故现场处置的权威消防专家。在与记者的通话中,付学成无意中说出他在现场发现了氰化钠,记者敏感地抓住这一信息,仔细询问发现的过程、现场氰化钠的数量、分布位置、处置方法、是否造成污染等,在反复核对、确认事实无误后,迅速发回了这则消息。稿件 15 日当天第一时间在中国科技网上发出。报纸细化和完善部分内容后,在 16 日头版头条刊发。出于多种考虑,付学成再三要求报道中不要出现他的名字,记者在确保事实无误的基础上,尊重了采访对象的选择,文中以消防专家相称。

社会效果:

作为"8·12"天津大爆炸事件中最早报道 700 吨氰化钠确切下落的独家新闻,这则消息刊发后,被中央电视台、凤凰卫视、人民网、澎湃网等几乎所有的主流、资讯类媒体、网站、新闻客户端和微信公号竞相转载,彭博社、BBC 等众多海内外媒体也转载或引述了本报的报道。这则消息有效地澄清了有关氰化物的种种不实传言,消除了人们的恐慌心理。"今日头条"大数据统计结果显示:2015 年公众关注度最高的事件是"8·12"天津大爆炸,而天津大爆炸事故报道中关注度最高的就是《科技日报》的这则消息,其阅读量高居所有媒体报道之首。中央宣传部新闻阅评也对《科技日报》"8·12"爆炸的报道给予了高度肯定。

推荐理由:

该作品具有鲜明的科技特色,作者敏锐地捕捉到关键信息,让最新事实和科学分析研判相结合,信源权威,细节清晰,行文稳健,说服力强。回应社会关切,消除了民众恐慌。文章刊发后,众多海内外媒体转载引述了该报道,发挥了在重大公共安全事件中定纷止争、稳定人心的作用。

本文获第二十六届(2016年)中国新闻奖二等奖。

述评消息例文

漠视生命是最可怕的沉沦

林新华

一个老师倒下了,他倒在自己学生的刀下。

他是学生眼中的好老师,也是同事眼中的好同事。

但这一切优点,都没能让他逃过这一劫。

刺倒老师的他,是家长眼中的乖孩子,邻里眼中的尖子生。

但这一切优点,却没能让他放弃这一暴行。

12月4日,这起发生在邵东某中学高三某班的杀师案,令人震惊,发人深思。

没有深仇大恨,没有激烈冲突,他为何如此残忍?

12月9日,新华社记者披露了这一案件的细节。

在这些细节中,我看到了许多诱因:沉迷玄幻小说,性格内向封闭,人生目标缺失,家庭沟通不够……

应该说,这是许多案例中的共性诱因,但我认为这不是触发此悲剧的关键。

在阅读这些细节中,让我为之震惊,为之惊骇的是他对生命的漠视,他漠视的既有自己的生命,也有他人的生命。

记者在看守所采访他时,小龙(化名)始终微笑,很放松。问到对滕老师的印象,小龙笑着说,两年多来,滕老师并没有粗暴对待他或伤他自尊。

记者问他杀害老师的原因时,小龙说,"我从来没把他的命放在心上"。

"我从来没把他的命放在心上。"多么可怕的回答!多么令人不寒而栗的回答!

对别人生命如此漠视的他,对自己的生命是否珍惜呢?

与记者交流中,他说,理想的生活是"一个人住,看小说,混吃等死"。案发前一晚,小龙突然笑着对室友说,自己"大限将至,阳寿已尽"。

一个今年刚满18岁的青年,在漠视别人生命之时,竟然同样视自己的生命如草芥。

小龙的回答,让我深思,也让我忧虑。

因为,漠视生命的青少年不只是小龙这一个案。就在一个半月前,同样在邵东,10月18日,3名未满14岁的少年入室抢劫,将一名小学女教师杀害。

一语不合,杀害同学;教育几句,杀害老师;家庭矛盾,杀害家人……漠视他人生命之时,各种不可思议的自杀,也频频发生。学业压力大,自杀;升学不顺利,自杀;受点小委屈,自杀……

据人民网等媒体报道,在全球青少年自杀率不断上升的同时,我国也同样遇到这样的问题,目前,自杀已成为青少年人群死亡的首要原因。

漠视生命正在一些青少年心中萌芽,这是令人可怕的事,因为漠视生命是最可怕的沉沦。

人生最珍贵的是生命,没有生命就没有一切。珍惜生命是对自己的爱护,也是对他人的尊重。

当然,为了真理,为了革命,为了正义……舍生取义,那是光荣的、伟大的,为人民所敬仰的。除此之外,对自己生命的漠视,是不负责任的,是应该谴责的。对别人生命的伤害,是要被法律制裁的。

一个人对生命的漠视是最大的沉沦。生命是自己的,更是家庭和社会的,一个人来到这个世界,就要对自己,对家庭,对社会履职尽责。

一些青少年面对生命的漠视,显示出我们教育的缺失。这个缺失一是来自于家庭,在一些家长看来,除了孩子的成绩和身体健康,很少有家长对孩子心理健康给予关注,更谈不上对珍惜生命的教育。在家庭教育不够的同时,我们的学校和社会也没有对此给予足够的重视,一些学校更大的倾向是瞄准成绩排名、升学率的高低,虽有对学生的身心健康教育,但用时不多,用力不够,更谈不上对"问题学生"进行细致的观察,点对点的思想疏导。由于家庭和学校都没有把珍惜生命的教育放在重要的位置,甚至是忽视了这种教育,自然会出现小龙这样漠视生命的人,并任由他们制造惨案,引发悲剧。

和谐社会,首先需要对生命的珍惜,没有对生命的珍惜,哪来和谐? 漠视生命的人不只是对自己的生命构成威胁,同样会如小龙一样,对别人、对社会带来巨大的威胁和伤害。

小龙制造的悲剧,小龙们的悲剧,给我们敲响了沉重的警钟! 对生命珍惜的教育,应该从家庭开始,在学校普及,引起社会的高度关注,让他们了解生命的真正意义和担当,既珍惜自己的,也珍惜别人的生命,以此杜绝悲剧的发生。

(《衡阳晚报》2015 年 12 月 11 日)

采编过程(作品简介):

"邵东 18 岁少年杀师案"震惊全国,杀师少年称"我从来没有把他的命放在心上"令人震惊。这不是个案,就在这一事件发生的一个半月前,邵东还发生过三个未满 14 岁的少年入室抢劫杀害一名女教师的惨案。作者由这一系列校园悲剧展开论述,呼吁社会、学校和家庭,在加强青少年的文化素质教育之外,更应加强珍惜生命的教育,让他们了解生命的真正意义和担当。

社会效果:

该文在《衡阳晚报》发表后,"掌上衡阳"APP 进行了推送,取得了很好的社会效果。热心读者纷纷致电本报,高度评价该文是对这一重大社会问题的呐喊,应该引起全社会的关注;有不少读者来电建议,在衡阳市的各大中小学先行展开相关的讨论和座谈,推广生命教育。

推荐理由:

在 2015 年震惊全国的邵东少年杀师案发生后,就此事展开的评论很多。但本文之所以能在诸多评论中脱颖而出,关键在于作者在文章中没有泛泛而谈,而是建设性地提出在学生群体中开展生命教育已刻不容缓的观点,引发读者共鸣,而且极具现实意义和操作空间。文章发表后,读者好评如潮,不少人甚至建议在衡阳市的各大中小学率先展开相关的讨论和座谈。

本文获得第二十六届(2016 年)中国新闻奖一等奖。

综合消息例文

贫寒不失尊严 诚信贵于黄金
盐池县扶贫贷款零违约

沙新 连小芳 王玉平

本报讯 盐池县青山乡古峰庄村村民罗刚,几天前在农行顺利办结了 30 万元的贷款手续。由于罗刚替自己的贷款联保户汪某偿还了 3 万元贷款,盐池农行感其诚信,将罗刚的贷款额度从 5 万元提高到 30 万元。去年,盐池县用于滩羊养殖的扶贫贷款 25.4 亿元,2.4 万农户还款无一人逾期违约。

"现在,盐池县哪个滩羊养殖户的信用不值几十万元?"罗刚以自己的故事佐证。2009 年以来,通过两轮三户联保,罗刚先后贷款 34 万元,圈里的滩羊从 200 多只扩大到 1200 只,6 年赚了几十万元。2014 年 11 月 24 日是罗刚等三户联保第二轮贷款还贷的最后期限,联保户汪某因家庭变故无力偿还 3 万元贷款,11 月 22 日,罗刚替汪某还了贷款,维护自己和汪某比金子还珍贵的诚信。"这样的客户,今后需要多少,咱们就放贷支持多少!"盐池农行决定给罗刚发放 30 万元贷款。"30 万元能买 400 只羊,一年出栏三茬,就能赚六七万元,比替人还的 3 万元贷款多,不吃亏。"憨厚的罗刚这样算账。

互助资金和信贷资金捆绑贷款连续多年零违约,是盐池县又一诚信传奇。2006 年,盐池县启动贫困村互助资金,8 年累计为 89 个贫困村发放互助资金借款 1.44 亿元,无一笔逾期违约。互助资金把贫困群众"等救济睡着吃"的观念变为"靠双手干着吃",贫困村互助社也成为金融机构诚信客户的摇篮,农民普遍树立了"好借好还,再借不难"的诚信意识。"乡亲们不再认为扶贫贷款是救济款可以赖着不还,而是想方设法用贷款养羊赚钱,活得有面子有尊严。"王乐井乡曾记畔村村支书朱玉国说。2012 年,盐池农村信用联社与贫困村互助社捆绑推出"千村信贷",形成"凡在互助社借款违约者不得在信用社贷款,凡在信用社贷款违约者不得在互助社借款"的诚信机制,破解了因不讲诚信导致金融部门"难贷款"、农民"贷款难"的困局。

诚信为国家级贫困县盐池带来"农民脱贫、产业发展、银行获利"的多赢效应。目前,盐池县仅 1.44 亿元互助资金就撬动信贷资金 3.36 亿元,受益群众 6.7 万人,贫困户受益面达 60%。这些用于发展滩羊养殖等特色产业贷款的增收比为 1∶1.5；盐池县滩羊饲养量从禁牧前的 86 万只增长到 300 万只，滩羊养殖收入占农民纯收入的 60%；优质的信贷环境吸引宁夏商业银行、建行等金融机构纷纷抢滩盐池。

(《宁夏日报》2015 年 2 月 4 日)

采编过程(作品简介)：

作品通过罗刚替自己的贷款联保户汪某如期偿还 3 万元贷款，因诚信得到金融机构加倍支持的典型事例，讲述了宁夏中部干旱带上的革命老区盐池县贫困群众把诚信看得比"黄金"珍贵，最终投桃报李、依靠诚信脱贫致富的故事，为遭遇诚信危机的当今社会提供了具有说服力的正能量"样本"，展现出一个国家级贫困县的贫困群众珍惜国家支持、积极向上脱贫奔小康的精神风貌。作品角度新颖、例证生动、主题鲜明、说服力强，彰显了主流媒体对社会主义核心价值观的弘扬与倡导。在对宁夏脱贫攻坚战役实施过程的深入了解中，记者获取了一条独家新闻：盐池县一位农民为了维护诚信，自己拿钱替发生家庭变故的贷款联保户及时还款。记者敏锐地感觉到这条新闻背后有新闻，经过继续深挖，了解到盐池县 25.4 亿元滩羊养殖扶贫贷款，2.4 万农户还款无一人逾期违约的事实。经过近一周的深入采访，写成了这篇见人、见事、见重大主题的稿件。

社会效果：

稿件刊发后，被媒体大量转载，赢得了社会广泛关注。国务院金融工作领导小组评价盐池县金融扶贫是"中国金融与扶贫有机融合的一个典范，一个创举"，"盐池金融扶贫模式"在宁夏回族自治区得到全面推广。诚信这块金字招牌吸引了一大批有实力的企业到盐池县投资兴业，盐池县还获得金融扶贫示范县、精准扶贫试点县等项目支持和荣誉称号。盐池县的诚信建设成为彭阳、环县等周边市县区争相学习的样板。

推荐理由：

该新闻作品以小见大，用生动的事例和翔实的数据表现了两大时代主题——社会主义核心价值观和脱贫攻坚、全面建成小康社会，展现了贫困面达 20% 的革命老区盐池县贫困群众贫寒不失尊严、诚信贵于黄金的精神风貌，对如何锻造贫困地区群众脱贫的"造血"功能，对呼唤诚信的回归、净化社会风气具有启迪、引领作用。记者采访深入，捕捉到了新闻"活鱼"，选取的人和事都很典型、说服力强，表现的主题寓意深刻、思想性强，再现了脱贫攻坚中的可喜新事物，是弘扬主旋律、表现时代大主题的精品力作。

本文获得第二十六届(2016 年)中国新闻奖二等奖。

通　讯

课程导读

以回答 How(过程)为主的称为通讯，所以，通讯特别重视细节的写作。按照对象不同，通讯有人物通讯、事件通讯和风貌通讯三大类。人物通讯的重心在于展示人物的精神面貌和性格特征。事件通讯的重心在于突出事件跌宕起伏的故事情节或事件本身的重大意义。风貌通讯的重心在反映社会的变迁、时代的新貌或者是具体场景。

通讯是一种运用多种表现方法，比较详细生动地报道新闻人物、新闻事件及社会情况、工作问题等的新闻体裁。

一、通讯与消息

在所有的新闻体裁中，通讯与消息最为接近，它们都以报道见长，用事实说话，但二者之间的差别也是明显的。

请看源自1996年3月30日《新华每日电讯》的同题材消息和通讯个案。

消 息

陈景润遗体在京火化

新华社北京(1996年)3月29日(记者秦春)　著名数学家、中国科学院院士、中国科学院数学研究所研究员陈景润的遗体今天在北京八宝山革命公墓火化。

陈景润是因长期患病医治无效于1996年3月19日13时10分去世的，终年63岁。

温家宝、卢嘉锡、朱光亚今天上午来到八宝山革命公墓为陈景润送行。乔石、刘华清、宋健、王兆国、洪学智、严济慈等在陈景润逝世后分别以不同的方式对他的逝世表示哀悼，向他的家属表示慰问。

通 讯

告别陈景润

新华社记者　秦春

今天，八宝山革命公墓礼堂一片静穆。一代数学巨星陈景润安卧于鲜花松柏间，在低回的哀乐中，人们默默地为他送行。

陈景润一生为了钟爱的数学事业，孜孜不倦，呕心沥血，积劳成疾。最终，在距离哥德巴赫猜想"1＋1"的辉煌顶峰只有咫尺之遥时，他却体力不支倒下了。

人们缓缓地从他身边走过，默默地鞠躬，轻轻地走过，生怕惊扰了这位一生过度劳累的数学家。

一幅高悬的挽联向人们展示着陈景润的不朽精神——"景星有意顽强拼搏移动数学群山摘取明珠光寰宇；润物无声奋力奉献攀登科技高峰掬捧丹心照汗青。"

十多年来无微不至精心照料陈景润生活的妻子由昆医生，今天为丈夫送行，特意穿上她平时最心爱的军装。在她敬献的花篮上方，陈景润那张身着白衬衣、鲜红羊毛衫的大幅彩照，高悬于灵前，依然是欣慰的微笑，温和的目光。

温家宝、卢嘉锡、朱光亚前来八宝山为陈景润送行。乔石、刘华清、宋健、王兆国、洪学智、严济慈等对陈景润的逝世表示哀悼。中组部、统战部、人事部、卫生部、中国科学院的领导前来为陈景润送行。

　　著名数学家王元、杨乐、吴文俊、丁石孙来了,今天为陈景润送行,无不悲痛地说:"这是我国数学界的重大损失。"的确,在陈景润走过的 63 年的人生旅程中,他在解析数论的研究领域取得了多项重大成果,至今仍在哥德巴赫猜想的研究领域保持世界领先水平,在世界数学史册上为中华民族书写了辉煌一页。

　　陈景润生前最喜爱的学生之一王天泽博士,如今已是河南大学数学系教授。此刻,面对恩师的遗容,他久久不愿离去:"陈先生的勤奋、严谨治学精神使我终生难忘,他永远是我心中的楷模。"

　　18 年前作家徐迟描写陈景润的报告文学《哥德巴赫猜想》,曾对当时的一代青少年成长产生过深深的影响,激励和鼓舞了他们勤奋学习去攀登科学高峰。如今,一代数学巨星陨落,已是 82 岁高龄的徐迟老人又拿起颤抖的笔,记下哀思。

（新华社北京 3 月 29 日电）

　　上述消息作品突出的是"陈景润遗体在京火化"这样一件事,叙述显得相当简约,可谓言简意丰,也并不追求叙述的生动性。通讯作品则以饱满深情的笔触,穿插叙写了公墓礼堂的场景、气氛,人们的感觉、心境,数学巨星陈景润的辉煌成就,甚至还写到了妻子由昆的衣着打扮和陈景润的音容笑貌。总之,保留了许多无法写到消息中去的材料,采用了许多并非消息所常用的写作手法。由此,通讯显得比消息丰满和生动,也就是情理中的事情了。消息是以"何事"为中心的报道,通讯是以"如何"为中心的报道。"消息"和"通讯"作为两种报道策略具有各自的重要意义,选择哪一种报道策略,主要是由报道对象的价值形态决定的。

　　也就是说,有些事物,其价值形态表现在其变化的结果上,而有些报道对象,其价值形态主要表现在其变化的过程中。比如,"第七届全国好新闻奖"参评稿中有一篇名为《六十八封平安信》的通讯,说的是一个农村姑娘在其兄参军走后不久,父亲去世,她为了使哥哥安心服役,隐而不报家丧,前后共写了 68 封平安信。每次写信都说家里很好,长达数年,自己一人挑起家中生活的重担。这一题材中,事物变化过程中的信息价值不大,所以,评委认为,这作为一条消息报道一下也还可以,但作为通讯,就显得信息的质与量都不够。

二、细节在通讯写作中的重要意义

　　通讯以报道事物变化过程为旨趣,对报道对象是一种下马观花式的观照。下马观花,逼近实地,如果写不出细节,就会给人没看真切之感;报道欠具体,恍恍惚惚,给人留不下深刻印象。细节能给人可触可摸的质地感,对报道对象有一种真真切切的把握。

(一)细节的个性化意义

　　细节本身具有的个性化意义,可以将此事物和彼事物区别开来。这样的典型细节在不少通讯作品中得到巧妙使用。

　　擅长写人物专访的知名记者柏生报道著名气象学家竺可桢时,她发现竺可桢与李四光一样,都具有兢兢业业、一丝不苟、虚怀若谷、慈祥可亲等可贵品质。柏生也想从竺可桢身上找到这种区别性能极高的细节,最后终于发现了竺可桢常用的温度计。出于职业习惯,他总是随身携带一枚温度计,随时拿出来测温度,久而久之,装温度计的上衣兜盖,磨损得比其他地方快得多。他的夫人总是为他的新衣服准备两个上衣兜盖。柏生认为，这一细节一下就表现出了这位气象学家的特点。

总之，在区别此事物与彼事物时，使用这种个性化极强的细节，是极为经济又极有功效的用笔。

（二）细节的典型性意义

在通讯写作中使用既具有个性特征又具有较强代表性的典型细节，可以收到"以一当十""窥一斑见全豹""一叶知秋"的良好表达效果，好的细节所包含的信息量是非常大的。

2002年10月14日《人民日报》发表的长篇通讯《公仆本色——追记湖南省委原副书记、省人大常委会原副主任郑培民同志》中，有两个细节令人难忘。一是郑培民指挥抗洪，在大堤上度过自己55岁生日。他的车路过大堤时，郑培民特别告诉司机要"绕道走"，因为"他不忍看着灾民们一边让太阳晒着，一边还呼吸着他的车扬起的灰尘"。二是他在北京急性心肌梗塞突发，在赶往北京医院的路上，他已无力地倒在秘书肩膀上，嘴里还在嘱咐司机"别闯红灯"。这两个细节看似平常，却包含着丰富的信息。这位人民公仆，心里处处装着人民，却唯独没有他自己。

可以说，在通讯写作中，如果没有相当数量与质量的细节参与，通讯对事物的变化过程的展现势必是苍白平淡、缺乏表现力的。

三、通讯的基本结构形态

比起消息来，通讯的结构可说是千姿百态，多种多样，但在通讯写作实践中，也出现了一些相对固定的基本结构形态。

（一）纵式结构

这种结构形态，是以时间的推移来划分、安排层次的，在通讯写作中最为常见。它的时间顺序非常清晰，大多用于叙述人物经历或事物发生、发展的全过程，让读者了解来龙去脉。

如获2003年度中国新闻奖的新华社记者孙杰等人写的通讯《总理为农民追工钱》，就是完全按时间顺序来结构全篇的。开篇即交代时间：10月24日下午5时许，温家宝乘坐的车队正向云阳县城方向疾驰。当车行至距云阳县城约40千米处时，温家宝提出停车去走访农家。接下来写总理沿着十分泥泞的狭窄小道，走了十多分钟来到村口，然后是进村同村民聊天了解情况。半个多小时过去了，温家宝总理对村上情况有大致了解了，便问村民还有什么困难需要解决。此时，坐在温家宝总理左侧的农家妇女熊德明向总理反映包工头拖欠农民工钱的事。总理详细了解情况并当即表态尽快解决。到与村民道别时，天色已经渐暗了。回到县城，一见县里的负责人，温家宝总理就追问农民工工资拖欠的事。当天夜里11时多，熊德明和丈夫就拿到了拖欠的2240元务工工资。报道至此也就结束了，整个过程一目了然。

运用纵式结构法组织全篇时，行文时要注意两点：

首先，要注意详略得当、布局巧妙、多作变化；避免平铺直叙、松散拖沓。

2003年度中国新闻奖另一篇获奖作品《生死交易6小时》，从结构上看，也是按时间顺序来写的。从接到举报毒贩的线索开始，到警方确认情况后调兵遣将开展行动；从16

时46分开始行动,到22时45分记者离开刑警大队,6个小时的生死交易展示得清清楚楚。这一过程共用了15个自然段,其中14个自然段都是把时间要素置于段首,完全是一种线性的记录。由于作者对材料的详略取舍得当,报道避免了记流水账的写法,同时巧妙地将事件发展的线索编织在内,引人入胜。先是与毒贩接头,经过四次试探后对方终于肯接上头;第二步是"验货",化装成"黑老大"的记者对毒贩手中的毒品验货,确认了毒贩身份;第三步是交接货,接货时警方下令动手;第四步是抓擒与追逃,主犯落网。这期间每一步都充满了惊险。如记者化装成"黑老大"验货返回时,迎面碰上两个熟人,生怕被认出露馅。来人佯装寻找东西,才瞒过毒贩的眼睛。

其次,要注意细节的安排,力求跌宕起伏、错落有致。

如《九江城哭了……》(1998年9月16日《工人日报》)截取的是1998年9月15日凌晨5点到上午8点50分抗洪官兵离开江西九江时,市民依依不舍送别的场景。从营地门口到九江西站不到5千米的路程,军车足足走了三个半小时。其中撷取了几个典型画面,犹如特写镜头般展示了军民之间深切的感情。文字简洁,情节生动,个性化的语言点缀其间,直到最后,"8时50分,列车开动。站台上哭声一片",达到高潮,极具感染力。

(二)横式结构

这种结构形态,以空间变换为标志来划分、安排层次。它适合于报道范围较广的内容,在风貌通讯中常采用。它可以围绕一个主题,从横的方面来记叙各地区、各单位的新人新经验,展示社会新风貌。

新华社记者集体采写的通讯《当你们熟睡的时候》就是采用的此类结构方法。

亲爱的读者,你知道吗? 当你们熟睡的时候,全国有多少人为了你们幸福的生活和明天的工作,在通宵紧张地劳动着。看吧! 下面就是在18日夜里北京夜间工作着的人们。

紧接着共写了十个不同的场面:托儿所的保育员深夜不眠照料熟睡的孩子们;北京市电车公司、汽车公司的检修工人、调度员、司机、售票员等都还在紧张地劳动着,为了明天的乘客能准时正点坐上车;急救站的值班护士、急救车司机、大夫在抢救病人;电报局灯火通明,大门敞开,营业员、报务员、送报员等都在忙碌着电报的发送收译;菜市场和副食店的营业员在准备白天市民们所需蔬菜,农村社员送菜,菜站收购人员收购调拨批发,紧张地劳动;电影制片厂摄影棚正在拍《祝福》,各部门在紧张工作;清洁工人在洒扫全城;报社各部门正在紧张地赶编、校对稿件,工人印刷报纸,发行部门将报纸交给邮车送到各个城市去;夜宵摊上灯火通明,通宵营业;医院妇产科医生零点28分在接生婴儿。

这十个不同空间里的情景,展示了不眠的人们为他人而通宵达旦地辛勤工作的广阔画面。

另如《日本第60个战败纪念日扫描:有人"拜鬼" 有人叫嚣 有人反省》(2005年8月16日《广州日报》)就用几个不同的场景(场景二与场景四均在靖国神社)向人们展示了日本人怀着不同心情纪念战败日:场景一:首相官邸,小泉道歉;场景二:靖国神社,政要"拜鬼";场景三:武道馆,日皇"痛惜";场景四:靖国神社,参拜者大放厥词;场景五:日本政府官厅所在地霞关,反省者"反对战争"。不同的场景展示的是不同纪念者的心理。

（三）纵横式结构

以时间推移顺序为经，以空间转移顺序为纬来报道事件或人物的结构方法。这种结构既汲取了纵式结构一目了然、有条不紊的特点，又兼顾了横式结构涉猎广阔、展呈自如的优点。时空两条线索纵横交错，互为关涉，可以在每一交叉点形成动人心魄的高潮。

著名通讯《为了61个阶级兄弟》，即采用了这种纵横合一的结构。

纵横交叉式的结构形态在叙述时常用分叙的方法来清晰通讯的层次，提醒读者注意时间和空间的交换，以避免缠绕不清，颠三倒四。

（四）并列结构

这种结构形态要求依据材料的性质来划分、安排层次。即对材料进行分析，根据主题的需要，把性质相同的归到一起，划分到一个层次；或者将报道对象分为几个侧面，从不同的角度去表现共同的主题。这若干性质（侧面）的材料之间构成并列关系。

例如，通讯《变化就在你的身边——从衣食住行看中国》（1991年9月5日《人民日报》），共分四个小标题：一是从服装看变化：色彩缤纷的世界；二是从餐桌看市场：丰富多样的选择；三是千万间广厦的诉说；四是一个新的挑战——速度快者得生存。该通讯透视了新中国成立42年来特别是改革开放10多年来衣食住行所发生的巨大变化，全方位地展示了我国社会主义建设所取得的丰硕成果。

这种结构要求主题明确、强烈、集中，真正绾系全局。通讯中的各个部分要大致均匀，彼此并列统领于主题。

（五）递进结构

依据作者对事物的认识变化的顺序安排结构，通常是由表象到本质的认识过程，具体表现为提出问题、展开事实、分析原因、表明建议等一套完整的思路。

这种结构形态体现出一种强烈的内在逻辑力量，能吸引受众对事物本质做深层次的思索。

总之，客观事物丰富多彩、千变万化，通讯的结构也应当是灵活多变的。上述五种结构只是基本形态。我们还应该从生活中，从前人和他人作品中，不断借鉴和探索新颖独到的结构方式，创造出新的结构形态。

四、通讯的类型

按照对象不同，通讯有人物通讯、事件通讯和风貌通讯三大类。

（一）人物通讯

人物通讯以人物为报道对象，其重心在于展示人物的精神面貌和性格特征。将人物放在以展示"如何"为主的报道中，表明人物的精神面貌和性格特征，应当在动态过程中展示，而不是静态的介绍。静态的介绍是一种鉴定式的写作，不符合新闻报道用事实说话的要求。

在动态过程的展示中，在人物做了什么和怎样做的事实中，读者可以感受到人物的精神面貌和性格特征。

按报道对人物性格特征和精神面貌展示的信息量，可以将人物报道分为类型人物报道和典型人物报道两种形式。

类型人物,又叫扁形人物,是指性格单一化的人物,该类报道只突出人物精神和性格中的某一方面;典型人物,又叫圆形人物,是指具有复杂性格的人物,相应的报道一般要较为全面地展示人物的精神和性格特征。

1.类型人物报道的写作

类型人物以突出人物性格特征、精神面貌的某一方面为旨趣,以其单一、强调、突出等特点给人留下强烈印象。

这类报道的写作应注意:第一,只写一人一事一个侧面,或者叫"攻其一点,略及其余",抓住人物的主要事迹,其余仅作简略的背景交代,这样可以在有限的篇幅里把人物写活。第二,要注意体现人物特点的新颖点。类型人物突出人物精神面貌或性格特点的某一方面,这是从复杂多样中选择单一。选择的标准自然离不开一个"新"字,离不开"新近发生的事实",一句话,离不开新闻性。要解决好这个问题,一是要注意寻找报道的新闻由头,一是迅速报道新闻事实。所谓注意寻找报道的新闻由头,就是说报道人物一定要掌握报道的契机,讲明新闻根据。只有在人物身上出现新闻——即他们所创造的业绩或所从事的活动具备成为新闻的条件时,才能进行报道。所谓迅速报道新闻事实,就是说人物通讯所写的应该是新闻人物,它所选用的人物事迹应该具有新闻性,也就是说,它应该以写人物的新近事迹为主。透过事的"如何",发现人的"如何"。

2.典型人物报道的写作

典型人物的性格特征要复杂丰富得多。写作这类通讯须注意以下几点:

(1)要注意在多样统一中表现典型人物的个性特征。首先,要善于抓住人物的特点,才能真正把报道对象写成性格鲜明的"这一个"。人物通讯要有体现人物精神风貌、先进思想的骨干事例,特点事例。有了这样的事例,人物才能"立"起来,特点才鲜明突出。有些人把人物通讯写成了空洞无物的"廉价表扬稿",看上去把人物各方面都夸奖了一番,而实际上没有一处能给人留下印象。问题就出在没有骨干事例、特点事例,从而笔下的人物也就淹没在英雄人物的大潮中难以辨别。其次,要注意在典型人物性格的"多样性"上做文章。在一些人物通讯中,存在着将人物特点公式化的倾向,如写先进人物,通常都是"高、大、全"的形象,结果是所有的英雄都是一色的豪言、一色的壮举,使用的事例都是一色的正面材料。这样反而掩盖了人物的个性,引起读者的反感。其实,人物的性格特点蕴含于一举一动中,甚至体现在那些表面看来并不起眼的事实中。

(2)要善于捕捉细节,于细微处体现人物的精神面貌和性格特征。细节描写在人物通讯中的作用是多方面的。有时候,人物的一个动作,一个表情,或者是一句话语,恰恰能最有力地表现出人物的内心世界及精神境界。穆青的人物通讯《两张闪光的照片》中,有这样的细节:"除险英雄任羊成,阎王殿里报了名。"担任工地除险队长的他,"整天腰里系着一根粗绳,手拿撬杠和铁锤,让别人把他从山顶送到悬崖峭壁间凌空作业,打炮眼,排险石。长年累月地在崖间飞来荡去,他腰部被绳子勒出一条条血痕,经常血肉模糊地粘在身上连衣服都脱不下来。妻子帮他脱衣服时,常常心疼得流泪"。通过典型人物身上这种典型特征的细节描摹,把主人公的情怀展示无遗。

(3)要将人物精神面貌与性格特点同时代特征联系起来,努力挖掘人物的典型意义。典型人物的典型性要求,要能够在人物身上体现出当今时代的某些特征。这些特征是人物所生活的时代在人物身上留下的烙印。记者在写作报道时，一定要认真考察人物本身具有哪些最能体现时代特征的精神，努力加以表现。

（二）事件通讯

有些事件演变过程跌宕起伏，故事性强，应当写为故事型报道；有些事件意义重大，应当处理为纪实型报道。

1.故事型事件报道的写作

（1）叙事要清楚。叙事要清楚，对于事件通讯而言，这是最起码也是最重要的要求。故事性强的事件，通常其结局就非常受人关注。线索单一的事件发展演变过程基本上呈线性状态。叙述时，采用纵式结构，以事件的发生、发展、高潮、结局的顺序为叙事线索，可以使得事件脉络清晰，过程清楚。对那些头绪比较多的事件，叙述时就要注意诸多头绪之间的分与合，事件如何开端，如何分成多头绪多线索叙述，如何又将它们合为一体，拧成一股绳等，在结构上常用纵横交错的方式以"经"织"纬"。

以顺叙的方式来叙事，看上去比较简单，但正好可以在这线性的展现中清晰地表现事件的曲折过程。

（2）叙述要生动。叙事的生动可以从多方面去实现，关键是要注意波澜起伏，避免平铺直叙。

由于故事性强的事件，其题材本身就富于故事的素质，如悬念、巧合、误会、陡转等因素。巧妙地运用这些故事因素、叙事技巧，就能让叙事生动形象起来。

如获 2003 年度中国新闻奖的《医药代表向"老百姓"下跪——老百姓大药房杭城奇遇记》，就将事实写得波澜起伏。请看通讯的前几段文字：

日前，在新开张不久的杭州老百姓大药房内，一位来自哈尔滨某药厂的医药代表面对满屋人，竟痛哭流涕地向药店采购部部长下跪。是他想求老百姓大药房买他的药吗？不是。恰恰相反，他是想求老百姓大药房别再卖他的药了！

作为医药代表，药品销售越多，利润无疑越丰厚。他为何会为了把药拿下柜而"屈膝"，这到底是怎么回事？

原来，老百姓大药房从哈尔滨某药厂购进了一批"牛黄消炎片"，每盒进价 0.8 元，经核算后销售价定为 1.2 元。应该说，50% 的毛利非常可观了，没想到这个价位却引起了该厂驻浙江医药代表的恐慌。且听听这位医药代表的哭诉："人家都卖 4.8 元，最低也在 3.5 元以上，你们只卖 1.2 元，还让不让人活了？"原来是嫌卖得太低！

事实上，这位医药代表还有一个说不出口的苦衷：老百姓大药房从外地购回的"牛黄消炎片"是 0.8 元一盒，而杭州许多医药批发公司从他那里拿的却高达 2.8 元。老百姓大药房大幅降价、不按常理出牌的做法已严重影响了他的收入，威胁到了他的生存。

据悉，该代表已多次到老百姓大药房哀求，希望能停售这种药，或至少将价格提高到 2.8 元以上，否则，他每天都要到老百姓大药房来下跪。

老百姓大药房是去年底在杭州开张的一家平价药店，一开张该店便以"比国家核定价格平均低 45%"的举动引起了巨大的轰动。短短两个月来，该店因为"低价"竞争，打破了医药零售业的暴利行为，遭到了数不胜数的"围攻"。这里面除了上面提到的"温柔一跪"外,还有疯狂抢购、闹店威胁等层出不穷的硬招。

这种设置悬念的叙事方式,使得行文波澜起伏,富有吸引力。通讯不可能都写得像小说那样有故事性,但是,至少不能情节简单、枯燥乏味。一定程度的丰富性和曲折性还是必要的。

(3)选好叙事角度,挖掘新闻价值。选取一个特殊的视角来展示,对于作者来说是一种智慧。对于报道内容而言,视角是一个"阿基米德支点",有了它,作者可以举重若轻,以四两拨千斤,巧妙地对重大题材作出新颖别致的报道。

2. 纪实型事件报道的写作

纪实型事件报道,按事件时间跨度的长短,可以分为过程纪实与现场纪实两种情况。

过程纪实,事件的前后经过叙述完整,作品的再现性很强。如《东方风来满眼春——邓小平同志在深圳纪实》。作品按照小平同志在深圳特区视察的时间顺序,真实又生动地报道了他视察深圳特区的全过程,记录下了我国改革开放的总设计师的这次历史性的活动和视察过程中发表的重要讲话,对于推动特区的改革开放,推动全国的改革开放,具有重大的意义。

设想如果不是用"纪实"的形式,就难以清楚地记录下这一历史性活动的全貌,也难以详细地记录下这位伟人的一言一行。而这些内容如报道不全面,就会使题材的价值大打折扣,产生不了这样大的社会影响。

现场纪实,事件发展过程时间不长,报道的焦点也比较集中。从 20 世纪 80 年代末起,我国新闻界特别提倡写"现场短新闻",这种文体可以说是现场纪实式报道的代表。现场短新闻的特点是:

(1)是作者发自新闻发生现场的见闻式报道,是进行式的、有动感的新闻,而不是事后深入新闻发生地采访写成的终结式报道。新闻事件发生时,记者必然是其目击者、见证人,甚至就是参与者。

(2)是再现式报道,不是反映式报道。要用可触可感可视的细节,传达出现场发生的情况,甚至要让人感受到现场的氛围。

(3)作品的直观性、客观性、实证性都很强,对事实的描写有"目击"的印记。

总之,纪实型事件报道的写作重在"纪实"环节的处理。

(三)风貌通讯

按表现对象来划分,风貌通讯可分为概貌式报道与速写式报道两种。

概貌式报道的特点是涉及面较广,综合性强,重心在反映社会的变迁、时代的新貌,社会内涵极为丰富。

概貌式报道,在实践中常以不同的形式出现,报刊上常见的"见闻""巡礼""侧记""纪行""掠影""拾零""纪游"等均是。

在众多的表现形式中,最为常见的可以划归两类,即见闻类、巡礼类。

见闻类通常包括"见闻""见闻录""参观记""访问记""杂记""札记"等,它主要写作者感到新鲜或受到触动的所见所闻。即在写景状物的同时,还可以直接表达个人的印象和意见,抒发自己的感受。如俄罗斯《莫斯科共青团报》2005 年 10 月 28 日的报道《黑河见闻》。全文共四个部分,分别为"速战速决""普京餐厅""中国工人""跨国浪漫"。"速战速决"主要讲俄罗斯人一天时间就可往返俄中之间进货;"普京餐厅"报道俄罗斯人来中国开餐馆;"中国工人"报道俄罗斯商人在黑河投资办厂,雇用中国工人;"跨国浪漫"说的是中俄百姓之间的婚恋。写了这些见闻后,作者感慨:"在布拉戈维申斯克(与中国接壤的俄国城市——引者注),我最深的感受是这里的思维变得有些东方化,他们管乌拉尔山以西叫西方,同样的俄语,我有时竟然听不懂他们在说什么。居民们早已没有了苏联时代强国子民的优越感。"

巡礼类通常包括"巡礼""纪行""掠影""拾零"等。以写作者在现场观察到的新情况、新事物、新变化为主。常常运用移步换形的写法,随着作者视点的变化,笔下的场景也不断变化。如新华社记者采写的《"恐怖谷"闪耀中国之光》(2005年11月24日《参考消息》第16版),这是对中国在格鲁吉亚承建的水电站项目的一次巡礼式的采访。作者从进入水电站项目所在地潘基西峡谷沿路写起。在作者笔下,这个被称为"恐怖谷"(因常有恐怖分子活动)的神秘之谷逐渐显示在读者面前。然后是中国承建的水电工程情况的报道,最后展示的是当地的民风民俗。有些内容是走马观花式的报道,有些内容则是下马观花式的描写。材料详略得当,多角度地向世人揭示"恐怖谷"中中国工程的面貌。

速写式报道的特点是涉及面要窄些,场景具体,既可以社会性信息为主,也可以自然风貌这类社会性不强的信息为主。常常只写一个场景,人、景、事交织在一起,是一幅简洁的素描式图画。即重在写意,突出场景的神韵,重在渲染气氛。如穆青的《金字塔夕照》,渲染了一种淡淡的悲凉气氛,读斯作,耳边仿佛不时听到古老的金字塔在叹息。《雨中西湖速写》,则着力渲染西湖的静谧与安详,与外界的洪水暴涨浊浪排空比较,仿佛世外桃源,令人心旷神怡。

速写式风貌报道相对来说有更多的文学气质。一句话,速写式风貌报道的实质是在写景抒情。它是向"散文式方向发展"的一种新形式。

1. 概貌式报道的写作

概貌式报道的写作,要重点处理好两个方面:

(1)要处理好点与面的结合,写出事物的全貌。点面结合,首先要求用具体可感的生活画面(点)去形象地表现事物的全貌(面),以增强报道对象的质感。点面结合,还要求作者在对"点"的描述中处处要有"面"的意识,即要努力把读者的眼光从具体的事例上引向更广袤的空间去。

(2)通过新与旧、古与今的对比,展示事物的变化过程,突出"新"的变化。在对比写作中,旧的材料要简略而典型,只要能构成对比效果即可。另外,应当抓住富有特征性的变化,以一当十地揭示全局的变化。如2002年度中国新闻奖获奖作品《壮丽的发展诗篇——从数字看上海巨变》。作者抓住一些最有表现力的数据,以一斑窥全豹展示巨变。如其中关于绿化面积的数据,报道说:

过去,人们在形容上海缺乏绿化时惯常的比喻是,每个人拥有的绿地还没有一张报纸大(1989年市区人均公共绿地面积为0.96平方米),而到2001年底,上海每个市民已拥有5.56平方米的绿地,相当于一个小房间的面积。赏心悦目的大型绿地,温馨雅致的小区绿地,已经成为上海人的休闲好去处。

这一个典型数据足以表现"上海整个城市生态环境的改变"。

1

1
2. 速写式报道的写作

速写式报道画面简洁，不像概貌式报道那样注意画面的景深，注意画面蕴含较深的社会意义。速写式报道画面的背后，是作者丰富的情感。要写好这类报道，关键是处理好两个"交织"：景与情的交织；景与人、事的交织。

（1）景与情的交织。情景交融是写景文章的一大传统。速写式报道描写某地风光景物时，往往将饱满的激情寄寓其中，既抒发自身的真切感受，又以此来感染读者。当然，风貌报道不是抒情诗或抒情散文，它不以抒情为目的，但这些感情是情不自禁的喷发或流露。请看新华社记者所写的《雨中西湖速写》：

接连三天连绵不断的雨，使得整个西湖处于一片迷蒙之中，远处群山则因蒸腾的水雾笼罩而显得隐隐约约。

从前天开始，杭州地区普降大雨，西湖水位随之急剧上升。西湖水域管理处主任王柏荣告诉记者，西湖出现了最近 12 年水位最高处，达到黄海标高 7.69 米，远超平时的 7.23 米。

白堤和断桥一带较浅的堤岸已被水淹没。许多石板双人靠椅的椅脚立在水中，只露出个椅面。

与往日热闹的场景相比，今天的西湖显得有点静谧。游人们多是些情侣，大多共打一把花伞，也有青年男女双双卷着裤脚在堤边漫步；断桥上一个小伙子正给姑娘留下以远处烟雨朦胧中的塔为背景的倩影。

奇怪的是，平湖秋月一处茶室的生意并不差，二三十人把六张桌子挤得满满的。人们一边嗑着瓜子，品着龙井茶，一边听着雨下在湖里的"唰唰"声。有一张桌子竟坐着五个黄发高鼻的外国人，或许他们也知道"晴湖不如雨湖"这一说。

平日有四五百只游船的西湖今天显得空空荡荡，只有两只小船在湖中晃晃悠悠。最令人遗憾的是，大雨淹了湖中心三潭映月、湖心亭、阮公墩三个小岛差不多三分之一的面积。负责西湖水域安全的王柏荣说，为确保游人安全，这两天三小岛暂停游览。因湖水暴涨而关闭三岛，40 多年来还是第一次。

这则报道写的是雨中西湖。作者用很休闲的心情，写西湖的静谧与安详。游人们嗑着瓜子，品着龙井，听着雨声。在普降大雨、水位猛涨的情况下，问君何以得闲适？西湖何以得安详？不是因为治理，因为管理吗？更深层地说，不是一种国泰民安的表现吗？作者从容的笔墨中，实际上包含了对国家治理、人们生活、祖国河山等多方面的赞美之情，未著一字，却尽得风流。

（2）景与人、事的交织。速写式的风貌报道，以景物为中心，但离不开人、事这些元素。特别是写社会环境更是如此。可以说，人、事是赋予风貌报道社会意义的重要元素。请看穆青《金字塔夕照》中的一段描写：

夕阳的余晖逐渐消退下去，不知什么时候，月亮已苍白地悬挂在金字塔的上空。这时，一辆辆亮着车灯的小卧车，接连不断地从灯火闪烁的开罗市区，经过我们的身边，向金字塔背后的夜色中驰去。朋友们告诉我，那里有一些专供外国阔佬们寻欢作乐的夜花园、夜总会，它们就在离金字塔不远的地方，在一片沙漠中追求着别开生面的夜生活。

这一画面，以金字塔的夜色作为背景，融入了外国阔佬寻欢作乐这些内容，完全可视为一幅象征性很强的图画，寓意深刻。

速写式报道中景、人、事的交织，要能和谐地制造出一种气氛，让读者受气氛感染，仿佛置身于报道所描绘的情景之中。穆青的许多速写式报道，都是这方面的典范。如1949年8月7日所作《狂欢之夜——长沙市民欢迎解放军入城速写》，其中写道：

当下午八时半解放军渡过浏阳河缓缓地向灯火辉煌的市区开进时，到处响起"来了，来了！"的欢呼声，广播台更高声播出："我们的队伍来了！我们的亲人来了！！"接着，人民解放军嘹亮的军号就传过来，人群中鞭炮声、锣鼓声、口号声、欢呼声，立即响成了一片。人群像一阵急风骤浪一样，拼命地向前拥挤着。男女老少大家都手拉手地扭起来，唱起来。许多老太太被挤得东倒西歪，仍一直欢笑着不肯退出去，一定要看看自己的军队。

这种全方位的描写，给人视觉、听觉极强的冲击力，仿佛自己就成了庆祝队伍中的一员。

人物通讯例文

诺贝尔奖获得者屠呦呦1972年在海南迎战疟疾，开展青蒿素科研攻关
天涯蒿草悠悠情

陈蔚林

冒着零星雨点，曾任国家卫生部疟疾专家咨询委员会委员、海南"523项目"工作组负责人的蔡贤铮小心翼翼地护着怀中的包袋，走进了海南省疾病预防控制中心。他匆匆此行，是为了讲述与一位老友在海南共事的经历，那包袋里层叠包裹的是他们30多年间往来的书信和研究成果，发黄变脆的纸张至今仍然完整地记录着那份不变的理想与情谊。

"她叫屠呦呦，取自'呦呦鹿鸣，食野之蒿'。"蔡贤铮口中的这位"老屠"，一夜之间蜚声国际——昨天下午，2015年诺贝尔生理学或医学奖揭晓：中国药学家屠呦呦成为了首位获得诺奖科学类奖项的中国人。

海南是防治疟疾主战场

"一去一万里，千之千不还。崖州在何处，生度鬼门关。"一首《流崖州至鬼门关作》至今读来，仍能感受到古代贬官谪臣对于海南这片"瘴疠之地"的恐惧。蔡贤铮告诉记者，疟疾是一种由按蚊传播疟原虫引发的传染性寄生虫病，而海南全岛按蚊多达37种，以致疟疾盛行千年，直至解放后仍一度是全国疟疾流行最严重的地区之一。据国家有关部委开展的疟疾调查，仅1955年，海南疟疾发病人数就多达28万余例，疟疾发生率占全国首位。难料的是，到了20世纪60年代，海南乃至全国疟疾防治工作又遇强敌——疟原虫对当时常用的奎宁类药物已经产生了抗药性。于是，1967年5月23日，在毛泽东、周恩来等党和国家领导人的指示下，"523项目"正式启动，来自7个省市、60多家科研机构的500余名科研人员协力攻关。而海南被定为"523项目"主战场，

由广东省卫生厅、海南军区、海南行署卫生处(局)派员组成的"523项目"办公室就设在这里。屠呦呦就在这样的历史背景下,于1972年来到了海南昌江。

但她并非空手而来。1971年,从大量的古代医书和民间药方查到蒿草类植物对治疗疟疾有效的典据,又受到东晋医术《肘后备急方》中"青蒿一握,水一升渍,绞取汁服"的启发,她有效利用乙醚低温提取了青蒿的有效成分,并且证实了青蒿提取物的抗疟效果。

以身试药置生死于度外

"屠呦呦来海南是一举两得,既能为海南疟疾患者带来治愈希望,也能为进一步开展青蒿素的科学研究收集药材和临床数据。"曾在海南"523项目"工作组负责临床试验效果观察的庞学坚说。当时海南疟疾发病率居高不下,而且疟疾病种齐全,恶性疟、间日疟、三日疟、卵形疟都有发生。此外,海南黄花蒿资源丰富,不仅数量多、分布广,而且植株高大繁茂,开展青蒿素新药临床试验最为理想。

如获至宝的屠呦呦和她的团队扎根昌江,有时躬耕于黄花蒿丛,有时俯身于患者床头,有时埋首于实验室里,白天黑夜只想着一件事——逐步完善青蒿素在治疗疟疾,尤其是治疗恶性疟的配伍,并将研究逐步发展为青蒿素联用其他药,使疟疾的复燃率降至最低。

庞学坚颇为感慨,为了防治疟疾,许多科学家以身试蚊,调查海南蚊虫种类及分布密度,"为了检验抗疟新药及新的治疗方案,还有一些科学家故意感染疟疾,忍受着持续高烧的煎熬和肝脾肿大的痛苦,可谓置生死于度外!"

屠呦呦就是以身试药的科学家之一,作为试药的第一批志愿者,她毫不犹豫地试用了还不够完善的青蒿素,这在一定程度上长久地影响了她的健康。而这个秘密,直到多年以后的一次同学聚会上,才被她不经意地提起。

"那个年代讲究集体主义、团队精神,无论谁出成绩,都归于集体。"如庞学坚所说,平日每每有人褒奖,乃至于站在诺贝尔奖的"风向标"——美国拉斯克奖的领奖台上,屠呦呦也只说,"青蒿素的发现,是中国传统医学给人类的一份礼物",而不言及自身。

心系海南不忘青蒿情缘

"其实,老屠在海南工作的时间不长,大约只有半年多时间,做了30例临床疟疾病例的实验后就回了北京。"但是,蔡贤铮与屠呦呦的情谊似乎在她离开海南后更为深笃。此后的30多年间,他们书信往来不断,彼此互称"老蔡""老屠",围绕青蒿素以及疟疾防治等话题作了诸多探讨。

记者注意到,在这些泛黄的书信中,屠呦呦几次嘱托蔡贤铮帮忙采集五指山地区和文昌一带的黄花蒿,做一下海南不同地方黄花蒿中青蒿素含量的对比研究,以便更加充分地利用海南的黄花蒿资源优势。纵使远隔千山万水,她心心念念的,还是这片蒿草遍野的肥沃土地。

1982年4月,海南制药厂向中央卫生部、国家医药总局递交《关于要求给予我厂定点生产青蒿素的申请报告》被拒绝后,屠呦呦也是第一时间给蔡贤铮来信说:"有必要向主管部门和领导同志大声疾呼,海南青蒿资源的利用有必要重新评估。"

屠呦呦心系海南,蔡贤铮和庞学坚一样难忘这位"衣着朴素,却举止优雅,始终面带笑容"的女科学家。昨天诺贝尔生理学或医学奖刚刚揭晓,他们便欣喜地与当年共同抗疟的同事互通电话,今日又相约聚首,用自己的方式在遥远的海南为屠呦呦庆贺。

"实至名归,实至名归!"庞学坚反复念叨这句话,一切伟大的付出都不会为时代所遗忘,这么多年过去,年至耄耋仍然醉心科研的屠呦呦,终于等到了这份迟来的荣光。

(《海南日报》2015 年 10 月 7 日)

采编过程(作品简介):

2015 年 10 月 5 日,2015 年诺贝尔生理学或医学奖揭晓:中国药学家屠呦呦成为首位获得诺奖科学类奖项的中国人。

正值国庆长假,记者迅速联系了海南医药卫生部门,邀请到国家卫生部疟疾专家咨询委员会委员、海南"523 项目"工作组负责人蔡贤铮,海南"523 项目"工作组负责临床试验效果观察的庞学坚等,通过他们的讲述,对屠呦呦曾在海南进行防疫研究工作,并在此逐步完善青蒿素在治疗疟疾尤其是治疗恶性疟的配伍,将研究逐步发展为青蒿素联用其他药,使疟疾的复燃率降至最低的历史事实作出佐证。

社会效果:

该报道采写刊发及时,版面处理突出,引发广大读者关注和热议,被多家媒体转载刊发。人们普遍表示,这篇报道通过梳理屠呦呦在海南的工作成果,列举屠呦呦在离开海南后长达数十年时间里多次对海南黄花蒿资源发现与利用的关心,揭开了鲜为人知的屠呦呦与海南的不解之缘,对海南对外宣传起到一定作用。

推荐理由:

该报道文字流畅,叙事清晰,不仅将屠呦呦在海南期间的工作生活做了梳理,还通过还原其离开海南后对海南的种种牵挂,表现了她对海南的眷恋和期待。

本文获得第二十六届(2016 年)中国新闻奖三等奖。

事 件 通 讯 例 文

福彩曝黑幕
中彩在线高管涉数十亿利益输送

王文志　肖波　张彬

近年来,福利彩票销售额逐年攀升,但其销售、开奖、公益金去向等环节屡屡受到公众质疑。《经济参考报》记者调查发现,作为福彩重要票种之一的"中福在线"即开型福利彩票,其独家运营商北京中彩在线科技有限责任公司(以下简称"中彩在线"),已由名义上的国有控股企业悄然转变为高管掌控的个人"财富帝国",该公司高管被指利用职权隐瞒监管部门向"关联方"暗存利益输送,涉及金额数十亿元。

高管曲线控股　国有股控制权旁落

"中福在线"即开型福利彩票,是中国福利彩票发行管理中心(以下简称"中国福彩中心")发行的一种即开型电子视频彩票,自运营以来到 2014 年底总销售额高达

1300 多亿元,目前占全国福利彩票销售总收入的 10% 以上,被称为彩票领域的"黑马"。

记者查阅到的资料称,负责"中福在线"独家运营的中彩在线公司,是经民政部批准,于 2002 年 7 月成立的从事彩票销售系统开发、建设、运行、维护的国有控股高科技公司。在中国福彩中心的官方网站上,中彩在线被称为中国福彩中心的内设部门之一。按照合作协议,中彩在线由中国福彩中心、北京银都新天地科技有限公司(以下简称"银都新天地")、北京华运中兴数码科技有限公司(以下简称"华运中兴")三方共同发起成立,出资比例分别为 40%、33% 和 27%,董事长由中国福彩中心委派,按此协议,中国福彩中心是中彩在线的控股股东。此外,公司设总经理 1 名,由董事会聘任。

然而,《经济参考报》记者调查发现,中彩在线总经理贺文通过控制公司的第二和第三大股东,使得中彩在线名义上为国有控股,实际已被总经理贺文个人曲线掌控。

记者查询工商登记信息发现,中彩在线第二大股东银都新天地公司股权结构为:北京恒益正兴投资有限公司持股 77.8%,邵波持股 1.1%,贺文持股 17.8%,武京京(贺文妻子)持股 3.3%。而北京恒益正兴投资有限公司股权结构为:北京家和智业科技有限公司持股 20%,贺文持股 70%,武京京持股 10%。北京家和智业科技有限公司(以下简称"家和智业")股权结构则为:贺文持股 20%,武京京持股 80%。

此外,贺文通过家和智业还控制了中彩在线第三大股东华运中兴。华运中兴公司股权结构为:家和智业持股 55.56%,银都新天地持股 25.92%,北京和合创业科技有限公司持股 18.52%。

透视这张密如蛛网的交叉持股网络图,可以发现,在中彩在线股东中,除了中国福彩中心外的两家股东都为贺文所控制,贺文隐身其后,实际控制着中彩在线公司 60% 的股权。与此同时,按照合作协议,中彩在线公司董事会由五名董事组成,中国福彩中心委派两名,银都新天地委派两名,华运中兴委派一名,这意味着贺文实际控制了公司董事会半数以上席位。

中彩在线注册资金最初为 5000 万元,后增加为 1 亿元。中彩在线一位不愿意透露姓名的工作人员向记者介绍,中彩在线公司每年从中福在线项目收取彩票总销量约 5%(前三年为 6%)的报酬,减去中彩在线付给下家设备供应商的约 1.7%,还余约 3.3%,自运营以来粗略计算,到 2014 年底中彩在线已收取了约 40 亿元的收入,根据股权比例,贺文掌控的公司对应的权益高达 20 多亿元。

玩转空手道 超 10 亿元权益流失

《彩票管理条例》第十三条规定,彩票发行机构、彩票销售机构应当依照政府采购法律、行政法规的规定,采购符合标准的彩票设备和技术服务。按此规定,彩票销售终端机项目主要通过公开招标方式采购和国内竞争性谈判采购。而 2005 年 6 月,中彩在线规避招投标程序,在总经理贺文的操控下,与东莞天意电子有限公司(以下简称"天意公司")签署合同,该合同规定由天意公司向中彩在线独家供应中福在线项目的终端机,合作报酬为彩票总销量的 2%(2012 年改为 1.7%)。

知情人士向记者透露,对于中彩在线与天意公司签署的独家供应合同一事,中国福彩中心一开始并不知情,这相当于将超 10 亿元的收益拱手相让给天意公司。

颇为诡异的是,在 2005 年,被中彩在线授予独家终端机供应商的天意公司只是一家注册资本 800 万港元,10 余名员工,既无技术研发队伍,也无生产厂房的"空壳公司",股东为境外公司 Toward Plan Investment Ltd。

800 万到 19.6 亿　演绎现实版"财富传奇"

天意公司凭借中彩在线授予的独家终端机供应商的这份合同,竟演绎了一场现实版的"财富传奇"。

2006 年,Toward Plan Investment Ltd 的股东方以 9.8 亿港元的价格在境外将 Toward Plan Investment Ltd 50% 的股份(即对应天意公司 50% 的股份)出售给香港上市公司华彩控股(1371,HK),Toward Plan Investment Ltd 股东方保留了另外 50% 的股份。Toward Plan Investment Ltd 除天意公司之外几无其余资产,仅凭一纸中彩在线独家终端机供应商合同,天意公司估值就实现了从 800 万港元到约 19.6 亿港元的"财富传奇"。

据参与当时谈判的人士向《经济参考报》记者透露,华彩控股洽购 Toward Plan Investment Ltd 50% 的股份(即对应天意公司 50% 的股份)时,谈判双方主要为中彩在线公司总经理贺文和华彩控股董事局主席刘婷,双方经过多次谈判最后达成收购协议。该人士向记者称:贺文以天意公司实际控制人的姿态参与谈判。

《经济参考报》记者获得的证据显示,除了出售股权的巨额收益,自 2006 年起至今,华彩控股还和 Toward Plan Investment Ltd 股东方从天意公司间接各自获得约 3.9 亿元人民币的分红。

《经济参考报》记者多次致电中彩在线,希望就此采访总经理贺文均未果;记者联系到华彩控股董事局主席刘婷,想了解当时相关情况,亦被其拒绝。

(《经济参考报》2015 年 5 月 15 日)

采编过程(作品简介):

彩票业是以国家信用作担保的特殊行业,福彩发行机构——中彩在线公司被中国福利彩票中心称为内设部门,但名义上是国有控股企业的中彩在线公司却悄然转变为高管曲线控股的企业,并在经营中涉嫌向其高管参股的第三方公司利益输送数十亿元,本文揭开了福利彩票行业的一个惊天黑幕。本文主题重大,采访深入,材料翔实,写作精细,社会反响强烈。

社会效果:

稿件见报当天,报社官方微博、微信公众号重点推荐,官方网站组织热点话题展示,新华社客户端在首页重点推荐。报纸与微博、微信、客户端、网站联动播报,设置媒体议程,形成社会广泛探讨的舆论氛围。

新华网、新浪网、搜狐网、腾讯网等各主流门户网站在首页显著位置推出,近 500 家新闻媒体转载,在多家网站当日和当周点击量排行榜位居前列。一些地方平面媒体全文或摘要转载。多家权威和主流媒体就此刊发评论文章;中央有关部委已就此事件深入调查。

推荐理由:

独家披露了网络福彩利益输送的黑幕。

本通讯获得第二十六届(2016年)中国新闻奖二等奖。

风貌通讯例文

胜利的号角 和平的宣示
——习近平主席检阅胜利日阅兵受阅部队侧记

岁月的指针,指向 2015 年 9 月 3 日。北京,天阔云舒,旗帜飞扬。

上午 10 时 20 分许,高亢嘹亮的检阅号角响起,红旗牌检阅车驶出天安门,习近平主席站在检阅车中央,向着受阅部队驶去。

这是新中国成立以来首次以纪念中国人民抗日战争暨世界反法西斯战争胜利为主题举行阅兵;这是习近平主席第一次在天安门广场检阅共和国武装力量。

特殊的时空节点,唤起深沉的历史记忆。70 年前的今天,中华民族以伤亡 3500 万军民的惨重代价,打败了穷凶极恶的日本军国主义侵略者,赢得了近代以来反抗外敌入侵的第一次完全胜利。70 年后的今天,抗战的歌声仍然回荡在这片浸润着英烈鲜血的热土上,胜利的豪情依然洋溢在亿万军民的胸间。

此刻,东长安街上,三军肃立,铁甲生辉;华北地区 8 个机场上空,陆海空军近 200 架战鹰起飞编队,列阵蓝天……

检阅车驶过金水桥,阅兵总指挥、北京军区司令员宋普选驱车上前报告:"主席同志,受阅部队准备完毕,请您检阅!"

"开始!"

随着一声令下,千人军乐团奏响激昂的《检阅进行曲》。迎着金色的阳光,习主席乘检阅车向东驶去……

"同志们好——""首长好!"

"同志们辛苦了——""为人民服务!"

习主席的亲切问候和受阅官兵的响亮回答,汇聚成历史与现实的交响。

从九一八事变奋起抗击揭开世界反法西斯战争序幕,到七七事变全国抗战开辟东方主战场,历经 14 年艰苦卓绝的浴血奋战,中华民族为最终战胜法西斯做出不可磨灭的历史贡献。

"风在吼,马在叫,黄河在咆哮,黄河在咆哮……"民族危亡关头,中国共产党高擎全民族抗战旗帜,不畏艰险、砥柱中流,支撑起救亡图存的希望。八路军、新四军、东北抗联、华南游击队,党领导的一支支抗日武装奔赴疆场,用血肉之躯筑起保卫家乡、保卫祖国的钢铁长城。

方阵巍巍,战旗猎猎。70 面鲜红的荣誉旗帜,像一束束燃烧的火炬,激励着英模部队官兵弘扬抗战精神、永葆传统本色,争做"四有"新一代革命军人。"狼牙山五壮士""平型关大战突击连"、百团大战"白刃格斗英雄连"、夜袭阳明堡"战斗模范连"……每一个番号都传承着历久弥新的英雄精神,每一面旗帜都传颂着荡气回肠的英雄壮歌。先烈回眸应笑慰,擎旗自有后来人。演兵场上真打实备,战备执勤枕戈待旦,科研战线拼搏攻关,救灾现场出生入死……今天,赓续红色基因的人民子弟兵用实际行动,向党和人民交上合格的答卷……

"同志们好——""首长好！"

"同志们辛苦了——""为人民服务！"

习主席的亲切问候和受阅官兵的响亮回答，传递着统帅与将士心心相印的深情。

习主席从一个个方队前经过，受阅官兵向三军统帅行注目礼。从将军领队到普通士兵，心潮澎湃、倍感自豪。

将士们不会忘记，在戈壁大漠的发射基地，在冰天雪地的边防哨所，在炮声隆隆的演兵场……习主席问候和交谈最多的是士兵，握手最多的是士兵，关心最多的还是士兵。

冷暖牵挂，甘苦萦怀，习主席的深情关爱，激发起广大官兵铁心跟党走的坚定意志。列阵长安街，一张张朝气蓬勃的面孔，写满忠诚与坚毅。今天，他们以威武的英姿、雄壮的阵容，接受祖国和人民检阅。

"同志们好——""首长好！"

"同志们辛苦了——""为人民服务！"

习主席的亲切问候和受阅官兵的响亮回答，彰显了捍卫和平的铁血担当。

一辆辆坦克披坚执锐，一门门火炮昂首挺立，一枚枚导弹直指苍穹……涂装着各色迷彩的现代化装备在阳光下熠熠生辉。500多台国产主战装备，编组成地面突击、防空反导、海上攻击、战略打击、信息支援、后装保障6大模块，其中84%为首次公开亮相。

昔日靠小米加步枪打败敌人的人民军队，已发展成为诸军兵种合成、具有一定现代化水平并加快向信息化迈进的强大军队。人民军队是和平之师，始终是维护世界和平的坚定力量。

"同志们好——""首长好！"

"同志们辛苦了——""为人民服务！"

习主席的亲切问候和受阅官兵的响亮回答，凝聚起强国强军的磅礴力量。

对民族复兴的憧憬向往，对富国强军的孜孜追求，贯穿了中国近现代史的章章节节。今天，这个中华民族梦寐以求的目标，无数仁人志士前赴后继为之奋斗的理想，正前所未有地走近我们。

前事不忘，后事之师。抗战历史昭示，没有一个巩固国防，没有一支强大军队，实现中国梦就没有保障。站在实现中华民族伟大复兴中国梦的战略高度，习主席鲜明提出党在新形势下的强军目标，要求按照"四个全面"战略布局，加快推进国防和军队现代化建设。

从主持制定重大军事方略到亲自指挥重大军事行动，从推动新形势下政治建军到强力正风肃纪，从领导深化国防和军队改革到推进依法治军从严治军……党的十八大以来，习主席引领人民军队开启了强军兴军的新征程。全军官兵牢记强军目标、投身强军实践，整顿、备战、改革、规划各项工作有序推进，走过了88年辉煌历程的人民军队在新的历史起点上再出发……

走进历史是为了走向未来，纪念胜利是为了永远胜利。

10时30分许,当习主席乘检阅车驶回天安门,受阅将士齐声高呼:"听党指挥、能打胜仗、作风优良……"

这,是人民军队维护和平的宣誓!

这,是中华民族走向新胜利的坚定决心!

（新华社2015年9月3日）

采编过程(作品简介):

"九·三"大阅兵是我国首次以纪念抗日战争胜利为主题举行的阅兵,也是习近平主席第一次在天安门广场检阅共和国武装力量,国内外舆论高度关注,媒体竞争空前激烈。记者提前3个月进入阅兵训练基地进行"嵌入式"采访,并多次参加合练、预演。在深入采访、掌握大量细节的基础上,对稿件进行精心写作。

稿件立意高远、权威性强,描写细腻、信息量大,文字优美、手法灵活,情景交融、扣人心弦,形象而充分地突出了此次阅兵"走进历史是为了走向未来,纪念胜利是为了永远胜利"的深刻主题。

社会效果:

稿件被《解放军报》、新华每日电讯等97家媒体在显著位置采用,大多数主流新闻网站都突出展示。稿件受到新媒体用户广泛欢迎,仅在"新华社客户端"上点击量就近百万次。许多读者认为,稿件现场感强、大气厚重,以无声的文字激荡着人们的心灵,从中可以感受阅兵式的恢弘景象,给人以巨大的震撼。阅兵指挥部评价,这篇报道是整个阅兵报道的"扛鼎之作"。

推荐理由:

稿件主题重大、气势恢宏,具有强烈的现场感、韵律感,具有超越画面之外的力量。稿件充分展示了习近平主席作为三军统帅的领袖风采,充分展示了人民军队威武之师、胜利之师的良好形象,充分展示了中国人民不忘历史、捍卫和平的坚定决心,起到了记录历史、展示形象、凝聚力量的作用,在全社会引起强烈反响,堪称"九·三"大阅兵报道具有代表性的精品力作。

本通讯获得第二十六届(2016年)中国新闻奖特别奖。

广播电视新闻

课程导读

广播电视新闻是通过电子技术公开传播的报道或评述最新事实的信息。电视新闻写作的独特要求:文字稿要简洁;要控制文字与画面的结合距离。

一、广播电视新闻的含义和特点

广义的广播是对广播电视的统称,即作为一种电子传播媒介,广播电视是通过无线电波或导线向社会一定区域范围播送音响、图像节目:只传送声音的,叫作声音广播,也就是我们常说的广播;传送声音与图像的,称为电视广播,即我们所说的电视。广义上的广播定义,包括了上述两者。狭义的广播,专指声音广播。

广播电视新闻是通过电子技术公开传播的报道或评述最新事实的信息。

相比运用文字语言的报纸来说,广播电视新闻传播的优势(特点)有:

(1)更快速。电波的速度为每秒钟30万千米。以这种介质传输新闻,其时效性自然是印刷媒体不能比拟的。在广播新闻传播的世界里,特别是在卫星数字广播的天地间,在人类生存的这颗星球上,距离已经消失。

山东齐鲁电视台的"直播常态化模式"(亦称"break新闻模式"),就突发事件在第一时间报道,就典型体现了当今传播更迅速的特点。

(2)更广泛。广播电视新闻的广泛性表现在两个方面:一是信息传播覆盖的地理区域是广泛的,二是听众群体的构成范围是广泛的。能够听懂广播语言的听众都可以收听广播电视新闻,对受众的教育程度和文化水平没有特殊要求,这与报刊新闻传播的受众构成有着明显差别。

(3)更便捷。听众可以随时随地收听广播,不受场所条件的制约。人们可以一边开车一边收听,一边走路一边收听,一边做着家务事一边收听。广播新闻是无处不在的信息传播,它可以便利地渗透到人们生活的各个角落和各个时段,从而赢得最大的空间和时间的自由。

(4)更逼真。广播电视新闻一方面可以直接展现新闻事件发生时的现场音响氛围,一方面又是通过播音员的声音播发,因此对听众具有天然的接近感、现场感。特别是电视新闻信息,有现场的动态平衡影像,更能够让受众如身临其境般。今天的广播和电视新闻已经在全力追求着与新闻事件的同步发展。

二、电视新闻写作的独特要求

电视这一媒介,不但运用了音频技术,还运用了视频技术。因此,相比声音广播,电视广播的现场感和易受性也更强。相应地,电视新闻稿的写作除了遵循上述基本要求外,还需注意以下两点:

首先文字稿要简洁。因为一条电视新闻在50秒到1分钟仅能容纳270个字左右,切不可夹杂半句空话。在写作时,要考虑到电视新闻的可视性特点,一些内容可以用画面表现的,尽量让给画面;凡可描写的内容,都可用"细节境语"展现。

但是,简洁并不是纯粹的简短,文字稿应有完整充实的内容,因为它承担着叙述主线、组织画面的任务,必须以完整充实的内容表述所反映的对象。

其次,要控制文字与画面的结合距离。声画对位,文字与画面若即若离,各自独立发展,但又彼此照应,最能突出文字与画面的双主体特征,这才是文字与画面结合的最佳方式。

文字稿写作,应充分发挥双通道的感知优势,控制好合与离的距离,那种声画合一、画面与声音零距离的做法,是"看图识字"式的低层次组合,因为这扼杀了人们想象的快乐。

着眼于电视新闻报道中文字稿与画面的配合关系,电视新闻写作有这样两类:常见的一类是以文字稿(播音员解说)为主传递新闻信息,而画面作配合来展示解说中的形象内容。另一类电视新闻以画面(场景)为主传递新闻信息,文字稿(记者现场解说)配合画面起引导、说明、解析作用。

巴格达遭空袭纪实

冀惠彦　董志敏　水均益

(导语)巴格达当地时间 19 号凌晨 1 点 30 分,伊拉克首都巴格达遭到英美第三轮大规模导航导弹袭击,巨大的爆炸声震撼了整个城市,这是 3 天来,英美对伊拉克进行的最猛烈的一轮导弹袭击。请看本台赴巴格达记者发回的报道:

(记者现场)观众朋友,我现在是在巴格达市中心新闻中心的平台上,巴格达时间是 12 月 19 日凌晨 4 点,也就是北京时间 12 月 19 日上午 9 点钟,我们现在听到整个巴格达市区,爆炸声响彻了整个夜空。我们可以看到,在我的身后,有防空的炮弹和高射炮的炮弹。爆炸声在我们的附近响得非常强烈。在我们的周围,各个方向都有巨大的声音,而且可以看到强烈的火光。在我们的正前方,就有三颗炸弹落了下来,巨大的火光把整个天空都染红了。楼顶上我们可以看到,有高射机枪。在我们右侧,就是伊拉克的国防部。在远处又红了一片,我们可以听到爆炸声,根据声音,应该有将近七八千米的样子,我们可以看到一个火箭横飞过去。

这个地方应该说是巴格达最有战略意义的地方。因为在我的正前方是萨达姆总统府,总统府旁边一点就是总理府,总理府这边就是国防部,我的后边就是外交部。这次袭击一共持续了 45 分钟,到目前为止,空袭的警报还没有解除,而与此同时,巴格达的清真寺的祷告声已经传出了,这就是一年一度的穆斯林斋月活动开始了。

这是中央台记者从巴格达发回的报道。

该消息获得 1998 年中国广电新闻奖一等奖。在这条新闻中,画面是传达新闻事实(事件)的主要途径。记者在现场作了口头报道,口头报道的内容是配合现场场景进行的,并且很好地运用了现场声音,炮弹的火光划破夜空,炮弹的呼啸声和剧烈的爆炸声震耳欲聋。记者站在新闻中心的平台上,现场的爆炸声之大甚至淹没了记者进行现场报道的声音。报纸等传统新闻媒体对现场音响无法记录和报道,只好采用语言描述的办法。我们在报上欣赏过生花妙笔流淌出来的飞扬文采,或许会在收音机里听到近在耳旁的自然之声,但是我们若在电视上看到声画一体的新闻现场,心中就会荡起绝对不同的真实感。

这一类用新闻场景进行表述的报道,很有电视特点。因为电视就应当声画并茂,就应当以声画整体方式传达新闻事实(事件),而另一方面,生活中也确有大量新闻现场(如 1998 年抗洪)需要以场景展示方式,向受众报道。因此这种以场景展示、细节展示为代表的电视现场报道正在崛起。

概括地说,在电视新闻报道中,首先,应当依据新闻事件的特点选择合适的声画表达方式,其次,在具体写作中要兼顾画面、现场采访、字幕展示等多种因素,力求报道在整体上形成一定的视知觉感染效果。

总之,关于广播电视稿写作的各项要求,在实际运用过程中要灵活对待。不管怎样,总的原则是不能突破的,那就是:将最能够吸引听众的新闻内容放在报道的最前面,按照事件发展的逻辑顺序描述事件的过程,让报道始终保持紧凑的节奏,使用简洁通俗的语言叙述整篇新闻。

需要提到的是,广播电视新闻往往来源于其他媒体的报道。这些报道不是专为广播电视媒体而写的。广播电视记者在看到这样的新闻报道时,会利用专业的警觉,把它们改写成适合于广播电视媒体使用的文稿。

下面的报道来自报纸:

今天凌晨 2 时 36 分,京津塘高速公路进京方向 16 千米处,一辆运服装的货车撞到一辆运盐酸的大罐车的尾部,导致罐车内的 30 吨盐酸泄漏,高速公路封闭 5 小时。

据介绍,事故是货车司机疲劳驾驶所致,两车相撞后,导致盐酸罐破裂,罐车内 30 吨盐酸向外喷散。由于撞击猛烈,货车紧贴在罐车尾部,货车的驾驶室严重变形,司机和乘车人受伤被卡在车中。

此时,朝阳交通支队高速路队民警在巡逻中发现情况后,在警车的导引下,罐车司机将车缓缓开到进京 12 千米的空地上。此时盐酸不断流进货车的驾驶室,一时白烟四起,气味刺鼻,驾驶室中被困的 2 人面临被盐酸烧死的危险。前来驰援的民警带来了大量的防毒面具,民警们戴上面具钻进驾驶室,将伤者救出,随后交警继续戴着面具指挥交通。

随后赶来的是消防中队。环卫部门赶到现场,救险人员让罐车内盐酸就地泄漏,消防人员不断地用两支水枪往泄漏点喷水稀释,早晨 7 点左右,交通逐步恢复正常。

广播电视新闻在开头部分不会交代这么多要素,它要把最重要的新闻要素浓缩起来。

今天凌晨两点,京津塘高速公路发生一起两车追尾事故,被撞车辆运载的 30 吨盐酸泄漏,导致高速公路封闭了 5 小时。

事故发生在京津塘高速公路进京方向 16 千米处。一辆运服装的货车撞到一辆运盐酸的大罐车的尾部,导致盐酸罐破裂,罐车内 30 吨盐酸向外喷散。

由于撞击猛烈,货车紧贴在罐车尾部,货车的驾驶室严重变形,司机和乘车人受伤被卡在车中。

北京朝阳交通支队的民警在巡逻中发现这一情况后立即组织抢救,货车司机和乘车人及时脱险。随后赶来的救险人员让罐车内盐酸就地泄漏,消防人员用水枪往泄漏点喷水稀释。

早晨 7 点左右,京津塘高速公路的交通逐步恢复正常。

据警方透露,事故是货车司机疲劳驾驶所致。

精确的时间在这条新闻中不是那么重要,重要的是事故本身的特殊性和它造成的后果。至于是哪个属区的交警发现了这个情况、出动救险的有多少个部门、交警是否戴着防毒面具指挥交通等,也不会是受众关心的事情。

当然,一条广播电视新闻是否需要这么长,要根据时间限制、受众需求而定。电视新闻稿有画面相配的话,还要根据具体画面确定文字内容。

广 播 消 息 例 文 1

我和总理共"问诊"

丁志新

今天上午,政治局常委国务院总理李克强参加十二届全国人大三次会议江苏代表团审议。审议中李克强总理和全国人大代表苏北人民医院院长王静成共同问诊把脉基层医生职称晋升病并当场开出处方。来听记者丁志新的报道：我和总理共"问诊"。

王静成认为基层医生应该更注重提高技术水平和患者满意度，一味让他们写论文搞科研没有必要，希望给江苏省的医改试点一些政策支持。

李克强总理当即追问："什么政策支持？"

王静成："让我们先行先试。我觉得部省级以下的医院，像地市级的医院的医生评职称完全应该把自主权放开，不要统一的都要交论文都要搞科研。医生技术能力服务水平老百姓满意就行了。"

李克强："你是说对医务职称的评定应该做一些调整，可以先做试点，让江苏来试。比如说基层的医院你非要让他多拿几篇论文；手术没做好，论文写得不错。病人的问题没解决，那不是花架子吗？"

李总理提到的花架子其实并不鲜见。一份对全国1920个医生的问卷调查显示：80%的医生认为，发论文就是为了评职称，而且造假成风。有7%的人找了"枪手"，20%的人找过"代理"。

王静成："这个建议是医疗卫生界我们医务人员一个普遍的心声。作为高级职称评审委员会的成员，在评审职称过程当中，我也体会到基层医务人员评职称之难。今年江苏作为全国医改试点省份，希望把医改这个世界最大的难题，基层医务人员的心声向总理直接反映。"

在我国医生职称一般有四个等级。职称与医生的工资水平福利待遇挂钩。每晋升一级，医生就必须通过相应的英语考试，发表一定数量的论文，导致不少医疗经验丰富、工作敬业但没有英语及科研实力的基层医生被挡在门外。

王静成认为，医务人员的积极性如果不能充分调动，全国医改不会成功。

王静成："一个是阻碍了他们发展的空间；第二个，也没有太多的价值；第三个，我觉得在医改背景之下医务人员的积极性不能充分调动的话，医改不会成功的，我们要在这个方面给广大基层医务人员松绑，也更好地调动他们的积极性，要把导向、思想，更好的服务水平、服务能力提高上来。"

当着总理的面，作为一名医生的王静成抛出了这个困扰了基层医生几十年的"疑难杂症"。

李克强总理随即转向随同前来听取审议的国家卫计委主任李斌，要求研究王静成代表的建议。李克强指出这个事儿事关全局，牵扯面大，江苏可以先试点。

李总理："国务院有关部门的同志都来了，记下来，带回去，认真地研究，积极地采纳，有些我现场都表态了，希望你们落实啊！我们不是强调要抓落实吗？不落实要问责。

为官要有为啊，我们不能乱作为，更要奋发有为。"

（江苏扬州广播电视台 2015年3月7日）

作品简介（采编过程）：

新医改的最大难点之一是基层医生职称晋升难、人才流失的窘境，这直接影响到基层医疗卫生事业的发展。江苏省作为国家省级综合医改试点单位，从2015年开始，就怎样改革、从哪里下手改革做了不少探索。人大代表王静成2015年利用参加全国"两会"的机会，当面向李克强总理建言，得到李总理的热情支持。该作品以真实生动的对话、客观凝练的笔法，展现了总理与基层人大代表共"问诊"并现场开出处方的场景，也从另一侧面让人感受到总理求真务实的作风及政府"简政放权"的决心。

社会效果：

报道播出后，引起基层医疗卫生界较大反响，随后这一建议得到高效落实。4月，国家卫计委、人社部安排专题调查组来到扬州进行调研；11月，两部委正式下发指导意见，明确对县级及以下基层医务人员评职称时取消论文和英语限制。这一举措受到基层医生的一致欢迎，引导基层医生将更多精力用于服务患者，提升医疗水平。有关职能部门也积极拿出方案，从政府责任、投入及激励机制等多方面着手，探索在职称、待遇等多方面给予基层医生全面保障。

推荐理由：

人大代表与总理共同诊断基层医生职称晋升之病，从基层医生的角度反映社会对医改这个重大民生问题的关注。作品场景选取巧妙，对话真实生动，现场可感可触，采编处理精当，是一篇广播消息佳作。

本消息曾获得第二十六届中国新闻奖一等奖，后因播出时间造假而被撤销。

广播消息例文 2

放开车辆数量 取消"份子钱"
义乌出租车行业率先改革为反垄断破冰

顾如荣 楼伟民 李静 徐璇

逐步放开对出租车数量的管控，取消高额的出租车营运权使用费，使出租车行业实现市场化资源配置。今天下午在全国率先拉开出租车行业改革序幕的义乌，出租车改革正式迈入实施阶段。请听金华台记者刚刚发回的报道。

"第一个数，62号。"

今天下午在义乌市委党校三楼会议室，伴随着主席台上摇号机的启动，来自各行业的企业法人以及自然人紧盯着摇号机里面翻滚的标有号码的乒乓球，大家都希望幸运之神可以降临。以个人名义报名的楼显明幸运地从76个申请人中脱颖而出，获得成立新出租车公司的资格。

楼显明："现在政策放宽了，我们都有机会参与，心情很激动啊。"

日前义乌出台了出租汽车改革运行方案。最闪亮的内容有两条：一是不再管控出租车数量；二是逐步取消营运权有偿使用费，下调份子钱。今年将由每年每车一万元降低到五千元，明年开始全部取消。

义乌市道路运输管理局局长周荣兴："下降的有偿使用费就在公司的承包款里面，同步让利给驾驶员。"

有数据显示，2014年年底义乌市的常住人口为125.1万人，比2007年增加了6%。

可这7年来义乌市的出租车数量一直保持在1330辆,现有的出租车规模已经完全不能满足市场的需求,缓解打车难已成为义乌百姓多年来的呼声。义乌市民柳晓丽:"像我们,一般出门都比较喜欢打车,逛街也好,上班也好,打车比较方便,但是,这个车好难打。虽然说这个起步价比较便宜,但是现在我们的生活水平高了,宁愿价格高一点,只要坐得舒服点,我们打车方便一点。这个是最重要的。"

而对于义乌的出租车司机来说,提高起步价、降低份子钱是他们多年来最大的诉求。

出租车司机:"我们这里份子钱太高了,一个班220,等于一天租金440,还有一个起步价又不调。"

据了解,义乌出租车改革将分阶段实施。2018年开始将有序开放出租汽车市场准入和出租汽车的数量管控,建立由市场调节的出租汽车准入与退出机制。

中国社会科学院政治学研究所行政管理室主任研究员博士生导师贠杰:"如果用一句话来评价义乌的这次改革的话,我认为是在正确的方向上迈出了有意义的一步。当市场对资源配置起基础性作用,我认为它的意义还是比较大的。"

义乌率先迈出改革步伐,大胆放开出租车数量管控,大幅降低司机的份子钱等改革措施,也得到国家主管部门的充分肯定。

交通运输部运输服务司副司长王水平:"我们是支持义乌市积极稳妥地推进出租汽车行业的改革,先行先试,探索适合中小城市出租汽车改革和发展的具体的举措,为全国出租汽车行业改革提供借鉴和示范。"

（金华人民广播电台 2015年5月13日）

采编过程（作品简介）:

在"网约车"日益盛行的当下,出租车改革是备受关注的热点话题。究竟该怎么改,如何才能同时兼顾乘客、司机、公司等多方利益? 2015年5月,义乌开全国先河,首先启动出租车改革,大胆放开出租车数量管控、大幅下调出租车司机的份子钱等改革措施,受到社会各界广泛关注,被誉为中国出租车行业消除垄断的"破冰"之举,具有很强的探索性和创新性。

作者及时抓住这一社会热点,多次深入义乌采访,及时捕捉权威信息、选取典型场景和精彩语言,并在出租车改革正式迈入实施的当天率先进行了报道。

社会效果:

节目播出后,引起社会各界和众多媒体的广泛关注。浙江之声、中国之声都在重要新闻栏目中进行了播出。作品在金华网等国内多家门户网站和媒体转载后,点击率达100000^+,影响进一步扩大。《人民日报》、新华社、中央电视台等媒体纷纷介入报道,取得了较好的宣传效果。

推荐理由:

作品主题重大,聚焦义乌出租车行业改革热点,视角独特,内容新颖,录音素材典型、生动,广播特色鲜明,具有很强的新闻性和时效性。

本消息获得第二十六届（2016年）中国新闻奖二等奖。

电视消息例文 1

"双 11"快递分拣乱象纷呈

林信心　吴孟春　彭建增　许瑞添　游景升

今天是"双 11",快递公司的生意马上就要爆棚,在此之前我们的热线电话就经常接到消费者对包裹丢失、残损的投诉,时值"双 11",我们把视线聚焦到快递行业的内部,让我们看看消费者的包裹快件在运输途中会经历怎样的遭遇。调查记者只身潜入了三家快递公司,为您揭示鲜为人见的场景,一起来看。

流水线上的包裹一波一波源源不断,一个分拣员一般负责三个区域,只要快件上了流水线,贴不贴易碎标志、是否注明"数码产品""小心轻放"等提示字样,已经变得不再重要。

汇通快递分拣员:"这些都是不值钱的东西,很便宜啊。"

行业内规定,货物分拣时应遵循大不压小、重不压轻的码放原则,包裹脱手时不应该超过 30 厘米,然而记者粗略地估算了一下,一个 20 人左右的班次要处理 1 万票快件,规矩在这里不复存在,只要位置正确,速度够快,能抛多远就抛多远。

中通快递分拣员:"扔啊扔啊,一个晚上五六千件,甩得手酸。"

说话间,记者注意到有个包裹包装上印有易碎品的标识,在记者提醒之下,这件包裹还是被甩了出去。

中通快递分拣员:"产品易碎,这什么东西? 这是童车。"

记者注意到,有的车间悬挂着标语"丢货等于丢工作,摔货等于摔饭碗",车间内还部置了许多摄像头,然而这些并没有任何震慑力。

全峰快递分拣员:"标语不是写着(禁)扔、摔? 没用,都扔了,谁没在扔啊? 全部都在扔。"

分拣员还将包裹当成玩具,相互地投掷嬉闹。这位工作人员甚至坐在包裹上开始玩耍起来,而此时这件包裹甚至还正在传送带上。

记者在流水线下发现了很多被暴力分拣过后留下的破损货品,有些分拣员看到包裹破了,竟会掏出里面的货物来看。

全峰快递分拣员:"这个一个要十几块钱呢。"

面对这些破损的包裹,一些分拣员总是无法克制自己内心的好奇,这位分拣员很有耐心地将这个包裹一层一层地打开。

全峰快递分拣员 1:"哇,开了,我拿一个啊。"

全峰快递分拣员 2:"那个山东大枣那才好,我一路走一路吃,本来写着五斤,我吃了称下还有六斤多,再拿一点去吃。"

流水线上又出现了一个包裹,箱子里面隐约可见一闪一闪的光亮,一名分拣员拆开了箱子,取出了里面的东西。这个玩具被触碰一下就会发光,这名分拣员发现以后,便将整个箱子抬起来,随后重重地摔在流水线上,而其他分拣员也将玩具掏出来,人手分得一个,拿着玩具玩开了。

今天正好是"双11"，快递高峰即将来临，记者将快递分拣乱象反映给了邮政部门，邮政部门表示将会加大监管力度。业内人士提醒，在使用快递服务的过程中，一定要注意保存好快递运单的单据证明，收取快件时，发现外包装破损，或者有重新包装过的痕迹，必须与快递员一同验货，避免今后发生纠纷。

帮帮团记者报道。

（福建广播影视集团 2015 年 11 月 11 日）

采编过程（作品简介）：

网购成为人们近年新兴的购物方式，快递行业也随之风生水起。然而也暴露出种种乱象，其中，暴力分拣成为被消费者投诉频次最高的问题。由于其他途径无法获得第一手证据，在"双11"来临之前，记者通过应聘，只身潜入三家快递公司进行隐蔽式采访。在历时一个星期的调查过程中，记者发现，多家快递公司均有暴力分拣、拆封包裹、盗取包裹内财物的现象。于是用极具冲击力的画面将其曝光。

社会效果：

节目播出后在社会上引起强烈的反响，各大媒体和网络纷纷进行转载。快递公司暴力分拣持续多日成为舆情高热度事件，相关话题位居舆情热点排行前列。促使邮政管理部门对全省快递中转站、投递点进行整顿治理。对于节目关注的暴力分拣、随意拆封、盗取包裹内财物等问题，在行业规范条例《快递市场管理办法》中有了更为明确的规定。

推荐理由：

记者严格遵守新闻界公认的隐蔽式采访规范，不做钓鱼式、诱导式采访，不主动推进事实的进程，以严谨客观的态度，忠实记录下观察到的事物。调查报道证据确凿，节目通过多角度多机位镜头呈现，充分发挥了电视新闻的特长，画面生动，细节抓人。同时，作者还对快递业的监管提出了思考和建议，有力体现了主流电视媒体的公信力和影响力。

本消息曾获得第二十六届（2016 年）中国新闻奖一等奖，后因为参评重新制作而被撤销。

电视消息例文 2

上海：完成世界首例"废弃肝脏救治肝病患儿"手术

霍云　竺仪鹰

对于先天性或者是中末期的肝病患者来说，肝脏移植是重要的一个治疗手段。面对移植供体的严重短缺的现状，复旦大学附属中山医院成功实施的世界首例利用切除废弃肝脏进行成人儿童部分肝脏移植的手术。在创造生命奇迹的同时，这台废弃肝脏再利用的创新手术也引发了人们对医学伦理评估的关注。

今天一早，在中山医院肝外科病房，六岁女孩童童准备出院回家了。因为患有先天性肝内胆汁淤积症肝功能不全，童童在一个多月前接受了肝移植手术。

童童父亲："因为我没匹配上，我老婆患有甲亢病也没匹配上，当时我们也是垂头丧气的，然后碰到一个上海的好心人，她愿意捐肝给我们家的小孩子。"

童童父亲说的上海好心人,其实是一名因为肝脏良性肿瘤需要开刀的患者,而且她的血型正好与童童相配。为此医生大胆地提出了一个废物利用一举两得的手术方案。

中山医院肝外科学科带头人周俭:"这个患者的肿瘤在这个肝脏的深部,我们必须把左叶切掉,切掉以后,肿瘤才暴露出来。而以往呢,我们切除的这个左叶就扔掉了,因为它没有用,但如果我们更精细的操作,保留它的血管,这个切除下来的肝脏就是有生命力的。正好我们有一个小女孩她需要的肝脏也不是很多。"

医生大胆的设想得到童童父母的赞同。患者周女士经过慎重考虑,也愿意无偿捐献其废弃的左肝。

(2015年)1月9日,中山医院的手术团队顺利完成了成人肝肿瘤切除以及儿童肝脏移植手术。

专家表示,这样的手术对于肝脏供体和受体都是安全的。目前中山医院每年接受肝脏肿瘤切除的病人约有三千例。如果这些患者的废弃肝脏可以再利用无疑将给许多等待肝移植的患者带来希望。不过如何确保患者的知晓权,确保双方患者的权益,也成为大家关注的问题。在这次特殊的手术前,中山医院伦理委员会特地进行了认真讨论。

中山医院伦理委员会委员王吉耀:"伦理委员会的组成,除了我们医学专家以外,还有律师,还有社区工作者。我们首先要讨论她这个(切下的)肝是否肯定是不需要的,而且一定要切下来的。医生在手术中,必须等到冰冻切片(结果),就是手术过程中看到肿瘤是阳性的;第二,切下来的肝必须是健康的。"

最后所有委员一致认为供体捐献的废弃左半肝是正常医疗行为过程中产生的,供体完全出于人道主义和自愿,未受到任何外界压力和经济诱惑,也不额外增加任何治疗费用和风险,因而同意手术。

捐肝者周女士已经于两周前康复出院。在电话采访中,她也证实这次手术是在她完全知情同意的情况下进行的。

周女士:"因为对我身体本来也没有太大的影响,周院长给我说了,我也是蛮乐意做这个事情的,因为这也是献一份爱心嘛。"

医院方面表示对于每一例手术都会尊重患者的决定,并做好严格的医学伦理评估。

东方卫视记者霍云上海报道。

(上海广播电视台 2015年2月12日)

采编过程(作品简介):

得知中山医院成功实施世界首例废弃肝再移植利用手术,记者前往采访。在采访手术专家、移植患者以及了解使用废弃肝的安全性和效果后,记者更加关注这起特殊手术牵涉到的医学伦理问题。在征得已出院的供体患者同意后,记者进行了电话采访,表明她不仅知情、自愿而且恢复良好;随后又采访了医院伦理委员会的专家,了解此类手术需要进行的医学伦理审核程序,以此确认此类手术在医学临床以及社会伦理上的安全性。

社会效果：

节目在拍摄过程中,被采访的中山医院领导就表示,没想到记者如此关注医学伦理问题,幸亏他们事先做了周全的工作,今后还会更加规范地开展医学伦理审核。节目播出后,不仅让更多医院、患者看到了器官移植的一种新途径,而且也提醒他们更多、更全面地关注医学伦理、患者权益。

推荐理由：

复旦大学附属中山医院将肝脏良性肿瘤患者手术切除的肝脏,成功移植到肝病患儿体内。在中国停止使用死囚器官移植、移植器官来源减少的大背景下,这一世界首例废弃肝再移植利用手术的成功无疑意义重大。但该报道没有停留在手术本身,而是进一步探讨手术如何保障供体和受体双方患者的权益、创新举措会不会带来伦理上的风险,新闻立意更加深刻。

本节目获得第二十六届(2016年)中国新闻奖三等奖。

本讲总结

在所有新闻体裁中,通讯与消息最为接近,它们都以报道见长,用事实说话,但二者之间的差别也是明显的。消息是以"何事"为中心的报道,通讯是以"如何"为中心的报道。"消息"和"通讯"作为两种报道策略具有各自的重要意义,选择哪一种报道策略,主要是由报道对象的价值形态决定的。广播电视新闻作为通过电子技术公开传播的新闻报道体裁,相比运用文字语言的报纸来说,拥有自己独特的优势。

复习问题

1. 消息标题的内在构成是怎样的?

2. 消息标题如何处理好虚与实的关系?

3. 常见的消息结构有哪些? 它们在写法上有何特点? 如何避免在"倒金字塔式结构"中的"三重复"现象?

4. 导语的类型有哪些?

5. 导语与主体的关系如何? 如何处理好二者的关系?

6. 简述消息结尾的意义。怎样才能写好消息结尾?

7. 新闻背景在消息中的意义何在? 常见类型有哪些?

8. 什么是通讯? 通讯有哪几种类型?

9. 通讯和消息有哪些异同?

10. 常见的通讯结构方式有哪些?

11. 两类人物通讯在写法上有何区别?

12. 如何才能写好事件通讯?

13. 如何才能写好风貌通讯?

14. 广播电视新闻的含义是什么?

15. 广播电视新闻相比报刊新闻的优势和局限是什么?

16. 广播电视新闻写作的基本要求是什么?

17. 电视新闻写作的特殊要求有哪些?

18.广播电视新闻写作的具体技巧有哪些?谈谈自己的认识。

思考习题

1.关于消息标题的练习。

(1)消息有动态消息、综合消息、述评消息、经验消息等类型,根据下列消息标题揭示的内容,指出各自所属的消息类型。

例1:货源充足 品种增加 供应丰富

　　　京津沪国庆市场安排就绪

例2:不健康的书籍泛滥原因何在?

例3:会说会笑 会吹号 会问好

　　　我国玩具也会讲话了

　　　玩具发声器昨天通过定型设计

例4:脖子上挂钥匙的孩子吃饭问题解决了

(2)按引题、正题、副题的先后顺序,调整下列句序,使之合乎要求。

①第十一届亚运会胜利闭幕了

②规模最大 水平最高 破纪录最多 中国、韩国、日本金牌总数居前三名

③展示了亚洲人民智慧才能 挺进世界体育高峰

(3)下面是根据同一新闻事实拟写的几例新闻标题,读后请简要评析其立意,并指出其中最有新意的一则。

1988年元月9日《齐鲁晚报》报道:山东泰安六中教师于元贞在泰安市场与窃贼搏斗,被歹徒刺伤大腿动脉后,昏迷在血泊中一个多小时无人过问,不幸身亡。《人民日报》等各大报纸都在次日转发过这一新闻,下面是有关报纸记者拟写的新闻标题。

①教师于元贞捉贼捐躯闹市

　　数百群众袖手旁观为歹徒让道

（《人民日报》）

②泰安一教师勇斗窃贼身亡

　　数百人围观竟无一人相助

（《羊城晚报》）

③壮哉! 中学教师勇斗窃贼身亡

　　悲哉! 数百围观者竟无一人相助

（《南方日报》）

④泰山的耻辱

（《中国青年报》）

⑤教师于元贞与窃贼搏斗

　　因无人相助不幸身亡

（《解放军报》）

2.关于导语的练习

下面是一则新闻导语,请指出毛病,并修改。

在山沟工作36年的沈阳军区后勤某仓库主任胡玉臣,不慕功名,不图享受,一心扑在

事业上,多次立功受奖,被沈阳军区后勤部树为"老基层标兵"。考虑他身体状况和长期与妻子分居两地,上级多次要将他调往城市部队和机关,他都婉言谢绝。许多人不解地问:"都50多岁的人了,图个啥?"他深情地说:"我什么也不图。我之所以要这样,一是恋这座库,二是恋这群人,三是恋这片山。"

3.写作试笔。

(1)根据学校或社会最近发生的一件事,试写一篇动态消息。

(2)将具有新闻价值的社会事件,广泛搜集材料,试写一篇通讯。

(3)为学校广播站试写一篇广播稿。

(4)试着将你印象深刻的一篇报刊消息,改写为一篇广播新闻稿,并以广播员的身份读给同学听。

推荐阅读

1.郭光华.新闻写作[M].北京:中国传媒大学出版社,2006.

2.高钢.新闻写作精要[M].北京:首都经济贸易大学出版社,2005.

3.佘绍敏.传播学概论[M].厦门:厦门大学出版社,2003.

4.李希光.转型中的新闻学[M].广州:南方日报出版社,2005.

5.丁柏铨.新闻采访与写作[M].北京:高等教育出版社,2004.

▶ 传播类文体词条 ◀

1.威尔伯·施拉姆(Wilbur Schramm):传播学科的集大成者和创始人,被称为"传播学鼻祖"、"传播学之父"。他建立了第一个大学的传播学研究机构,编撰了第一本传播学教科书,授予了第一个传播学博士学位,也是世界上第一个具有传播教授头衔的人。

2.陆定一(1906—1996):江苏无锡人。1942年任《解放日报》总编辑,1945年任中共中央宣传教育部部长。中华人民共和国成立后,任中共中央宣传部部长。1959年4月任国务院副总理。出版有《陆定一文集》。强调新闻要坚持唯物论的反映论,坚持新闻的本源是事实,提出新闻的定义是"新近发生的事实的报道",在新闻界产生了重要影响。

▶ 消息类词条 ◀

中国新闻奖:经中央宣传部批准的全国性年度优秀新闻作品最高奖,由中华全国新闻工作者协会主办,每年评选一次。中国新闻奖设28个评选项目。

▶ 通讯类词条 ◀

1.全国好新闻奖:中国新闻奖的前身,"全国好新闻奖"评选活动,从1980年开始至1988年,由中国新闻学会主办。

2.穆青:原名穆亚才,我国当代著名新闻记者,曾任新华社社长。从事新闻工作50多年,写了多篇在我国新闻史上具有里程碑意义的新闻佳作,如《县委书记的好榜样——焦裕禄》《为了周总理的嘱托》《一篇没有写完的报道》等,充满了艺术生命力和感染力,为我国新闻事业付出了辛勤劳动。